Die Überwachungsfunktion der Wertpapier-Compliance
im Licht der Grundrechte

# Europäische Hochschulschriften

Publications Universitaires Européennes
European University Studies

**Reihe II**
**Rechtswissenschaft**

Série II   Series II
Droit
Law

**Bd./Vol. 5374**

PETER LANG
Frankfurt am Main · Berlin · Bern · Bruxelles · New York · Oxford · Wien

Falk S. Weishaupt

# Die Überwachungsfunktion der Wertpapier-Compliance im Licht der Grundrechte

## Eine Analyse unter besonderer Berücksichtigung der Überwachung von Mitarbeitergeschäften nach § 33b WpHG

PETER LANG
Internationaler Verlag der Wissenschaften

**Bibliografische Information der Deutschen Nationalbibliothek**
Die Deutsche Nationalbibliothek verzeichnet diese Publikation in der Deutschen Nationalbibliografie; detaillierte bibliografische Daten sind im Internet über http://dnb.d-nb.de abrufbar.

Zugl.: Hamburg, Bucerius Law School, Diss., 2012

Gedruckt auf alterungsbeständigem,
säurefreiem Papier.

H 360
ISSN 0531-7312
ISBN 978-3-631-63485-1



www.peterlang.de

# Vorwort

Die vorliegende Arbeit ist im Sommertrimester 2012 von der Bucerius Law School – Hochschule für Rechtswissenschaft –, Hamburg, als Dissertation angenommen worden. Tag der mündlichen Prüfung war der 11.07.2012. Rechtsprechung und Literatur befinden sich auf dem Stand Februar 2012.

Zuvorderst bedanke ich mich bei meinem sehr verehrten Doktorvater, Herrn Professor Dr. Jörn Axel Kämmerer für die stets hervorragende und konstruktive Betreuung während der Entstehung der Arbeit. Herzlichen Dank auch für die Erstellung des Erstgutachtens.

Sodann danke ich Herrn Professor Dr. Rüdiger Veil für die schnelle Erstellung des Zweitgutachtens und die darin enthaltene Würdigung der Arbeit.

Schließlich sei all denjenigen Menschen gedankt, die auf unterschiedlichen Wegen zum Gelingen beigetragen haben.

Ich widme die Arbeit meiner Familie.

Tübingen, im Juli 2012 Falk S. Weishaupt

# Inhaltsübersicht

# Inhaltsverzeichnis

# A. Einleitung

In die Grundrechtsproblematik der Überwachungsfunktion der Wertpapier-Compliance sei einleitend mit einigen Praxisbeispielen eingeführt. Dadurch kann das grundrechtliche Interessengeflecht illustriert werden. Auf dieser Grundlage wird sodann der Betrachtungsgegenstand dieser Arbeit eingegrenzt und der Gang der Darstellung beschrieben.

## I. Der Aufriss der Grundrechtsproblematik

*Beispiel 1: Ein Mitarbeiter einer Bank hat einen großen Bestand an Aktien einer börsennotierten Aktiengesellschaft in seinem Depot. Er trägt sich mit dem Gedanken, eine Immobilie zu erwerben und zur Begleichung des Kaufpreises für die Immobilie die Erlöse aus dem Verkauf seiner Aktien zu verwenden. Kurz vor der Fälligkeit des Kaufpreises wird dem Mitarbeiter der Verkauf seiner Aktien durch den Compliance-Beauftragten der Bank verboten, da dieser die Aktie auf die sog. Restricted-List der Bank gesetzt hat, was dazu führt, dass allen Mitarbeitern der Bank sämtliche private Umsätze in dem betreffenden Wert untersagt sind.*

*Beispiel 2: Ein Mitarbeiter einer Bank hat Vollmacht über Depots seiner nahen Angehörigen oder sonstiger Dritter. Um den internen Compliance-Regelungen seiner Bank nachzukommen, wird er verpflichtet, dies gegenüber dem Compliance-Beauftragten der Bank offenzulegen und dem Compliance-Beauftragten über sämtliche auf diesen Depots stattfindenden Umsätze unmittelbar Auskunft zu erteilen.*

Aus diesen Beispielen wird deutlich, dass Maßnahmen des Compliance-Beauftragten einer Bank – genauer: eines Wertpapierdienstleistungsunternehmens – unmittelbar in private Rechtspositionen der betroffenen Mitarbeiter eingreifen können. Diese werden in der Nutzung ihres Eigentums in Form der freien Disposition über gehaltene Finanzinstrumente beschränkt. In ihr Recht auf informationelle Selbstbestimmung wird in Form der Auskunftsverpflichtung über Depots und diesbezüglicher Umsätze gegenüber dem Compliance-Beauftragten eingegriffen.

Durch kapitalmarktrechtliche Regelungen wird aber auch in die Rechtspositionen des Wertpapierdienstleistungsunternehmens selbst eingegriffen. Dies sei an folgenden Beispielen verdeutlicht, die den Eingriff in die unternehmerische Freiheit des Wertpapierdienstleistungsunternehmens offenbar werden lassen:

*Beispiel 3: Eine Bank wird durch neue kapitalmarktrechtliche Regelungen dazu verpflichtet, Kosten aufzuwenden, um die bestehenden Compliance-Strukturen auszuweiten, indem neues Personal einzustellen ist, um eine Intensivierung von Überwachungshandlungen in Form von Vor-Ort-Kontrollen durch den Compliance-Beauftragten vornehmen zu können.*

*Beispiel 4: Die Vertriebsabteilung einer Bank hat im Rahmen der Geschäftspolitik beschlossen, ein bestimmtes Finanzprodukt aufzulegen, verbunden mit dem Ziel, dieses Finanzprodukt an eine bestimmte Kundengruppe zu vermarkten. Der Compliance-Beauftragte der Bank untersagt den Vertrieb des Finanzprodukts, da es aus seiner Sicht für die avisierte Kundengruppe wegen zu hoher Komplexität nicht geeignet ist. Der Bank entgehen dadurch Erträge.*

Auch hier wird deutlich, dass kapitalmarktrechtliche Regelungen in der Form umfangreicher kostenintensiver Organisationspflichten oder Geschäftseinschränkungen als Folge von Maßnahmen des Compliance-Beauftragten in die Dispositionsfreiheit eines Wertpapierdienstleistungsunternehmens und damit möglicherweise in grundrechtlich geschützte Rechtspositionen eingreifen können.

Mit den Mitarbeitern von Wertpapierdienstleistungsunternehmen und den Wertpapierdienstleistungsunternehmen selbst sind bereits zwei wesentliche Gruppen von Grundrechtsträgern, in deren Rechtspositionen im Zusammenhang mit der Implementierung einer Compliance-Organisation eingegriffen werden kann, genannt. Weitere relevante Grundrechtsträger in diesem Zusammenhang sind der Compliance-Beauftragte selbst, die Institution des Kapitalmarkes an sich sowie einzelne Akteure am Kapitalmarkt, die im Kontext der Grundrechte als schützenswerte Rechtssubjekte in Betracht kommen.

Neben den Grundrechtsträgern treten als Hauptakteure innerhalb des grundrechtlichen Interessengeflechts die staatlichen Überwachungsinstanzen auf den Plan. Diese bestehen zunächst aus dem Gesetzgeber als rechtssetzendem Organ. Der Gesetzgeber ist der Ursprung der letztlich zu praktischen Einschränkungen führenden Überwachungsnormen und legt somit die Grundlagen für mögliche Grundrechtseingriffe. Sodann ist die Exekutive den staatlichen Überwachungsinstanzen zuzuordnen. Die Exekutive agiert zum einen als umsetzendes Organ der vom Gesetzgeber erlassenen Überwachungsnormen und zum anderen selbst als rechtssetzendes Organ im Rahmen des Erlasses von Rechtsverordnungen und sonstiger Rechtsakte. Die staatlichen Überwachungsinstanzen treffen auf die bereits erwähnten Grundrechtsträger. Es sind dies die natürlichen oder juristischen Personen, die Ziel der Überwachungsmaßnahmen sind, also etwa die Kunden oder die Mitarbeiter der Wertpapierdienstleistungsunternehmen, in deren Datenbestand eingegriffen wird.

Gleichsam dazwischen und in unterschiedlichen Rollen agierend sind die Wertpapierdienstleistungsunternehmen selbst zu sehen. Sie sind einerseits direkter Adressat von Organisations- und Überwachungsnormen. Andererseits transformieren sie gesetzliche Verhaltenspflichten und agieren dadurch im Verhältnis zu ihren Mitarbeitern möglicherweise als verlängerter Arm der staatlichen Überwachungsinstanzen.

Die Spannungsverhältnisse bestimmen sich in Abhängigkeit von den Normadressaten der Überwachungsregelungen und -maßnahmen. Zunächst besteht ein Spannungsverhältnis zwischen der Gewerbefreiheit eines Wertpapierdienstleistungsunternehmens, in deren Rahmen das Wertpapierdienstleistungsunternehmen seiner Funktion als Intermediär auf dem Kapitalmarkt nachkommen kann, und der Begrenzung dieser Freiheit durch aufsichtsrechtliche Normen und Überwachungshandlungen. Dazu zählt auch die Inpflichtnahme eines Wertpapierdienstleistungsunternehmens durch staatliche Stellen zur Erfüllung öffentlicher Aufgaben. Sodann besteht ein Spannungsverhältnis zwischen den Freiheitsrechten der Mitarbeiter der Wertpapierdienstleistungsunternehmen und den Beschränkungen dieser Freiheitsrechte sowohl durch die normativen Grundlagen der Überwachung als auch durch die konkret durch das Wertpapierdienstleistungsunternehmen bzw. seiner Compliance-Funktion unternehmensintern umgesetzten Einschränkungen. Im Kontext von Compliance-Maßnahmen kommt es insofern zwangsläufig zu einem Spannungsfeld zwischen der Überwachung und den Persönlichkeitsrechten der Mitarbeiter[1].

Es gilt daher, diese Spannungsverhältnisse freizulegen und daraufhin zu erörtern, inwieweit die sich auf die Überwachung der Mitarbeitergeschäfte beziehenden Überwachungsmechanismen am Maßstab der Grundrechte gemessen werden können, um eine Bewertung sowohl der normativen Grundlagen als auch der typischen in der Praxis vorkommenden Überwachungshandlungen insbesondere im Zusammenhang mit Mitarbeitergeschäften in Wertpapierdienstleistungsunternehmen vorzunehmen zu können. Weiterhin gilt es die Bedeutung des Kapitalmarktes an sich zu würdigen und insofern eine Abwägung der grundrechtlich geschützten Rechtsgüter der beteiligten Individuen gegenüber dem Interesse der Allgemeinheit an einem funktionierenden Kapitalmarkt vorzunehmen.

---

1 Sieg, in: FS Buchner, S. 859, 869 unter Verweis auf Wolfgang Büchner, der wie folgt zitiert wird: „Arbeitgeber befinden sich in einem Dilemma zwischen Kontrolle und Persönlichkeitsschutz am Arbeitsplatz".

## II. Die Einführung in den Betrachtungsgegenstand

Effektiv funktionierende Kapitalmärkte sind die Gewähr dafür, dass das knappe Gut Kapital entsprechend der Regeln der Marktwirtschaft optimal allokiert, somit insgesamt der Grenznutzen des Kapitals maximiert und die Voraussetzung für Wirtschaftswachstum geschaffen wird. Die Effektivität der Kapitalmärkte ist in diesem Zusammenhang unabdingbare Voraussetzung für die Funktionsfähigkeit einer jeden Marktwirtschaft. Sie ist demnach auch essenziell für eine funktionierende Wirtschaft, für Wohlstand und für Wachstum in Deutschland und in der Europäischen Union.

Die globale Finanzmarktkrise und die aus ihr folgenden Verwerfungen auf den Weltfinanzmärkten führen klar vor Augen, dass nicht funktionierende Kapitalmärkte nicht nur anonym anmutende Brokerhäuser und Investmentbanken tangieren; vielmehr hat sich gezeigt, dass entsprechende Verwerfungen auch für eine große Anzahl natürlicher Personen, wie etwa Inhaber privat genutzter, durch grundpfandrechtlich gesicherte Kredite finanzierter Immobilien, einfache Sparer, aber auch ganze Staaten inklusive deren Steuerzahler konkret spürbare negative, wenn nicht gar katastrophale Auswirkungen haben können[2].

Eine der zentralen Lehren aus der Finanzmarktkrise ist die Erkenntnis, dass ein Mindestmaß an Vertrauen der Marktteilnehmer zunächst in das System der Kapitalmärkte an sich und sodann der Kapitalmarktteilnehmer einander gegenüber notwendige Bedingung für effektiv funktionierende Kapitalmärkte ist[3]. Die Schaffung der Voraussetzungen für dieses Mindestmaß an Vertrauen ist das Ziel der Regelungen auf dem Gebiet der Corporate Governance und der Compliance, die insoweit institutionell die Rahmenbedingungen und Grundvoraussetzungen für effektive Kapitalmärkte schaffen wollen. Diese Regelungen wurden durch den europäischen und die nationalen Gesetzgeber als Konsequenz aus der Finanzmarktkrise jüngst fortlaufend ausgeweitet und präzisiert, um die Wiederholung einer vergleichbaren Finanzmarktkrise für die Zukunft nach Möglichkeit auszuschließen.

Um die Grundlage für das bereits erwähnte Mindestmaß an Vertrauen der Marktteilnehmer in das System und einander gegenüber zu schaffen, ist seinerseits ein Mindestmaß an Regulierung der Aktivitäten an den Kapitalmärkten notwendig. Die Überwachung der Kapitalmärkte und seiner Teilnehmer durch

---

2 Vgl. Röhl, in: Fehling/Ruffert (Hrsg.), Regulierungsrecht, § 18, Rn. 11 sowie Alexander, ZBB 2011, S. 337, 338, wo ausgeführt wird: „A major financial failure imposes costs on society going far beyond the losses suffered by the immediate investors.".

3 Vgl. Kümpel/Veil, WpHG, 1. Teil, Rn. 6 (S. 19).

das Vorhalten adäquater Überwachungsmechanismen und -strukturen, insbesondere auf dem Gebiet des Wertpapierhandels, ist unerlässlich. Es ist notwendig, diese Überwachung durch unabhängige Instanzen und unabhängige Mechanismen zu gewährleisten[4].

Um nun eine wesentliche Gruppe von Initiatoren und Akteuren der Kapitalmarktaktivitäten in Form der Wertpapierdienstleistungsunternehmen in ihrer Funktion als Intermediäre zwischen Anlegern und den Emittenten, also zwischen der Angebotsseite und der Nachfrageseite des Kapitalmarkts überwachen zu können, enthalten die gesetzlichen Regelungen zu Corporate Governance und Compliance Verhaltensregeln und Organisationsverpflichtungen zulasten der Wertpapierdienstleistungsunternehmen. Die freie Organisation der Wertpapierdienstleistungsunternehmen wird dadurch eingeschränkt.

Weiterhin werden staatliche Stellen durch entsprechende Ermächtigungsgrundlagen in die Lage versetzt, von den Wertpapierdienstleistungsunternehmen Informationen über deren Geschäftsaktivitäten inklusive spezieller Informationen hinsichtlich der privaten Wertpapiertransaktionen ihrer Mitarbeiter anzufordern. So können staatliche Instanzen im Einzelnen Einblick in Datenbestände von Kreditinstituten und deren Kunden gewinnen. Die Wertpapierdienstleistungsunternehmen werden in diesem Zusammenhang dazu verpflichtet, die gewünschten Datenbestände zu erheben, teilweise aufzubereiten und an die zuständigen staatlichen Stellen zu übermitteln. Dies umfasst auch die in diesem Kontext interessierenden Datenbestände hinsichtlich der privaten Wertpapiergeschäfte der Mitarbeiter der Wertpapierdienstleistungsunternehmen. Angesichts der Vertraulichkeit und der persönlichen Natur der Daten, insbesondere im Zusammenhang mit privaten Wertpapiertransaktionen, wird somit regelmäßig in (grund)rechtlich geschützte Positionen sowohl der Wertpapierdienstleistungsunternehmen, der Mitarbeiter der Wertpapierdienstleistungsunternehmen als auch der Kunden der Wertpapierdienstleistungsunternehmen eingegriffen.

Wie kann nun aber die Effektivität der Kapitalmärkte sichergestellt werden? Was sind insofern zwingende Voraussetzungen? Inwieweit sind mit der Sicherstellung der Effizienz von Kapitalmärkten zwingend Eingriffe in grundrechtlich geschützte Positionen verbunden? Wie ist das Interesse an der Effektivität der Kapitalmärkte gegen grundrechtlich geschützte Positionen abzuwägen? Ist speziell die Regelung, Beaufsichtigung und praktische Durchführung der Überwachung der Mitarbeitergeschäfte nach § 33b WpHG grundrechtskonform? Wie können praktische Handlungsanweisungen zur Art und Weise von grundrechtskonformen Eingriffen in grundrechtlich geschützte Positionen im Zusammen-

4 Vgl. Veil, in: Veil (Hrsg.), Europäisches Kapitalmarktrecht, § 4, Rn. 3.

hang mit der Überwachung von Mitarbeitergeschäften formuliert werden? Diese Fragen eröffnen den Betrachtungsgegenstand dieser Arbeit.

## III. Der Gang der Darstellung

Ziel dieser Arbeit ist es daher, die relevanten Sachverhalte und Problemstellungen sowie die im Zusammenhang mit der Überwachungsfunktion der Wertpapier-Compliance verbundenen Eingriffe in grundrechtlich geschützte Rechtspositionen betroffener Personen darzustellen und aufzuarbeiten. Maßnahmen bezüglich der Überwachung der privaten Wertpapiertransaktionen der Mitarbeiter werden im Schwerpunkt betrachtet, weil diese die Eingriffe besonders plastisch illustrieren. Ausgangspunkt der grundrechtlichen Analyse sind die praktischen Umsetzungsmaßnahmen der Compliance-Vorgaben nach §§ 33 ff. WpHG. Ergebnis der Analyse soll schließlich eine Wertung sein, inwieweit insbesondere die Praxis der Überwachung der Mitarbeitergeschäfte grundrechtskonform ist.

Um dies zu erreichen, erfolgt zunächst eine Darstellung der Grundpfeiler der aufsichtsrechtlichen Überwachungsstruktur (Kapitel B). Dabei wird auf die normativen Grundlagen der Überwachung und deren Mechanismen und Instanzen eingegangen. Die Überwachungsmaßnahmen und besonders die konkrete Art und Weise der Überwachung der Mitarbeitergeschäfte werden so in einen systematischen Kontext gestellt. Darauf folgt eine Darstellung der Umsetzung der normativen Grundlagen durch Compliance in der Praxis (Kapitel C). In diesem Zusammenhang werden die Rechtsnatur der Compliance-Funktion und des Compliance-Beauftragten sowie die konkreten Umsetzungsmaßnahmen besprochen. Erneut wird der Schwerpunkt auf die Überwachung der Mitarbeitergeschäfte gelegt.

Daran anschließend wird zunächst auf die grundsätzliche Funktion der Grundrechte im Zusammenhang mit der Überwachung sowie die Dimension des grundrechtlichen Prüfungsmaßstabs eingegangen. Weiterhin werden die relevanten Grundrechtsträger bestimmt (Kapitel D). Anschließend folgt eine Analyse des grundsätzlichen Spannungsfelds zwischen grundrechtlich geschützten Positionen einerseits und Überwachungsmaßnahmen im Zuge der Überwachung der Mitarbeitergeschäfte andererseits. Sodann werden die relevanten Grundrechtsträger mit Blick auf mögliche Eingriffe in ihre grundrechtlich geschützte Positionen in Folge von Überwachungshandlungen des Compliance-Beauftragten betrachtet, und im Rahmen einer ausführlichen Prüfung der Verhältnismäßigkeit die unterschiedlichen Interessenlagen einander gegenübergestellt (Kapitel E).

Abschließend werden die Zwischenergebnisse zusammengefasst und in ein Gesamtergebnis überführt, bevor ein Ausblick hinsichtlich der weiteren zu erwartenden Entwicklungen im Rahmen der Kapitalmarktregulierung generell und im Besonderen im Zusammenhang mit dem Überwachungsregime der Überwachung der Mitarbeitergeschäfte nach § 33b WpHG gegeben wird (Kapitel F). Die Ergebnisse und der Ausblick werden am Ende in der Form von Thesen dargestellt (Kapitel G).

# B. Die Grundpfeiler der Überwachung

Um die Funktionsweise der Überwachung der privaten Wertpapiertransaktionen in die kapitalmarktrechtliche Überwachungsstruktur einordnen zu können, sind zunächst die grundsätzlichen Überwachungsmechanismen, deren Einordnung innerhalb der normativen Grundlagen der Überwachung sowie die relevanten Überwachungsinstanzen darzustellen. Dadurch wird die Analyse der Auswirkungen dieser Überwachung auf grundrechtlich geschützte Rechtspositionen von betroffenen Personen in einem ersten Schritt vorbereitet.

## I. Die normativen Grundlagen der Überwachung

Die normativen Grundlagen für die Überwachung der Mitarbeitergeschäfte in Wertpapierdienstleistungsunternehmen entspringen der übergeordneten Kapitalmarktregulierung. Deren Ziel ist es, das Vertrauen der Anleger in die Finanzmärkte zu stärken. Sie finden in Deutschland ihre Kodifizierung im Wertpapierhandelsgesetz (WpHG) und im Kreditwesengesetz (KWG). Insbesondere beim erst zum 26. Juli 1994 verkündeten WpHG handelt es sich um eine sehr junge Kodifizierung, deren Entwicklung, insbesondere im europäischen Kontext, sehr dynamisch und deren präzisierende Auslegung durch Wissenschaft und Rechtsprechung noch lange nicht beendet ist.

### 1. Kapitalmarktrecht

Um die systematische Einordnung der normativen Grundlagen insbesondere für die Überwachung von Mitarbeitergeschäften vornehmen zu können, ist zunächst der Begriff des Kapitalmarktrechts als übergeordnete Regelungsmaterie kurz zu erläutern, um dann nach der Darstellung jüngster gesetzgeberischer Entwicklungen auf dem Gebiet der Finanzmarktregulierung auf die konkreten Normen, insbesondere deren Entstehungsgeschichte und Systematik einzugehen.

Das Kapitalmarktrecht hat sich in den letzten Jahren als „eigenständige Disziplin des Unternehmens- und Wirtschaftsrechts“[5] entwickelt. Unter dem Begriff Kapitalmarktrecht wird eine Vielzahl von Rechts- und Regelungsmaterien insbesondere im Zusammenhang mit der Emission von Finanzinstrumenten sowie deren Handel und deren Beaufsichtigung zusammengefasst. Die Wechselbeziehungen der einzelnen Komponenten des Kapitalmarktrechts sind sehr komplex[6]. Schwerpunkte des gebietsübergreifenden Kapitalmarktrechts sind das Wertpapierrecht, das Börsenrecht und das Aktienrecht. So können beispielsweise auch die Verschärfungen[7] entsprechender Regelungen in den USA als Reaktion auf öffentlichkeitswirksame Fälle von Finanzbetrug, insbesondere im Zusammenhang mit dem Zusammenbruch des Energieunternehmens Enron, durch die Implementierung des Sarbanes Oxley Act aus dem Jahr 2002[8] dem Kapitalmarktrecht zugeordnet werden. Entsprechendes gilt für die konsequentere Durchsetzung der Regelungen aus United States Sentencing Guidelines[9].

### a) Ziel und Schutzrichtung

Ziel sämtlicher unter dem Begriff des Kapitalmarkrechts zusammengefasster Rechtsgebiete ist es, in aufeinander abgestimmter Art und Weise die rechtlichen Voraussetzungen für die effiziente Allokation des knappen Wirtschaftsguts Kapital zu schaffen. Dies soll durch hohe Anforderungen an die Transparenz[10] von Kapitalmarktinformationen und die Implementierung gemeinsamer Verhaltensstandards für das Agieren der Marktteilnehmer des Kapitalmarkts erreicht werden. Dies vor dem Hintergrund der Erkenntnis, dass eine effiziente Verteilung des Kapitals eine grundlegende Voraussetzung für eine wirksame, auf marktwirtschaftlichen Prinzipien basierende Wirtschaftsordnung[11] darstellt[12]. Das Kapital-

---

5 Veil, Aufsicht über die Kapitalmärkte in Europa, Regelungskonzepte und Grundlinien für die Entwicklung aufsichts- und zivilrechtlicher Instrumente, in: Grundmann u. a. (Hrsg.), FS Hopt, S. 2641, 2644.

6 Kalss, EuZW 2011, S. 449, 449.

7 Bergmoser/Theusinger/Gushurst, BB Spezial 2008, S. 1, 3; Bussmann/Salvenmoser CCZ 2008, S. 192, 193.

8 Vgl. Lelley, Compliance im Arbeitsrecht, Rn.11.

9 So auch Strothmeyer, Compliance, S. 16.

10 Vgl. Wüstermann/Bischof/Koch, Regulierung durch Transparenz – Ökonomische Analysen, empirische Befunde und Empfehlungen für eine europäische Kapitalmarktregulierung, in: Hopt/Veil/Kämmerer (Hrsg.), Kapitalmarktgesetzgebung, .S. 1, 3; vgl. auch Veil, in: GS Walz, S. 769, 769.

11 Vgl. Hirte/Heinrich, in: Hirte/Möllers (Hrsg.), KK-WpHG, Einleitung Rn. 4.

12 Vgl. Ronellenfitsch/Maier, Die Wertpapierbörsen zwischen öffentlichem und privatem Recht, in: Kluth u. a. (Hrsg.), FS Stober, S. 449, 449.

marktrecht geht insoweit von der Grundannahme über den Kapitalmarktteilnehmer als einem rational handelnden, alle vorhandenen Kapitalmarktinformationen verarbeitenden Investor aus[13].

Der Schwerpunkt der Schutzrichtung des Kapitalmarktrechts liegt damit auf dem Funktionsschutz[14] des Kapitalmarkts als Voraussetzung für eine funktionierende Marktwirtschaft. Unter Funktionsschutz ist der Schutz des Kapitalmarkts als Institution zugunsten des Interesses der Öffentlichkeit an funktionierenden und effizienten (Kapital-) Märkten zu verstehen. Der Funktionsschutz umfasst den Schutz des Zugangs zum Kapitalmarkt sowie die Gewährleistung eines angemessenen Aufwandes zur Durchführung von Kapitalmarkttransaktionen[15]. Beide Schutzmechanismen dienen dem entscheidenden Motiv der Gewährleistung funktionierender Kapitalmärkte, nämlich der Sicherstellung der optimalen Allokation des Kapitals zur Maximierung von dessen Nutzen zugunsten der Allgemeinheit.

Dies führt zwar im Ergebnis dazu, dass auch Individualinteressen, etwa einzelner Kapitalanleger, und somit auch einzelne Verbraucher geschützt werden. Dieser individuelle Schutz subjektiver Rechtspositionen ist jedoch nicht[16] primäre Zielrichtung des hauptsächlich dem öffentlichen Recht zuzuordnenden Kapitalmarktrechts[17], sondern ist allenfalls ein Reflex[18] oder eine Nebenwirkung[19] dessen. Auch im Zusammenhang mit dem Verbraucherschutz steht im Kontext des Kapitalmarktrechts nicht die individuell subjektiv-rechtliche Rechtsposition im Vordergrund, sondern erneut der Funktionsschutz des Kapitalmarktes, der dann der Gesamtheit[20] der Verbraucher zugute kommt.

---

13 Möllers, Anlegerschutz im System des Kapitalmarktrechts, in: Grundmann u. a. (Hrsg.), FS Hopt, S. 2247, 2264.

14 Vgl. Oulds, in: Kümpel/Wittig (Hrsg.), Bank- und Kapitalmarktrecht, Rn. 14.142; Möllers AcP 2008, S. 1, 7.

15 Vgl. Riesenhuber, Primärrechtliche Grundlagen der Kapitalmarkttransparenz, S. 23, 45, in: Hopt/Veil/Kämmerer (Hrsg.), Kapitalmarktgesetzgebung.

16 Vgl. Röhl, in: Fehling/Ruffert (Hrsg.), Regulierungsrecht, § 18, Rn. 15.

17 Vgl. Kümpel, Kapitalmarktrecht, S. 31; Halbleib, Die Haftung des Wirtschaftsprüfers, S. 42.

18 Niermann ZBB 2010, S. 400, 403.

19 Langenbucher, Zur rechten Konkretisierung angemessener Vorstandbezüge – Kapitalmarktrecht oder Verbandsrecht, in: Burgard u. a. (Hrsg.), FS Schneider, S. 751, 753 spricht von „Nebenprodukt".

20 Vgl. Kümpel/Veil, WpHG, 2. Teil, Rn. 8, wo das „breite Anlegerpublikum" erwähnt wird.

### b) Europarechtliche Aspekte

Das deutsche Kapitalmarktrecht ist wesentlich durch die Gesetzgebung innerhalb der Europäischen Union geprägt[21] und ist insofern Teil der europäischen Finanzmarktgesetzgebung[22]. Grundlage dafür ist das in Artikel 3 Abs. 3 des Vertrages über die Europäische Union fixierte Ziel, in der Europäischen Union unter anderem auf eine wettbewerbsfähige soziale Marktwirtschaft hinzuwirken. So führen die Erwägungsgründe des Europäischen Parlaments im Zusammenhang mit der Ende 2010 erfolgten Schaffung einer zentralen europäischen Wertpapieraufsichtsbehörde aus, „bei der kohärenten Auslegung und Anwendung der Unionsvorschriften Hilfe und einen Beitrag zur für die Finanzintegration erforderlichen Finanzstabilität zu leisten“[23]. Die europäische Finanzmarktgesetzgebung führt dazu, dass das Kapitalmarktrecht innerhalb der Europäischen Union weitgehend vereinheitlicht ist. Insbesondere auf dem Gebiet der Kapitalmarktregulierung ist die Vollharmonisierung der Rechtsvorschriften das Ziel[24]. Um die Einordnung der deutschen Vorschriften zur Überwachung von Mitarbeitergeschäften und das Verständnis für deren Herkunft und systematische Stellung zu schaffen, wird daher die europäische Dimension des Kapitalmarktrechts überblickartig dargestellt.

### c) Lamfalussy-Verfahren

Die europäische Finanzmarktgesetzgebung erfolgt nach dem sog. Lamfalussy-Verfahren. Dieses vierstufige Verfahren geht auf eine Expertengruppe unter Führung von Alexandre Baron de Lamfalussy zurück[25]. Ziel dieses Verfahrens ist es, Regelungen unter Einbindung der Praxis unter Verwendung eines iterativen Prozesses zu generieren. Die Regelungen sollen die zugrunde liegenden Lebenssachverhalte präzise erfassen; deren materieller Gehalt soll auf der Basis der

---

21 Vgl. Bröcker, in: Claussen, Bank- und Börsenrecht, § 6, Rn. 1, der sich wegen des starken europarechtlichen Bezugs auf „das in Deutschland geltende Kapitalmarktrecht“ bezieht; Buck-Heeb, Kapitalmarktrecht, § 1, Rn. 31; vgl. auch Bachmann, AG 2011, S. 181, 183 sowie Grunewald/Schlitt, Einführung in das Kapitalmarktrecht, S. 3.

22 Vgl. Zingel, in: von Böhlen/Kan (Hrsg.), MiFID Kompendium, S. 3, 3; Gebauer, in: Fischer/Klanten (Hrsg.), Bankrecht, Rn. 11.1 ff; Walla, in: Veil (Hrsg.), Europäisches Kapitalmarktrecht, § 2, Rn. 22; Hupka, EuZW 2011, S. 860, 860.

23 ErwGr. 17 der Verordnung (EU) Nr. 1095/2010 des Europäischen Parlaments und des Rates zur Errichtung einer Europäischen Aufsichtsbehörde (Europäische Wertpapier- und Marktaufsichtsbehörde), zur Änderung des Beschlusses Nr. 716/2009/EG und zur Aufhebung des Beschlusses 2009/78/EG der Kommission vom 24.11.2010.

24 Zingel, in: von Böhlen/Kan (Hrsg.), MiFID Kompendium, S. 3, 7.

25 Lehmann/Manger-Nestler, ZBB 2011, S. 2, 4 mit weiteren Nachweisen.

Beteiligung der Regulierten im Rahmen des Verfahrens eine große Akzeptanz finden[26].

Auf der ersten Stufe werden die politischen Grundentscheidungen in Form von Richtlinien und Verordnungen implementiert. Auf der zweiten Stufe folgt die Konkretisierung vorgenannter Richtlinien und Verordnungen durch die Europäische Kommission in Form von Durchführungsverordnungen. Auf der dritten Stufe werden diese Normen durch Expertenkomitees, die sich aus Fachspezialisten der nationalen Aufsichtsbehörden zusammensetzen, ausgelegt, um für eine einheitliche Rechtsanwendung der Normen in den Mitgliedstaaten zu sorgen, bevor zuletzt auf der vierten Stufe die Umsetzung der bestehenden Gesetzgebung nach Durchlauf der ersten drei Stufen durch die Kommission kontrolliert wird[27].

Ein Paradebeispiel für die Harmonisierung von Kapitalmarktregelungen innerhalb der Europäischen Union sind die enormen gesetzgeberischen Anstrengungen im Zusammenhang mit der „MiFID“[28], deren Ziel es war und ist, harmonisierte Regelungen und, damit verbunden, einheitliche rechtliche Voraussetzungen für einen integrierten europäischen Binnenkapitalmarkt zu schaffen[29]. Aus diesem Gesetzgebungsvorgang resultiert mittelbar auch der in dieser Arbeit zentral interessierende § 33b WpHG, weshalb die Entstehungsgeschichte der MiFID nachstehend kurz darzustellen ist.

Nach vorangehenden Konsultationen des CESR[30] im April 2004 wurde auf Stufe 1 des Lamfalussy-Verfahrens die politische Grundentscheidung zur Harmonisierung der Regelungen für den europäischen Kapitalmarkt am 21.04.2004 in Form einer Richtlinie, der MiFID, manifestiert und für verbindlich erklärt. Stufe 2 wurde durch den Erlass der „MiFID-Durchführungsrichtline“[31] am 10.08.2006 erklommen. Sowohl die MiFID als auch die MiFID-Durchführungs-

---

26 Vgl. Röhl, in: Fehling/Ruffert (Hrsg.), Regulierungsrecht, § 18, Rn. 107.

27 Vgl. auch Schuhmacher, WM 2011, S. 678, 680 sowie in Schaubildform Walla, in: Veil (Hrsg.), Europäisches Kapitalmarktrecht, § 2, Rn. 47.

28 Richtlinie 2004/39/EG des Europäischen Parlaments und des Rates vom 21. April 2004 über Märkte für Finanzinstrumente, zur Änderung der Richtlinien 85/611/EWG und 93/6/EWG des Rates und der Richtlinie 200/12/EG des Europäischen Parlaments und des Rates zur Aufhebung der Richtlinie 93/22/EWG des Rates (ABl. EU Nr. L 145 S. 1, 2005 Nr. L 45 S. 18) [kurz: MiFID].

29 Vgl. Bröcker, in: Claussen, Bank- und Börsenrecht, § 6, Rn. 7.

30 Zum Begriff siehe unten Kapitel B. III. 1. a) (2).

31 Richtlinie 2006/73/EG der Kommission vom 10. August 2006 zur Durchführung der Richtlinie 2004/39/EG des Europäischen Parlaments und des Rates in Bezug auf die organisatorischen Anforderungen an Wertpapierfirmen und die Bedingungen für die Ausübung ihrer Tätigkeit sowie in Bezug auf die Definition bestimmter Begriffe für die Zwecke der genannten Richtlinie (ABl. EU Nr. L 241 S. 26 [kurz: MiFID-Durchführungsrichtlinie].

richtlinie wurden auf der Grundlage ursprünglich von Art. 47 Abs. 2 EGV (heute Art. 53 Abs. 1 AEUV) erlassen[32]. Flankiert wurde die MiFID-Durchführungsrichtlinie durch die auch am 10.08.2006 erlassene „MiFID-Durchführungsverordnung“[33]. Während die MiFID-Durchführungsrichtlinie im Kern Regelungen hinsichtlich der organisatorischen Anforderungen von Wertpapierdienstleistungsunternehmen und die Bedingungen für die Ausübung von deren Tätigkeiten enthält, die zum Teil in andere europäische Richtlinien übernommen worden sind[34], regelt die MiFID-Durchführungsverordnung Themengebiete wie Aufzeichnungspflichten, Meldung von Geschäften, Markttransparenz sowie Zulassungsformalitäten bezüglich Finanzinstrumenten, die öffentlich gehandelt werden sollen. Im Rahmen der Stufe 3 folgten über CESR etliche Konsultationen, im Rahmen derer die Erfahrungen mit der Umsetzung der Richtlinien und der Verordnung diskutiert wurden, die zuletzt am 8.12.2010 auf Stufe 4 in eine Überprüfung der MiFID[35] mündete.

Das Lamfalussy-Verfahren wurde im Zuge der Veränderungen der europäischen Finanzaufsichtsstruktur[36] fortenwickelt[37], um die Kompetenzen der neu geschaffenen Behörden adäquat abbilden zu können.

### d) Integration in das nationale wertpapieraufsichtsrechtliche

Das nationale wertpapieraufsichtsrechtliche Normengefüge und somit auch die gesetzliche Grundlage etwaiger Grundrechtseingriffe setzt sich aus drei in Bezug zueinander stehenden Normkategorien unterschiedlicher Normqualität zusammen.

#### *(1) Gesetz*

An oberster Stelle des wertpapieraufsichtsrechtlichen Normengefüges steht das WpHG als Gesetz im formellen Sinne. Im WpHG sind die grundlegenden Re-

32 Veil, in: Veil (Hrsg.), Europäisches Kapitalmarktrecht, § 2, Rn. 8.

33 Verordnung (EG) Nr. 1287/2006 der Kommission vom 10. August 2006 zur Durchführung der Richtlinie 2004/39/EG des Europäischen Parlaments und des Rates betreffend die Aufzeichnungspflichten für Wertpapierfirmen, die Meldung von Geschäften, die Markttransparenz, die Zulassung von Finanzinstrumenten zum Handel und bestimmte Begriffe im Sinne dieser Richtlinie (ABl. EU Nr. L 241 S.1 [kurz: MiFID-Durchführungsverordnung].

34 Vgl. Blankenheim, ZBB 2011, S. 344, 357 zur Übernahme des Konzepts des „dauerhaften Datenträgers“ in die OGAW-IV-Richtlinie.

35 Public Consultation Paper dated 8 December 2010: Review of the Markets in Financial Instruments Directive; abrufbar unter: http://ec.europa.eu.

36 Siehe unten Kapitel B. III. 1. a).

37 Vgl. Kämmerer, NVwZ 2011, S. 1281, 1286, wonach das Verfahren „runderneuert“ wurde.

gelungen der Wertpapieraufsicht enthalten. Mit Bezug auf die vorliegend insbesondere interessierenden Regelungen zur Wertpapier-Compliance[38] sind die relevanten Regelungen in Form von Prinzipien enthalten, denen durch die Wertpapierdienstleistungsinstitute entsprochen werden muss[39]. Die Inhalte der MiFID und der MiFID-Durchführungsrichtlinie wurden auf dieser obersten Stufe des wertpapieraufsichtsrechtlichen Normengefüges in Deutschland mit Wirkung zum 1. November 2007 durch das „FRUG“[40] in nationales Recht umgesetzt. Das FRUG änderte als Artikelgesetz eine Vielzahl nationaler Gesetze und fügte auch den in dieser Arbeit besonders interessierenden § 33b WpHG zur Überwachung der Mitarbeitergeschäfte in seiner heutigen Fassung in das WpHG ein. Das FRUG kommt einer „1:1-Umsetzung“ der sich aus dem Europarecht ergebenden zwingenden Vorgaben gleich[41].

*(2) Rechtsverordnung*

Auf der zweiten Stufe des wertpapieraufsichtsrechtlichen Normengefüges in Deutschland werden die generellen Regelungen und Prinzipien des WpHG durch eine Rechtsverordnung konkretisiert. Diese wurde in Ergänzung zum FRUG in Form der „WpDVerOV“[42], einer Rechtsverordnung des Bundesministeriums der Finanzen zum Zwecke der Umsetzung insbesondere von Anhang II der MiFID sowie der MiFID-Durchführungsverordnung veröffentlicht. Zweck der WpDVerOV ist neben der Umsetzung von MiFID und der MiFID-Umsetzungsrichtlinie die Konkretisierung insbesondere der §§ 33 ff. WpHG. Jüngste Veränderungen der WpDVerOV wurden im Zuge der Verabschiedung des AnsFuG[43] mit Wirkung zum 8. April 2011 vorgenommen.

---

38 Siehe unten Kapitel C. I. 4.

39 Zum prinzipienorientierten Regelungsansatz und seiner verfassungsrechtlichen Problematik siehe unten Kapitel B. II. 3. c).

40 Gesetz zur Umsetzung der Richtlinie über Märkte für Finanzinstrumente und der Durchführungsrichtlinie der Kommission (Finanzmarktrichtlinie-Umsetzungsgesetz-FRUG) vom 16.07. 2007, BGBl. I, 2007, S. 1330 v. 19.07.2007 [kurz: FRUG].

41 Vgl. Zingel, in: von Böhlen/Kan (Hrsg.), MiFID Kompendium, S. 3, 9; Rozok, BKR 2007, S. 217, 217.

42 Wertpapierdienstleistungs- Verhaltens- und Organisationsverordnung – Verordnung zur Konkretisierung der Verhaltens und Organisationsanforderungen für Wertpapierdienstleistungsunternehmen (WpDVerOV) in der Fassung der Bekanntmachung vom 20. Juli 2007, BGBl. I, 2007, S. 1432, abrufbar unter www.bafin.de.

43 Gesetz zur Stärkung des Anlegerschutzes und Verbesserung der Funktionsfähigkeit des Kapitalmarkts (Anlegerschutz- und Funktionsverbesserungsgesetz) vom 5. April 2011, BGBl. I, 2011, S. 538 [kurz: AnsFUG].

*(3) Rundschreiben*

Um die Kaskade der wertpapieraufsichtsrechtlichen Normen zu vervollständigen, seien noch die „MaComp“[44] genannt, auf die unten näher eingegangen wird[45]. In den MaComp hat die BaFin ihre Verwaltungspraxis dargelegt. Dadurch wird eine im Vergleich zur Konkretisierung der Regelungen und Prinzipien des WpHG durch die WpDVerOV tiefer gehende zusätzliche Konkretisierungsstufe erreicht. Auch Regulierungsmomente, die ursprünglich aus der MiFID resultieren und die bereits im Rahmen der WpDVerOV eine Konkretisierung erfahren haben, werden in den MaComp erneut aufgegriffen. Anforderungen für Überwachungshandlungen durch die Wertpapier-Compliance und speziell die Organisationsanforderungen zur Überwachung der privaten Wertpapiertransaktionen der Mitarbeiter werden unter Verwendung praktischer Beispiele sehr ausführlich präzisiert.

## 2. Verwaltungsrechtsdogmatische Einordnung des Kapitalmarktrechts

Das Kapitalmarktrecht weist Bezugspunkte sowohl zum Privatrecht als auch zum öffentlichen Recht auf[46]. Dem Privatrecht sind diejenigen Regelungsmaterien zuzuordnen, die unmittelbar die Rechtsverhältnisse zwischen Kapitalmarktteilnehmern betreffen, also etwa Fragestellungen aus dem Prospektrecht oder aus dem Wertpapierübernahmerecht. Die überwiegende Mehrheit der Normen des Kapitalmarktrechts sind allerdings dem öffentlichen Recht zuzuordnen[47], so insbesondere bank- oder börsenaufsichtsrechtliche Fragestellungen aus dem Kreditwesengesetz, dem Wertpapierhandelsgesetz oder dem Börsengesetz. Das WpHG stellt insofern den Nukleus des deutschen Kapitalmarktrechts dar. Es regelt als Spezialgesetz zum generellen Bankaufsichtsrecht, das im Kreditwesengesetz normiert ist, die Aufsicht über Wertpapierdienstleistungsunternehmen zumeist

44 BaFin Rundschreiben 4/2010 (WA) – Mindestanforderungen an die Compliance-Funktion und die weiteren Verhaltens-, Organisations- und Transparenzpflichten nach §§ 31 ff. WpHG für Wertpapierdienstleistungsunternehmen (MaComp) vom 7. Juni 2010, abrufbar unter www.bafin.de [kurz: MaComp].

45 Siehe unten Kapitel B. II. 3. a) (2).

46 Vgl. Bröcker, in: Claussen, Bank- und Börsenrecht, § 6, Rn. 2; Buck-Heeb, Kapitalmarkrecht, § 1, Rn. 40.

47 Vgl. Kümpel, Kapitalmarktrecht, S. 112; Assmann, Heinz-Dieter, Das Verhältnis von Aufsichtsrecht und Zivilrecht im Kapitalmarktrecht, in: Burgard u. a. (Hrsg.), FS Schneider, S. 37, 38, wonach „der gesetzliche Normenbestand des Kapitalmarktrechts im Wesentlichen aus strafrechtlichen und öffentlich-rechtlich-aufsichtsrechtlichen Vorschriften besteht.“.

im Über-/Unterordnungsverhältnis. Es ist damit auch dem Aufsichtsrecht, speziell dem Recht der Finanzmarktaufsicht[48] zuzuordnen.

Bereits die Tatsache, dass es neben dem Kreditwesengesetz eine eigene Kodifizierung des Wertpapieraufsichtsrechts in Form des WpHG gibt, das seinerseits durch zahlreiche Rechtsverordnungen ergänzt wird, lässt darauf schließen, welch starkes öffentliches Interesse am Schutz der Funktionsfähigkeit des Kapitalmarkts besteht[49]. Die Besonderheit der Kapitalmarktregulierung im Vergleich zu anderen Bereichen des Wirtschaftsverwaltungsrechts liegt in der Bedeutung des Kapitalmarkts begründet. Der Kapitalmarkt ist „Markt über Märkte“[50]. Er entscheidet, vergleichbar etwa zur Haushaltsbewilligung durch das Parlament, das durch seine Freigabe die Politik im Übrigen erst ermöglicht, über die Funktionalität der realen Gütermärkte, die ohne das „Schmiermittel“ in Form von liquidem Kapital auf der Suche nach der effizienten Verwendung nicht funktionieren würden und insbesondere nicht effizient wären. Eine Dysfunktionalität des Kapitalmarkts strahlt unmittelbar auf die Gütermärkte der Realwirtschaft aus. Die Störung des Geschehens auf den Kapitalmärkten ist auch aus diesem Grund so gefährlich. Vor diesem Hintergrund ist es zu erklären, dass sich die Regulierung des Kapitalmarkts nicht auf die Gefahrenabwehr im Sinne des bloßen Wirtschaftaufsichtsrechts beschränkt, sondern dass im Rahmen der Kapitalmarktregulierung durch eine Kombination aus staatlicher und privater Regulierung ordnend auch im Sinne einer aktiven Gestaltung eingegriffen wird[51]. In diesem Zusammenhang wird auch von „Gewährleistungsaufsicht“[52] gesprochen.

Innerhalb der Systematik des öffentlichen Rechts gehört das Kapitalmarktrecht zum Wirtschaftsverwaltungsrecht[53], da die Normen des Kapitalmarktrechts zum Ziel haben, die Gefahr von Störungen der systematischen Abläufe der Wirtschaftsordnung zu minimieren[54]. Allerdings schafft das Kapitalmarktrecht auch positiv und aktiv die Voraussetzungen zur Teilhabe und der Wahrnehmung der Möglichkeiten eines freien Kapitalmarkts entsprechend der in der Europäischen Union als Ziel ausgegebenen sozialen Markwirtschaft auf der Basis insbesondere der Kapitalverkehrsfreiheit zum Wohle letztlich der Allgemeinheit. Die Gesetz-

---

48 Röhl, in: Fehling/Ruffert (Hrsg.), Regulierungsrecht, § 18, Rn. 1.

49 Vgl. Junker, Gewährleistungsaufsicht, S. 61.

50 Kämmerer, Selbstregulierung am Beispiel des Kapitalmarktrechts, in: Hopt/Veil/Kämmerer (Hrsg.), Kapitalmarktgesetzgebung, S. 145, 151.

51 Vgl. Kämmerer, Selbstregulierung am Beispiel des Kapitalmarktrechts, in: Hopt/Veil/Kämmerer (Hrsg.), Kapitalmarktgesetzgebung, S. 145, 151.

52 Vgl. Junker, Gewährleistungsaufsicht, S. 58.

53 Vgl. Ronellenfitsch/Maier, Die Wertpapierbörsen zwischen öffentlichem und privatem Recht, in: Kluth u. a. (Hrsg.), FS Stober, S. 449, 453.

54 Kümpel, Kapitalmarktrecht, S. 112.

gebung ist insoweit grundrechtsausgestaltend[55] und stellt insofern ein Funktionskorsett für eigenständiges Handeln der Marktteilnehmer mit Blick auf Gemeinwohlinteressen bereit.

In diesem Kontext ist das Kapitalmarktrecht dem Recht der „Regulierungsverwaltung"[56] zuzuordnen. Insbesondere die in den §§ 33 ff. WpHG normierten Organisationspflichten dienen ausschließlich dem Schutz der Allgemeinheit durch Schaffung der Voraussetzungen für effektive Kapitalmärkte und nicht dem Schutz einzelner Anleger[57]. Speziell im Zusammenhang mit dem Betrachtungsgegenstand dieser Arbeit, der im Kern um aufsichtsrechtliche Organisationsanforderungen[58] und deren Auswirkungen kreist, steht der öffentlich-rechtliche Charakter des Kapitalmarktrechts als Teil des Aufsichtsrechts[59] im Vordergrund. Die Regelungen ergänzen die behördlichen Überwachungsaufgaben, um zu gewährleisten, dass Wertpapierdienstleistungsunternehmen und ihre Mitarbeiter nicht gegen die Vorschriften des WpHG verstoßen[60].

Zweifel bei der Charakterisierung einzelner Normen des Wertpapierhandelsrechts können bei den §§ 31 ff. WpHG auftreten. So wird hierzu vertreten, dass die durch die MiFID eingeführten neuen Explorations- und Informationspflichten, die ihren Niederschlag in § 31 Abs. 3 WpHG i. V. m. § 5 WpDVerOV gefunden haben, eine „Doppelnatur"[61] aufweisen. Trotz der in den §§ 31 ff. WpHG enthaltenen Präzisierung von privatrechtlichen Pflichten und dem damit faktisch verbundenen Setzen eines Mindeststandards im Kundengeschäft und damit einhergehender zivilrechtlicher Implikationen sind aber auch diese Verhaltenspflichten grundsätzlich zwingendes[62] Aufsichtsrecht und damit öffentlich-rechtlicher Natur[63].

55 Bumke, Regulierung am Beispiel der Kapitalmärkte, in: Hopt/Veil/Kämmerer (Hrsg.), Kapitalmarktgesetzgebung, S. 107, 115.

56 Bumke, Regulierung am Beispiel der Kapitalmärkte, in: Hopt/Veil/Kämmerer (Hrsg.), Kapitalmarktgesetzgebung, S. 107, 108; a. A. Röhl, in: Fehling/Ruffert (Hrsg.), Regulierungsrecht, § 18, Rn. 42, der dem Recht der Finanzmarktaufsicht die Qualifizierung als „Regulierung im eigentlichen Sinne" abspricht.

57 Zimmermann, in: Fuchs (Hrsg.), WpHG-Kommentar, § 33, Rn. 6.

58 Schäfer, WM 2007, S. 1872, 1876.

59 Zimmermann, in: Fuchs (Hrsg.), WpHG-Kommentar, § 33b, Rn. 6.

60 Illing/Unmuß, CCZ 2009, S.1, 3.

61 Veil, Anlageberatung WM 2007, S. 1821, 1826; Jordans, BKR 2011, S. 456, 457.

62 Vgl. Schäfer, in: Heidel (Hrsg.), Aktienrecht, Vor §§ 31-37 WpHG, Rn. 3.

63 Eisele/Faust, in: Schimansky u. a. (Hrsg.), Bankrechts-Handbuch, § 109, Rn. 9; vgl. Podewils, ZBB 2011, S. 169, 174; Weller, ZBB 2011, S. 191, 193.

## 3. Kapitalmarktrechtliche Entwicklungen in Deutschland als Folge der Finanzmarktkrise

Der deutsche Gesetzgeber[64] und die deutsche Bankenaufsicht haben als Schlussfolgerung[65] aus der Finanzmarktkrise eine Vielzahl von Normen mit dem Ziel implementiert, die Wiederholung einer vergleichbaren Finanzmarktkrise in der Zukunft zu verhindern[66]. In Teilen gehen die dadurch implementierten Regelungen auf dem Gebiet der den Wertpapierdienstleistungsunternehmen auferlegten Verhaltens- und Organisationspflichten deutlich über die insofern zwingenden europarechtlichen Vorgaben[67] hinaus[68].

Unmittelbare gesetzgeberische Reaktion in Deutschland auf die Finanzmarktkrise war die Verabschiedung des Finanzmarktstabilisierungsgesetzes[69]. Das Finanzmarktstabilisierungsgesetz wurde flankiert durch das Finanzmarktstabilisierungsfondsgesetz[70] sowie der darauf basierenden Finanzmarktstabilisierungsfonds-Verordnung[71]. Durch diese Maßnahmen wurde beabsichtigt, die generelle Stabilität des Finanzmarkts sowie die Solvenz der Banken zu gewährleisten.

Als Reaktion auf die Finanzmarktkrise ist auf dem Gebiet des Anlegerschutzes auch die Änderung des WpHG in Form der Einführung der Verpflichtung der Wertpapierdienstleistungsunternehmen zur Erstellung von Beratungsprotokollen im Rahmen von Anlageberatungen nach § 34 Abs. 2a WpHG und § 14 Abs. 6

---

64 Zu möglichen künftigen kapitalmarktrechtlichen Entwicklungen auf europäischer Ebene als Folge der Finanzmarktkrise vgl. Oulds, in: Kümpel/Wittig (Hrsg.), Bank- und Kapitalmarktrecht, Rn. 14.20 ff; zu Entwicklungen in der Schweiz vgl. Fahrländer, ZBB 2011, S. 222, 222 ff.

65 Vgl. hierzu kritisch Oehlrich u. a., ZRP 2011, S. 40, 44, wo Effektivität und Effizienz anstatt Masse eingefordert werden.

66 Vgl. Sethe, Anlegerschutz ZBB 2010, S. 265, 266; Günther/Zenefels, ZBB 2011, S. 230, 231; Podewils, ZBB 2011, S. 169, 172; Jahn, CCZ 2011, S. 139, 140; Bachmann, AG 2011, S.181, 181, wo von „Regulierungsschub" die Rede ist sowie Koch, in: FS Möschel, S. 1193, 1195 f.

67 Vgl. Veil, Aufsicht über die Kapitalmärkte in Europa, Regelungskonzepte und Grundlinien für die Entwicklung aufsichts- und zivilrechtlicher Instrumente, in: Grundmann u. a. (Hrsg.), FS Hopt, S. 2641, 2642 im Zusammenhang mit Transparenzvorschriften des WpHG; Halbleib, WM 2011, S. 673, 674.

68 Kritisch zur Gesetzgebungskompetenz des deutschen Gesetzgebers zur Einfügung von § 34 Abs. 2a WpHG vgl. Möllers, Anlegerschutz im System des Kapitalmarktrechts, in: Grundmann u. a. (Hrsg.), FS Hopt, S. 2247, 2251.

69 Gesetz zur Umsetzung eines Maßnahmenpakets zur Stabilisierung des Finanzmarktes (Finanzmarktstabilisierungsgesetz – FMStG) vom 17.10.2008, BGBl. I, 2008, S. 1982 (Nr. 46).

70 Gesetz zur Errichtung eines Finanzmarktstabilisierungsfonds (Finanzmarktstabilisierungsfondsgesetz – FMStFG) vom 17.10.2008, BGBl. I, 2008, S. 1982 (Nr. 46).

71 Verordnung zur Durchführung des Finanzmarktstabilisierungsfondsgesetzes (Finanzmarktstabilisierungsfonds-Verordnung – FMStFV) vom 20. Oktober 2008, abrufbar unter www.bundesfinanzministerium.de.

WpDVerOV im Verhältnis zu Privatkunden zu werten, die im Rahmen des als Artikelgesetz ausgestalteten Schuldverschreibungsgesetzes[72] in das WpHG eingefügt worden ist[73]. Die implementierten Protokollpflichten haben trotz zivilrechtlicher Implikationen im Zusammenhang mit dem zivilrechtlichen Anspruch auf Herausgabe nach § 34 Abs. 2b WpHG aufsichtsrechtlichen Charakter[74]. Die Implementierung dieser Protokollierungspflicht, die keine entsprechende europarechtliche Vorgabe umsetzt, sondern ausschließlich durch den deutschen Gesetzgeber initiiert und umgesetzt wurde, ist insbesondere wegen des damit verbundenen immensen bürokratischen Aufwandes und der zweifelhaften Eignung, Vertrauen in die Stabilität des Kapitalmarkts zu schaffen, umstritten[75].

Sodann wurden unterschiedliche Regelungen im Themenumfeld des Verbotes von Leerverkäufen zunächst durch die BaFin auf der Grundlage von § 4 Abs. 1 WpHG implementiert[76], und in 2010 letztlich in Form der §§ 30h und 30j in das WpHG im Zuge des Erlasses des Gesetzes zur Vorbeugung gegen missbräuchliche Wertpapier- und Derivategeschäfte[77] einfügt. Danach ist das Eingehen ungedeckter Leerverkaufspositionen[78] von Aktientiteln, die an einer inländischen Börse zum Handel im regulierten Markt zugelassen sind sowie von Schuldtiteln von Staaten der Eurozone und von ungedeckten Bonitätsabsicherungsgeschäften, die eine Verbindlichkeit eines Staates der Eurozone als Referenzverbindlichkeit haben[79] sowie der Abschluss ungedeckter Kreditausfallversicherungen ohne das Bestehen eines eigenen Absicherungszwecks auf Verbindlichkeiten in Euro von öffentlichen Gebietskörperschaften untersagt[80].

72 Gesetz zur Neuregelung der Rechtsverhältnisse bei Schuldverschreibungen aus Gesamtemissionen und zur verbesserten Durchsetzbarkeit von Ansprüchen von Anlegern aus Falschberatung vom 5.8.2010, BGBl. I, 2010, S. 2512).

73 Vgl. hierzu Schwintowski, BankR, § 16, Rn. 33 ff.; Einsele, Bank- und Kapitalmarktrecht, § 8, Rn. 39a; Weber, in: Fischer/Klanten (Hrsg.), Bankrecht, Rn. 11.317 ff; Koller, Beratung und Dokumentation nach dem § 34 Abs. 2a WpHG, in: Burgard u. a. (Hrsg.), FS Schneider, S. 651, 658 ff; Hannöver, in: Schimansky u. a. (Hrsg.), Bankrechts-Handbuch, § 110, Rn. 88 ff.

74 Leuering/Zetsche, NJW 2009, S. 2856, 2858.

75 Vgl. Seyfried, in: Kümpel/Wittig (Hrsg.), Bank- und Kapitalmarktrecht, Rn. 3.256 ff., der von „parteiübergreifendem Aktionismus" im Zusammenhang mit dem diesbezüglichen Gesetzgebungsverfahren spricht; vgl. auch Beck, Das Chamäleon Anlegerschutz oder „Worüber reden wir eigentlich?", in: Burgard u. a. (Hrsg.), FS Schneider, S. 89, 111, 4. Spiegelstrich.

76 Vgl. Müller, in: Heidel (Hrsg.), Aktienrecht, § 4 WpHG, Rn. 5.

77 Gesetz zur Vorbeugung gegen missbräuchliche Wertpapier- und Derivategeschäfte vom 21.07.2010, BGBl. I, 2010, S. 945.

78 Vgl. Günther/Zenefels, ZBB 2011, S. 230, 232.

79 Vgl. Ludewig, in: Heidel (Hrsg.), Aktienrecht, § 30h WpHG, Rn. 1 ff; vgl. auch Findeisen/Tönningsen, WM 2011, S. 1405, 1405 ff.

80 Vgl. Litten/Bell, WM 2011, S. 1109, 1109; vgl. Ludewig, in: Heidel (Hrsg.), Aktienrecht, § 30j WpHG, Rn. 1.

Einen vorläufigen Höhepunkt hat die deutsche Kapitalmarktregulierung jüngst durch den Erlass des AnsFuG erfahren. Im Kern soll durch dieses Gesetz das Vertrauen in die Funktionsfähigkeit der Kapitalmärkte dadurch gestärkt[81] werden, dass sich die Anleger im Zusammenhang mit Anlageberatungen darauf verlassen können sollen, für sie passende Produkte empfohlen zu bekommen[82]. Das AnsFuG stärkt über die Vorgabe einer Mindestqualifizierung der Anlageberater die Aufsichtsbehörden[83], da es diesen ermöglicht wird, durch die Auswertung der in Folge des Gesetzes anzulegenden Datenbanken Missstände schneller zu identifizieren und zu beseitigen[84]. Diese Sicherheit soll die Anleger dazu bewegen, Geld in Kapitalmarktprodukte zu investieren und auf diese Art und Weise zur optimalen Allokation der Ressource Kapital beizutragen.

Durch dieses Gesetz wurden sowohl das WpHG als auch die WpDVerOV um Vorschriften zur Zuverlässigkeit der Anlageberater und zur Verschärfung des Beschwerdewesens in den Wertpapierdienstleistungsunternehmen ergänzt. Weiterhin wurde § 34d WpHG eingeführt, der umfangreiche Meldepflichten hinsichtlich der von den Wertpapierdienstleistungsunternehmen in den Geschäftsfeldern Anlageberatung[85], Vertriebssteuerung sowie Compliance eingesetzten Mitarbeiter vorsieht[86]. In diesem Kontext wird das Anlegerschutz- und Funktionsverbesserungsgesetz von der WpHG-Mitarbeiteranzeigeverordnung[87] flankiert, die genaue Vorgaben über die Form und den Inhalt der in diesem Zusammenhang vorzunehmenden Meldungen macht. Das AnsFuG hat umfangreiche bürokratische und organisatorische Aufwände, insbesondere im Zusammenhang mit den für die Durchführung einer Anlageberatung zwingend zu verwendenden Produktinformationsblättern[88], in den Wertpapierdienstleistungsunternehmen verursacht[89].

---

81 Vgl. Renz/Rippel, BKR 2011, S. 235, 235.

82 Die durch das AnsFuG in das WpHG eingeführten Regelungen zu offenen Immobilienfonds oder zur Verbesserung der Beteiligungstransparenz – vgl. dazu Cascante/Bingel, NZG 2011, S. 1086, 1086 ff., sowie Krause, AG 2011, S. 469, 474 ff. – spielen für den Betrachtungsgegenstand dieser Arbeit keine Rolle.

83 Begner/Flutgraf, BaFin Journal 2011, S. 6.

84 Vgl. Möllers/Wenninger, NJW 2011, S. 1697, 1697; Wagner, NZG 2011, S. 609, 609.

85 Vgl. Halbleib, WM 2011, S. 673, 673.

86 Vgl. Rößler/Yoo, BKR 2011, S. 377, 378 f.

87 Vgl. Verordnung über den Einsatz von Mitarbeitern in der Anlageberatung, als Vertriebsbeauftragte und Compliance-Beauftragte und die Anzeigepflichten nach § 34d des Wertpapierhandelsgesetzes (WpHG-Mitarbeiteranzeigeverordnung – WpHGMaAnzV) vom 21. Dezember 2011, BGBl. I, 2011, S. 3116, abrufbar unter www.bafin.de [kurz: WpHGMaAnzV].

88 Zu den Einzelheiten vgl. Preuße/Schmidt, BKR 2011, S. 265, 266 ff.; vgl. auch Köndgen, BKR 2011, S. 283, 285, wo diese Sachverhalte als „hauptsächlich populistisches Brimborium wie Beipackzettel oder manipulationsgefährdete Beratungsprotokolle" bezeichnet werden, sowie Koller, ZBB 2011, S. 361, 372 wonach der „neuralgische Punkt" darin bestehe, dass das Proto-

Sachverhalte der Kapitalmarktregulierung bestimmen auch zunehmend auf internationaler Ebene die Tagesordnungen etwa der G-20-Treffen[90]. Zu nennen sind hier die sog. Pittsburgh-Beschlüsse der G-20 im November 2009. Diese haben die Vergütung der Mitarbeiter der systemrelevanten Banken im Fokus[91] und fordern im Kern eine auf Nachhaltigkeit ausgerichtete Struktur der variablen Vergütung. Die Inhalte wurden in Deutschland in Form der Instituts-Vergütungsverordnung[92] umgesetzt.

Für die nähere Zukunft bedeutsam wird die Umsetzung der aktuell in der Konsultation befindlichen Neufassung der MiFID.

## II. Die Regelungsmechanismen der Überwachung

Die Überwachung der Mitarbeitergeschäfte nach § 33b WpHG ist nur einer von vielen Mechanismen, die im Rahmen der Aufsicht über den Kapitalmarkt zur Anwendung kommen. Allerdings ist die Überwachung der privaten Wertpapiertransaktionen der Mitarbeiter von Wertpapierdienstleistungsunternehmen häufig die Basis dafür, die Wirksamkeit der anderen Überwachungsmechanismen sicherzustellen. Es erfolgt daher zunächst ein Überblick über die grundsätzlichen Überwachungsmechanismen, die das WpHG enthält. Anschließend kann die in § 33b WpHG vorgeschriebene Überwachung der Mitarbeitergeschäfte in das Gesamtgefüge der Überwachungsmechanismen eingeordnet werden. Des Weiteren können Wechselwirkungen der Überwachung der Mitarbeitergeschäfte zu den anderen Überwachungsmechanismen auch vor dem Hintergrund möglicher Eingriffe in grundrechtlich geschützte Positionen herausgearbeitet werden.

Die Mechanismen der Kapitalmarktüberwachung nach dem WpHG können in vier Kategorien unterteilt werden. Zum einen statuiert das WpHG Meldepflich-

---

koll vom Berater erstellt werde und deshalb manipulationsgefährdet sei; zur mangelnden Bereitschaft des Gesetzgebers, „brisante Fragestellungen" anzugehen, vgl. auch Assmann, AnwaltSpiegel 2011, S. 3, 5.

89 A. A. Halbleib, WM 2011, S. 673, 673, der vertritt, dass die praktischen Auswirkungen dieser Vorschrift für Banken und Sparkassen gering ausfallen würden. Dieser Ansicht kann nicht gefolgt werden. Bereits die Schaffung der IT-Infrastruktur, die notwendig ist, um die nach der WpHGMaAnzV an die BaFin zu liefernden Daten bereitstellen zu können, ist mit erheblichen und kostenintensiven Anpassungen der internen Abläufe bei den betroffenen Wertpapierdienstleistungsunternehmen verbunden. Entsprechendes gilt für die revisionssichere Dokumentation der Qualifizierungsnachweise.

90 Vgl. Hemeling, ZHR 2011, S. 368, 374 f.

91 Vgl. Diller/Arnold, ZIP 2011, S. 837, 837 sowie Dzida/Naber, BB 2011, S. 2613, 2613.

92 Verordnung über die aufsichtsrechtlichen Anforderungen an Vergütungssysteme von Instituten (Instituts-Vergütungsverordnung – InstitutsVergV) vom 6.10.2010, BGBl. I, 2010, S. 1374.

ten, im Rahmen derer den staatlichen Aufsichtsbehörden Informationen übermittelt werden, die diese im Anschluss für darauf aufbauende Überwachungshandlungen nutzen. Zum anderen legt das WpHG den Kapitalmarktteilnehmern Verhaltenspflichten auf, die nach dem Willen des Gesetzgebers zu für den Kapitalmarkt förderlichen Verhaltensweisen der Akteure auf den Kapitalmärkten führen sollen. Schließlich statuiert das WpHG Organisationspflichten, die die am Kapitalmarkt aktiven Wertpapierdienstleistungsunternehmen umzusetzen haben, um Gewähr dafür zu bieten, dass interessenkonfliktfreies Agieren an den Kapitalmärkten möglich gemacht wird. Zuletzt resultieren aus dem WpHG Dokumentationspflichten, die die Überprüfung der anderen Pflichten durch die Aufsichtsbehörden oder die Wirtschaftsprüfer ermöglichen sollen.

## 1. Meldepflichten

Basis für jede Überwachungsmaßnahme ist eine ausreichende Informationsgrundlage hinsichtlich des zu überwachenden Sachverhalts. Durch die Implementierung von Meldepflichten soll die „größtmögliche Kapitalmarktpublizität"[93] angestrebt werden. Das Kapitalmarktrecht statuiert deshalb im WpHG umfangreiche Melde- und Anzeigepflichten für die Marktteilnehmer, um es den Aufsichtsinstanzen zu ermöglichen, Kenntnis über die Finanzmarktvorgänge und Transaktionen zu erhalten[94].

### a) Meldepflicht nach § 9 WpHG

Nach § 9 WpHG haben Wertpapierdienstleistungsunternehmen der BaFin insbesondere alle Geschäfte in Finanzinstrumenten anzuzeigen, die zum Handel an einem organisierten Markt zugelassen oder in den regulierten Markt oder den Freiverkehr einer inländischen Börse einbezogen sind[95]. Die Anzeige hat spätestens an dem auf den Tag des Geschäftsabschlusses folgenden Werktag zu erfolgen. Von der Anzeigepflicht umfasst sind auch Geschäfte hinsichtlich Rechten auf Zeichnung von Wertpapieren, sofern diese Wertpapiere an einem organisierten Markt oder im Freiverkehr gehandelt werden. Entsprechendes gilt für Geschäfte in Aktien und Optionsscheinen, bei denen ein Antrag auf Zulassung zum Handel an einem organisierten Markt oder auf Einbeziehung in den regulierten Markt oder den Freiverkehr gestellt oder öffentlich angekündigt ist. § 9 WpHG wird

93 Fleischer, ZIP 2002, S. 1217, 1218.
94 Vgl. Röhl, in: Fehling/Ruffert (Hrsg.), Regulierungsrecht, § 18, Rn. 54.
95 Vgl. Seyfried, in: Kümpel/Wittig (Hrsg.), Bank- und Kapitalmarktrecht, Rn. 3.45.

durch die Wertpapierhandelsanzeige- und Insiderverzeichnisverordnung[96] ergänzt, in der ein genaues Meldeformat[97] definiert wird.

Regelungszweck von § 9 WpHG ist es, die staatlichen Aufsichtsinstanzen in die Lage zu versetzen, stets vollständige Informationen über börsliche und außerbörsliche Geschäftsaktivitäten mit Kapitalmarktbezug zu erhalten, um auf dieser Basis eine umfassende und systematische Kapitalmarktaufsicht gewährleisten zu können[98]. Die in § 9 WpHG implementierte Meldepflicht ist im Zusammenhang mit § 4 Abs. 3 WpHG als zentrale Befugnisnorm zu sehen[99], auf deren Basis die BaFin nach der Erlangung von Verdachtsmomenten Ermittlungen aufnehmen kann. Über das Prinzip einer vollumfänglichen Meldung soll es einer zentralen Stelle ermöglicht werden, effizient zu überwachen. Ohne diesen umfassenden und stetigen Zufluss von Daten wäre die BaFin auf Zufallsfunde beschränkt und könnte Sachverhalten nicht auf der Basis eigener Nachforschungen, Bewertungen und Erkenntnisse auf den Grund gehen[100]. Insoweit ist eine Parallele zur Überwachung von Mitarbeitergeschäften nach § 33b WpHG zu erkennen, denn auch in dieser Konstellation hat eine zentrale Stelle innerhalb des Wertpapierdienstleistungsunternehmens Meldungen entgegenzunehmen, um auf der Basis eines umfassenden Überblicks Überwachungshandlungen koordinieren zu können.

### b) Anzeigepflicht nach § 10 WpHG

Nach § 10 WpHG sind Wertpapierdienstleistungsunternehmen dazu verpflichtet, der BaFin gegenüber unverzüglich anzuzeigen, wenn sie Tatsachen feststellen, die den Verdacht begründen, dass mit einem Geschäft über Finanzinstrumente gegen ein Verbot oder Gebot nach §§ 14, 20a, 30h oder 30j WpHG verstoßen wird, wobei andere Personen als staatliche Stellen und solche, die auf Grund ihres Berufs einer gesetzlichen Verschwiegenheitspflicht unterliegen, von der Anzeige oder von einer daraufhin eingeleiteten Untersuchung nicht informiert werden dürfen, um die Gefahr von Verdunkelungshandlungen zu minimieren[101]. Die

---

96 Verordnung zur Konkretisierung von Anzeige-, Mitteilungs- und Veröffentlichungspflichten sowie der Pflicht zur Führung von Insiderverzeichnissen nach dem Wertpapierhandelsgesetz (Wertpapierhandelsanzeige- und Insiderverzeichnisverordnung – WpAIV) vom 13. Dezember 2004, BGBl. I, 2004, S. 3376 [kurz: WpAIV].

97 Vgl. Müller, in: Heidel (Hrsg.), Aktienrecht, § 9 WpHG, Rn. 5; Kümpel/Veil, WpHG, 3. Teil, Rn. 72 (S. 82).

98 Schlette/Bouchon, in: Fuchs (Hrsg.), WpHG-Kommentar, § 9, Rn. 1.

99 Vgl. Gebauer, in: Fischer/Klanten (Hrsg.), Bankrecht, Rn. 11.132.

100 Döhmel, in: Assmann/Schneider (Hrsg.), WpHG, § 9, Rn. 1.

101 Vgl. Müller, in: Heidel (Hrsg.), Aktienrecht, § 10 WpHG, Rn. 2.

auch als „whistle-blowing“ bezeichnete[102] Anzeigepflicht dient der Abwehr bestehender „Gefahren für die Integrität des Kapitalmarktes“[103].

Es handelt sich um eine Inpflichtnahme Privater für die Zwecke einer staatlichen Kapitalmarktüberwachung[104], die erneut die BaFin in ihrer Aufgabenerfüllung unterstützen soll. Durch die Norm und dem in ihr enthaltenen Meldemechanismus sollen sowohl die staatliche Aufsicht als auch die Strafverfolgungsbehörden in die Lage versetzt werden, ihren Aufgaben durch die Nutzung der Aktivitäten von privaten Wertpapierdienstleistungssystemen mit einem hohen Wirkungsgrad nachkommen zu können und somit neben der Gewährleistung der Schaffung der Voraussetzungen eines effektiven Kapitalmarktes durch präventive Abschreckung auch das Moment der Erleichterung der Verfolgung bereits begangener Gesetzesverstöße im Rahmen der Strafverfolgung zu stärken[105]. Die Vorschrift hat demnach sowohl einen präventiven als auch einen repressiven Charakter[106].

## 2. Verhaltenspflichten

Die in §§ 31 ff. WpHG enthaltenen Verhaltensregeln machen den Wertpapierdienstleistungsunternehmen insbesondere auf dem Gebiet der Anlageberatung enge Vorgaben zu deren Durchführung und sehen formale Prozesse zur Dokumentation von Anlageberatungsgesprächen vor. Ziel der rigiden Vorschriften ist es, dem Anleger das für ihn passende Anlageprodukt unabhängig von kollidierenden Interessen des Wertpapierdienstleistungsunternehmens zukommen zu lassen. Vordergründig geht es somit um Anlegerschutz des Individuums. Aber der tiefere Sinn der gesetzlichen Regelungen liegt auch hier darin, ein generelles Vertrauen in den Kapitalmarkt zu fördern, um somit die optimale Allokation des vorhandenen Anlagekapitals zu gewährleisten und auf diese Art und Weise die Produktivität der Volkswirtschaft zu erhöhen. Die Einhaltung der auch als Wohlverhaltensregeln bezeichneten Verhaltenspflichten werden über die Einbeziehung in den Prüfungskatalog des nach § 36 WpHG zu erstellenden Prüfberichts von der BaFin überwacht[107]. Die Verhaltenspflichten können dem Mechanismus der Aufklärungspflichten als dem am meisten dominanten „Instrumentarium des

102 Vgl. Seyfried, in: Kümpel/Wittig (Hrsg.), Bank- und Kapitalmarktrecht, Rn. 3.49.
103 Schwintek, WM 2005, S. 861, 863.
104 Schlette/Bouchon, in: Fuchs (Hrsg.), WpHG-Kommentar, § 10, Rn. 2.
105 Vgl. Heinrich, in: Hirte/Möllers (Hrsg.), KK-WpHG, § 10, Rn. 3.
106 Vgl. Vogel, in: Assmann/Schneider (Hrsg.), WpHG, § 10, Rn. 4.
107 Vgl. Veil, Vermögensverwaltung und Anlageberatung ZBB 2008, S. 34, 36.

Kapitalmarktrechts"[108] zugeordnet werden. Transparenz ist der Schlüssel zum effizienten Kapitalmarkt[109].

Nach § 31 Abs. 1 Nr. 1 WpHG ist ein Wertpapierdienstleistungsunternehmen dazu verpflichtet, bei der Erbringung von Wertpapierdienstleistungen und Wertpapiernebendienstleistungen die erforderliche Sachkenntnis, Sorgfalt und Gewissenhaftigkeit im Interesse seiner Kunden walten zu lassen. Die Vertragsfreiheit wird somit vor dem Hintergrund der Bedeutung der Funktionsfähigkeit des Kapitalmarkts eingeschränkt. Ein Wertpapierdienstleistungsunternehmen hat sich zudem nach § 31 Abs. 1 Nr. 2 WpHG darum zu bemühen, Interessenkonflikte im Zusammenhang mit der Erbringung von Wertpapierdienstleistungen an seine Kunden zu vermeiden[110].

Wenn die organisatorischen Vorkehrungen innerhalb des Wertpapierdienstleistungsunternehmens nicht ausreichen, um Interessenkonflikte im Sinne des Kunden adäquat zu minimieren, sind die Herkunft und die Arten von möglichen, in diesem Zusammenhang beim Wertpapierdienstleistungsunternehmen auftauchenden Interessenkonflikten eindeutig darzulegen. Dies ist beispielsweise dann der Fall, wenn das Wertpapierdienstleistungsunternehmen Zuwendungen für den Vertrieb eines Finanzinstruments im Rahmen der Anlageberatung erhält[111]. Dem jeweiligen Kunden wird es so ermöglicht, auf dieser Basis abzuwägen, ob die jeweilige Wertpapierdienstleistung überwiegend im Kundeninteresse oder möglicherweise doch hauptsächlich im Interesse des Wertpapierdienstleistungsunternehmens erbracht wird. Mittels der Wohlverhaltensregeln soll der Kunde durch transparente Aufklärung in die Lage versetzt werden, „eine seinen persönlichen Verhältnissen und Anlagezielen"[112] gerechte Anlageentscheidung treffen zu können. Es handelt sich um eine Regelung von Interessenkonflikten, einer der zentralen Problemstellungen im Rahmen von Wertpapierdienstleistungen[113].

Das Gebot der Transparenz setzt sich auch in § 31 Abs. 2 WpHG fort, wonach Informationen, die das Wertpapierdienstleistungsunternehmen seinen Kunden zugänglich macht, redlich und eindeutig sein müssen und nicht in die Irre führen dürfen. Dies gilt insbesondere für Werbemitteilungen, im Rahmen derer Kunden durch das Wertpapierdienstleistungsunternehmen zur Inanspruchnahme von Wertpapierdienstleistungen animiert werden sollen. Nach § 31 Abs. 3 WpHG

---

108 Vgl. Möllers, Anlegerschutz im System des Kapitalmarktrechts, in: Grundmann u. a. (Hrsg.), FS Hopt, S. 2247, 2250.

109 Vgl. Röhl, in: Fehling/Ruffert (Hrsg.), Regulierungsrecht, § 18, Rn. 41.

110 Schäfer, in: Heidel (Hrsg.), Aktienrecht, § 31 WpHG, Rn. 20; Spindler, NJW 2011, S. 1920, 1921.

111 Vgl. Assmann, ZBB 2008, S. 21, 28.

112 Vgl. Veil, Vermögensverwaltung und Anlageberatung ZBB 2008, S. 34, 36.

113 Bracht, ZBB 2008, S. 33, 34.

muss ein Wertpapierdienstleistungsunternehmen seine Kunden rechtzeitig und in verständlicher Form in einer Art und Weise informieren, dass diese die Art und die Risiken einer Wertpapierdienstleistung, die sie beim Wertpapierdienstleistungsunternehmen in Anspruch nehmen möchte, verstehen können[114]. Dies hat zunächst Informationen über das Wertpapierdienstleistungsunternehmen selbst und die von ihm erbrachten Dienstleistungen zu umfassen, sodann die Arten von Finanzinstrumenten, die vorgeschlagenen Anlagestrategien inklusive der damit verbundenen Risiken, die Ausführungsplätze sowie letztlich die mit der Erbringung der Wertpapierdienstleistungen verbunden Kosten und Nebenkosten.

Hinsichtlich der Anlageberatung erhöht sich die Regelungsdichte erneut[115]. Im Zusammenhang mit der Anlageberatung ist das Wertpapierdienstleistungsunternehmen verpflichtet, vom Kunden umfassende Informationen über die Kenntnisse und Erfahrungen sowie die Anlageziele und die finanziellen Verhältnisse des Kunden einzuholen, denn nur auf dieser umfassenden Informationsbasis darf dem Kunden ein für ihn geeignetes Finanzinstrument empfohlen oder eine für ihn geeignete Wertpapierdienstleistung erbracht werden. Aspekte wie Anlagerisiken sowie die Frage danach, ob der Kunde diese Risiken vor dem Hintergrund seiner aktuellen finanziellen Situation tragen kann, sind ebenso einzubeziehen wie die Frage danach, ob der Kunde die mit einem konkreten Anlagevorschlag verbunden Anlagerisiken tatsächlich versteht.

Generell sind nach § 31 Abs. 5 WpHG vor der Erbringung von Wertpapierdienstleistungen beim Kunden Informationen über Kenntnisse und Erfahrungen einzuholen, um beurteilen zu können, ob ein Finanzinstrument oder eine Wertpapierdienstleistung für den Kunden angemessen ist, was sich danach beurteilt, ob ein Kunde auf der Grundlage seiner Kenntnisse und Erfahrungen bezüglich des in Rede stehenden Finanzinstruments oder der in Rede stehenden Wertpapierdienstleistung beurteilen kann, ob die diesbezüglichen Risiken aus seiner Perspektive angemessen beurteilt werden können.

Auch in diesem Zusammenhang unterstützt die systematische Überwachung der Mitarbeitergeschäfte im Wertpapierdienstleistungsunternehmen auf der Basis von § 33b WpHG die Einhaltung der Verhaltenspflichten, da beispielsweise regelmäßig überwacht wird, ob Mitarbeiter Frontrunning betreiben und vor diesem Hintergrund dem Kunden Finanzinstrumente nicht primär im Kundeninteresse, sondern im Eigeninteresse der privaten Gewinnabsicht des Mitarbeiters

114 Vgl. Weichert/Wenninger, WM 2007, S. 627, 633; Einsele, JZ 2008, S. 477, 478.

115 Vgl. Veil, Vermögensverwaltung und Anlageberatung ZBB 2008, S. 34, 38; vgl. auch Buck-Heeb, BKR 2011, S. 441, 449, wenn auch mit Fokus auf zivilrechtliche Aspekte, sowie Klein, WM 2011, S. 2117, 2117.

empfohlen werden. Es zeigt sich erneut die Vernetzung der unterschiedlichen im WpHG implementierten Überwachungsprinzipien.

## 3. Organisationspflichten

Die Organisationspflichten des WpHG sind in einer Art und Weise ausgestaltet, dass sie den Wertpapierdienstleistungsunternehmen genaue Vorgaben zu ihrer Aufbau- und Ablauforganisation[116] anhand fest definierter Parameter machen. Die Implementierung aufsichtsrechtlicher Organisationspflichten haben zum Ziel, den staatlichen Aufsichtsbehörden die Überwachung der Organisation der Wertpapierdienstleistungsunternehmen zu ermöglichen[117]. Im Kontext von § 33 WpHG wird letztlich das Ziel verfolgt, über generelle Vorgaben zum Aufbau des Wertpapierdienstleistungsunternehmens Einfluss auf das individuelle Geschäft zu nehmen, um allgemeinwohlwidrige Momente zu vermeiden[118]. Wie zu zeigen sein wird, gehen damit zwangsläufig Eingriffe in grundrechtlich geschützte Positionen unterschiedlicher Grundrechtsträger einher.

### a) Generelle Organisationspflichten

Generelle Organisationspflichten speziell für Wertpapierdienstleistungsunternehmen sind einerseits im WpHG fixiert und werden andererseits durch die oben bereits erwähnten[119] Mindestanforderungen an die Compliance-Funktion und die weiteren Verhaltens-, Organisations- und Transparenzpflichten nach §§ 31 ff. WpHG für Wertpapierdienstleistungsunternehmen (MaComp) konkretisiert.

#### *(1) § 33 WpHG*

Die generelle[120] oder allgemeine[121] Organisationsnorm mit Bezug auf Wertpapier-Compliance ist § 33 WpHG[122]. Die in § 33 WpHG geregelten Organisa-

116 Vgl. Rothenhöfer, in: Kümpel/Wittig (Hrsg.), Bank- und Kapitalmarktrecht, Rn. 3.356 ff.

117 Sethe, Organisationspflichten ZBB 2007, S. 421, 431.

118 Vgl. Röhl, in: Fehling/Ruffert (Hrsg.), Regulierungsrecht, § 18, Rn. 71.

119 Siehe Fn. 44.

120 Vgl. Meyer/Paetzel, in: Hirte/Möllers (Hrsg.), KK-WpHG, § 33, Rn. 1, wo von „allgemeinen Organisationspflichten“ die Rede ist; Held, in: Ellenberger u. a. (Hrsg.), Praktikerhandbuch, Rn. 1647.

121 Vgl. Fett, in: Schwark/Zimmer (Hrsg.), KMRK, § 33 Rn. 1, S. 1718.

122 Vgl. Sethe, Organisationspflichten ZBB 2007, S. 421, 427.

tionspflichten ergänzen vorerwähnte Verhaltenspflichten[123] und sollen die aufbau- und ablauforganisatorischen Voraussetzungen innerhalb eines Wertpapierdienstleistungsunternehmens zum Zweck der optimalen Verwirklichung dieser Verhaltenspflichten schaffen. Ziel der ursprünglichen Einführung des § 33 in das WpHG war es, die Grundzüge einer Compliance-Organisation verbindlich für Wertpapierdienstleistungsunternehmen im Geltungsbereich des WpHG vorzuschreiben[124], wenngleich, wie bereits gezeigt, der explizite Begriff „Compliance" erst durch die Änderung von § 33 WpHG durch das FRUG Eingang in den Gesetzestext gefunden hat. Ziel der Implementierung einer Compliance-Organisation in Wertpapierdienstleistungsunternehmen ist es wiederum, die Wahrscheinlichkeit einer Schädigung der Kunden des Wertpapierdienstleistungsunternehmens so niedrig wie möglich zu halten[125]. In Verbindung mit der WpDVerOV bildet § 33 WpHG den Maßstab für die Binnenorganisation des Wertpapierdienstleistungsunternehmens[126]. Da die generalklauselartigen Inhalte von § 33 WpHG zwischenzeitlich durch dezidierte Ausführungen in den MaComp spezifiziert worden sind, kann auf eine separate Darstellung der gesetzlichen Tatbestandsvoraussetzungen verzichtet werden. Die materiellen Regelungsinhalte von § 33 WpHG werden im Zuge der nachstehend zu erörternden Präzisierungen derselben durch die MaComp vorgenommen.

Auf die konkrete Ausgestaltung der durch § 33 WpHG vorgegebenen Organisationspflichten in den Wertpapierdienstleistungsunternehmen wird unten ausführlicher einzugehen sein[127].

### *(2) MaComp*

Die MaComp können als Meilenstein in der Kapitalmarktregulierung in Deutschland bezeichnet werden. Wie bereits erwähnt, konkretisieren sie die generellen Organisationspflichten eines Wertpapierdienstleistungsunternehmens auf dem Gebiet der Wertpapier-Compliance. Die MaComp sind daher für die konkrete Ausgestaltung der Überwachungshandlungen zentral und spielen für deren praktische Umsetzung[128] eine wesentliche Rolle. Deshalb sind Entstehungsgeschichte und Zielrichtung nachstehend darzustellen.

---

123 Vgl. Seyfried, in: Kümpel/Wittig (Hrsg.), Bank- und Kapitalmarktrecht, Rn. 3.245.

124 Fuchs, in: Fuchs (Hrsg.), WpHG-Kommentar, § 33, Rn. 3.

125 Vgl. Meyer/Paetzel, in: Hirte/Möllers (Hrsg.), KK-WpHG, § 33, Rn. 2.

126 Koller, in: Assmann/Schneider (Hrsg.), WpHG, § 33, Rn. 1.

127 Siehe unten Kapitel C. V.

128 Veil, in: Veil (Hrsg.), Europäisches Kapitalmarktrecht, § 2, Rn. 92; siehe dazu ausführlich unten Kapitel C. V.

(a) Entstehungsgeschichte

Die MaComp[129] wurden durch die BaFin am 7. Juni 2010 in Form eines Rundschreibens veröffentlicht[130]. Sie bilden das Kondensat der bisherigen Veröffentlichungen durch staatliche Aufsichtsinstanzen der beiden vergangenen Dekaden zu Fragen der Auslegung des WpHG, insbesondere zu Fragen der Auslegung der heute im 6. Abschnitt des WpHG geregelten Verhaltenspflichten und dem insofern zentralen § 33 WpHG. Die MaComp konkretisieren auch speziell den Anwendungsbereich des vorliegend zentral interessierenden heutigen § 33b WpHG. Das Verständnis der Inhalte der MaComp ist demnach für die Durchdringung der Organisationspflichten des 6. Abschnitts des WpHG zwingend.

Die MaComp sind modular[131] aufgebaut und gliedern sich in zwei Hauptteile. Während der Allgemeine Teil (AT) die grundsätzlichen Prinzipien bezüglich der im 6. Abschnitt des WpHG enthaltenen Verhaltens- und Organisationspflichten beschreibt, werden in den Besonderen Teilen (BT) einzelne konkrete Vorschriften und Pflichten, also auch die Pflichten nach § 33b WpHG, detailliert erläutert. Der Allgemeine Teil sowie die Besonderen Teile 2 bis 5 richten sich gemäß AT 1 Ziffer 6 MaComp an das Wertpapierdienstleistungsunternehmen als solches. BT 1 MaComp richtet sich an die Compliance-Funktion des Wertpapierdienstleistungsunternehmens.

Die Entwicklung der rechtlichen Rahmenbedingungen für die MaComp begann laut Zingel[132] bereits 1992 in der Form einer Selbstverpflichtung der Kreditinstitute, im Rahmen derer eine Auswahl an unternehmensinternen Schutzmechanismen getroffen wurde, um durch Anwendung dieser Mechanismen die Kunden vor Benachteiligungen in Folge von auftretenden Interessenkonflikten zu schützen. Es handelte sich hierbei um die Mechanismen der unternehmensinternen „Verhaltensrichtlinien, [der] Vertraulichkeitsbereiche (chinese walls), [der] Überwachung von Mitarbeitergeschäften und [der] Handelsverbote“[133]. In Umsetzung von Artikel 10 EG-Wertpapierdienstleistungsrichtlinie wurden vorgenannte Mechanismen 1994 bezüglich der zu beachtenden Verhaltensregeln gesetzlich verankert, indem § 33 Abs. 1 Nr. 3 WpHG a. F. forderte, dass Wertpapierdienstleistungsunternehmen Verfahren zur Kontrolle einzusetzen hatten, die die Wahrscheinlichkeit von Verstößen des Wertpapierdienstleistungsunternehmens oder seiner Mitarbeiter gegen das WpHG minimieren würden[134].

---

129 Siehe Fn. 44.

130 Vgl. Hahn, Die Bank 2010, S. 51, 51 f.

131 AT 1 Nr. 5 Satz 1 MaComp.

132 Zingel, BKR 2010, S.500, 500.

133 Zingel, BKR 2010, S. 500, 501.

134 Vgl. Zingel, BKR 2010, S. 500, 501.

Parallel dazu wurde eine Vorläuferinstitution der BaFin, das Bundesaufsichtsamt für den Wertpapierhandel, gegründet, um erstmalig speziell für das Gebiet des Wertpapierhandels eine staatliche Aufsicht zur Verfügung zu stellen. Ausgehend vom grundgesetzlichen Leitbild eines funktionsfähigen Wettbewerbs in der Ausprägung des Kapitalmarktes kam der Staat insofern erstmalig im Jahr 1994 seiner Pflicht nach, die „Wahrung der Funktionstüchtigkeit"[135] des Kapitalmarkts in Form von gesetzlicher Regulierung in Gestalt des WpHG zu gewährleisten. Mit Veröffentlichung einer Richtlinie[136] durch das Bundesaufsichtsamt für den Wertpapierhandel im Jahr 1999, die später unter der Bezeichnung „Compliance-Richtlinie" firmieren sollte, wurde der Grundstein für die veröffentlichte Auslegung zentraler WpHG-Normen mit Bezug auf die Vermeidung von Interessenkonflikten im weiteren Sinne gelegt[137].

Die Compliance-Richtlinie wurde auf der Basis von § 35 Abs. 6 a. F. WpHG, dem heutigen § 35 Abs. 4 WpHG[138], erlassen. Danach konnte das Bundesaufsichtsamt für den Wertpapierhandel Richtlinien aufstellen, bei denen es sich weder um verbindliche Rechtsvorschriften noch um Verwaltungsakte, sondern um Auskünfte handelte, wie das Bundesaufsichtsamt für den Wertpapierhandel die gesetzlichen Normen des WpHG hinsichtlich der Verhaltensregeln auslegt[139], bzw. Richtlinien aufstellen, um in Regelfällen zu beurteilen, inwieweit Wertpapierdienstleistungsunternehmen den Anforderungen des 6. Abschnitts des WpHG nachkommen[140]. Das FRUG[141] änderte die gesetzlichen Grundlagen der Verhaltenspflichten des 6. Abschnitts des WpHG und führte zur Aufhebung der Compliance-Richtlinie[142]. Insofern bestand zwischen dem Datum der Aufhebung der Compliance-Richtlinie, dem 1.11.2007, und dem Tag der Veröffentlichung der MaComp, dem 7.6.2010, eine Periode ohne öffentlich verlautbarte Norminterpretationen des 6. Abschnitts seitens der BaFin.

---

135 Vgl. Bumke, Regulierung am Beispiel der Kapitalmärkte, in: Hopt/Veil/Kämmerer (Hrsg.), Kapitalmarktgesetzgebung, S. 107, 121.

136 Richtlinie zur Konkretisierung der Organisationspflichten von Wertpapierdienstleistungsunternehmen gemäß § 33 Abs. 1 WpHG (aufgehoben durch [BaFin (Anmerkung des Verf.)] Schreiben vom 23.10.2007, abrufbar unter www.bafin.de.

137 Vgl. Zingel, BKR 2010, S. 500, 501.

138 Lösler, WM 2010, S. 1917, 1917.

139 Vgl. Birnbaum, in: FS Kümpel, S. 49, 50.

140 Vgl. Lösler, WM 2010, S. 1917, 1917.

141 Siehe Fn. 40.

142 Aufhebung der Wohlverhaltensrichtlinie, der Compliance-Richtlinie und der Mitarbeiterleitsätze, Schreiben der BaFin vom 23. Oktober 2007, abrufbar unter www.bafin.de.

(b) Anlass und Zielsetzung

Als Anlass für die Schaffung der MaComp wird in der Literatur angeführt, dass im Zusammenhang mit dem Fall der Lehman-Bank in Deutschland viele Anleger infolge von Investitionen in Zertifikate erhebliche Teile ihrer Ersparnisse verloren haben, woraufhin den Banken durch Anlegerschützer vorgeworfen worden sei, Anleger unter Verwendung intransparenter Produkte nicht korrekt behandelt zu haben[143]. In diesem Zusammenhang sei es zu negativen, teilweise überregionalen Berichterstattungen über ausgewählte Wertpapierdienstleistungsunternehmen gekommen, auf die partiell mit Kulanzregelungen seitens einzelner Wertpapierdienstleistungsunternehmen reagiert worden sei[144]. Aus der Existenz dieser Kulanzzahlungen werden Folgerungen insofern abgeleitet, als die betreffenden Wertpapierdienstleistungsunternehmen im Nachhinein erkannt hätten, ihre Kunden nicht richtig behandelt zu haben[145].

Diese Ansicht verkennt, dass es nicht der Komplexität oder Intransparenz der referenzierten Lehman-Zertifikate geschuldet war, dass es zu Ausfällen bei der Rückzahlung und somit zu Schäden bei den Anlegern kam, sondern dass sich einzig das jedem Kreditverhältnis immanente, ja den Wesensgehalt eines Kreditverhältnisses bildende Bonitätsrisiko verwirklicht hat, indem der Schuldner der Einlage, die Lehman-Bank, insolvent wurde[146]. Die Insolvenz der über Jahrzehnte solide am Markt agierenden Investment Bank Lehman Brothers sowie einer daraus entstehenden globalen Finanzkrise ungeahnten Ausmaßes allerdings konnte aus der damaligen Perspektive niemand, also auch nicht die ihre Kunden zuvor ordnungsgemäß beraten habenden Wertpapierdienstleistungsunternehmen, vorhersehen[147]. Dies wird dadurch belegt, dass die Wertpapierdienstleistungsunternehmen zeitgleich selbst in ihren Handels- und Anlagebeständen hohe Risiken auf die Adresse Lehman Brothers genommen haben[148] und insofern ein Gleichlauf zwischen den Investments der Kunden und den Investments der Wertpapierdienstleistungsunternehmen gegeben war. Bereits aus diesem Grund scheidet das Vorliegen eines Interessenkonflikts im Sinne von § 33 WpHG i. V. m. § 13 WpDVerOV, der zulasten der Kunden der Wertpapierdienstleistungsunter-

143 Birnbaum/Kütemeier, WM 2011, S. 293, 293; vgl. auch Dieckmann, WM 2011, S. 1153, 1153.

144 Schäfer, Unabhängigkeit/Wirksamkeit/Dauerhaftigkeit von Compliance, BKR 2011, S. 45, 45.

145 Birnbaum/Kütemeier, WM 2011, S. 293, 293.

146 A. A. Köndgen, BKR 2011, S. 283, 283, der die Verantwortung für den „großen volkswirtschaftlichen Schaden" bei den Anbietern der Zertifikate sieht.

147 Vgl. Meyer, CCZ 2011, S. 41, 45 im Zusammenhang mit dem Zusammenbruch des US RMBS Marktes.

148 Vgl. Beck, Das Chamäleon Anlegerschutz oder „Worüber reden wir eigentlich?", in: Burgard u. a. (Hrsg.), FS Schneider, S. 89, 91.

nehmen aufgelöst worden wäre, aus. Die Wertpapierdienstleistungsunternehmen haben den Kunden diejenigen Bonitätsrisiken empfohlen, die sie auch selbst bereit waren zu tragen. Auch die jüngste BGH-Rechtsprechung[149] bestätigt, dass Wertpapierdienstleistungsunternehmen im Regelfall bei der Beratung mit Bezug auf „Lehman-Zertifikate“ ihren Verpflichtungen zur anlage- und anlegergerechten Beratung nachgekommen sind[150]. Entsprechend ist den Rückschlüssen auf ein Fehlverhalten der Wertpapierdienstleistungsunternehmen aus der Existenz von Kulanzzahlungen entgegenzuhalten, dass Vergleichsverhandlungen im deutschen Rechtssystem vorgesehen und auch von den Gerichten nicht zuletzt aus prozessökonomischen Gründen gefördert werden. Die Vermutung, dass eine Partei, die sich vergleicht, dadurch ihr Fehlverhalten indirekt eingestehe, ist weder logisch noch zwingend.

Weiterhin wird vertreten, dass auch die Compliance-Funktionen[151] vieler Banken die Einführung der betreffenden Zertifikate im Rahmen des in den Wertpapierdienstleistungsunternehmen vorgeschriebenen Genehmigungsprozesses für neue Produkte nicht verhindert hätten, da sie entweder aufgrund ihrer mangelnden Personalausstattung oder wegen ihrer Stellung im Unternehmen dazu nicht in der Lage waren[152].

Die MaComp sollen als Kompendium bei Fragen bezüglich der Wohlverhaltensregeln und zur Konkretisierung der Vorschriften des 6. Abschnitts des WpHG dienen. Ziel der MaComp ist nach AT 1 Ziffer 2 MaComp die Förderung des Vertrauens der Anleger in eine ordnungsgemäße Funktionsweise der Wertpapiermärkte, der Schutz der Gesamtheit der Anleger sowie der institutionellen Funktionsfähigkeit der Kapitalmärkte sowie die Vermeidung von Reputationsschäden, Schadensersatzansprüchen und aufsichtsrechtlichen Maßnahmen zulasten von Wertpapierdienstleistungsunternehmen. Entsprechend der vorerwähnten Tradition der Compliance-Richtlinie wird in den MaComp die veröffentlichte Auslegung wesentlicher Regelungen hinsichtlich der Verhaltens- und Organisationspflichten der Wertpapierdienstleistungsunternehmen dokumentiert[153], um das Ziel zu erreichen, durch Konkretisierung der relevanten Normen die Effektivität der Kapitalmärkte sicherzustellen. Die MaComp stellen zentral und für alle Marktteilnehmer transparent Mindestanforderungen auf und ermöglichen so Planungs- und Rechtssicherheit auf einer klaren Arbeitsgrundlage[154]. Auch die Compliance-Funktion und der Compliance-Beauftragte sollen durch die Ma-

149 Entscheidungen des XI. Zivilsenats vom 27.9.2011 (XI ZR 178/10 und XI ZR 182/10).
150 Vgl. Bausch, BB 2011, S. I.
151 Zum Begriff siehe unten Kapitel C. III.
152 Birnbaum/Kütemeier, WM 2011, S. 293, 293.
153 Vgl. Zingel, BKR 2010, S. 500, 501.
154 Vgl. Birnbaum/Kütemeier, WM 2011, S. 293, 294.

Comp gestärkt werden[155]. Dieses Ansinnen ist zu begrüßen und zeigt in der täglichen Praxis in den Wertpapierdienstleistungsunternehmen bereits positive Wirkung, denn die MaComp werden auch unternehmensintern als verbindliche Grundlage für konkrete Maßnahmen in Wertpapierdienstleistungsunternehmen verwendet. Die „Binnenrechtssituation“ innerhalb des Wertpapierdienstleistungsunternehmens wird auf diese Art und Weise zugunsten von Compliance spürbar verbessert.

(c) Rechtsnatur

Wie bereits dargestellt, dienen die MaComp der Auslegung und Konkretisierung der Normen des 6. Abschnitts des WpHG[156]. Sie beabsichtigen in erster Linie, die staatliche Aufsicht hinsichtlich der Auslegung der im WpHG enthaltenen unbestimmten Rechtsbegriffe einheitlich zu binden[157] und die entsprechenden Normen des WpHG auf diese Art und Weise auszugestalten[158]. Es handelt sich bei den MaComp daher um eine Verwaltungsvorschrift, wobei die Meinungen in der Literatur insofern auseinander gehen, als die MaComp einerseits als norminterpretierende[159] und andererseits als normkonkretisierende Verwaltungsvorschriften qualifiziert werden[160].

Verwaltungsvorschriften binden grundsätzlich die Verwaltung nur im Innenverhältnis und erzeugen keine Rechtswirkungen nach außen[161]. Eine mittelbare Außenwirkung ist in dieser Konstellation nur über die Grundsätze der Selbstbindung der Verwaltung in Verbindung mit dem Gleichheitsgrundsatz denkbar[162]. Verwaltungsvorschriften können jedoch in Ausnahmefällen auch Außenwirkung erlangen, nämlich dann, wenn es sich um normkonkretisierende Verwaltungsvorschriften handelt. Verwaltungsvorschriften mit normkonkretisierender Wirkung haben ihren Ursprung im Umwelt- und Technikrecht[163], wobei sie zunächst auf das Atomrecht beschränkt waren[164]. Sie sind gekennzeichnet durch eine öffentliche Bekanntgabe an die Betroffenen, wobei eine selektiv erläuternde Wiedergabe des Inhalts der Verwaltungsvorschrift nicht ausreicht[165]. Sie bewirken im

155 Vgl. Schäfer, BankPraktiker 2011, S. 206, 206.
156 Birnbaum/Kütemeier, WM 2011, S. 293, 293.
157 Lösler, WM 2010, S. 1917, 1918.
158 Vgl. Wiederholt/Walter, BB 2011, S. 968, 968.
159 So Gebauer, in: Fischer/Klanten (Hrsg.), Bankrecht, Rn. 11.151.
160 Schäfer, Unabhängigkeit/Wirksamkeit/Dauerhaftigkeit von Compliance, BKR 2011, S. 45, 46.
161 Ritgen, in: Knack/Henneke, VwVfG, § 26, Rn. 9.
162 Müller, in: Huck/Müller, Verwaltungsverfahrensgesetz, § 40, Rn. 18.
163 Aschke, in: Bader/Ronellenfitsch (Hrsg.), VwVfG, § 40, Rn. 135.
164 Sachs, in: Stelkens/Bond/Sachs, VwVfG, § 40, Rn. 216.
165 Aschke, in: Bader/Ronellenfitsch (Hrsg.), VwVfG, § 40, Rn. 136.

Rahmen der Bekanntmachung eine Selbstbindung der Verwaltung und binden in diesem Umfang – im Gegensatz zu lediglich norminterpretierenden Verwaltungsvorschriften[166] – auch die Verwaltungsgerichte[167].

Werden nun die MaComp an diesem Maßstab gemessen, kann zunächst festgestellt werden, dass durch die MaComp eine Standardisierung der Verwaltungsmeinung der BaFin bezüglich der Einhaltung gesetzlicher Vorgaben in Form einer „exekutivischen Auslegungsofferte"[168] vorgenommen wird. Durch die MaComp werden Wertpapierdienstleistungsunternehmen auch faktisch dazu gezwungen, strenge organisatorische Maßnahmen[169] zu ergreifen, um sicherzustellen, dass durch das betroffene Unternehmen und seine Mitarbeiter nicht gegen das WpHG verstoßen wird. Auf eine bloße Innenwirkung bleiben die MaComp danach nicht beschränkt.

Vielmehr konkretisieren die MaComp durch ihren Besonderen Teil 2 faktisch die formelle Gesetzesnorm des § 33b WpHG. Die Inhalte der MaComp stellen die Verwaltungsmeinung der BaFin im Zusammenhang insbesondere für die im 6. Abschnitt des WpHG enthaltenen Regelungen dar. Insofern besteht eine Parallele zu den als Konkretisierung des § 25a KWG von der BaFin veröffentlichen Mindestanforderungen an das Risikomanagement[170], die ihrerseits als normkonkretisierende Verwaltungsvorschrift charakterisiert worden sind[171]. Für die Außenwirkung und damit für die Charakterisierung der MaComp als normkonkretisierend spricht auch, dass die MaComp im Rahmen der von Wirtschaftsprüfern durchzuführenden jährlichen Prüfung der Wertpapierdienstleistungsunternehmen nach § 36 WpHG als Prüfungsmaßstab dienen. Nach § 2 Abs. 1 Satz 2 der Wertpapierdienstleistungsprüfungsverordnung[172] sind die Wirtschaftsprüfer im Rah-

---

166 Vgl. Ronellenfitsch/Maier, Die Wertpapierbörsen zwischen öffentlichem und privatem Recht, in: Kluth u. a. (Hrsg.), FS Stober, S. 449, 463.

167 Aschke, in: Bader/Ronellenfitsch (Hrsg.), VwVfG, § 40, Rn. 136.

168 Vgl. Junker, Gewährleistungsaufsicht, S. 159.

169 Vgl. Zingel, BKR 2010, S. 500, 502; Weber-Rey, ZGR 2010, S. 543, 556.

170 Rundschreiben 11/2011 – Mindestanforderungen an das Risikomanagement – MaRisk, abrufbar unter www.bafin.de [kurz: MaRisk]; zum Verhältnis zwischen MaComp und MaRisk vgl. auch Becker/Wohlert, Bank-Praktiker 2010, S. 160, 162; Bauer, Bank-Praktiker 2010, S. 360, 360.

171 Vgl. Fett/Gebauer, in: FS Schwark, S. 382, für den Kontext der MaRisk; vgl. insoweit auch Hellstern, in: Luz u. a. (Hrsg.), Kreditwesengesetz, § 25a Abs. 1 KWG, Rn. 4, der im Zusammenhang mit den MaRisk von „normkomplettierenden" Verwaltungsvorschriften spricht; vgl. auch Blasche, WM 2011, S. 343; a. A. Langen, in: Schwennicke/Auerbach (Hrsg.), Kreditwesengesetz, § 25a, Rn. 8, der den MaRisk „keine wie auch immer geartete Bindungswirkung" beimessen möchte.

172 Verordnung über die Prüfung der Wertpapierdienstleistungsunternehmen nach § 36 des Wertpapierhandelsgesetzes (Wertpapierdienstleistungsprüfungsverordnung – WpDPV) vom 16.12.2004, BGBl. I, 2004, S. 3515, zuletzt geändert durch Art. 1 Zweite ÄndVO vom 24.10.2007, BGBl. I, 2007, S. 2499, abrufbar unter www.bafin.de [kurz: WpDPV].

men ihres pflichtgemäßen Ermessens bei der Beurteilung, ob ein Wertpapierdienstleistungsunternehmen die gesetzlichen Anforderungen nach dem WpHG einhält, an die Auslegung durch die BaFin gebunden[173], so dass die Inhalte der MaComp faktisch als verbindlich anzusehen sind.

Da vor diesem Hintergrund die Wirtschaftsprüfer sich einerseits gegenüber dem Adressaten ihres Berichts, der BaFin, nicht dem Vorwurf aussetzen wollen, die Normen des WpHG nicht im Sinne der BaFin interpretiert zu haben und somit ihrem Prüfungsauftrag nicht ordnungsgemäß nachgekommen zu sein, und andererseits die geprüften Wertpapierdienstleistungsunternehmen Feststellungen im Prüfungsbericht unter starken Bemühungen zu vermeiden suchen, werden die Regelungen der MaComp – auch im Zusammenhang mit der nachstehend noch ausführlich zu erläuternden Überwachung der Mitarbeitergeschäfte – in ihrer faktischen Wirkung den im WpHG als Gesetz im formellen Sinne niedergelegten Regelungen ebenbürtig.

Die MaComp sind daher als normkonkretisierende[174] Verwaltungsvorschriften zu qualifizieren, da eine bloße Interpretationshilfe der BaFin in Form einer lediglich norminterpretierenden Verwaltungsvorschrift nicht die faktische Bindungswirkung der MaComp im Zusammenhang mit der Prüfung nach § 36 WpHG begründen könnte[175]. Durch die MaComp wird den Wertpapierdienstleistungsunternehmen und den Wirtschaftsprüfern die „antizipierte Verwaltungspraxis“[176] der BaFin mitgeteilt. Diese Verwaltungspraxis führt dazu, dass die entsprechenden Vorgaben der BaFin in der Praxis der Wertpapierdienstleistungsunternehmen nach Möglichkeit umgesetzt werden, und zwar unabhängig davon, ob die Auslegung durch die BaFin durchgehend überzeugend und widerspruchsfrei ist.

Es handelt sich bei diesem Gebiet des Kapitalmarktrechts um ein Teilgebiet des öffentlichen Rechts praktisch ohne Verwaltungs- oder gar Gerichtsverfahren und somit auch ohne (obergerichtliche) Rechtsprechung[177]. Widerspruch und Anfechtungsklage haben angesichts der Bedeutung der Funktionsfähigkeit des Kapitalmarkts nach §§ 4 Abs. 7, 35 Abs. 3 WpHG keine aufschiebende Wirkung[178]. Weiterhin drohen bei Nichteinhaltung von aufsichtsrechtlichen Vorgaben Sank-

173 Vgl. Schäfer, Unabhängigkeit/Wirksamkeit/Dauerhaftigkeit von Compliance, BKR 2011, S. 45, 46; Niermann, ZBB 2010, S. 400, 406.

174 So auch Lösler, WM 2010, S. 1917, 1918; Kuthe/Zipperle, Corporate Finance law 2010, S. 337, 337.

175 Niermann, ZBB 2010, S. 400, 406.

176 Birnbaum, in: FS Kümpel, S. 49, 51.

177 Vgl. Röhl, in: Fehling/Ruffert (Hrsg.), Regulierungsrecht, § 18, Rn. 66.

178 Vgl. Müller, in: Heidel (Hrsg.), Aktienrecht, § 4 WpHG, Rn. 15.

tionsmaßnahmen der BaFin zulasten der betroffenen Wertpapierdienstleistungsunternehmen in Form von Sonderprüfungen oder Bußgeldern[179].

In der täglichen Praxis der Wertpapierdienstleistungsunternehmen wird mit Blick auf die Notwendigkeit der Befolgung der Regelungen kein Unterschied gemacht, auf welche konkrete Art und Weise eine aufsichtsrechtliche Regelung zustande gekommen ist[180]. Auch in der Wahrnehmung der Mitarbeiter eines Wertpapierdienstleistungsunternehmens spielt es keine Rolle, ob eine interne (Compliance-) Richtlinie auf einem Gesetz im formellen Sinne oder auf einem formal unverbindlichen Rundschreiben einer Aufsichtsbehörde beruht[181]. Daraus folgt bereits an dieser Stelle, dass mit Blick auf die später vorzunehmende Analyse möglicher Eingriffe in grundrechtlich geschützte Positionen der Mitarbeiter durch aufsichtsrechtlich motivierte Umsetzungsakte oder Überwachungsvorgänge kein Unterschied zu machen ist, welchen genauen dogmatischen Ursprungs die entsprechende Ermächtigungsgrundlage und darauf basierende aufsichtsrechtlich motivierte Überwachungshandlungen sind. Es kommt insofern auf die tatsächliche Einschränkung an.

### b) Spezielle Organisationspflichten (§ 33b WpHG)

§ 33b WpHG ist entsprechend seiner systematischen Stellung im Nachgang zur generellen Organisationsnorm in Form von § 33 WpHG[182] als spezielle Organisationsnorm anzusehen. Die konkrete Art und Weise der Überwachung der Mitarbeitergeschäfte wird unten ausführlich darzustellen sein[183]. An dieser Stelle ist die Verortung der in § 33b WpHG enthaltenen Regeln in den Gesamtkontext der Überwachungsmechanismen des WpHG vorzunehmen.

Durch § 33b WpHG wird das in § 33 WpHG geregelte generelle Konfliktmanagement ergänzt[184]. Die Tatsache, dass die Überwachung der Mitarbeitergeschäfte nach § 33b WpHG als separate Norm in das WpHG aufgenommen und nicht als ein Unterfall von § 33 WpHG implementiert worden ist, unterstreicht die hohe Bedeutung der Norm, die daher als zentrales Moment der Organisation

179 Vgl. Schäfer, Unabhängigkeit/Wirksamkeit/Dauerhaftigkeit von Compliance, BKR 2011, S. 45, 45.

180 Vgl. insofern Schäfer, Aufgaben von Compliance, BKR 2011, S. 187, 193, wo ausgeführt wird, „..., dass Mitarbeiter eines Wertpapierdienstleistungsunternehmens wohl selten selbst einen Blick in die gesetzlichen Grundlagen werfen und als Informationsquellen auf interne Vorgaben zurückgreifen."

181 Vgl. Fett/Gebauer, in: FS Schwark, S. 375, 380, wo auf die pragmatische Umsetzung in der Praxis hingewiesen wird.

182 Vgl. Fett, in: Schwark/Zimmer (Hrsg.), KMRK, § 33 Rn. 1, S. 1718.

183 Siehe unten Kapitel C.

184 Vgl. Gebauer, in: Fischer/Klanten (Hrsg.), Bankrecht, Rn. 11.194.

von Compliance angesehen wird[185]. Der Gesetzgeber misst dieser unternehmensinternen Überwachung der Mitarbeitergeschäfte eine für die effektive Funktionsfähigkeit des Kapitalmarkts tragende Rolle bei. Dies ist hauptsächlich dadurch begründet, dass, wie bereits mehrfach erwähnt, eine effiziente Überwachung der Mitarbeitergeschäfte anderen Überwachungsmechanismen durch deren präventiv abschreckende Wirkung erst zur Wirksamkeit und Effizienz verhilft.

*(1) Entstehungsgeschichte*

§ 33b WpHG ist eine sehr junge Norm, die erst mit Wirkung vom 1. November 2007 durch das FRUG im Kontext der breit eingeführten Regelungen zu Compliance[186] in das WpHG eingefügt worden ist. Mit § 33b WpHG existiert damit in Deutschland hinsichtlich der Überwachung von Mitarbeitergeschäften in Wertpapierdienstleistungsunternehmen und damit zusammenhängende Organisationspflichten zum ersten Mal ein Gesetz im formellen Sinne[187]. Der von § 33b WpHG geregelte materielle Inhalt war bis zu diesem Zeitpunkt nicht in einem Gesetz im formellen Sinne, sondern lediglich in Form von Verlautbarungen von Aufsichtsbehörden oder in Form nicht rechtsverbindlicher Leitsätze geregelt. Der Regelungscharakter erreichte noch vor weniger als 20 Jahren lediglich den Status von gerichtlich nicht durchsetzbaren Ehrenkodizes[188].

Die erste Erwähnung der Kontrolle von Mitarbeitergeschäften datiert allerdings bereits aus dem Jahr 1908, wie dies einer Mitteilung des Centralverbands des Deutschen Bank- und Bankiergewerbes vom 12. Oktober 1908 entnommen werden kann[189]. In Form einer Selbstverpflichtung banden sich bereits zu Beginn des 20. Jahrhunderts knapp 2000 Finanzinstitute insbesondere wie folgt: „An- und Verkaufsgeschäfte in Wertpapieren für Rechnung von Personen, welche ihnen als Angestellte anderer Banken oder Bankfirmen bekannt sind, oder im Auftrage solcher Personen für Rechnung Dritter, weder auszuführen noch zu vermitteln, es sei denn, dass eine schriftliche Bescheinigung vorgewiesen wird, in welcher dem Angestellten von seiner Anstellungsfirma zum Abschluss solcher Geschäfte ohne ihre Mitwirkung die ausdrückliche Erlaubnis erteilt wird."[190].

185 Vgl. Rothenhöfer, in: Kümpel/Wittig (Hrsg.), Bank- und Kapitalmarktrecht, Rn. 3.399.
186 Vgl. Engelhart, ZIP 2010, S. 1832, 1832.
187 Vgl. Schäfer, in: Heidel (Hrsg.), Aktienrecht, § 33b WpHG, Rn. 2.
188 Bergles, ZBB 2000, S. 140, 140.
189 von Kopp-Colomb, WM 2000, S. 2414, 2414.
190 Wiedergabe des Textes von Kopp-Colomb, WM 2000, S. 2414, 2414, dort gem. Fußnote 3 zitiert nach Hoeren, ZBB 1993, S. 112, 112.

Der Centralverband des Deutschen Bank- und Bankiergewerbes erkannte somit schon in 1908 den Wert klarer Regelungen zur Verhinderung von unlauteren Bankgeschäften durch Mitarbeiter zum Zweck der Stärkung von Glaubwürdigkeit und Funktionsfähigkeit des Kapitalmarkts[191]. Ein weiterer Entwicklungsschritt der Regelungen zu Kontrolltätigkeiten im Kontext von privaten Wertpapiertransaktionen von Mitarbeitern von Wertpapierdienstleistungsunternehmen erfolgte 1981, als die Kreditinstitute selbst über ihre Spitzenverbände die „Leitsätze für eigene Wertpapiergeschäfte der Mitarbeiter von Kreditinstituten" erließen[192].

Erstmalig wurden in Deutschland explizite aufsichtsbehördliche Regelungen auf dem Gebiet der Überwachung von Mitarbeitergeschäften in Wertpapierdienstleistungsunternehmen im Jahr 1993, also noch vor dem Wirksamwerden des WpHG zum 1.1.1995, getroffen. Das damals zuständige Bundesaufsichtsamt für das Kreditwesen als Rechtsvorgängerin der BaFin hat die sog. „Leitsätze für Mitarbeitergeschäfte" am 30.12.1993 amtlich verlautbaren lassen[193]. Diese Leitsätze wurden erlassen, um das Kundenvertrauen in den deutschen Finanzplatz sowie einen manipulationsfreien deutschen Kapitalmarkt zu stärken[194] und stellten Verhaltensregeln für Bankmitarbeiter im Kontext von Mitarbeitergeschäften zur Vermeidung möglicher Interessenkonflikte auf. Weiterhin wurde in den Leitsätzen für Mitarbeitergeschäfte darauf hingewiesen, dass die Einhaltung der in den Leitsätzen enthaltenen Beschränkungen durch das betroffene Finanzinstitut auch nachzuhalten sei[195]. Bei den Leitsätzen für Mitarbeitergeschäfte handelte es sich nicht um unmittelbar rechtlich verbindliche Anordnungen[196]. Allerdings wurden durch die Veröffentlichung der Leitsätze für Mitarbeitergeschäfte gegenüber den der Aufsicht des Bundesaufsichtsamts für das Kreditwesen unterliegenden Finanzinstitute eindeutige (Mindest)-Erwartungen[197] durch die Aufsicht kommuniziert, welche organisatorischen Anforderungen auf dem Gebiet der Überwachung von Mitarbeitergeschäften einzuhalten sind.

191 Hoeren, ZBB 1993, S. 112, 114.

192 von Kopp-Colomb, WM 2000, S. 2414, 2414, vgl. auch Compliance-Organisation und Wertpapierdienstleistungsgeschäft Revisionsleitfaden, S. 19.

193 Verlautbarung des Bundesaufsichtsamtes für das Kreditwesen über Anforderungen an Regelungen der Kreditinstitute für Mitarbeitergeschäfte (Mitarbeiterleitsätze) vom 30.12.1993.

194 Bergles, ZBB 2000, S. 140, 140.

195 Vgl. Nr. 5 der Leitsätze für Mitarbeitergeschäfte, wonach die Bank/Sparkasse Informationen zur Kontrolle der Mitarbeitergeschäfte anfordern können muss.

196 Vgl. Jerusalem, Die Regelung der Mitarbeitergeschäfte, S. 158; von Kopp-Colomb, WM 2000, S. 2414, 2415.

197 Zimmermann, in: Fuchs (Hrsg.), WpHG-Kommentar, § 33b, Rn. 3 für die überarbeiteten und im Jahr 2000 veröffentlichen Leitsätze für Mitarbeitergeschäfte.

Im Jahr 2000 wurden die Mitarbeiter-Leitsätze vom zwischenzeitlich gegründeten Bundesaufsichtsamt für den Wertpapierhandel und dem zu diesem Zeitpunkt noch existierenden Bundesaufsichtsamt für das Kreditwesen überarbeitet und am 15. Juli 2000 im Bundesanzeiger veröffentlicht[198]. Hintergrund der Notwendigkeit der Überarbeitung war die Umsetzung der 6. KWG-Novelle[199], die Anpassungen der bisherigen Leitsätze für Mitarbeitergeschäfte insbesondere vor dem Hintergrund notwendig machte, dass nunmehr auch Finanzdienstleister im Blick auf ihr qualitatives Marktverhalten der Aufsicht des Bundesaufsichtamtes für den Wertpapierhandel unterstellt waren[200].

Auch die aktualisierten Leitsätze für Mitarbeitergeschäfte aus dem Jahr 2000 waren aus der Perspektive der betroffenen Finanzinstitute keine unmittelbar bindenden, etwa über die Verwaltungsgerichtsbarkeit unmittelbar Sanktionen zugängliche Rechtsnormen[201]. Die Leitsätze für Mitarbeitergeschäfte wurden durch Schreiben der BaFin vom 23.10.2007 parallel zur Einfügung von § 33b WpHG zum 1. November 2007 aufgehoben, da der materiell-rechtliche Regelungsgehalt zu diesem Zeitpunkt Einzug in ein Gesetz im formellen Sinne gehalten hat und somit die ständige „Aufwärtsentwicklung" der Regelungen zur Überwachung von Mitarbeitergeschäften in Wertpapierdienstleistungsunternehmen in der Normenhierarchie ihren vorläufigen Höhepunkt erreichte. Konkurrierende Leitsätze für Mitarbeitergeschäfte auf der einen und die neue Norm des § 33b WpHG auf der anderen Seite hätten zu massiven Auslegungsschwierigkeiten und großen Problemen bei der Rechtsanwendung und praktischen Durchsetzung der Überwachung der Mitarbeitergeschäfte in den Wertpapierdienstleistungsunternehmen geführt.

Die BaFin sah es als notwendig an, die Regelungen des § 33b WpHG im August 2008 durch ein Rundschreiben zu konkretisieren[202]. Auch dieses Rundschreiben wurde zwischenzeitlich parallel zur Veröffentlichung der MaComp aufgehoben. Die WpDVerOV enthält in ihrem Text keine explizite Vorschrift zur Überwachung der Mitarbeitergeschäfte.

§ 33b WpHG wird durch die MaComp konkretisiert. Die MaComp enthalten in ihrem Besonderen Teil 2 „Überwachung von Mitarbeitergeschäften nach § 33b WpHG und § 25a KWG" (BT 2) ausführliche Regelungen zur Überwa-

198 von Kopp-Colomb, WM 2000, S. 2414, 2414.

199 Gesetz zur Umsetzung von EG-Richtlinien zur Harmonisierung bank- und wertpapieraufsichtsrechtlicher Vorschriften (6. KWG-Novelle) vom 22.10.1993.

200 von Kopp-Colomb, WM 2000 S. 2414, 2415.

201 Klanten, ZBB 2000, S. 349, 350.

202 Rundschreiben 8/2008 (WA) – Überwachung von Mitarbeitergeschäften gemäß § 33b WpHG und § 25a KWG vom 18. August 2008, dort Absatz 2 Satz 1.

chung der Mitarbeitergeschäfte[203]. Diese Regelungen gehen auf vorstehend beschriebene Veröffentlichungen der BaFin zurück[204]. Der Aufbau von BT 2 MaComp orientiert sich folgerichtig an der Systematik von § 33b WpHG. In BT 2 MaComp werden nicht sämtliche Tatbestandsmerkmale des § 33b WpHG erläutert. Vielmehr setzt die BaFin hier Schwerpunkte. Es werden nur diejenigen Normen erläutert, hinsichtlich derer die BaFin angesichts der Bedeutung ihrer Umsetzung in der Praxis und vor dem Hintergrund des Ziels der MaComp, eine eindeutige Arbeitsgrundlage für die Gesetzesanwender in den Wertpapierdienstleistungsunternehmen zu schaffen[205], eine Konkretisierung für besonders angezeigt erachtete.

*(2) Anwendungsbereich*

§ 33b WpHG ist eine neben dem Anlegerschutz hauptsächlich dem Funktionsschutz[206] des Kapitalmarkts zuzuordnende Norm des Kapitalmarktrechts[207]. Sie konkretisiert die in § 33 WpHG enthaltenen allgemeinen Organisationspflichten von Wertpapierdienstleistungsunternehmen auf dem Spezialgebiet der Überwachung der privaten Wertpapiergeschäfte seiner Mitarbeiter mit dem Ziel, einen funktionierenden Kapitalmarkt auf generelle Art und Weise, also unabhängig von der Durchführung einer konkreten Wertpapierdienstleistung, durch adäquate Maßnahmen sicherzustellen[208]. Daneben wird durch § 33b WpHG die bereits in § 33 Abs. 3 WpHG normierte grundsätzliche Pflicht von Wertpapierdienstleistungsunternehmen, sich so zu organisieren, dass Kundeninteressen nicht tangiert werden, näher spezifiziert.

(a) Mitarbeiter

§ 33b Abs. 1 WpHG enthält die für den gesamten 6. Abschnitt des WpHG[209] relevante Definition des Mitarbeiters und präzisiert somit den Anwendungsbereich der speziellen Organisationspflichten in persönlicher Hinsicht.

---

203 Vgl. Bauer, Bank-Praktiker 2010, S. 360, 360.
204 Birnbaum/Kütemeier, WM 2011, S. 293, 294.
205 Vgl. Birnbaum/Kütemeier, WM 2011, S. 293, 294.
206 Siehe oben Kapitel B. I. 1. a).
207 Vgl. Fett, in: Schwark/Zimmer (Hrsg.), KMRK, § 33b Rn. 1.
208 Zimmermann, in: Fuchs (Hrsg.), WpHG-Kommentar, § 33b Rn. 2.
209 Zimmermann, in: Fuchs (Hrsg.), WpHG-Kommentar, § 33b Rn. 7.

i) Die Leitungsorgane

Nach § 33b Abs. 1 Nr. 1 WpHG werden als Mitarbeiter in diesem Sinne zunächst die Mitglieder der Leitungsorgane, die persönlich haftenden Gesellschafter und vergleichbare Personen, die Geschäftsführer sowie die vertraglich gebundenen Vermittler im Sinne des § 2 Abs. 10 Satz 1 KWG bezeichnet. Die Norm löst sich somit vom Arbeitnehmerbegriff und legt einen im Vergleich zum Kreis der Arbeitnehmer größeren Kreis an Personen fest, hinsichtlich derer die besonderen Organisationsanforderungen umzusetzen sind.

Die Aufnahme der Leitungsorgane ist vor dem Hintergrund des Funktionsschutzes der Norm für den Kapitalmarkt sinnvoll, da es speziell die in der Unternehmensspitze und die mit der unmittelbaren Aufsicht über die Unternehmensspitze betrauten Personen sind, denen eine Vorbildfunktion im Zusammenhang mit einem lauteren und seriösen Auftreten am Kapitalmarkt zukommt. Anleger würden ohne die Gewissheit, dass etwa Vorstandsvorsitzende großer Banken nicht hinsichtlich ihrer privaten Wertpapiergeschäfte einer besonderen Überwachung unterliegen, kein Vertrauen in die Banken setzen. Es bestände dann die Gefahr, dass diese Anleger vorhandene Geldmittel nicht in die Banken einlegen würden und diese nicht ihrer Intermediationsfunktion in Form der effizienten Weiterverteilung, auch von gesammeltem Kapital, an diejenigen Unternehmen, bei denen das Kapital den höchsten Grenznutzen erwirtschaftet, nachkommen könnten.

Die Kommentarliteratur[210] geht davon aus, dass auch die Mitglieder des Aufsichtsrates zu den Mitarbeitern im Sinne von § 33b Abs. 1 Nr. 1 WpHG gehören und somit neben den Mitgliedern des Vorstandes auch die Aufsichtsratsmitglieder als Mitarbeiter im Sinne des § 33b WpHG anzusehen sind [211]. Hintergrund dieser Ansicht dürfte sein, dass auch im Aufsichtsrat Informationen mit Bezug zu den Kapital- und Finanzmärkten behandelt werden könnten. Allerdings enthalten die MaComp keine Konkretisierung des Tatbestandsmerkmals des Leitungsorgans nach § 33b Abs. 1 Nr. 1 WpHG, was aus der Perspektive des Rechtsanwenders wünschenswert wäre, da es allein auf der Basis des Gesetzeswortlauts unklar bleibt, ob und wie die Aufsichtsorgane und deren Ausschüsse als Leitungsorgan in diesem Sinne zu werten sind. Aus der Tatsache, dass die MaComp diesen Punkt nicht explizit erwähnen, könnte geschlossen werden, dass die BaFin die Ansicht vertritt, die Mitglieder eines Aufsichtsrates seien keine

---

210 Zimmermann, in: Fuchs (Hrsg.), WpHG-Kommentar, § 33b, Rn. 8 unter Verweis auf die Notwendigkeit einer richtlinienkonformen Auslegung der MiFID-Durchführungsrichtlinie; Koller, in: Assmann/Schneider (Hrsg.), WpHG, § 33b, Rn. 2, ohne nähere Begründung.

211 Vgl. Rolshoven, in: Renz/Hense (Hrsg.), Wertpapier-Compliance in der Praxis, Kapitel 26, Rn. 9; Rothenhöfer, in: Kümpel/Wittig (Hrsg.), Bank- und Kapitalmarktrecht, Rn. 3.404.

Mitarbeiter im Sinne von § 33b Abs. 1 Nr. 1 WpHG. Denn wäre die BaFin dieser Ansicht, wäre es für sie ein Leichtes gewesen, diese Konkretisierung in Regelbeispielstechnik, vergleichbar dem Vorgehen in BT 2.1 Nr. 1 MaComp, an anderer geeigneter Stelle innerhalb von BT 2 MaComp zu integrieren. Für die Qualifizierung des Aufsichtsrates als Leitungsorgan im Sinne des § 33b Abs. 1. Nr. 1 WpHG spricht der Zweck der Norm, die einen möglichst großen Kreis von Personen mit Zugang zu kaptialmarktsensitiven Informationen erfassen möchte.

Entsprechendes gilt für persönlich haftende Gesellschafter, die insofern mit Aufsichtsratsmitgliedern vergleichbar sind. Vor dem Hintergrund dieses Zwecks der Norm ist auch das Tatbestandsmerkmal „vergleichbare Person" auszulegen. Anwendungsfälle sind hier etwa Mitglieder von freiwillig eingerichteten Kontrollgremien wie beispielsweise Beiräte von Wertpapierdienstleistungsunternehmen in der Rechtsform der GmbH oder vergleichbare Gremien, die nicht zwingend im Gesellschaftsrecht vorgeschrieben sind, die aber häufig vorkommen, wenn deren Mitglieder – vergleichbar den Aufsichtsratsmitgliedern – regelmäßig mit vertraulichen, kurssensiblen Informationen in Berührung kommen.

Eine explizite Klarstellung und Präzisierung des Anwendungsbereichs durch die BaFin in den MaComp wäre an dieser Stelle begrüßenswert.

#### ii) Die vertraglich gebundenen Vermittler

Bei den vertraglich gebundenen Vermittlern im Sinne des § 2 Abs. 10 Satz 1 KWG handelt es sich – verkürzt – um Unternehmen, die ausschließlich und sehr eng in die Organisation eines Wertpapierdienstleistungsunternehmens eingebunden sind und ausgewählte Wertpapierdienstleistungen für Rechnung und unter Haftung des Wertpapierdienstleistungsunternehmens erbringen. Der Grund für die Aufnahme dieser Unternehmen in die Definition des Mitarbeiters liegt erneut darin begründet, dass auch der vertraglich gebundene Vermittler wegen seiner Nähe zum Wertpapierdienstleistungsunternehmen regelmäßig genaue Kenntnisse von kapitalmarktsensitiven Informationen erhält und die Gefahr des Missbrauchs solcher Informationen zum Nachteil des Kapitalmarkts besteht.

§ 33b Abs. 1 Nr. 2 WpHG stellt aus vorerwähnten Gründen folgerichtig klar, dass auch bezüglich der vertraglich gebundenen Vermittler, deren Mitglieder der Leitungsorgane, die persönlich haftenden Gesellschafter und vergleichbare Personen sowie die Geschäftsführer der vertraglich gebundenen Vermittler als Mitarbeiter im Sinne der Norm anzusehen sind[212]. Aus der expliziten Erwähnung der natürlichen Personen der vertraglich gebundenen Vermittler in § 33b Abs. 1 Nr. 2 WpHG kann geschlossen werden, dass in § 33b Abs. 1 Nr. 1 WpHG auch

212 Vgl. Koller, in: Assmann/Schneider (Hrsg.), WpHG, § 33b, Rn. 2.

juristische Personen die Eigenschaft als Mitarbeiter haben können, denn wäre dies nicht der Fall und hätte sich bereits die Formulierung von § 33b Abs. 1 Nr. 1 WpHG mit Bezug auf die vertraglich gebundenen Vermittler nur auf natürliche Personen bezogen, hätte es einer expliziten Erwähnung in § 33b Abs. 1 Nr. 2 WpHG nicht mehr bedurft.

Gleichzeitig wird auch die Begrenzung der Möglichkeiten der gesetzgeberischen Erfassung des angestrebten Personenkreises sichtbar, da es beispielsweise sein kann, dass es sich bei einem persönlich haftenden Gesellschafter eines vertraglich gebundene Vermittlers seinerseits erneut um eine juristische Person handeln kann. Sollen dann die Leitungsorgane dieser juristischen Person erneut über eine (analoge) Anwendung von § 33b Abs. 1 Nr. 1 WpHG in den Mitarbeiterkreis aufgenommen werden? Dies ist mit dem Wortlaut nicht vereinbar und es muss an dieser Stelle hingenommen werden, dass keine vollständige Erfassung derjenigen Personen, die Kenntnis der kapitalmarktsensitiven Informationen eines Wertpapierdienstleistungsunternehmens erlangen können und hinsichtlich derer die Gefahr eines Missbrauchs entsprechender Informationen besteht, erfolgen kann. Dies ist jedoch vor dem Hintergrund hinnehmbar, dass im Verhältnis der Entfernung vom eigentlichen operativen Geschäft eines Wertpapierdienstleistungsunternehmens die Gefahr eines zeitnahen marktmissbräuchlichen Ausnutzens von sensitiven Informationen proportional abnimmt.

#### iii) Die Personen, derer sich das Wertpapierdienstleistungsunternehmen zur Erbringung von Wertpapierdienstleistungen bedient

Sodann werden in § 33b Abs. 1 Nr. 3 WpHG als Mitarbeiter im Sinne der Norm all diejenigen natürlichen Personen erfasst, derer sich das Wertpapierdienstleistungsunternehmen oder dessen vertraglich gebundene Vermittler bei der Erbringung von Wertpapierdienstleistungen, insbesondere aufgrund eines Arbeits-, Geschäftsbesorgungs- oder Dienstverhältnisses, bedienen. Entscheidend ist auch hier, dass nicht ausschließlich Personen in einem streng nach arbeitsrechtlichen Kriterien definierten Arbeitsverhältnis beschrieben werden, denn dies würde im Zeitalter von Zeitarbeitsfirmen oder im Fall von Praktikantenverhältnissen zu kurz greifen. Ausschließlich vorbereitende oder begleitende Tätigkeiten, etwa Botendienste im Zusammenhang mit dem Versand von Wertpapierprospekten, führen nicht automatisch zu einer Mitarbeitereigenschaft des Boten[213]. Vielmehr ist eine Tätigkeit in konkretem Zusammenhang mit der unmittelbaren[214] Erbringung einer Wertpapierdienstleistung notwendig. Die Auslegung ist auch hier vor

213 Vgl. Koller, in: Assmann/Schneider (Hrsg.), WpHG, § 33b, Rn. 4.

214 Rolshoven, in: Renz/Hense (Hrsg.), Wertpapier-Compliance in der Praxis, Kapitel 26, Rn. 9.

dem Hintergrund des Gesetzeszwecks vorzunehmen, denn die Reputation der Bank und somit das Ansehen des Kapitalmarkts an sich wird durch ein Fehlverhalten etwa einer fest angestellten Schreibkraft im Aktienhandel einer Bank im Vergleich zu einer durch ein Zeitarbeitsunternehmen zur Verfügung gestellten Schreibkraft im gleichen Ausmaß gefährdet.

§ 33b Abs. 1 Nr. 3 WpHG wird durch BT 2.1 Nr. 1 MaComp konkretisiert, indem spezifische Praxisbeispiele dargestellt werden, um den Wertpapierdienstleistungsunternehmen eine klare und praktikable Anwendung der Vorschrift zu ermöglichen. Konkret werden als Unterstützer von Wertpapierdienstleistungen solche Mitarbeiter genannt, die in der Research-Abteilung, der Compliance-Abteilung, des Back-Offices oder des IT-Supports arbeiten. Weiterhin werden Mitarbeiter genannt, die Unterstützungshandlungen als Assistenten oder Mitarbeiter anderer unterstützender Bereiche eines Wertpapierdienstleistungsunternehmens wahrnehmen.

Es handelt sich insofern um eine Auslegung des Tatbestandsmerkmals „sich bedienen" im Zusammenhang mit der Erbringung von Wertpapierdienstleistungen durch die BaFin. Weiterhin werden die in § 33b Abs. 1 Nr. 3 WpHG angeführten Regelbeispiele in Form der Aufzählung „insbesondere aufgrund eines Arbeits-, Geschäftsbesorgungs- oder Dienstverhältnisses" insofern konkretisiert, als unter Mitarbeitern im Sinne der Norm sowohl Arbeitnehmer, freie Mitarbeiter und auch Leiharbeitnehmer, Zeitarbeitskräfte und Praktikanten zu verstehen sind. Obwohl es so scheint, dass die Aufzählung abschließend ist, handelt es sich auch bei dieser Auflistung ihrerseits erneut um einen zusätzlichen Satz an Regelbeispielen. Denn würde die Konkretisierung durch die MaComp insofern als abschließend betrachtet werden, würden beispielsweise Rechtsreferendare, die regelmäßig in den Rechts- oder Fachabteilungen vieler Wertpapierdienstleistungsunternehmen Teile ihres juristischen Vorbereitungsdienstes verbringen, nicht als Mitarbeiter im Sinne von § 33b WpHG angesehen, denn sie sind weder Leiharbeiter, Zeitarbeitskräfte oder Praktikanten. Entsprechendes gilt etwa für externe Rechtsanwälte, die längere Zeit in Form eines „secondments" für einen Mandanten tätig sind.

Die MaComp in ihrer Eigenschaft als normkonkretisierende Verwaltungsvorschrift sind hier vor dem Hintergrund des Zwecks der Vorschrift so auszulegen, dass alle Personen erfasst werden, die sich hinsichtlich des täglichen Arbeitsverhaltens und der täglichen Arbeitsroutine bezüglich des äußeren Erscheinungsbilds aus Sicht eines unbeteiligten Dritten nicht von solchen Mitarbeitern unterscheiden, die ein festes Arbeitsverhältnis mit dem Wertpapierdienstleistungsunternehmen haben, denn der Zweck der Verwaltungsvorschrift hat sich am Zweck des Gesetzes auszurichten, das durch die Verwaltungsvorschrift konkretisiert werden soll, hier also am Zweck des § 33b WpHG.

(b) Mitarbeitergeschäfte

§ 33b Abs. 2 WpHG beschreibt ein Mitarbeitergeschäft als ein Geschäft mit einem Finanzinstrument durch Mitarbeiter für eigene Rechnung sowie für Rechnung von Personen, mit denen ein Mitarbeiter im Sinne des § 15a Abs. 3 Satz 1 WpHG in enger Beziehung steht. Auch Geschäfte für Rechnung von minderjährigen Stiefkindern oder von Personen, an deren Geschäftserfolg der Mitarbeiter ein zumindest mittelbares wesentliches Interesse hat, das nicht in einer Gebühr oder Provision[215] für die Ausführung des Geschäfts besteht, werden erfasst. Entsprechendes gilt für Geschäfte außerhalb des dem Mitarbeiter zugewiesenen Aufgabenbereichs für eigene oder fremde Rechnung[216]. Damit wird nach der Definition des persönlichen Anwendungsbereichs[217] durch § 33b Abs. 1 WpHG nun der sachliche Anwendungsbereich der Norm festgelegt.

i) Das Finanzinstrument als Anknüpfungspunkt

Voraussetzung ist zunächst, dass es sich um eine Transaktion mit einem Finanzinstrument nach § 2 Abs. 2b WpHG, also um ein Geschäft handelt, das sich auf Wertpapiere, Geldmarktinstrumente, Derivate oder Rechte auf Zeichnung von Wertpapieren bezieht[218]. Es geht in dieser Eingrenzung darum, den Kreis der Geschäfte, hinsichtlich derer das strenge Überwachungsregime Anwendung finden soll, möglichst präzise einzugrenzen. Vor dem Hintergrund des Gesetzeszwecks, Interessenkonflikte im Zusammenhang mit der Kenntnis von Insiderinformationen durch Mitarbeiter zugunsten der Kunden aufzulösen, wird der Anwendungsbereich auf solche Arten von Geschäften eingeschränkt, im Rahmen derer Börsenkurse faktisch stark auf Insiderinformationen reagieren.

ii) Der Funktionsbezug des Geschäfts

Sodann differenziert § 33b Abs. 2 WpHG danach, ob ein Mitarbeitergeschäft innerhalb oder außerhalb des dem jeweiligen Mitarbeiter zugewiesenen Aufgaben-

---

215 Vgl. Rothenhöfer, in: Kümpel/Wittig (Hrsg.), Bank- und Kapitalmarktrecht, Rn. 3.406, wo klargestellt wird, dass die Ausnahme nur dann Anwendung findet, wenn es sich um standardmäßige Gebühren und Provisionen handelt, die auch einem Drittvergleich standhalten, da anderenfalls eine Verlagerung des Interessenkonflikts in die Vereinbarung der außergewöhnlichen Provisionen oder Gebühren droht.

216 Vgl. Fett, in: Schwark/Zimmer (Hrsg.), KMRK, § 33b, Rn. 10.

217 Siehe oben Kapitel B. II. 3. b) (2) (a).

218 Zimmermann, in: Fuchs (Hrsg.), WpHG-Kommentar, § 33b Rn. 18.

bereichs vorgenommen wird[219], wobei die Abgrenzung funktionsbezogen[220], also konkret anhand der faktischen regelmäßigen Tätigkeit im Wertpapierdienstleistungsunternehmen, dokumentiert etwa anhand der spezifischen Stellenbeschreibung[221], vorzunehmen ist. Innerhalb des zugewiesenen Aufgabengebiets liegt nur dann ein Mitarbeitergeschäft vor, wenn es entweder auf eigene Rechnung vorgenommen wurde oder für Rechnung von nahestehenden Personen.

Der Grund für die Eingrenzung ist darin zu sehen, dass beispielsweise ein im Kommissionshandel tätiger Mitarbeiter blockiert wäre, wenn er für Rechnung von ihm nicht nahestehenden Kunden keine Geschäfte ausführen dürfte, denn der Zweck der Überwachungsregelungen ist es nicht, die Geschäftsmöglichkeiten des Wertpapierdienstleistungsunternehmens über Gebühr einzuschränken. Die Differenzierung nach der Nähe der Person, für deren Rechnung ein Geschäft vorgenommen wird, wird in der Konstellation, in der der Mitarbeiter außerhalb des ihm zugewiesenen Aufgabenbereichs handelt, aufgegeben. Dies ist folgerichtig, denn das Argument der Blockade der geschäftlichen Tätigkeit geht bei privaten Transaktionen außerhalb des Arbeitsplatzes ins Leere.

Für die in § 33b Abs. 2 Nr. 1 WpHG beschriebene Konstellation, in der ein Mitarbeiter innerhalb des ihm zugewiesenen Aufgabenbereichs quasi „auf sich selbst" in der Rolle als normaler Kunde des eigenen Wertpapierdienstleistungsunternehmens trifft, enthalten die MaComp keine explizite Konkretisierung. Die Auslegung bleibt dem Rechtsanwender überlassen. Für die in § 33b Abs. 2 Nr. 2 WpHG beschriebene Konstellation, in der der Mitarbeiter innerhalb des ihm zugewiesenen Aufgabenbereichs auf Personen trifft, zu denen eine enge Beziehung besteht, enthält BT 2.2 Nr. 2 Satz 2 MaComp Konkretisierungen in Form von Regelbeispielen. Es werden die Fälle der Bevorzugung eines nahen Verwandten bei der Orderzuteilung oder die im Verhältnis zu anderen Kunden bevorzugte Behandlung eines nahen Verwandten im Rahmen einer Finanzportfolioverwaltung beschrieben. In beiden Konstellationen kann der Mitarbeiter seine berufliche Stellung zugunsten des Interesses von ihm nahestehenden Personen missbrauchen. Diese Konkretisierungen sind zu begrüßen, da sie die interne Umsetzung der Vorgaben in den Wertpapierdienstleistungsunternehmen erleichtern. Auch für die erste Variante von § 33b Abs. 2 WpHG können diese Regelbeispiele fruchtbar gemacht werden, da klar wird, dass dort die Bevorzugung der eigenen Person anstelle beispielsweise der Verwandten erfasst werden soll.

Schließlich wird § 33b Abs. 2 Nr. 3 Var. 1 WpHG hinsichtlich des Tatbestandsmerkmals „eigene Rechnung" durch BT 2.2 Nr. 1 Abs. 2 MaComp inso-

219 Vgl. Koller, in: Assmann/Schneider (Hrsg.), WpHG, § 33b, Rn. 3 f.
220 Rolshoven, in: Renz/Hense (Hrsg.), Wertpapier-Compliance in der Praxis, Kapitel 26, Rn. 13.
221 Vgl. Fett, in: Schwark/Zimmer (Hrsg.), KMRK, § 33b, Rn. 8.

fern konkretisiert, als unter einem Geschäft für eigene Rechnung außerhalb des einem Mitarbeiter zugewiesenen Aufgabenbereichs solche Geschäfte festgelegt werden, an denen der Mitarbeiter ein wirtschaftliches Interesse haben kann.

Die Formulierung ist sehr weit gefasst, da die bloße Möglichkeit eines wirtschaftlichen Interesses ausreicht, um die private Wertpapiertransaktion in den Anwendungsbereich der Norm zu stellen. Erneut wird klar, dass die MaComp in ihrer Zielrichtung die gesetzgeberischen Motive hinter § 33b Abs. 2 Nr. 3 WpHG insofern aufnehmen, als private Wertpapiertransaktionen der Mitarbeiter möglichst umfassend und vollständig durch das Gesetz erfasst werden sollen. Die bloße Möglichkeit eines wirtschaftlichen Interesses ist regelmäßig schnell erreicht und muss doch in jedem Einzelfall durch das Wertpapierdienstleistungsunternehmen festgestellt werden. Um Umgehungen auszuschließen, stellt BT 2.2 Nr. 1 Abs. 2 MaComp am Ende noch klar, dass auch solche Transaktionen als ein Geschäft für eigene Rechnung im Sinne von § 33b Abs. 2 Nr. 1 WpHG angesehen werden, die durch Dritte im Namen oder für Rechnung des Mitarbeiters ausgeführt werden, sofern der Mitarbeiter davon Kenntnis hatte.

Diese Konkretisierung zeigt auch hier den Versuch der BaFin, die Mitarbeitergeschäfte so dicht wie möglich abzudecken. Hier allerdings mit wenig praktischem Nutzen, denn der Nachweis, dass ein Mitarbeiter von einem Geschäft, das ein Dritter im Namen des Mitarbeiters ausgeführt hat, Kenntnis hatte, ist außerhalb von staatsanwaltschaftlichen Ermittlungen in der Praxis nicht zu führen. Das Wertpapierdienstleistungsunternehmen hat insofern keine Nachweismöglichkeiten und ist auf die Erklärung eines betroffenen Mitarbeiters im Einzelfall angewiesen. Wenn also der Mitarbeiter behauptet, er habe nicht gewusst, dass der Ehegatte in seinem Namen eine Transaktion vorgenommen hat, sind die Möglichkeiten der Compliance-Funktion[222] eines Wertpapierdienstleistungsunternehmens erschöpft. Die Regelung kommt trotz ihres Vollständigkeitsanspruchs an ihre Grenzen.

Die Konkretisierung von § 33b Abs. 2 Nr. 3 Var. 2 WpHG in den MaComp erfolgt durch die Klarstellung, dass als Geschäfte für Rechnung Dritter außerhalb des zugewiesenen Aufgabenbereichs insbesondere alle Geschäfte anzusehen sind, die Mitarbeiter in privat erteilter Vollmacht tätigen. Eine Beschränkung insofern, als nur Geschäfte für Personen erfasst werden sollen, zu denen ein enges Verhältnis besteht, wird nicht vorgenommen. Zwar kann dies aus der unterschiedlichen Formulierung von § 33b Abs. 2 Nr. 3 Var. 2 WpHG auf der einen und § 33b Abs. 2 Nr. 2 WpHG auf der anderen Seite im Rahmen einer systematischen Auslegung ermittelt werden, da in § 33b Abs. 2 Nr. 2 WpHG die Einen-

222 Zum Begriff siehe unten Kapitel C. III.

gung des Anwendungsbereichs explizit im Text der Norm enthalten ist[223]. Dennoch ist es für Wertpapierdienstleistungsunternehmen hilfreich, die genaue Auslegung der BaFin zu kennen, um daran ihre unternehmensinternen Umsetzungsmaßnahmen orientieren zu können.

Durch die unterschiedliche Handhabung der beiden Konstellationen wird außerhalb des zugewiesenen Aufgabenbereichs vergleichsweise stärker in die Privatsphäre der Mitarbeiter eingegriffen als bei privaten Wertpapiertransaktionen innerhalb des zugewiesenen Aufgabenbereichs. Einen zwingenden Grund hierfür gibt es nicht, denn es wäre denkbar, dass auch im Fall eines Geschäfts außerhalb des zugewiesenen Aufgabenbereichs das Tatbestandsmerkmal „für fremde Rechnung" nach dem Grundsatz der Verhältnismäßigkeit durch eine den Anwendungsbereich einschränkende Konkretisierung, etwa durch die Definition eines Näheverhältnisses, eng ausgelegt werden könnte.

Auffallend ist, dass die MaComp nicht den Wortlaut des Gesetzes aufnehmen, wo von Geschäften „für fremde Rechnung" die Rede ist, sondern der Terminus „für Rechnung Dritter" verwendet wird. Letzterer Begriff ist teleologisch so auszulegen, dass damit das Merkmal „für fremde Rechnung" im Sinne von § 33b Abs. 2 Nr. 3 Var. 2 WpHG konkretisiert wird.

Abschließend enthält BT 2.2 Nr. 3 MaComp eine Normkonkretisierung zur Frage, wie zu bestimmen ist, ob ein Mitarbeiter im Zusammenhang mit der Tätigung einer privaten Wertpapiertransaktion innerhalb oder außerhalb des ihm zugewiesenen Aufgabenbereichs agiert hat. Die Beantwortung dieser Frage ist entscheidend für die unterschiedlichen Rechtsfolgen, die an die jeweiligen Sachverhalte geknüpft sind. Die BaFin führt hier das Kriterium des Funktionsbezugs ein. Danach soll anhand der Arbeitsplatzbeschreibung beurteilt werden, ob eine private Wertpapiertransaktion in Erfüllung der dort niedergelegten Aufgaben erfolgte oder nicht. Auf die Überschreitung interner Befugnisse soll es dabei nicht ankommen. Wenn nun beispielsweise ein Mitarbeiter, der für die Zuteilung von Orders nur bis zum einem bestimmten Höchstbetrag zuständig ist, Orders zuteilt, die diesen Höchstbetrag übersteigen und er dadurch gegen interne Weisungen verstoßen würde, wäre dies nach BT 2.2 Nr. 3 Satz 2 MaComp immer noch als ein Geschäft auszulegen, das innerhalb des ihm zugewiesenen Aufgabengebiets erfolgt wäre, da er seiner Funktion entsprechend tatsächlich Orders zugeteilt hat. Problematisch wird das Kriterium des Funktionsbezugs dann, wenn keine genaue schriftliche Arbeitsplatzbeschreibung vorliegt und anstatt dessen auf eine faktische Beschreibung zurückgegriffen werden muss. Auch vor diesem Hintergrund hätte sich ein Gleichlauf der Erfassung von Geschäften für fremde Rechnung angeboten.

---

223 Siehe oben Kapitel B. II. 3. b) (2) (b).

iii) Die Ausnahmen

In konsequenter Weiterführung des vorbezeichneten Prinzips, wonach nur solche Finanzinstrumente in das Überwachungsregime mit einbezogen werden sollen, deren Kurse auf Insiderinformationen stark reagieren, statuiert § 33b Abs. 7 Nr. 1 WpHG Ausnahmen. Zunächst werden Mitarbeitergeschäfte, die im Rahmen einer Finanzportfolioverwaltung getätigt werden, aus dem Anwendungsbereich der Überwachung genommen, wenn vor dem jeweiligen Geschäftsabschluss kein Kontakt zwischen dem Portfolioverwalter und dem Mitarbeiter oder demjenigen besteht, für dessen Rechnung dieser handelt. Da Interessenkonflikte nur dann auftreten können, wenn ein Mitarbeiter direkt selbst auf der Basis von innerhalb des Wertpapierdienstleistungsunternehmens erlangten Informationen aktiv handelt, scheiden Konstellationen, in denen dies nicht möglich ist, konsequenterweise aus der Überwachung aus[224]. Auch Geschäfte im Zusammenhang mit Investmentfonds werden nach § 33b Abs. 7 Nr. 2 WpHG nicht von der Überwachung erfasst[225]. Für letztere Ausnahme ist der Grund, dass Interessenkonflikte zum Nachteil der Kunden des Wertpapierdienstleistungsunternehmens im Fall des Kaufs oder Verkaufs von breit gestreuten Investmentfonds durch Mitarbeiter in Ermangelung der Möglichkeit der Einflussnahme des einzelnen Mitarbeiters auf Kurse der Investmentfonds wegen der großen Risikostreuung[226] bereits von vornherein ausscheiden[227], selbst wenn diese Transaktionen in Kenntnis und unter Ausnutzung von Insider-Wissen getätigt werden.

(c) Überwachungs- und Organisationspflichten

Wie bereits angedeutet, enthält § 33b WpHG die Verpflichtung für Wertpapierdienstleistungsunternehmen, Überwachungs- und Organisationsmaßnahmen hinsichtlich der Überwachung der privaten Wertpapiertransaktionen ihrer Mitarbeiter zu implementieren.

i) Die Mittel und Verfahren

Nach § 33b Abs. 3 WpHG müssen Wertpapierdienstleistungsunternehmen zunächst angemessene Mittel und Verfahren insofern einsetzen, als Mitarbeiter, deren Tätigkeit Anlass zu einem Interessenkonflikt geben könnte oder die aufgrund

224 Vgl. Rothenhöfer, in: Kümpel/Wittig (Hrsg.), Bank- und Kapitalmarktrecht, Rn. 3.430.

225 Vgl. Wagemann, in: Renz/Hense (Hrsg.), Wertpapier-Compliance in der Praxis, Kapitel 11, Rn. 6.

226 Fett, in: Schwark/Zimmer (Hrsg.), KMRK, § 33b, Rn. 26.

227 Vgl. Held, in: Ellenberger u. a. (Hrsg.), Praktikerhandbuch, Rn. 1731.

ihrer Tätigkeit Zugang haben zu Insiderinformationen nach § 13 WpHG oder zu anderen vertraulichen Informationen über Kunden oder solche Geschäfte, die mit oder für Kunden getätigt werden, daran gehindert werden, ein Mitarbeitergeschäft[228] zu tätigen, das entweder gegen Vorschriften des 6. Abschnitts des WpHG oder gegen § 14 WpHG verstoßen könnte oder das mit dem Missbrauch oder der vorschriftswidrigen Weitergabe vertraulicher Informationen verbunden ist. Die hier von den Wertpapierdienstleistungsunternehmen verlangten Organisationspflichten beziehen sich nur auf solche Regelungen des WpHG, die einen konkreten Bezug zu einer Wertpapierdienstleistung aufweisen und nicht auf allgemeine Verpflichtungen für ausgewählte Unternehmen mit Kapitalmarktorientierung, auch wenn es sich bei diesen Unternehmen gleichzeitig um Wertpapierdienstleistungsunternehmen handelt[229].

Die Organisationsanweisungspflicht des § 33b Abs. 3 WpHG wird durch BT 2.3 Nr. 1 Satz 1 MaComp konkretisiert. Zu Beginn ist eine Konkretisierung insofern vorhanden, als Wertpapierdienstleistungsunternehmen angemessene Mittel und Verfahren einzusetzen haben, die geeignet sind, unzulässige Mitarbeitergeschäfte zu verhindern. Während bezüglich des Kriteriums der Angemessenheit noch ein Gleichlauf zwischen der gesetzlichen Norm und der Normkonkretisierung festzustellen ist, divergiert die Konkretisierung hinsichtlich des mit den einzurichtenden Verfahren Ziels. Während § 33b Abs. 3 WpHG formuliert, dass mit diesen einzusetzenden Mitteln und Verfahren die Verhinderung bestimmter Mitarbeitergeschäfte „bezweckt" werden soll, beschreibt BT 2.3 Nr. 1 Satz 1 MaComp das (zusätzliche) Kriterium der „Geeignetheit". Dies stellt insofern eine Verschärfung des gesetzlichen Organisationsauftrags dar, da durch die Einführung des Maßstabes der Geeignetheit eine überprüfbare Verobjektivierung in den Raum gestellt wird, im Gegensatz zu der im Gesetz angelegten „Bezweckung", die dem subjektiven Moment zuzurechnen ist. Es ist daher fraglich, ob insofern noch von einer Konkretisierung ausgegangen werden kann, die sich naturgemäß nur innerhalb des vom Gesetzgeber gesteckten Rahmens bewegen darf. Eine Erweiterung durch Konkretisierung ist bereits denknotwendig ausgeschlossen. Inwieweit dies im Rahmen möglicher Eingriffe in die privaten, grundrechtlich geschützten Positionen der Betroffenen eine Rolle spielt, wird noch zu klären sein[230].

---

228 Siehe oben Kapitel B. II. 3. b) (2) (b).

229 Meyer/Paetzel, in: Hirte/Möllers (Hrsg.), KK-WpHG, § 33, Rn. 82.

230 Siehe dazu generell unten Kapitel E.

ii) Die Vermeidung von Interessenkonflikten

Entscheidende Merkmale sind daher die Gefahr von Interessenkonflikten oder der Zugang zu Insiderinformationen im Zusammenhang mit der Tätigkeit des jeweiligen Mitarbeiters. Ein Interessenkonflikt ist in einem Mitarbeitergeschäft dann angelegt, wenn das Interesse des Mitarbeiters an der Vornahme einer privaten Wertpapiertransaktion dem Interesse des Wertpapierdienstleistungsunternehmens oder dem Interesse der Kunden des Wertpapierdienstleistungsunternehmens entgegensteht[231]. Es werden an dieser Stelle somit ausschließlich die konkret mit dem persönlichen Geschäftsinteresse eines individuellen Mitarbeiters in Zusammenhang stehenden möglichen Interessenkonflikte geregelt. Darüber hinausgehende Interessenkonflikte werden von der insofern generellen Norm des § 33 WpHG erfasst[232].

Auch BT 2.3 Nr. 3 MaComp stellt klar, dass unter Interessenkonflikten im Sinne von § 33b Abs. 3 WpHG nur diejenigen Interessenkonflikte zu verstehen sind, die in einem Mitarbeitergeschäft angelegt sind. Dies ist dann der Fall, wenn ein dem Kundeninteresse oder dem Interesse des Wertpapierdienstleistungsunternehmens entgegenstehendes Interesse des Mitarbeiters am Abschluss eines Mitarbeitergeschäfts gemäß § 33b Abs. 2 WpHG bestehen kann. Sinn dieser Konkretisierung ist die Abgrenzung des Anwendungsbereichs von § 33b WpHG einerseits und dem Anwendungsbereich von § 33 WpHG andererseits. Deshalb wird in BT 2.3 Nr. 3 Satz 2 MaComp auch klargestellt, dass andere Interessenkonflikte als solche, die unmittelbar in einem Mitarbeitergeschäft angelegt sind, über § 33 Abs. 1 Satz 2 Nr. 3 WpHG erfasst werden.

Durch BT 2.3 Nr. 2 MaComp werden die Wertpapierdienstleistungsunternehmen darauf hingewiesen, dass diese den in § 33b Abs. 1 WpHG beschriebenen Kreis derjenigen Mitarbeiter[233], die der besonderen Überwachung unterzogen werden müssen, eigenverantwortlich festzulegen haben. Die Kriterien für die Zuordnung sind die Möglichkeit eines Interessenkonflikts[234] oder der Zugang zu Compliance-relevanten Informationen im Sinne von AT 6.1 MaComp[235]. Die noch in den Mitarbeiter-Leitsätzen enthaltene Unterscheidung in „normale“ Mitarbeiter und Mitarbeiter „mit besonderen Funktionen“[236] ist in den MaComp

231 Vgl. Rolshoven, in: Renz/Hense (Hrsg.), Wertpapier-Compliance in der Praxis, Kapitel 26, Rn. 10.

232 Vgl. Koller, in: Assmann/Schneider (Hrsg.), WpHG, § 33b, Rn. 8.

233 Siehe oben Kapitel B. II. 3. b) (2) (a).

234 Vgl. hierzu ausführlich Jerusalem, Die Regelung der Mitarbeitergeschäfte, S. 31 ff.

235 AT 6.1 MaComp enthält im Kern den Verweis auf Insiderinformationen nach § 13 WpHG.

236 Vgl. von Kopp-Colomb, WM 2000, S. 2414, 2418.

nicht mehr enthalten[237]. Die Auswahl der Mitarbeiter muss nach BT 2.3 Nr. 2 MaComp durch eine von der Geschäftsleitung speziell benannte Stelle vorgenommen werden. Diese Stelle hat neben der Festlegung des relevanten Mitarbeiterkreises auch die regelmäßige Überprüfung der auf diese Art und Weise ausgewählten Mitarbeiter vorzunehmen.

iii) Die Informationserlangung

Ein Wertpapierdienstleistungsunternehmen muss sich zudem so organisieren, dass immer sichergestellt ist, dass die für die Überwachung der Mitarbeitergeschäfte zuständige Stelle regelmäßig über das Vorliegen von Interessenkonflikten und unternehmensinternen Insider- und andere vertraulichen Informationen informiert wird. Insofern wird das in § 33b Abs. 3 WpHG enthaltene Merkmal der Angemessenheit auf sinnvolle Art und Weise konkretisiert, denn nur eine Stelle, der die relevanten Informationen regelmäßig übermittelt werden, kann eine Auswahl entsprechend BT 2.3 MaComp vornehmen. Gleichfalls gewinnbringend wird in BT 2.3 Nr. 2 Abs. 2 MaComp eine Konkretisierung insofern vorgenommen, als die Auswahl der Mitarbeiter risikoorientiert erfolgen darf. So ist es der zuständigen Stelle erlaubt, anhand des Umfangs der einem Anlageberater oder einem vertraglich gebundenen Vermittler zugänglichen Informationen zu entscheiden, ob er als Mitarbeiter festgelegt wird, hinsichtlich dessen die erhöhten Überwachungspflichten anwendbar sind, oder nicht. Dies führt in Einzelfällen zu Abgrenzungsschwierigkeiten. Weiterhin kann dieser Konkretisierung entgegengehalten werden, dass auch bei lediglich punktueller Kenntnis von Compliance-relevanten Informationen ein immenser Reputationsschaden für das betroffene Wertpapierdienstleistungsunternehmen und indirekt daraus auch ein Vertrauensverlust in die Funktionsfähigkeit des Kapitalmarkts resultieren kann. Im Rahmen der praktischen Rechtsanwendung werden auch in diesem Zusammenhang Abgrenzungsschwierigkeiten nicht ausbleiben.

Nach § 33b Abs. 4 Nr. 2 WpHG sind Wertpapierdienstleistungsunternehmen dazu verpflichtet, sich so zu organisieren, dass sie jederzeit Kenntnis von privaten Wertpapiertransaktionen solcher Mitarbeiter erlangen können, die mit Compliance-relevanten Informationen in Kontakt kommen können. Es handelt sich hierbei in Kombination mit § 33b Abs. 3 WpHG um die für das Regime der Überwachung von Mitarbeitergeschäften zentrale[238] Norm. Die MaComp enthalten in BT 2.4 MaComp Konkretisierungen zur Art und Weise der Erlangung

237 Vgl. Haußwald, Bank-Praktiker 2008, S. 302, 306; Held BP Beilage 2007, S. 26, 29.

238 Vgl. Rolshoven, in: Renz/Hense (Hrsg.), Wertpapier-Compliance in der Praxis, Kapitel 26, Rn. 5.

von Informationen über Mitarbeitergeschäfte. Die MaComp erfüllen insofern ihre eigentliche Pflicht auf sehr zielführende Art und Weise. Den Wertpapierdienstleistungsunternehmen werden konkrete Hinweise an die Hand gegeben, wie das Risiko von Verstößen gegen das WpHG vermieden und somit mittelbar eine Gefährdung der Funktionsfähigkeit des Kapitalmarkts infolge von Vertrauensverlust der Anleger minimiert werden kann. Als geeignete Mechanismen, die durch eine unabhängige Stelle implementiert werden müssen, werden die Übersendung von Zweitschriften, die unverzügliche Anzeige, die stichprobenartige Abfrage sowie die Einführung eines Zustimmungsvorbehalts genannt. Auf diese Varianten wird im Rahmen der Analyse der praktischen Umsetzung der Überwachung näher eingegangen[239]. Die Kehrseite der Verpflichtung der Wertpapierdienstleistungsunternehmen, jederzeit von den Mitarbeitergeschäften Kenntnis erlangen zu können, ist die Bereitschaft der Mitarbeiter, die verlangten Information auch tatsächlich bereitzustellen oder bereitstellen zu lassen. Der Eingriff in die Persönlichkeitssphäre des einzelnen Mitarbeiters wird bereits hier offenbar.

Weiterhin sind Wertpapierdienstleistungsunternehmen nach § 33b Abs. 4 Nr. 1 WpHG verpflichtet, sicherzustellen, dass alle von § 33b Abs. 3 WpHG erfassten Mitarbeiter Kenntnis von den gemäß § 33b Abs. 3 WpHG implementierten Vorkehrungen nehmen. Die bloße Kenntnisnahme von gesetzlichen Verpflichtungen und von internen Richtlinien, die diese Verpflichtungen unternehmensintern umsetzen, ist Voraussetzung für die darauf aufbauenden Überwachungsmaßnahmen. Zuletzt wird das Wertpapierdienstleistungsunternehmen nach § 33b Abs. 4 Nr. 4 WpHG verpflichtet, alle Mitarbeitergeschäfte, von denen es gemäß § 33b Abs. 4 Nr. 2 WpHG oder § 33b Abs. 4 Nr. 3 WpHG Kenntnis erhält, zu dokumentieren. Die Dokumentationspflicht gilt auch für alle Erlaubnisse und Verbote, die bezogen auf Geschäfte, von denen auf vorbeschriebene Art und Weise Kenntnis genommen wurde, erteilt werden. Durch die Verpflichtung zur revisionssicheren Dokumentation der überwachten Geschäfte sowie von Erlaubnissen und Verboten in diesem Zusammenhang soll eine Überprüfung einerseits durch die interne Revision des jeweiligen Wertpapierdienstleistungsunternehmens, aber andererseits auch durch die zugunsten der BaFin nach § 36 WpHG[240] prüfenden externen Wirtschaftsprüfer ermöglicht werden. Der Bericht dient der BaFin als Grundlage für ein mögliches Einschreiten[241]. Es wird insofern die Kontrolle der Überwachung sichergestellt[242]. Eine entsprechen-

239 Siehe unten Kapitel C. V.

240 Vgl. hierzu Seyfried, in: Kümpel/Wittig (Hrsg.), Bank- und Kapitalmarktrecht, Rn. 3.279 ff.

241 Vgl. Röhl, in: Fehling/Ruffert (Hrsg.), Regulierungsrecht, § 18, Rn. 75.

242 Vgl. Kämmerer, Selbstregulierung am Beispiel des Kapitalmarktrechts. Eine normativ-institutionelle Positionsbestimmung, in: Hopt/Veil/Kämmerer (Hrsg.), Kapitalmarktgesetzge-

de Konkretisierung von § 33b Abs. 4 Nr. 4 WpHG ist auch in BT 2.4 Nr. 3 MaComp enthalten.

(d) Spezialfall Finanzanalyse

Für den Bereich der Überwachung von Geschäften von Mitarbeitern, die auf dem Gebiet der Erstellung von Finanzanalysen (Research) beschäftigt sind, gelten spezielle Organisationsanforderungen[243].

i) Die Finanzanalyse als Wertpapiernebendienstleistung

Diese sind notwendig, weil die Erstellung von Finanzanalysen eine (bloße) Wertpapiernebendienstleistung nach § 2 Abs. 3a Nr. 5 WpHG darstellt[244]. Vorbeschriebene Absätze 3 und 4 von § 33b WpHG setzen für den Fall von natürlichen Personen als Mitarbeiter jedoch die Erfüllung der Voraussetzungen nach § 33b Abs. 1 WpHG, also eine natürliche Person voraus, hinsichtlich derer sich das Wertpapierdienstleistungsunternehmen zur Erbringung von Wertpapierdienstleistungen und eben nicht bloßer Wertpapiernebendienstleistungen bedient. Da die Finanzanalyse unabhängig erstellt werden muss und insofern andere Wertpapierdienstleistungen nicht unterstützt bzw. wegen des Unabhängigkeitserfordernisses nicht direkt unterstützen darf, müssten die privaten Wertpapiergeschäfte etwa der Finanzanalysten selbst oder anderer Mitarbeiter, die an der Erstellung von Finanzanalysen beteiligt sind, nicht überwacht werden. Research-Mitarbeiter haben jedoch regelmäßig durch Kenntnis der Inhalte unveröffentlichter Finanzanalysen einen bedeutenden Informationsvorsprung[245]. Sie könnten daher private Wertpapiergeschäfte auf der Basis von nicht öffentlichem Sonderwissen[246] zulasten der anderen Kapitalmarktteilnehmer tätigen. Vor dem Hintergrund der eminent wichtigen Bedeutung der Finanzanalysen für die Kursentwicklung von Finanzinstrumenten und der durch Finanzanalysen[247] gewährleisteten Informationsintermediation wäre dies eine nicht akzeptable Lücke, die durch § 33b Absätze 5 und 6 WpHG geschlossen wird. Dadurch wird die Voraussetzung dafür geschaffen, dass sich die Teilnehmer des Kapitalmarkts darauf verlassen können,

bung, S. 145, 157, der im Kontext des § 33 Abs. 1 Satz 1 Nr. 5 und 6 WpHG von der „Selbstregulierung der Selbstregulierung" spricht.

243 Vgl. Göres, BKR 2007, S. 90, 90.

244 Vgl. Held, in: Ellenberger u. a. (Hrsg.), Praktikerhandbuch, Rn. 1722; Fett, in: Schwark/Zimmer (Hrsg.), KMRK, § 33b, Rn. 28.

245 Vgl. Zimmermann, in: Fuchs (Hrsg.), WpHG-Kommentar, § 33b Rn. 47.

246 Vgl. Koller, in: Assmann/Schneider (Hrsg.), WpHG, § 33b, Rn. 19.

247 Teigelack Finanzanalysen, S. 27.

dass Finanzanalysen unabhängig erstellt werden. Anderenfalls bestände die Gefahr, dass bei Unsicherheiten oder Zweifel der Kapitalmarktteilnehmer hinsichtlich der Unabhängigkeit ganze Indices oder die Finanzinstrumente einer ganzen Branche negativ beeinflusst werden könnten[248].

ii) Die speziellen Organisationspflichten bei Erbringung der Finanzanalyse

Wertpapierdienstleistungsunternehmen, die auf eigene Verantwortung oder auf Verantwortung eines Mitglieds ihrer Unternehmensgruppe Finanzanalysen über Finanzinstrumente im Sinne des § 2 Abs. 2b WpHG oder deren Emittenten erstellen oder erstellen lassen, die unter den Kunden des Wertpapierdienstleistungsunternehmens oder in der Öffentlichkeit verbreitet werden sollen oder deren Verbreitung wahrscheinlich ist, müssen daher nach § 33b Abs. 5 WpHG spezielle[249] organisatorische Vorkehrungen treffen, um die speziell im Zusammenhang mit der Erstellung von Finanzanalysen auftretenden und nachstehend dargestellten Interessenkonflikte, die sich im Kern um Informationsvorsprünge drehen, weitestgehend auszuschließen. Nach § 33b Abs. 5 Satz 1 Nr. 1 WpHG ist die organisatorische Infrastruktur eines Wertpapierdienstleistungsunternehmens entsprechend auszugestalten. Mitarbeiter, welche Kenntnis vom Inhalt unveröffentlichter Finanzanalysen haben, dürfen dies nicht zum eigenen Vorteil nutzen. Erst wenn der relevante Empfängerkreis nach der Veröffentlichung ausreichend Gelegenheit[250] für eine Reaktion hatte, sind Geschäfte der Mitarbeiter im relevanten Finanzinstrument zulässig. Eine Ausnahme regelt § 33b Abs. 5 Satz 1 Nr. 1 WpHG für diejenigen Konstellationen, in denen der Finanzanalyst ein Wertpapiergeschäft entweder als Market-Maker[251] oder in Ausführung eines selbst nicht initiierten Kundenauftrags tätigt. In der Praxis spielt diese Ausnahme keine Rolle, da Finanzanalysten in der Regel ausschließlich mit der Erstellung von Finanzanalysen beschäftigt sind und sich insofern in einem separaten Vertraulichkeitsbereich[252] innerhalb des Wertpapierdienstleistungsunternehmens befinden. Market Making findet regelmäßig im Handelsbereich eines Wertpapierdienstleistungsunternehmens statt, von dem der Research-Bereich wegen der erheblichen Interessenkonflikte, die aus dem Interesse an Eigengeschäften des

---

248 Vgl. Teigelack, in: Veil (Hrsg.), Europäisches Kapitalmarktrecht, § 20, Rn. 5.

249 Vgl. Held, in: Ellenberger u. a. (Hrsg.), Praktikerhandbuch, Rn. 1721, wo von „ergänzenden Vorkehrungen" gesprochen wird.

250 Nach Held, in: Ellenberger u. a. (Hrsg.), Praktikerhandbuch, Rn. 1724 reicht dafür eine Meldung über den Wirtschaftsinformationsdienst Reuters aus.

251 Entsprechendes gilt für den Skontroführer, vgl. insoweit Fett, in: Schwark/Zimmer (Hrsg.), KMRK, § 33b, Rn. 29.

252 Zum Begriff des Vertraulichkeitsbereichs siehe unten Kapitel C. V. 2. d).

Wertpapierdienstleistungsunternehmens und der gleichzeitigen Notwendigkeit der unabhängigen und neutralen Erstellung der Finanzanalyse herrühren, strikt abzugrenzen ist. Entsprechendes gilt für die Ausführung von Kundenaufträgen, die regelmäßig im Back Office-Bereich eines Wertpapierdienstleistungsunternehmens erfolgen. Die Ausnahmeregelung läuft daher zumindest in Deutschland weitgehend ins Leere[253]. Private Wertpapiergeschäfte des Finanzanalysten fallen auch dann nicht unter das vorbeschriebene Handelsverbot, wenn die Empfehlung durch Dritte nicht bereits aufgrund öffentlich verfügbarer Informationen erwartet worden wäre.

Weiterhin hat sich ein Wertpapierdienstleistungsunternehmen nach § 33b Abs. 5 Satz 1 Nr. 2 WpHG in einer Art und Weise zu organisieren, die sicherstellt, dass Personen, die nicht in den Anwendungsbereich des § 33b Abs. 5 Satz 1 Nr. 1 WpHG fallen, aber dennoch an der Erstellung einer Finanzanalyse beteiligt sind, nur mit vorheriger Zustimmung der Rechtsabteilung oder der Compliance-Funktion und auch nur in Ausnahmefällen Geschäfte entgegen der aktuellen Empfehlung tätigen dürfen[254]. Auch dadurch soll sichergestellt werden, dass Wertpapierdienstleistungsunternehmen und deren Mitarbeiter nicht zulasten der Integrität des Kapitalmarkts auf der Basis von Informationsvorsprüngen private Wertpapiertransaktionen tätigen. Insbesondere soll hier das sog. Gegenlaufen verhindert werden, im Rahmen dessen Mitarbeiter des die Finanzanalyse erstellenden Wertpapierdienstleistungsunternehmens im Nachgang zu privaten Wertpapiertransaktionen davon profitieren könnten, etwa wenn sie das in einer Finanzanalyse analysierte Finanzinstrument „hochschreiben" und dadurch den Kurs zu ihren Gunsten beeinflussen würden. Durch die in § 33b Abs. 5 Satz 1 Nr. 2 WpHG enthaltene Organisationsverpflichtung, wonach Wertpapierdienstleistungsunternehmen ihren Mitarbeitern solche gegenläufigen Geschäfte generell zu untersagen haben, soll bereits der Anschein einer Gefahr des Missbrauchs entsprechender Informationsvorsprünge oder einer unredlichen Anlageempfehlung[255] vermieden werden. Liegen allerdings im Einzelfall keine Anhaltspunkte für das Ausnutzen eines Informationsvorsprungs vor, etwa wenn ein von der Norm erfasster Mitarbeiter Finanzinstrumente entgegen der aktuellen Empfehlung aufgrund einer Notlage verkaufen muss[256] und dies von einer neutralen Stelle in Form der Rechts- oder Compliance-Abteilung geprüft und dokumentiert worden ist, kann eine entsprechende private Wertpapiertransaktion ausgeführt

253 So auch Göres, BKR 2007, S. 90, 90.

254 Vgl. Göres, in: Habersack u. a. (Hrsg.), Hdb. Kapitalmarktinf., § 24, Rn. 154.

255 Wagemann, in: Renz/Hense (Hrsg.), Wertpapier-Compliance in der Praxis, Kapitel 11, Rn. 9.

256 Vgl. Göres, BKR 2007, S. 90, 90.

werden[257]. Ein Vertrauensverlust in die Neutralität und Unabhängigkeit des Instituts der Finanzanalyse an sich ist in diesen Fällen nicht zu befürchten[258].

Die MaComp enthalten bezüglich der organisatorischen Anforderungen nach § 33b Abs. 5 und Abs. 6 WpHG in BT 2.5 MaComp lediglich eine Konkretisierung insofern, als Market Maker gemäß § 33b Abs. 5 Nr. 1 WpHG Skontroführern gleichzustellen sind. Unter Skontroführern sind nach § 27 BörsG Personen zu verstehen, die mit der Feststellung von Börsenpreisen an einer Wertpapierbörse betraut sind[259]. Die Gleichbehandlung mit den Market Makern ist daher vor dem Hintergrund gerechtfertigt, dass sowohl Market Maker als auch Skontroführer dazu verpflichtet sind, auf Anfrage Preise zu stellen und auf diese Art und Weise die Funktionsfähigkeit des Kapitalmarkts unterstützen. Da es sich in der überwiegenden Zahl der Fälle nicht um vom jeweiligen Mitarbeiter eigeninitiativ betriebene Transaktionen handelt, ist auch die Gefahr eines Vertrauensverlustes der Kapitalmarktteilnehmer aufgrund derartiger Mitarbeitergeschäfte sehr gering. Die Gefahr einer Störung des Kapitalmarktes wäre im Gegenteil sogar größer, wenn die Institute das Market Making oder die Skontroführung nicht gewährleisten könnten, da durch diese Mechanismen den Kapitalmärkten die notwendige Liquidität zur Verfügung gestellt wird. Wie bereits oben erwähnt, ist der Anwendungsbereich dieser Normkonkretisierung sehr gering, da Finanzanalysten und andere Mitarbeiter von Research-Abteilungen regelmäßig weder im Market Making noch als Skontroführer eingesetzt werden.

##### *(3) Verhältnis der Organisationspflichten nach dem WpHG zur generellen Organisationsnorm nach § 25a KWG*

Obwohl in dieser Arbeit der Schwerpunkt auf die Überwachung der Mitarbeitergeschäfte nach § 33b WpHG gelegt wird, sind dennoch kurze Ausführungen zu § 25a KWG[260] zu machen, da ausweislich BT 2.7 MaComp auch diese Vorschrift zu den normativen Grundlagen der Überwachung von Mitarbeitergeschäften gehört. § 25a KWG dient in diesem Zusammenhang als Auffangnorm.

§ 25a KWG enthält als grundsätzliche Organisationsnorm[261] besondere Organisationspflichten von Kreditinstituten und verfolgt das Ziel, die zunehmende Komplexität der Bankgeschäfte sowie der Handelsaktivitäten von Kreditinstitu-

257 Vgl. Held, in: Ellenberger u. a. (Hrsg.), Praktikerhandbuch, Rn. 1728.

258 Vgl. Koller, in: Assmann/Schneider (Hrsg.), WpHG, § 33b, Rn. 22.

259 Groß, Kapitalmarktrecht, § 27 BörsG, Rn. 3.

260 Vgl. Gebauer/Niermann, in: Hauschka (Hrsg.), Corporate Compliance, § 36, Rn. 16.

261 Vgl. Fischer, in: Fischer/Klanten (Hrsg.), Bankrecht, Rn. 2.114 ff.; Langen, in: Schwennicke/Auerbach (Hrsg.), Kreditwesengesetz, § 25a, Rn. 3; Fett, in: Schwark/Zimmer (Hrsg.), KMRK, § 33 Rn. 5; Blasche, WM 2011, S. 343, 344.

ten zu regeln[262]. Es sollen die Stabilität, Solvabilität[263] und Liquidität[264] individueller Kreditinstitute sichergestellt und die Wahrscheinlichkeit externer negativer Effekte auf das gesamte Wirtschaftssystem als Folge möglicher Insolvenzen von Kreditinstituten minimiert werden. § 25a KWG wird als aufsichtsrechtliche Vorgabe für die Einrichtung von Compliance-Strukturen bei Banken angesehen, unabhängig davon, ob die Bank gleichzeitig die Voraussetzungen eines Wertpapierdienstleistungsunternehmens erfüllt und damit auch in den Anwendungsbereich von § 33 WpHG fällt[265]. Nach § 25a KWG muss ein Kreditinstitut über eine ordnungsgemäße Geschäftsorganisation verfügen, die neben der Sicherstellung der betriebswirtschaftlichen Solidität des Kreditinstituts durch ein adäquates Risikomanagementsystem auch die Einhaltung der zu beachtenden gesetzlichen Bestimmungen gewährleisten soll[266]. Letzteres ist im Kontext des Verhältnisses zwischen § 25a KWG und § 33b WpHG mit Blick auf die Überwachung von Mitarbeitergeschäften von Interesse.

BT 2.7 MaComp stellt zunächst klar, dass Mitarbeiter von Wertpapierdienstleistungsunternehmen, die nicht in die Erbringung von Wertpapierdienstleistungen eingebunden sind, jedoch Zugang zu Insiderinformationen und anderen vertraulichen Informationen haben können, keine Geschäfte tätigen dürfen, die gegen § 14 WpHG oder eine Vorschrift des 6. Abschnitts des WpHG verstoßen. Der Hinweis auf die gesetzliche Verbotsnorm des § 14 WpHG ist lediglich deklaratorischer Natur, da § 14 WpHG auch ohne „internen Anwendungsbefehl" für das Wertpapierdienstleistungsunternehmen und all seine Mitarbeiter unmittelbar verbindlich ist.

Durch die Klarstellung soll eine Lücke geschlossen werden, die darin besteht, dass solche Mitarbeiter, die zwar regelmäßig Insiderwissen erlangen, jedoch nicht unmittelbar an der Erbringung der Wertpapierdienstleistung beteiligt sind, nicht in den Anwendungsbereich von § 33b WpHG fallen würden[267]. Beispielhaft sind hier Mitarbeiter des Risikomanagements zu nennen, die ausschließlich die Bonität eines möglichen Geschäftspartners im Zweifel auch unter Verwendung vorliegender Insiderinformationen beurteilen.

Fraglich ist, wie diese Klarstellung mit Blick auf mögliche Verstöße gegen den 6. Abschnitt des WpHG, also gegen die Verhaltenspflichten im Zusammen-

262 Vgl. Ferstl, in: Beck u. a. (Hrsg.), KWG-Kommentar, § 25a, Rn. 18; Reischauer/Kleinhans, KWG, § 25a KWG, Rn. 2.

263 Vgl. Röhl, in: Fehling/Ruffert (Hrsg.), Regulierungsrecht, § 18, Rn. 20.

264 Vgl. Röhl, in: Fehling/Ruffert (Hrsg.), Regulierungsrecht, § 18, Rn. 22.

265 Vgl. Rothenhöfer, in: Kümpel/Wittig (Hrsg.), Bank- und Kapitalmarktrecht, Rn. 3.303.

266 Vgl. Fett, in: Schwark/Zimmer (Hrsg.), KMRK, § 33 Rn. 16.

267 Vgl. Frisch, in: Derleder u. a. (Hrsg.), Bankrechtshandbuch, § 7, Rn. 250; Fett, in: Schwark/Zimmer (Hrsg.), KMRK, § 33b, Rn. 6.

hang mit der Erbringung von Wertpapierdienstleistungen, zu verstehen ist, da, wie oben gezeigt, bereits eine ausführliche Regelung in Form von § 33b WpHG besteht. Problematisch ist insofern, dass der Verweis auf § 25a KWG im Gesetzeswortlaut des § 33b WpHG nicht enthalten ist, sondern nur im Rahmen des globalen Verweises in § 33 Abs. 1 Satz 1 WpHG, auf den in AT 7 MaComp eingegangen wird. Es deutet daher vieles darauf hin, dass § 33b WpHG auf dem Gebiet der Wertpapierdienstleistungen die Vorschrift des § 25a KWG als Spezialnorm verdrängt[268]. Hätte der Gesetzgeber auch für Mitarbeiter, die nicht in den Anwendungsbereich des § 33b WpHG fallen, weil sie nicht an der Erbringung einer Wertpapierdienstleistung beteiligt sind, eine entsprechende Pflicht zur Überwachung von deren privaten Wertpapiertransaktionen anordnen wollen, wäre in § 33b WpHG ein entsprechender Hinweis zu erwarten gewesen.

Soweit eingewendet wird, diese subsidiäre Anwendbarkeit ergebe sich aus dem globalen Verweis auf § 25a KWG einerseits in § 33 Abs. 1 Satz 1 WpHG und andererseits in AT 7 MaComp[269], wird außer Acht gelassen, dass § 33b WpHG explizite Spezialvorschriften enthält, die sich nicht einfach aus einer entsprechenden Auslegung von § 33 WpHG ergeben. Denn wäre der Gesetzgeber davon ausgegangen, dass die gesamte Überwachung der Mitarbeitergeschäfte, unabhängig vom Bezug zur Erbringung von Wertpapierdienstleistungen, auch durch entsprechende Auslegung des § 33 WpHG hätte abgeleitet werden können, hätte es der expliziten Einfügung des § 33b WpHG durch das FRUG nicht bedurft. Auch die Ansicht, wonach im Rahmen einer teleologischen Auslegung des § 33b Abs. 1 Nr. 3 und 4 WpHG alle Mitarbeiter zu erfassen seien, die unter Geltung der Mitarbeiter-Leitsätze als Mitarbeiter mit besonderer Funktion zu kategorisieren gewesen wären[270], überzeugt angesichts der Gesetzessystematik nicht. Denn wenn der Gesetzgeber von einer solchen Sachlage ausgegangen wäre, hätte er auch mit Blick auf die notwendige Umsetzung der MiFID und der MiFID-Durchführungsrichtlinie bereits früh unter Verweis auf eine existente Regelung in Form von § 33 WpHG Vollzug melden können. Das Verhältnis zwischen § 25a KWG und § 33 WpHG ist insofern spannungsgeladen[271] und ohne klare Konturen. Für die Zwecke dieser Arbeit kommt es auf etwaige Besonderheiten im Zusammenhang mit § 25a KWG jedoch nicht an, da insofern lediglich der Kreis der Betroffenen ausgeweitet wird. Die Überwachungsmaßnahmen und ihre Auswirkungen auf die grundrechtlich geschützten Positionen der Mitarbeiter sind jedoch identisch.

---

268 Vgl. Röh, BB 2008, S. 398, 407.

269 Vgl. Schäfer, Unabhängigkeit/Wirksamkeit/Dauerhaftigkeit von Compliance, BKR 2011, S. 45, 47.

270 Vgl. Rothenhöfer, in: Kümpel/Wittig (Hrsg.), Bank- und Kapitalmarktrecht, Rn. 3.405.

271 Vgl. Engelhart, ZIP 2010, S. 1832, 1836.

## 4. Prinzipienorientierter Regelungsansatz des Kapitalmarktrechts im Kontext von Compliance

Der Regelungsansatz der Aufsicht im Zusammenhang mit Wertpapier-Compliance kann im Gegensatz zum in Deutschland weitestgehend verbreiteten Konzept der Regelorientierung zumindest in Teilen als prinzipienorientiert charakterisiert werden. Deshalb seien diese Konzepte nachstehend in der gebotenen Kürze voneinander abgegrenzt und im Anschluss daran einer Überprüfung unter dem Gesichtspunkt des verfassungsrechtlichen Bestimmtheitsgebots unterzogen.

### *(1) Prinzipienorientierung versus Regelorientierung als Aufsichtskonzept*

Unter einem prinzipienorientierten Aufsichtskonzept ist eine risikoorientierte[272] bzw. stark ergebnisorientierte[273] Herangehensweise an aufsichtsrechtlich zu regelnde Sachverhalte zu verstehen. Dies im Gegensatz zu der in Deutschland im Kontext der (Banken)-Aufsicht grundsätzlich vorherrschenden Regelorientierung, die anhand ausführlicher und sehr detaillierter Verhaltensregeln[274] charakterisiert werden kann. Im Rahmen des regelorientierten Aufsichtskonzepts wird keine spezielle Rücksicht auf den Risikogehalt des jeweils zu regelnden Sachverhalts genommen. Das prinzipienorientierte Aufsichtskonzept, das aktuell insbesondere im Vereinigten Königreich die Leitlinien der Kapitalmarktaufsicht bildet[275], konzentriert das aufsichtsrechtliche Handeln darauf, ob die beaufsichtigten Marktteilnehmer die Anforderungen der Aufsicht im Ergebnis erreichen. Dies im Gegensatz zur Sicherstellung, dass die Marktteilnehmer umfangreichen und detaillierten Katalogen an Verhaltensanforderungen nachkommen. Ziel ist dabei, die Effizienz[276] der Aufsicht zu erhöhen, da es den Marktteilnehmern selbst überlassen bleibt, auf genau welche Art und Weise die Ergebnisse erzielt werden[277]. Beispiele für den prinzipienorientierten Aufsichtsansatz finden sich in Ansätzen sowohl im Recht der Europäischen Union[278] als auch im deutschen Bankaufsichtsrecht, dort insbesondere im Zusammenhang mit Outsourcing-

---

272 Kaetzler/Weirauch, BKR 2008, S. 265, 268.

273 Positionspapier der englischen Financial Services Authority „Principles-based regulation focusing on the outcomes that matter", 2007, abrufbar unter www.fsa.gov.uk, S. 6: „outcome-focused".

274 Veil, Aufsicht über die Kapitalmärkte in Europa, Regelungskonzepte und Grundlinien für die Entwicklung aufsichts- und zivilrechtlicher Instrumente, in: Grundmann u. a. (Hrsg.), FS Hopt, S. 2641, 2647.

275 Veil/Wundenberg, Englisches Kapitalmarktrecht, S. 9.

276 Walla, in: Veil (Hrsg.), Europäisches Kapitalmarktrecht, § 2, Rn. 61.

277 Veil/Wundenberg, Englisches Kapitalmarktrecht, S. 11 f.

278 Wundenberg, in: Veil (Hrsg.), Europäisches Kapitalmarktrecht, § 23, Rn. 3.

Maßnahmen im Kontext von § 25a KWG und der diesbezüglichen Konkretisierung in den MaRisk[279]. Auch im Zusammenhang mit den Anforderungen an die Liquiditätsausstattung von Banken kommt das prinzipienorientierte Aufsichtskonzept zum Tragen[280]. In beiden Fällen werden Spielräume für die eigenverantwortliche Umsetzung der aufsichtsrechtlichen Vorgaben eingeräumt.

Entsprechendes kann in den vorliegend zuvorderst interessierenden §§ 33 und 33b WpHG beobachtet werden, die von Veil als „prinzipiengetränkt"[281] bezeichnet werden. Prominent tritt dies in § 33 Abs. 1 Satz 3 WpHG hervor, wenn dort ausgeführt wird, dass die zu treffenden Vorkehrungen „Art, Umfang, Komplexität und Risikogehalt" der jeweiligen Geschäftstätigkeit berücksichtigen müssen bzw. können. Anstelle von ausführlichen Verhaltenskatalogen wird es somit dem einzelnen Wertpapierdienstleistungsunternehmen überlassen, wie das Regulierungsziel in Form der Gewährleistung der Einhaltung der Vorschriften des WpHG im Einzelfall erreicht wird.

Fraglich ist in diesem Zusammenhang, ob durch die Veröffentlichung der MaComp das prinzipienorientierte Aufsichtskonzept im Kontext von Compliance verstärkt oder abgeschwächt wurde. Wie gezeigt, stellen die MaComp die Verwaltungspraxis der BaFin in normkonkretisierender Art und Weise sehr genau und ausführlich dar, wodurch im Grunde ein regelbasiertes Aufsichtskonzept indiziert wird. Andererseits enthalten auch die MaComp zahlreiche Öffnungsklauseln, die explizit auf den Risikogehalt der von den Wertpapierdienstleistungsunternehmen betriebenen Geschäfte und darauf ausgerichtete Überwachungsmaßnahmen referenzieren. In den MaComp ist daher lediglich eine Verfeinerung des prinzipienorientierten Ansatzes zu sehen[282].

Das prinzipienorientierte Aufsichtskonzept zeichnet sich durch seine hohe Effizienz aus, denn es wird den jeweiligen Wertpapierdienstleistungsunternehmen selbst überlassen, wie diese ihre Konformität mit den kapitalmarktrechtlichen Vorschriften herbeiführen. Es ist daher wünschenswert, die Verbreitung dieses Ansatzes auch in Deutschland weiter auszuweiten.

---

279 Fischer, in: Boos u. a. (Hrsg.), KWG-Kommentar, Einf. KWG, Rn. 78a.

280 Zeranski, in: Boos u. a. (Hrsg.), KWG-Kommentar, LiqV § 1, Rn. 28.

281 Veil, Aufsicht über die Kapitalmärkte in Europa, Regelungskonzepte und Grundlinien für die Entwicklung aufsichts- und zivilrechtlicher Instrumente, in: Grundmann u. a. (Hrsg.), FS Hopt, S. 2641, 2649.

282 So im Ergebnis auch Wundenberg, in: Veil (Hrsg.), Europäisches Kapitalmarktrecht, § 23, Rn. 9, 15.

### *(2) Prinzipienorientierung und verfassungsrechtliches Bestimmtheitsgebot*

Neben der Frage nach der Effizienz eines prinzipienorientierten Aufsichtskonzepts stellt sich im Zusammenhang mit Überwachungsmaßnahmen auf der Grundlage der §§ 33, 33b WpHG aus verfassungsrechtlicher Sicht allerdings die Frage, ob der prinzipienorientierte Aufsichtsansatz dem Grundsatz der ausreichenden Bestimmtheit von Gesetzen[283] genügt. Nach diesem Grundsatz müssen die grundlegenden rechtlichen Wertungen sämtlicher materieller Normen[284] dem Gesetzgeber vorbehalten bleiben. Es ist notwendig, dass die Normen detailliert und verständlich formuliert werden, um es dem Gesetzesanwender zu ermöglichen, sein Verhalten entsprechend ausrichten zu können[285]. Speziell ist die Frage zu beantworten, ob es mit dem Grundgesetz vereinbar ist, wenn nur grundlegende Prinzipien im WpHG geregelt sind, die spezielle Ausprägung und damit die eigentliche Grundlage für praktische erlebbare Einschränkungen privater Rechtspositionen, etwa in Form von Sanktionen[286], hingegen in nachgeordneten Normen oder aufsichtsrechtlichen Rundschreiben enthalten sind. Würde diese Frage verneint werden, könnte jedenfalls keine Ausweitung des prinzipienorientierten Aufsichtshandelns mehr erfolgen.

Zumindest für den vorliegend zuvorderst interessierenden Bereich der kapitalmarktrechtlichen Aufsicht im Rahmen von Organisationspflichten für Wertpapierdienstleistungsunternehmen bestehen im Ergebnis jedoch keine verfassungsrechtlichen Bedenken gegen einen verstärkt prinzipienorientierten Aufsichtsansatz. Wesentliche Regelungen zu den Organisationspflichten sind im WpHG selbst zu finden. Auch die Figur des Compliance-Beauftragten hat durch die Einfügung von § 34d WpHG Einzug in formelle gesetzliche Regelungen gehalten[287]. Die Regelungen gehen über die übliche Verwendung von unbestimmten Rechtsbegriffen nicht hinaus, deren Verwendung als mit dem Bestimmtheitsgrundsatz kompatibel angesehen wird[288].

Weiterhin sind speziell zum Compliance-Beauftragten umfangreiche Regelungen in § 12 Abs. 4 Satz 1 WpDVerOV enthalten. Die Ermächtigungsgrundlage zum Erlass der WpDVerOV in § 33 Abs. 4 WpHG ist ausreichend. Durch die Verordnung wird der wesentlich im WpHG selbst enthaltene Regelungsinhalt angemessen konkretisiert und erfüllt. Die WpDVerOV erfüllt somit selbst den Bestimmtheitsgrundsatz. Die Wertpapierdienstleistungsunternehmen und deren

283 Vgl. Schulze-Fielitz, in: Dreier (Hrsg.), GG-Kommentar, Art. 20, Rn. 117.
284 Schulze-Fielitz, in: Dreier (Hrsg.), GG-Kommentar, Art. 20, Rn. 120.
285 Schulze-Fielitz, in: Dreier (Hrsg.), GG-Kommentar, Art. 20, Rn. 117.
286 Veil/Wundenberg, Englisches Kapitalmarktrecht, S. 151.
287 Siehe unten Kapitel C. IV. 2. b) (3).
288 Vgl. Schulze-Fielitz, in: Dreier (Hrsg.), GG-Kommentar, Art. 20, Rn. 121.

Mitarbeiter können daher ihr Verhalten genau an den Erfordernissen der normativen Grundlagen ausrichten. Vor dem Hintergrund der dynamischen Entwicklungen auf dem Gebiet des Kapitalmarktrechts wären Forderungen nach noch konkreteren Regelungen im WpHG selbst kontraproduktiv, da in diesem Fall die Möglichkeit, schnell auf aktuelle Entwicklungen reagieren zu können, durch das langwierige Gesetzgebungsverfahren gefährdet wäre.

Die Grenze eines prinzipienorientierten Ansatzes der Kapitalmarktaufsicht wäre allerdings dann erreicht, wenn die Ebene der Verordnung verlassen und lediglich die MaComp über den gesetzlichen Rahmen hinausgehende Anforderungen implementieren würden. Im Zusammenhang mit der Qualität der Mittel und Verfahren zur Verhinderung von Verstößen der Mitarbeiter gegen das WpHG wurde bereits gezeigt[289], dass sich die MaComp vom gesetzlichen Rahmen gelöst haben, wenn sie eine subjektive Komponente („Bezweckung") in ein objektives Kriterium der „Geeignetheit" verwandeln möchten. Zusätzliche Belastungen, auch von grundrechtlich geschützten Positionen, durch eine bloße Verwaltungsvorschrift sind mit dem Wesentlichkeitsgrundsatz nicht vereinbar.

Der aktuelle Umfang des prinzipienorientierten Aufsichtsansatzes im Zusammenhang mit den Organisationspflichten des WpHG ist somit mit den Anforderungen des Grundgesetzes vereinbar, denn die Anforderungen sind im WpHG hinreichend klar beschrieben und dort auch in der notwendigen Tiefe enthalten. Auch für eine weitere Ausdehnung des prinzipienorientierten Ansatzes besteht Raum. Bedingung ist insofern, dass Präzisierungen zumindest auf der Ebene der Rechtsverordnung erfolgen.

## 5. Dokumentationspflichten

Dokumentationspflichten treten in unterschiedlichen Facetten auf. Gemeinsam ist ihnen, dass durch eine entsprechende Verpflichtung der Wertpapierdienstleistungsunternehmen zur Dokumentation eines Großteils ihrer Geschäfte die Grundlagen für die Tätigkeit der staatlichen Aufsichtsinstanzen geschaffen werden. Diesen wird es ermöglicht, anhand der archivierten Dokumente zu prüfen, inwieweit Verstöße gegen das WpHG vorgelegen haben. Die Aufsichtsinstanzen können auf dieser Grundlage insbesondere die Einhaltung der bereits dargestellten Verhaltenspflichten prüfen.

289 Siehe oben Kapitel B. II. 3. b) (2) (c).

### a) Verpflichtung zur Führung eines Insiderverzeichnisses nach § 15b WpHG

Emittenten von Finanzinstrumenten sind nach § 15b WpHG dazu verpflichtet, Verzeichnisse über solche Personen zu führen, die für sie tätig sind und bestimmungsgemäß Zugang zu Insiderinformationen haben. Diese auch Insiderverzeichnisse genannten Verzeichnisse sind stets aktuell zu halten und müssen der BaFin auf Verlangen übermittelt werden. Unternehmenspflichten zur Führung von Listen von Personen, die Kenntnis von Insiderinformationen haben, waren bis zur Einführung von § 15b WpHG in 2004 im Rahmen des Anlegerschutzverbesserungsgesetzes[290] durch die Compliance-Richtlinie lediglich Wertpapierdienstleistungsunternehmen auferlegt, die dazu verpflichtet wurden, eine sogenannte Watch-List[291] zu führen[292]. Um der BaFin auch in dieser Beziehung die Erfüllung ihrer Aufgaben zu erleichtern, indem sie in konkreten Verdachtsfällen schneller Zugang zu Informationsträgern erhält[293], wurde die Verpflichtung der Dokumentation von Personen mit Kenntnis von Insiderinformationen auf alle Emittenten ausgeweitet. Kern des Mechanismus ist aber auch hier die Überwachung der Mitarbeiter und ihrer privaten Wertpapiertransaktionen[294]. Der Norm kommen nach Sethe[295] vier Funktionen zu, nämlich zum einen eine Organisations- und Überwachungsfunktion, zum anderen eine Abschreckungsfunktion, sodann eine Strafverfolgungsfunktion und zuletzt eine Durchsetzungsfunktion. Die Pflicht, derartige Verzeichnisse führen zu müssen, stellt eine Inpflichtnahme des jeweiligen Emittenten durch die öffentliche Hand zur Durchführung öffentlicher Aufgaben dar und ist insofern mit der Verpflichtung zur Stellung von Verdachtsanzeigen nach § 10 WpHG[296] vergleichbar.

### b) Verpflichtung zur Aufbewahrung von Daten nach § 34 WpHG

§ 34 WpHG stellt zunächst klar, dass ein Wertpapierdienstleistungsunternehmen über die von ihm erbrachten Wertpapierdienstleistungen und Wertpapierneben-

---

290 Gesetz zur Verbesserung des Anlegerschutzes (Anlegerschutzverbesserungsgesetz) vom 28.10.2004, BGBl. I, 2004, S. 2630 [kurz: ANSVG].

291 Siehe unten Kapitel C. V. 2. b).

292 Pfüller, in: Fuchs (Hrsg.), WpHG-Kommentar, § 15b, Rn. 7.

293 Fischer zu Cramburg/Royé, in: Heidel (Hrsg.), Aktienrecht, § 15b WpHG, Rn. 1.

294 Vgl. Eckhold, in: Schäfer/Hamann (Hrsg.), KMG, § 15b WpHG, Rn. 2, der darüber hinaus die Verpflichtung zur Führung eines Insiderverzeichnisses den (Compliance-) Organisationspflichten zuordnet.

295 Sethe, in: Assmann/Schneider (Hrsg.), WpHG, § 15b, Rn. 3.

296 Vgl. Heinrich, in: Hirte/Möllers (Hrsg.), KK-WpHG, § 15b, Rn. 5; siehe auch oben Kapitel B. II. 1. b).

dienstleistungen sowie die von ihm getätigten Geschäfte Aufzeichnungen erstellen muss. Der BaFin soll es ermöglicht werden, die Einhaltung der den Wertpapierdienstleistungsunternehmen durch den 6. Abschnitt des WpHG aufgetragenen Pflichten zu überwachen. Zu diesem Zweck hat das Wertpapierdienstleistungsunternehmen unter anderem nach § 34b Abs. 2 WpHG im Zusammenhang mit der Erbringung von Wertpapierdienstleistungen oder Wertpapiernebendienstleistungen über verbindliche vertragliche Vereinbarungen Aufzeichnungen zu erstellen. Durch die normierten Aufzeichnungs- und Aufbewahrungspflichten soll es der Aufsicht ermöglicht werden, Kontrollen entweder selbst oder durch den im Rahmen der Prüfung nach § 36 WpHG zu bestellenden Wirtschaftsprüfer durchzuführen[297]. Zusätzlich wird auch die Eigenkontrolle der Wertpapierdienstleistungsunternehmen ermöglicht[298].

Aber auch dem Kunden des Wertpapierdienstleistungsunternehmens wird es durch die Dokumentationspflichten ermöglicht, Kontrollen hinsichtlich der in Anspruch genommenen Wertpapierdienstleistungen vornehmen zu können. Dies wird insbesondere durch die in § 34 Abs. 2a WpHG implementierte Protokollierungspflicht ermöglicht. Im Zusammenhang mit Anlageberatungen gegenüber Privatkunden muss ein Wertpapierdienstleistungsunternehmen nämlich nach § 34b Abs. 2a WpHG über jede Anlageberatung ein schriftliches Protokoll anfertigen, das vom Anlageberater zu unterzeichnen ist. In § 34b Abs. 2b WpHG wird dem Kunden ein zivilrechtlicher Anspruch auf Herausgabe des Protokolls eingeräumt. Das Protokoll kann dann später gegen das Wertpapierdienstleistungsunternehmen verwendet werden, wenn der Kunde geltend machen möchte, er sei falsch beraten worden. Nach § 34 Abs. 3 WpHG, der klarstellt, dass alle vorzunehmenden Aufzeichnungen mindestens fünf Jahre ab dem Zeitpunkt ihrer Erstellung aufzubewahren sind, wird die Position des Kunden für diesen Zeitraum wesentlich gestärkt.

## 6. Fazit

Die §§ 33 und 33b WpHG sind den im WpHG normierten Organisationspflichten zuzuordnen. Durch die verwaltungsrechtlich dem Grunde nach eröffnete Möglichkeit der Selbstregulierung sollen Wertpapierdienstleistungsunternehmen dazu gebracht werden, in Eigenleistung und auf eigene Kosten dazu beizutragen, dass der Allgemeinheit ein funktionierender Kapitalmarkt zur Verfügung steht. Die Organisationspflichten unterscheiden sich von den anderen Regelungsme-

297 Fuchs, in: Fuchs (Hrsg.), WpHG-Kommentar, § 34, Rn. 2.
298 Vgl. Möllers, in: Hirte/Möllers (Hrsg.), KK-WpHG, § 34, Rn. 1.

chanismen durch das stark geforderte Moment der aktiven und kostenintensiven Eigeninitiative der Wertpapierdienstleistungsunternehmen, die noch abgeschwächt bei den Meldepflichten und kaum mehr wahrnehmbar bei den Transparenz- und Dokumentationspflichten erkennbar ist. Insbesondere die spezielle Organisationspflicht nach § 33b WpHG, die zu speziellen Überwachungsmaßnahmen „zulasten" der eigenen Mitarbeiter anhält, verlangt ein überproportionales Eigenengagement eines Wertpapierdienstleistungsunternehmens und greift gleichsam besonders stark in dessen grundrechtlich geschützte Rechtspositionen ein. Entsprechendes gilt für die entsprechenden Rechtspositionen der Mitarbeiter.

Gleichzeitig sind die unterschiedlichen Überwachungsmechanismen aufeinander abgestimmt[299]. Durch die Überwachung der Mitarbeitergeschäfte nach § 33b WpHG wird einerseits die Einhaltung der Verhaltenspflichten insofern gewährleistet, als dass Interessenkonflikte direkt zwischen einem Mitarbeiter und einem Kunden, etwa im Zusammenhang mit einer Anlageberatung, weitestgehend vermieden werden. Denn durch die Überwachung der privaten Wertpapiertransaktionen des Anlageberaters wird dieser Abstand davon nehmen, Kenntnisse, die er aus dem Anlagegespräch gewonnen hat, in rechtswidriger Weise für seine eigenen Zwecke zu nutzen.

Andererseits schafft die Verpflichtung zur Aufbewahrung von Daten nach § 34b WpHG die Basis für eine effiziente Überwachung der Mitarbeitergeschäfte, da insofern Nachforschungen auch noch im Nachhinein ermöglicht werden. Ohne (staatliche) Aufsicht würden jedoch sämtliche auf die Einhaltung der Pflichten aus dem WpHG durch die Wertpapierdienstleistungsunternehmen ausgerichteten Regelungsmechanismen wirkungslos bleiben, seien sie auch noch so durchdacht und effizient. Es sind daher nachstehend die Überwachungsinstanzen zu beschreiben, die für die konkrete und wirksame Umsetzung der Regelungsmechanismen, insbesondere den Mechanismus der Überwachung der Mitarbeitergeschäfte, zuständig sind.

## III. Die Instanzen der Überwachung

Die Einhaltung der kapitalmarktrechtlichen Regelungen sowie deren Überwachung sind innerhalb der EU auf staatliche und private Instanzen verteilt. Als Teil der kapitalmarktrechtlichen Regelungen unterliegt letztlich auch die Über-

---

299 Zum Zusammenhang der Überwachung der Mitarbeitergeschäfte mit anderen Überwachungsmechanismen vgl. Schäfer, in: Brinkmann u. a. Compliance – Konsequenzen aus der MiFID, Rn. 644.

wachung der Mitarbeitergeschäfte in Wertpapierdienstleistungsunternehmen der Aufsicht dieser Instanzen, deren Rolle in diesem Zusammenhang deshalb nachfolgend dargestellt wird.

## 1. Die staatlichen Instanzen

Staatlicherseits sind zuvorderst einerseits die europäischen und andererseits die deutschen Aufsichtsbehörden[300] aufgerufen, die Einhaltung der kapitalmarktrechtlichen Regelungen inklusive der Überwachung der Mitarbeitergeschäfte durch die jeweiligen Wertpapierdienstleistungsunternehmen zu gewährleisten sowie die entsprechende Kontrolle sicherzustellen.

### a) Die europäischen Instanzen

Die Struktur der institutionalisierten Kapitalmarktaufsicht auf europäischer Ebene wurde zum 1. Januar 2011 grundlegend geändert[301]. Zur schnelleren Erkennung makroprudentieller[302] Sachverhalte und deren schnelle Transformation in die europäische Aufsichtspraxis wurde der Europäische Ausschuss für Systemrisiken (ESRB) geschaffen, um Systemrisiken für die Finanzmarktstabilität abzuwenden oder einzudämmen[303]. Für das Erkennen mikroprudentieller[304] Sachverhalte und deren unmittelbare Umsetzung wurde ein neues Europäisches Finanzaufsichtssystem gegründet (dargestellt nachstehend unter EFSF), das die Aufsicht über die Banken, Versicherungen und Wertpapierdienstleistungsunternehmen umfasst. Auf die Entwicklungen im hier zuvorderst interessierenden Bereich der Wertpapieraufsicht wird nachstehend eingegangen.

#### *(1) EFSF*

Die Gesamtstruktur der institutionalisierten generellen Finanzaufsicht auf europäischer Ebene bestand bis 2010 lediglich in Form von drei Ausschüssen[305], die

300 Vgl. Walla, in: Veil (Hrsg.), Europäisches Kapitalmarktrecht, § 6, Rn. 1 ff.

301 Vgl. Kämmerer, NVwZ 2011, S. 1281, 1281 f.

302 Pötzsch, Reform der Europäischen Finanzaufsichtsstrukturen, in: Grundmann u. a. (Hrsg.), FS Hopt, S. 2367, 2375; vgl. auch Baur/Boegl, BKR 2011, S. 177, 179 f.

303 Zum makroprudentiellen Ansatz siehe auch Rudolph, Bankregulierung nach der Finanzkrise, in: Grundmann u. a. (Hrsg.), FS Hopt, S. 2407, 2418.

304 Pötzsch, Reform der Europäischen Finanzaufsichtsstrukturen, in: Grundmann u. a. (Hrsg.), FS Hopt, S. 2368, 2378; vgl. auch Baur/Boegl, BKR 2011, S. 177, 181 ff.

305 Ausschuss der europäischen Bankaufsichtsbehörden (CEBS), Ausschuss der europäischen Aufsichtsbehörden für das Versicherungswesen und die betriebliche Altersversorgung (CEIOPS) sowie Ausschuss der europäischen Wertpapierregulierungsbehörden (CESR).

nur mit Beratungsbefugnissen ausgestattet waren. Die hohe Relevanz einer Aufsicht über die Kapitalmärkte in Europa und der hohe politische Druck in Folge der Finanzmarktkrise führten zu einer Institutionalisierung der Finanzaufsicht und damit insbesondere auch zu einer Institutionalisierung der Wertpapieraufsicht in der Europäischen Union. Es wurde in Folge der Finanzmarktkrise deutlich, dass eine auf die einzelnen Mitgliedstaaten zersplitterte Finanzaufsicht erhebliche Schwächen hat[306]. Die einzelstaatlichen Finanzaufsichtsbehörden waren angesichts der Dimension der durch die globalen Finanzmarktkrise zu bewältigenden Probleme hilflos[307]. Die Struktur der national ausgerichteten Aufsicht war nicht geeignet, die Finanzmarktkrise auf dem zwischenzeitlich stark integrierten[308] Finanzmarkt angemessen zu bekämpfen[309]. Es bestanden erhebliche Zweifel daran, dass auf europäischer Ebene lediglich beratende Ausschüsse eine angemessene Struktur zur Verhinderung künftiger Finanzmarktkrisen darstellen würden[310].

Die EU-Kommission hat daher entsprechende Schritte auf Ebene der EU eingeleitet, die zu einer verstärkten Zentralisierung der Finanzaufsicht und der „Koordinierung und Kooperation der Aufseher“[311] in der EU führte. Aufbauend auf die Empfehlungen einer im November 2008 geschaffenen Expertenkommission für die Zentralisierung der Finanzaufsicht in der EU, die Zusammenarbeit der nationalen Aufsichtsbehörden stark zu verbessern, um den hohen Risiken an den internationalen Finanzmärkten besser Rechnung tragen zu können, wurde auf der Basis der EU-Verordnung Nr. 1092/2010[312] das Europäische System der Finanzaufsicht („EFSF“) geschaffen. Das EFSF besteht nach Artikel 1 Absatz 2 der EU-Verordnung 1092/2010 aus dem Europäischen Ausschuss für Systemrisiken, der Europäischen Bankaufsichtsbehörde, der Europäischen Aufsichtsbehörde für das Versicherungswesen und die betriebliche Altersversorgung, der Europäischen Wertpapier- und Marktaufsichtsbehörde („ESMA“), dem Gemeinsamen Ausschuss der Europäischen Aufsichtsbehörden sowie einzelnen zuständigen

306 Partsch, ZBB 2010, S. 72, 72.

307 Vgl. Möllers, NZG 2010, S. 285, 285.

308 Pötzsch, Reform der Europäischen Finanzaufsichtsstrukturen, in: Grundmann u. a. (Hrsg.), FS Hopt, S. 2367, 2368; Möllers, Anlegerschutz im System des Kapitalmarktrechts, in: Grundmann u. a. (Hrsg.), FS Hopt, S. 2247, 2259.

309 Vgl. Hoffmann/Detzen, DB 2011, S. 1261, 1261.

310 Vgl. Baur/Boegl, BKR 2011, S. 177, 177.

311 Pötzsch, Reform der Europäischen Finanzaufsichtsstrukturen, in: Grundmann u. a. (Hrsg.), FS Hopt, S. 2367, 2368.

312 Verordnung (EU) Nr. 1092/2010 des Europäischen Parlaments und des Rates über die Finanzaufsicht der Europäischen Union auf Makroebene und zur Errichtung eines Europäischen Ausschusses für Systemrisiken.

Behörden der Mitgliedstaaten. Das ESFS ist als integrierter[313] Netzverbund nationaler und europäischer Aufsichtsbehörden mit geteilten und sich gegenseitig verstärkenden Zuständigkeiten anzusehen[314]. Die als Zwischenstufe angesehenen bisherigen Ausschüsse wurden demnach zu einer stärker europäisierten Finanzaufsicht fortentwickelt und durch drei neue vollwertige europäische Aufsichtsbehörden mit jeweils eigener Rechtspersönlichkeit[315] ersetzt, die neben der bloßen Aufsicht auch als Regulierungsagenturen[316] tätig werden.

Die Stärkung der Finanzmarktaufsicht auf europäischer Ebene ist zu begrüßen, da die Adressaten der Finanzmarktregulierung, also die großen Banken, bereits in Europa und darüber hinaus grenzüberschreitend tätig sind und eine effiziente Aufsicht zur Erreichung des Ziels, einen funktionierenden Kapitalmarkt in ganz Europa sicherstellen zu können, nur dann gewährleistet werden kann, wenn die Aufsicht zentral[317] und mit entsprechenden Befugnissen ausgestattet „auf Augenhöhe" mit den Großbanken zu agieren in der Lage ist. Auch im Verhältnis zum US-amerikanischen Kapitalmarkt ist es wichtig, dass in Europa ein starker Ansprechpartner zu Fragen der Finanzmarktaufsicht zwecks enger Abstimmung zur Vermeidung globaler Krisen bereitsteht. Dies im Gegensatz zu diversen ggf. mit kontroversen Ansichten versehenen Einzelbehörden, die jeweils nur für einen mehr oder weniger kleinen Teil des europäischen Kapitalmarkts sprechen können.

*(2) ESMA*

Bis Ende 2010 war für die europäische Koordination der Beaufsichtigung des Wertpapierhandels das bereits oben kurz erwähnte Committee of European Securities Regulators („CESR") zuständig. Bei CESR handelte es sich um ein Komitee der 27 europäischen Kapitalmarktaufsichtsinstanzen. CESR hatte seinen Sitz in Paris und wurde im Juni 2001 als Non-Profit-Organisation nach französischem Recht gegründet. Die ca. 30 Personen, die im CESR-Sekretariat beschäftigt waren, stammten aus den nationalen Aufsichtsbehörden. CESR hatte ursprünglich die Kernaufgaben, die europäische Kommission in Fragen der Kapitalmarktaufsicht zu beraten und zu diesem Zweck mit den lokalen Aufsichtsbehörden der Mitgliedstaaten zu kooperieren. CESR hatte selbst nicht die Möglichkeit, formal unmittelbar rechtlich bindend zu agieren und war weder ein supra-

313 Lehmann/Manger-Nestler, ZBB 2011, S. 2, 3.

314 Partsch, ZBB 2010, S. 72, 74.

315 Lehmann/Manger-Nestler, ZBB 2011, S. 2, 3.

316 Lehmann/Manger-Nestler, ZBB 2011, S. 2, 7.

317 Zu den Gefahren einer zentralistischen europäischen Aufsicht siehe Rudolph, Bankregulierung nach der Finanzkrise, in: Grundmann u. a. (Hrsg.), FS Hopt, S. 2407, 2412.

nationales Aufsichtsorgan noch die Aufsichtsinstanz für die lokalen Aufsichtsbehörden der einzelnen Mitgliedstaaten. CESR hatte jedoch faktisch erheblichen Einfluss, da die Aktionen von CESR zum einen in einer Vielzahl von Fällen von den lokalen Aufsichtsbehörden bestätigt wurden und zum anderen die Möglichkeit bestand, Mitgliedstaaten durch öffentliche Benennung im Zusammenhang mit einer fehlenden Umsetzung von europäischen Vorgaben zum Handeln anzuregen. In diesem Zusammenhang sorgte CESR faktisch für eine Konvergenz der nationalen Aufsichtsregelungen, da die Veröffentlichungen von CESR in der Mehrzahl der Mitgliedstaaten umgesetzt wurden.

Mit Gründung der ESMA am 1. Januar 2011 auf der Basis der EU-Verordnung Nr. 1095/2010[318] wurde für den hier zuvorderst interessierenden Bereich der Wertpapieraufsicht das bloß mit beratendem Charakter ausgestattete Komitee CESR zu einer europäischen Behörde aufgewertet[319]. Die ESMA hat nach Art. 7 der EU-Verordnung Nr. 21095/2010 ihren Sitz in Paris und ist eine eigenständige juristische Person, ausgestattet mit eigenen finanziellen Mitteln und finanziert aus dem EU-Haushalt. Die ESMA ist unabhängig von den nationalen Aufsichtsbehörden implementiert und von diesen strikt getrennt. Die ESMA ist nach Artikel 8 Absatz 2 der EU-Verordnung Nr. 1095/2010 mit der Befugnis ausgestattet, insbesondere auf dem Gebiet des unmittelbar anwendbaren Unionsrechts eigene Beschlüsse an die Finanzmarktteilnehmer zu richten. Sie ist somit in Teilen mit einer eigenen direkten Weisungskompetenz ausgestattet. Das Ziel der ESMA besteht nach Artikel 1 Absatz 5 der EU-Verordnung Nr. 1095/2010 darin, „das öffentliche Interesse zu schützen, indem sie für die Wirtschaft der Union, ihre Bürger und Unternehmen zur kurz-, mittel- und langfristigen Stabilität und Effektivität des Finanzsystems beiträgt." Wie schon bisher bei CESR soll auch die ESMA technische Standards, Leitlinien und Empfehlungen entwickeln[320], um die Auslegung harmonisierten Gemeinschaftsrechts zu erleichtern[321]. Weiterhin soll die ESMA Streitschlichtungsmechanismen erarbeiten und mit einem Peer Review-Verfahren die einheitliche Anwendung des harmonisierten Rechts sicherstellen. Daneben soll sie die Ratingagenturen in der Europäischen Union sowie die Verwalter alternativer Investmentfonds überwachen.

---

318 Verordnung (EU) Nr. 1095/2010 des Europäischen Parlaments und des Rates zur Errichtung einer Europäischen Aufsichtsbehörde (Europäische Wertpapier- und Marktaufsichtsbehörde), zur Änderung des Beschlusses Nr. 716/2009/EG und zur Aufhebung des Beschlusses 2009/78/EG der Kommission vom 24.11.2010.

319 Van Roosebeke, CEP 2010, S. 3.

320 Vgl. Baur/Boegl, BKR 2011, S. 177, 182; Hoffmann/Detzen, DB 2011, S. 1261, 1262.

321 Möllers, NZG 2010, S. 285, 288.

Im Unterschied zu den bisherigen Kompetenzen des CESR stellt Möllers[322] die Kompetenz der ESMA in den Vordergrund, mit dem Erlass von Leitlinien und Empfehlungen faktisch sekundäres Gemeinschaftsrecht setzen zu können, da die zuständige nationale Behörde nach Artikel 16 Absatz 3 der EU-Verordnung Nr. 1095/2010 „alle erforderlichen Anstrengungen" unternehmen muss, um den von der ESMA erlassenen Leitlinien und Empfehlungen nachzukommen. Der Schwerpunkt der Tätigkeit der ESMA liegt somit auf der Harmonisierung des wertpapieraufsichtsrechtlichen Rahmens in der Europäischen Union[323]. Die laufende Aufsicht verbleibt weitestgehend bei den nationalen Aufsichtsbehörden. Letztverbindliche Einzelbeschlüsse, etwa direkt an ein Finanzinstitut, darf die ESMA nur gemäß der in den Artikeln 17, 18 und 19 der EU-Verordnung Nr. 1095/2010 beschriebenen Fälle bei einer Verletzung von Unionsrecht, als Maßnahme im Krisenfall[324] oder im Fall der Streitschlichtung treffen.

### b) Die deutschen Instanzen

Die Überwachung des Kapitalmarktes durch staatliche Stellen in Deutschland ist auf mehrere Institutionen verteilt. Der Gesetzgeber hat allerdings die Überwachung gemäß § 4 WpHG im Schwerpunkt an die Bundesanstalt für Finanzdienstleistungsaufsicht delegiert, die somit als dominante staatliche Überwachungsinstanz in Deutschland angesehen werden kann. Kleinere Teile der Überwachung werden von der Deutschen Bundesbank wahrgenommen. Abgerundet wird die Überwachung durch die Handelsüberwachungsstellen der Börsen. Welche der drei möglichen deutschen Überwachungsinstanzen die konkrete Überwachungsmaßnahme ergreift, ist abhängig von der jeweiligen Norm und der dort enthaltenen Zuständigkeitszuweisung. Die mangelnde Effektivität im Zuge der Finanzmarktkrise hat klar gezeigt, dass insofern Konzentrationen vorzunehmen sind, um schnelles, zielgerichtetes und effektives Eingreifen zu ermöglichen.

#### *(1) Die Bundesanstalt für Finanzdienstleistungsaufsicht (BaFin)*

Zentrale kapitalmarktrechtliche Aufsichtsinstanz in Deutschlang ist die 2002 durch das Finanzdienstleistungsaufsichtsgesetz[325] als bundesunmittelbare rechtsfähige Anstalt des öffentlichen Rechts gegründete BaFin.

---

322 Möllers, NZG 2010, S. 285, 289.

323 Vgl. Baur/Boegl, BKR 2011, S. 177, 186.

324 Vgl. Baur/Boegl, BKR 2011, S. 177, 183; Rötting/Lang, EuZW 2012, S. 8, 11.

325 Gesetz über die Bundesanstalt für Finanzdienstleistungsaufsicht (Finanzdienstleistungsaufsichtsgesetz – FinDAG) vom 22.04.2002, BGBl. I, 2002, S. 1310 [kurz: FinDAG].

(a) Die Grundkonzeption der Aufsicht durch die BaFin

Die BaFin ist mit der Aufsicht über das deutsche Kapitalmarktgeschehen betraut und hat insbesondere auch über die Einhaltung der im WpHG normierten Verhaltenspflichten zu wachen. Sie ist damit letztlich auch für die Einhaltung der Regelungen zur Überwachung von Mitarbeitergeschäften nach § 33b WpHG zuständig[326]. Aufgaben und Befugnisse der BaFin sind in § 4 WpHG beschrieben, der als Generalbefugnisnorm fungiert[327]. Danach übt die BaFin die Aufsicht nach den Vorschriften des WpHG aus und hat im Rahmen ihrer Aufsichtsverpflichtungen Missständen entgegenzuwirken, die eine ordnungsgemäße Durchführung des Handels mit Finanzinstrumenten oder von Wertpapierdienst- oder nebendienstleistungen beeinträchtigen oder erhebliche Nachteile für den Finanzmarkt bewirken können.

Die Aufsicht nach § 4 WpHG richtet sich an einen heterogenen Kreis von Normadressaten vor dem Hintergrund der obersten Maxime der Aufsicht, in Umsetzung der normativen Grundlagen der Überwachung die Funktionsfähigkeit der Kapitalmärkte sicherzustellen. Daher wird die Aufsichtstätigkeit der BaFin auch als „Marktaufsicht"[328] umschrieben. Die BaFin hat neben den Regelungen des WpHG auch über die Einhaltung des europäischen Kapitalmarktrechts zu wachen[329]. Die Koordinationspflichten der BaFin mit der ESMA sind in § 7a WpHG ausführlich geregelt.

Die Grundkonzeption des Aufsichtshandelns der BaFin ist somit grundsätzlich auf die Vermeidung von Missständen ausgerichtet[330], wobei ihr mit Blick auf den grundlegenden Aufsichtssachverhalt auch eine den Wertpapierhandel aktiv fördernde Aufgabe zugeschrieben wird[331]. Unter Missständen sind Gegebenheiten zu verstehen, auf Grund derer erhebliche Nachteile für den Finanzmarkt resultieren können oder die den ordnungsgemäßen Handel in Finanzinstrumenten gefährden[332]. Von einem Missstand ist dann auszugehen, wenn in nicht völlig uner-

---

326 Vgl. Schäfer, in: Ellenberger u. a. (Hrsg.), Praktikerhandbuch, Rn. 2213.

327 Vgl. Seyfried, in: Kümpel/Wittig (Hrsg.), Bank- und Kapitalmarktrecht, Rn. 3.18; Einsele, Bank- und Kapitalmarktrecht, § 1, Rn. 20.

328 Schlette/Bouchon, in: Fuchs (Hrsg.), WpHG-Kommentar, § 4, Rn. 8.

329 Vgl. Röhl, in: Fehling/Ruffert (Hrsg.), Regulierungsrecht, § 18, Rn. 94.

330 Vgl. Veil, Aufsicht über die Kapitalmärkte in Europa, Regelungskonzepte und Grundlinien für die Entwicklung aufsichts- und zivilrechtlicher Instrumente, in: Grundmann u. a. (Hrsg.), FS Hopt, S. 2641, 2644.

331 Döhmel, in: Assmann/Schneider (Hrsg.), WpHG, § 4, Rn. 2.

332 Veil, Aufsicht über die Kapitalmärkte in Europa, Regelungskonzepte und Grundlinien für die Entwicklung aufsichts- und zivilrechtlicher Instrumente, in: Grundmann u. a. (Hrsg.), FS Hopt, S. 2641, 2645.

heblicher Art und Weise[333] gegen eine zwingende Norm des WpHG verstoßen wird[334]. Weiterhin agiert die BaFin auf dem Gebiet der Sicherstellung der Einhaltung von Transparenzregelungen[335]. Die BaFin kann im Rahmen ihrer Aufsichtstätigkeit zur Verhinderung von Missständen ihr geeignet und erforderlich scheinende Anordnungen treffen, um die von ihr identifizierten Missstände zu verhindern oder zu beseitigen. So kann die BaFin etwa den Handel mit Finanzinstrumenten vorübergehend untersagen oder die Aussetzung des Handels in Finanzinstrumenten bewirken.

In § 4 Abs. 3 WpHG werden der BaFin umfangreiche Informationsrechte eingeräumt, die es ihr ermöglichen, von jedermann Auskünfte sowie die Vorlage von Unterlagen oder deren Kopien zu verlangen. Ihr sind insbesondere Auskünfte über die Wertpapiertransaktionen sämtlicher Kunden des jeweiligen Wertpapierdienstleistungsunternehmens und Bestandsveränderungen in Finanzinstrumenten, bezogen auf solche Kunden, zu erteilen. Die BaFin macht von dieser Ermächtigungsgrundlage in Form von Auskunftsersuchen zu Art und Umfang von Wertpapiertransaktionen regen Gebrauch. Hier besteht auch ein Berührungspunkt zur Überwachung von Mitarbeitergeschäften, denn um nachzuprüfen, ob eine private Wertpapiertransaktion eines Mitarbeiters möglicherweise nicht entsprechend der Organisationsvorschriften der §§ 33b, 33 WpHG vorgenommen wurde, bedient sich die BaFin spezieller Auskunftsersuchen, die dadurch auch im Verhältnis zum einzelnen Mitarbeiter eines Wertpapierdienstleistungsunternehmens unmittelbar praktische Relevanz entfalten können. Zwischen BaFin und der Compliance-Funktion eines Wertpapierdienstleistungsunternehmens besteht im Rahmen des regulären Informationsflusses[336] ein reger Austausch[337]. Ergänzt werden die Befugnisse der BaFin durch § 4a WpHG, wonach die BaFin im Benehmen mit der Deutschen Bundesbank Anordnungen treffen kann, um Missstände zu beseitigen oder zu verhindern, die zu Nachteilen für die Funktionsfähigkeit der Kapitalmärkte führen oder das Vertrauen in deren Stabilität gefährden könnten. Diese Ermächtigungsgrundlage wurde am 21.07.2010 durch das Gesetz[338] gegen missbräuchliche Wertpapier- und Derivategeschäfte als Reaktion auf die Finanzmarktkrise in das WpHG eingefügt. Die BaFin ist somit primär für die Überwachung der Einhaltung der Normen des WpHG und dadurch insbesondere auch für die Einhaltung des Verbots von Insiderhandel nach

333 Vgl. Schäfer, in: Ellenberger u. a. (Hrsg.), Praktikerhandbuch, Rn. 2224.

334 Müller, in: Heidel (Hrsg.), Aktienrecht, § 4 WpHG, Rn. 5.

335 Weber-Rey, ZGR 2010, S. 543, 561.

336 Döhmel, in: Assmann/Schneider (Hrsg.), WpHG, § 4, Rn. 62.

337 Vgl. Schäfer, Aufgaben von Compliance, BKR 2011, S. 187, 192.

338 Gesetz gegen missbräuchliche Wertpapier- und Derivategeschäfte vom 21.07.2010, BGBl. I, 2010, S. 945.

§ 14 WpHG sowie das Verbot der Marktmanipulation nach § 20a WpHG[339] zuständig.

(b) Die Effektivität der Aufsicht durch die BaFin

Bereits innerhalb der aktuell vorherrschenden Missstandsaufsicht wird die Zusammenarbeit der BaFin mit Staatsanwaltschaften[340] und anderen öffentlichen Stellen unter Verweis auf die zu geringe Personalausstattung insbesondere der BaFin im Ergebnis als wenig effizient angesehen[341]. So besteht nach dieser Ansicht insbesondere hinsichtlich der Überwachung und Verhinderung von Marktmanipulationen in Titeln kleinerer börsennotierter Unternehmen mit geringer Marktkapitalisierung deutlicher Verbesserungsbedarf[342]. Auch die Angaben der BaFin in ihrem Bericht über ihre Tätigkeit in 2010 zu neu initiierten Verfahren wegen Insiderhandels (33 Verfahren)[343] sowie Marktmanipulation (116 Verfahren)[344] lassen die Vermutung einer hohen Dunkelziffer zu, die durch effektivere Maßnahmen verringert werden könnte.

Problematisch ist die Konzentration des Aufsichtshandelns der BaFin auf die Behebung von Missständen. Auf diese Art und Weise reagiert die BaFin regelmäßig lediglich aus einer passiven Grundhaltung heraus in Form einer „Nachschau" auf kapitalmarktrechtliche Sachverhalte. Zielführender wäre ein proaktives, auf Kommunikation ausgerichtetes Handeln. Es ist effizienter, Missstände gar nicht erst entstehen zu lassen, als zu versuchen, sie im Nachhinein beseitigen zu wollen. Der Mangel an Effektivität ist in Teilen auf den mangelnden Praxisbezug des aufsichtsrechtlichen Handelns seitens der BaFin zurückzuführen. Ein Zuwachs an Effektivität könnte erreicht werden, wenn verstärkt präventiv beratende Momente das aufsichtsrechtliche Handeln anreichern würden, etwa in Form von regelmäßigen Austauschgesprächen außerhalb von formalen Prüfungssituationen zwischen BaFin und Vertretern der jeweiligen Wertpapierdienstleistungsinstitute. So könnten gegenseitige Verständnisprobleme vermieden werden. Die Gefahr, dass die BaFin die praktischen Realitäten des Alltags eines Wertpapierdienstleistungsunternehmens und daraus resultierende Probleme in

---

339 Vgl. Lenzen, ZBB 2002, S. 279, 287.

340 Möllers/Hailer, § 20a WpHG als Strafnorm, in: Burgard u. a. (Hrsg.), FS Schneider, S. 831, 833.

341 Möllers, Anlegerschutz im System des Kapitalmarktrechts, in: Grundmann u. a. (Hrsg.), FS Hopt, S. 2247, 2259.

342 Möllers, Anlegerschutz im System des Kapitalmarktrechts, in: Grundmann u. a. (Hrsg.), FS Hopt, S. 2247, 2250.

343 Jahresbericht der BaFin '10, S. 196, abrufbar unter www.bafin.de.

344 Jahresbericht der BaFin '10, S. 200, abrufbar unter www.bafin.de.

der Umsetzung aufsichtsrechtlicher Vorgaben falsch einschätzt, würde minimiert werden. Die Wertpapierdienstleistungsunternehmen könnten den Schwerpunkt und die exakte Stoßrichtung neuer aufsichtsrechtlicher Regelungen präziser einschätzen. Durch einen regelmäßigen, in sachlicher oder gar partnerschaftlicher Atmosphäre stattfindenden Austausch könnten Kommunikationsschwierigkeiten vermindert und das Ziel der Einhaltung der aufsichtsrechtlichen Regelungen auf eine effektivere, weil zielführendere Weise erreicht werden.

Eine von den eigentlichen Überwachungsinstanzen der BaFin separierte Beratungsinstanz, die, entgegen dem aktuell vorherrschenden passiven Rollenverständnis der BaFin[345], den Wertpapierdienstleistungsunternehmen für praktische Fragestellungen beratend zur Verfügung stehen würde, wäre in diesem Zusammenhang hilfreich. Als Beispiel mag die Vorgehensweise der BaFin im Zusammenhang mit den teilweise sehr kurzfristig erlassenen und veröffentlichten Regelungen zu den Leerverkaufsverboten[346] dienen. Dort wurde eine Arbeitsgruppe gebildet, die Fragen der Wertpapierdienstleistungsinstitute zügig praktischen Lösungen zuführte und beispielsweise in Form der Veröffentlichung häufiger Fragen und die zugehörigen Antworten dokumentierte. Entsprechende Vorgehensweisen wären im Zuge künftiger Neuerungen und Änderungen des regulatorischen Umfeldes auch hinsichtlich der generellen Organisations- und Verhaltenspflichten wünschenswert. Ohne eine klare Kommunikation über die eigentlichen Inhalte der relevanten aufsichtsrechtlichen Regelungen und der gegenseitigen Bereitschaft, den Prozess der Umsetzung aufsichtsrechtlicher Vorgaben als beidseitiges „Geben und Nehmen" anzusehen, besteht die Gefahr der ineffizienten kostenintensiven Übererfüllung rechtlicher Vorgaben durch die Wertpapierdienstleistungsunternehmen.

*(2) Die Deutsche Bundesbank*

Die Deutsche Bundesbank ist für die operative staatliche Beaufsichtigung von Kredit- und Finanzdienstleistungsinstituten zuständig. Sie ist aufgrund ihrer Marktnähe, ihres Filialnetzes und ihrer engen Verbindung zu den Kredit- und Finanzdienstleistungsinstituten für diese Aufgabe prädestiniert und übt faktisch die Funktion des verwaltungsbehördlichen Unterbaus der BaFin in der Fläche aus[347]. Wertpapierdienstleistungsunternehmen, die gleichzeitig Finanzdienstleistungsinstitut nach KWG sind, werden somit sowohl von der BaFin als auch von der

345 Vgl. Schlette/Bouchon, in: Fuchs (Hrsg.), WpHG-Kommentar, § 4, Rn. 7.

346 Siehe oben Kapitel B. I. 3.

347 Vgl. Röhl, in: Fehling/Ruffert (Hrsg.), Regulierungsrecht, § 18, Rn. 97; Häde, Rechtliche Vorgaben für die Organisation der Bankenaufsicht, in: Kluth u. a. (Hrsg.), FS Stober, S. 467, 467.

Deutschen Bundesbank beaufsichtigt. Die Deutsche Bundesbank und die BaFin arbeiten nach § 7 KWG zusammen. Im Rahmen dieser Zusammenarbeit übernimmt die Deutsche Bundesbank die laufende Überwachung der Kredit- und Finanzdienstleistungsinstitute. Die aufsichtsrechtlichen Schwerpunkte der Deutschen Bundesbank liegen auf dem Gebiet der Solvabilität und Liquidität der von ihr beaufsichtigten Kredit- und Finanzdienstleistungsinstitute sowie auf der Beaufsichtigung des Kreditgeschäfts. Daneben ist die Deutsche Bundesbank für die Auswertung von Unterlagen und Prüfberichten zuständig, die von den Kredit- und Finanzdienstleistungsinstituten bei ihr eingereicht worden sind.

Die Deutsche Bundesbank beaufsichtigt im Kern auf der Grundlage des KWG, das im Vergleich zum WpHG eine andere Schutzrichtung verfolgt. Während das KWG die Solvenz des jeweils einzelnen, individualisierbaren Kredit- oder Finanzdienstleistungsinstitut im Fokus hat, ist das WpHG bereits im Ursprung durch die Bestrebung des Erhalts der Funktionsfähigkeit des Kapitalmarktes im öffentlichen Interesse motiviert[348]. Zwar wird durch die laufende strenge Beaufsichtigung jedes einzelnen Kredit- oder Finanzdienstleistungsinstituts durch die Deutsche Bundesbank im Ergebnis auch das gesamte Finanzsystem geschützt; ausgehend allerdings von einem individualistischen, auf das Einzelinstitut ausgerichteten Aufsichtsgedanken. Nicht so beim WpHG, denn dieses hat nicht das individuelle Wertpapierdienstleistungsunternehmen und dessen individuelle Entwicklung im Zentrum der Betrachtung, sondern schafft die Basis für eine globale, auf die Sicherung des Kapitalmarktes an sich ausgerichtete Aufsichtsphilosophie. Wie gezeigt, wird durch die Kapitalmarktregulierung auf der Basis des WpHG auch nicht der individuelle Anleger, sondern die Gesamtheit der Anleger nur als Reflex[349] geschützt.

*(3) Bemühungen einer Zentralisierung der Wertpapieraufsicht*

Auch auf nationaler Ebene wird fortlaufend diskutiert, ob wegen der Zersplitterung der Aufsicht über Banken und den Wertpapierhandel zwischen der Deutschen Bundesbank und der BaFin und der dadurch drohenden Gefahr, nicht schnell und zielgerichtet auf Krisen reagieren zu können, die Aufsicht in einer Behörde zu zentralisieren ist. Diverse Vorschläge zur Reorganisation der Kompetenzen in der Bankenaufsicht sind vor dem Hintergrund des Bestehens von Mehrfachbelastungen oder nicht reibungslos funktionierender Abstimmungsprozesse gemacht worden. Die Vorschläge enthielten im Kern die Forderung, die

348 Zum Verhältnis zwischen den Regelungen des KWG und den in § 33 WpHG enthaltenen Regelungen vgl. Fett, in: Schwark/Zimmer (Hrsg.), KMRK, § 33 Rn. 12.

349 Vgl. Rothenhöfer, in: Kümpel/Wittig (Hrsg.), Bank- und Kapitalmarktrecht, Rn. 3.307, der von einem „mittelbaren bzw. vorgelagerten Schutz der Anleger“ spricht.

Bankenaufsicht entsprechend internationaler Vorbilder bei der Deutschen Bundesbank zu fokussieren[350]. Wegen des stark ausgeprägten Näheverhältnisses der Deutschen Bundesbank zu den beaufsichtigten Instituten und deren Produkten hätte das in Deutschland aktuell bestehende dualistische Aufsichtssystem[351] gestrafft und neu geordnet werden können. So waren Pläne, die Bankenaufsicht inklusive der Aufsicht des Wertpapierhandels unter dem Dach der Deutschen Bundesbank zu zentralisieren gegen Ende des Jahres 2010 schon weit gediehen. Diese Pläne wurden allerdings nach intensiver Diskussion verworfen, mit dem Ergebnis, dass die gesamte Wertpapieraufsicht in Deutschland bei der BaFin verbleibt.

*(4) Die Aufsichtsinstanzen der Börsen*

Neben der BaFin haben auch die Börsenorgane der jeweiligen Börsen die Aufgabe, das Kapitalmarktgeschehen zu beaufsichtigen. So legt beispielsweise § 8 Börsengesetz fest, dass BaFin und Börsenaufsichtsbehörden eng zusammenarbeiten. Erst in Kombination dieser Aufsichtsinstitutionen kann ein ordnungsgemäßer Handel gewährleistet werden, da die Beaufsichtigung der Kapitalmärkte vor dem Hintergrund der Globalisierung und Internationalisierung[352] zunehmend komplexer wird und als Reaktion darauf auch die Börsenaufsicht zu stärken ist. In Abgrenzung zur BaFin beschränken sich die Überwachungsinstanzen der Börsen auf börsliche Sachverhalte, wohingegen die BaFin neben börslichen Sachverhalten auch die Aufsicht über außerbörsliche Transaktionen ausübt. Die Börsenaufsicht ist somit auf drei unterschiedlichen Ebenen angesiedelt, nämlich zunächst auf Bundesebene bei der BaFin, die zentralen Aufsichtspflichten nachkommt, sodann föderal strukturiert[353] auf Landesebene bei der Börsenaufsichtsbehörde und schließlich im Rahmen der Selbstverwaltung bei der jeweiligen Handelsüberwachungsstelle[354].

(a) Die Handelsüberwachungsstelle (HÜSt)

Ergänzend zur BaFin übernimmt die HÜSt der jeweiligen Börse eine entscheidende Rolle im Rahmen der Marktaufsicht[355]. Während sich die BaFin im Kern

350 Rudolph, Bankregulierung nach der Finanzkrise, in: Grundmann u. a. (Hrsg.), FS Hopt, S. 2407, 2412.

351 Hopt, NZG 2009, S. 1401, 1402.

352 Vgl. Groß, Kapitalmarktrecht, § 3 BörsG, Rn. 3.

353 Vgl. Buck-Heeb, Kapitalmarkrecht, § 19, Rn. 695.

354 Vgl. Bröcker, in: Claussen, Bank- und Börsenrecht, § 6, Rn. 27.

355 Vgl. Groß, Kapitalmarktrecht, § 7 BörsG, Rn. 1.

auf die Überwachung der Einhaltung der Verhaltenspflichten des WpHG sowie der Vermeidung von Insider- und Marktmanipulationsdelikten konzentriert, liegt der Fokus der HÜSt auf der Überwachung der konkreten Börsengeschäfte und deren Ordnungsmäßigkeit[356] im Rahmen des Tagesgeschäfts[357]. Die HÜSt, die vor Ort den direkten Kontakt zum Marktgeschehen hat, ist schwerpunktmäßig mit der Überwachung der Feststellungen der Preise befasst. Sie ergänzt durch Zulieferung von Informationen an die BaFin deren Datenbestand, insbesondere bezüglich solcher Aufträge, die nicht ausgeführt werden, so dass auf der Basis eines Zusammenspiels von HÜSt und BaFin beispielsweise die Wahrscheinlichkeit steigt, auch Insidervergehen im Versuchsstadium aufdecken zu können[358].

Die HÜSt hat nach §§ 7 Abs. 1, 3 Abs. 1 BörsG den Status eines Börsenorgans[359] und hat in dieser Funktion Daten über den Börsenhandel und die Börsengeschäftsabwicklung systematisch und lückenlos zu erfassen und auszuwerten sowie notwendige Ermittlungen durchzuführen. Die Handelsüberwachungsstelle ist nach § 7 Abs. 2 BörsG eng mit der Börsenaufsichtsbehörde verzahnt[360]. Auch die HÜSt hat, ähnlich wie die BaFin, laut § 7 Abs. 5 BörsG die Aufgabe, Missständen entgegenzuwirken, indem sie die Geschäftsleitung der Börse unmittelbar zu benachrichtigen hat, wenn sie Tatsachen feststellt, die darauf schließen lassen, dass börsenrechtliche Vorschriften oder Anordnungen verletzt werden oder die Gefahr besteht, dass die ordnungsgemäße Durchführung des Börsenhandels oder der Abwicklung der Börsengeschäfte nicht mehr gewährleistet werden kann. Die HÜSt stellt insofern eine „umfassende Kontrolle des Tagesgeschäfts“[361] sicher.

Die enge Verbindung zur BaFin wird in § 7 Abs. 5 a. E. BörsG insofern dokumentiert, als die BaFin unverzüglich zu unterrichten ist, wenn die HÜSt Tatsachen feststellt, die für die Aufsichtsaufgaben der BaFin notwendig sind. Der Hauptanwendungsfall liegt vor, wenn die HÜSt vermutet, dass gegen das Verbot des in § 14 WpHG normierten Verbots von Insiderhandel verstoßen worden ist oder der Verdacht besteht, dass durch einen Marktteilnehmer der Tatbestand der Kurs- und Marktpreismanipulation nach § 20a WpHG erfüllt worden sein könnte. Die HÜSt agiert, wie die BaFin, nach § 7 Abs. 6 BörsG ausschließlich im öffentlichen Interesse. Auch im Zusammenhang mit der Überwachung der Mitarbeitergeschäfte von Wertpapierdienstleistungsunternehmen spielen die Überwachungshandlungen der jeweiligen HÜSt eine bedeutende Rolle, da eine ver-

356 Vgl. Buck-Heeb, Kapitalmarkrecht, § 20, Rn. 704; Groß, Kapitalmarktrecht, § 7 BörsG, Rn. 8.
357 Vgl. Seiffert, in: Kümpel/Wittig (Hrsg.), Bank- und Kapitalmarktrecht, Rn. 4.213.
358 Vgl. Eufinger, in: Hirte/Möllers (Hrsg.), KK-WpHG, § 9 Rn. 5.
359 Vgl. Ronellenfitsch/Maier, Die Wertpapierbörsen zwischen öffentlichem und privatem Recht, in: Kluth u. a. (Hrsg.), FS Stober, S. 449, 457.
360 Vgl. Willamowski, in: Heidel (Hrsg.), Aktienrecht, § 7 BörsG, Rn. 4.
361 Vgl. Groß, Kapitalmarktrecht, § 7 BörsG, Rn. 2.

dächtige Transaktion wegen der vorhandenen Marktnähe oft zuerst durch die HÜSt identifiziert und dann an den Compliance-Beauftragten des betroffenen Wertpapierdienstleistungsunternehmens und/oder die BaFin weitergeleitet wird, um dann jeweils weitere Untersuchungen auf dieser Grundlage zu initiieren.

(b) Die Börsenaufsichtsbehörde

Die Börsenaufsichtsbehörde untersucht Verstöße gegen das Börsenrecht und übt nach § 3 Abs. 1 BörsG insbesondere die Rechtsaufsicht[362] über die Börsenorgane aus. Sie wacht insofern über die Einhaltung der börsenrechtlichen Vorschriften und die ordnungsgemäße Durchführung des Börsenhandels und seiner Abwicklung. Auch die Börsenaufsichtsbehörde übt insofern eine Aufsicht aus, die auf die Vermeidung von Missständen[363] ausgelegt ist, im Unterschied zur BaFin jedoch beschränkt auf den Börsenhandel[364]. Die Börsenaufsichtsbehörde hat im Rahmen ihrer Aufgabenerfüllung umfangreiche Kompetenzen[365]. Die HÜSt ist nach § 3 Abs. 2 BörsG als Börsenorgan verpflichtet, die Börsenaufsichtsbehörde bei der Erfüllung ihrer Aufgaben zu unterstützen, was sich insbesondere in umfangreichen Berichtspflichten der HÜSt gegenüber der Börsenaufsichtsbehörde widerspiegelt[366]. Auch die Börsenaufsichtsbehörde nimmt die ihr nach dem BörsG zugewiesenen Aufgaben ausschließlich im öffentlichen Interesse wahr[367]. Sie hat nach § 3 Abs. 4 BörsG ein umfangreiches Auskunfts- und Einsichtsrecht zur Erfüllung ihrer Aufgaben.

## 2. Die privaten Instanzen

Die Kapitalmarktüberwachung wird nicht vollständig durch staatliche Instanzen wahrgenommen. Vielmehr sind diese auf die Mithilfe der Kapitalmarktteilnehmer, insbesondere auf die Unterstützung durch die am Kapitalmarkt agierenden Wertpapierdienstleistungsunternehmen, angewiesen[368]. Ein Teil der Überwa-

---

362 Röhl, in: Fehling/Ruffert (Hrsg.), Regulierungsrecht, § 18, Rn. 28.

363 Vgl. Willamowski, in: Heidel (Hrsg.), Aktienrecht, § 3 BörsG, Rn. 1.

364 Vgl. Bröcker, in: Claussen, Bank- und Börsenrecht, § 6, Rn. 30.

365 Vgl. Groß, Kapitalmarktrecht, § 3 BörsG, Rn. 1.

366 Vgl. Groß, Kapitalmarktrecht, § 3 BörsG, Rn. 14.

367 Vgl. Willamowski, in: Heidel (Hrsg.), Aktienrecht, § 3 BörsG, Rn. 5.

368 Vgl. Wundenberg, in: Veil (Hrsg.), Europäisches Kapitalmarktrecht, § 23, Rn. 12, der eine „Verzahnung der unternehmensinternen Kontrolle mit den Instrumenten der staatlichen Aufsicht" beschreibt; zur Rolle der Compliance-Organisation bei der Insiderüberwachung vgl. bereits Ehrler, Compliance in Universalbanken, S. 248.

chungsaufgaben wird insofern gesetzlich und durch Rechtsverordnung direkt an die Wertpapierdienstleistungsunternehmen delegiert[369]. Ein betroffenes Wertpapierdienstleistungsunternehmen ist als Folge davon einerseits selbst der Überwachung durch die BaFin ausgesetzt, unterstützt aber andererseits gleichzeitig die BaFin bei der Gewährleistung der Funktionsfähigkeit der Kapitalmärkte, beispielsweise in Form von Informationsbereitstellung[370] oder von Überwachungshandlungen hinsichtlich der eigenen Mitarbeiter nach § 33b WpHG.

Das WpHG sieht an unterschiedlichen Stellen die Inpflichtnahme Privater, insbesondere in Gestalt von Anzeigepflichten[371], vor. Adressat solcher Delegationen sind in aller Regel die Wertpapierdienstleistungsunternehmen selbst, die durch ihre Leitungsorgane vertreten werden. Die Verlagerung aufsichtsrechtlicher Pflichten auf die Wertpapierdienstleistungsunternehmen kann nur innerhalb der Grenzen der Verfassung[372] erfolgen. Speziell im Zusammenhang mit der Überwachung der eigenen Mitarbeiter sind die natürlichen Grenzen solcher Überwachungshandlungen zu beachten. Die Überwachungsmaßnahmen dürfen demnach insbesondere nicht die Würde der Betriebsangehörigen verletzen[373].

Das Leitungsorgan des Wertpapierdienstleistungsunternehmens delegiert regelmäßig die gesetzlich übertragenen Überwachungspflichten unternehmensintern weiter. Die Delegation von Pflichten im Kontext der wertpapieraufsichtsrechtlichen Verhaltens- und Organisationspflichten erfolgt innerhalb des Wertpapierdienstleistungsunternehmens zumeist an Compliance[374]. Es kommt zu einer doppelten Delegation. Im ersten Schritt werden Teile der Kapitalmarktüberwachung an das Leitungsorgan des privatrechtlich organisierten Wertpapierdienstleistungsunternehmens delegiert, das wiederum in einem zweiten Schritt Teile seiner Überwachungspflichten unternehmensintern an Compliance weiterdelegiert. Im Verhältnis zum einzelnen Mitarbeiter eines Wertpapierdienstleistungsunternehmens agiert somit Compliance[375].

---

369 Vgl. von Kopp-Colomb, WM 2000, S. 2414, 2421; kritisch zur Tendenz der Delegation von staatlichen Aufgaben auf die Wirtschaft Jahn, CCZ 2011, S. 139, 141.

370 Vgl. Röhl, in: Fehling/Ruffert (Hrsg.), Regulierungsrecht, § 18, Rn. 105.

371 Siehe oben Kapitel B. II. 1.

372 Vogel, in: Assmann/Schneider (Hrsg.), WpHG, § 10 Rn. 6.

373 Rogall in Senge (Hrsg.), Karlsruher Kommentar, § 130 Rn. 49; Mahnhold, Compliance und Arbeitsrecht, S. 204.

374 Siehe unten Kapitel C. II. 2.

375 Siehe unten Kapitel C.

## IV. Zwischenergebnis

Die normativen Grundlagen der Organisationspflichten und der Überwachung der Mitarbeitergeschäfte in Wertpapierdienstleistungsunternehmen nach §§ 33, 33b WpHG finden ihren Ursprung in der europäischen Gesetzgebung. Diese folgt dem generellen gesetzgeberischen Motiv, innerhalb der Europäischen Union die Regulierung der Kapitalmärkte zu vereinheitlichen.[376].

§§ 33 und 33b WpHG werden durch die normkonkretisierende Verwaltungsvorschrift in Form der MaComp konkretisiert. Die Überwachung der Mitarbeitergeschäfte nach § 33b WpHG ist Teil der den Wertpapierdienstleistungsunternehmen auferlegten Organisationspflichten, die neben den Meldepflichten, den Verhaltenspflichten und den Dokumentationspflichten die grundlegenden Überwachungsmechanismen des WpHG abbilden. Die Überwachung der Mitarbeitergeschäfte illustriert die damit verbundenen Eingriffe in private, grundrechtlich geschützte Rechtspositionen besonders deutlich.

Die Umsetzung dieser Organisationspflicht wird hauptsächlich durch staatliche Instanzen auf europäischer und nationaler Ebene kontrolliert. Ein Teil der Überwachung wird jedoch explizit an private Instanzen, nämlich die Wertpapierdienstleistungsunternehmen selbst, delegiert. Die Überwachungsmaßnahmen, bezogen auf die Einhaltung der Regelungen des WpHG, und insbesondere die Überwachungsmaßnahmen im Zusammenhang mit der Sicherstellung, dass die Mitarbeiter der Wertpapierdienstleistungsunternehmen nicht durch private Wertpapiertransaktionen gegen das WpHG verstoßen, werden regelmäßig durch Compliance durchgeführt.

---

376 Die dargestellten europarechtlich geprägten normativen Grundlagen der Erfassung und der Überwachung privater Wertpapiertransaktionen von Wertpapierdienstleistungsunternehmen entsprechenden im Kern den vergleichbaren Vorschriften in den USA. Diese sind in der New York Stock Exchange (NYSE) Rule 407 niedergelegt. Danach darf nach NYSE-Rule 407 (a) kein Mitarbeiter eines Mitglieds der NYSE ohne vorherige schriftliche Zustimmung ein Depot bei einem anderen NYSE-Mitglied eröffnen. Nach NYSE-Rule 407 (b) müssen für den Fall der Eröffnung von Depots bei anderen NYSE-Mitgliedern Zweitschriften („...duplicate statements...“) an den Arbeitgeber geliefert werden. Durch NYSE Information Memo vom 30 Oktober 2009 (abrufbar unter www.nyse.com) wird klargestellt, dass die NYSE-Mitglieder adäquate Verfahren vorzuhalten haben, die es ihnen ermöglichen, sämtliche privaten Wertpapiertransaktionen von Mitarbeitern überwachen zu können („..These policies and procedures must include written procedures for pre-approving requests to open or effect a transaction in such accounts. In addition the policies and procedures must include steps for the periodically reviewing the accounts and transactions pursuant to Rule 407...“). Diese Verfahren sollen insbesondere dazu dienen, Insiderhandel und Marktmanipulation zu verhindern („...prohibit insider trading an manipulative and deceptive devices...”). In Verdachtsfällen sind Nachforschungen („...internal investigation...“) anzustellen, um eine effektive Compliance-Struktur sicherstellen zu können.

Deshalb ist es wichtig, nachstehend zu analysieren und darzustellen, wie die rechtliche Struktur von Compliance ist, in wessen Interesse Compliance agiert und insbesondere, welcher rechtlichen Natur die von Compliance ausgeführten Überwachungshandlungen, vornehmlich die Überwachungshandlungen im Zuge der Überwachung der Mitarbeitergeschäfte nach § 33b WpHG, sind, um danach bestimmen zu können, ob und wie durch solche Überwachungshandlungen in Schutzbereiche von Grundrechten eingegriffen wird.

# C. Die Umsetzung der Überwachung durch Compliance

Die konkrete Umsetzung der durch die normativen Grundlagen geforderten Überwachungsmaßnahmen erfolgt für den individuellen Mitarbeiter eines Wertpapierdienstleistungsunternehmens, auch in seiner einschränkenden Wirkung, konkret erlebbar durch „Compliance". Dies gilt insbesondere für die Überwachung der Mitarbeitergeschäfte nach § 33b WpHG. Um die Vorbereitung der grundrechtlichen Analyse der Auswirkungen dieser Überwachungsmaßnahmen auf geschützte Rechtspositionen betroffener Personen abzuschließen, ist daher die konkrete Art und Weise dieser Umsetzung durch Compliance darzustellen. Insbesondere sind Aussagen zur Rechtsnatur des Compliance-Beauftragten zu treffen. Auf diese Art und Weise wird die oben[377] begonnene Analyse der Auswirkungen der Überwachung und darauf basierender Überwachungshandlungen auf grundrechtlich geschützte Rechtspositionen in einem zweiten Schritt konkretisiert und komplettiert.

## I. Der Begriff der Compliance

Der Begriff Compliance war bis vor 20 Jahren in Deutschland nicht geläufig[378]. Er ist auf den angelsächsischen Begriff „to comply with" zurückzuführen[379]. Unter Compliance wird gemeinhin ein Handeln in Übereinstimmung mit aktuell geltenden Regeln verstanden[380], das nach ursprünglichem Verständnis einen engen Bezug zum Effektenhandel aufwies[381]. Im Nachgang zur Finanzmarktkrise wurde der Begriff Compliance zunehmend ausgedehnt[382] und von der ursprünglichen Beschreibung der Bemühung von Kapitalmarktteilnehmern zur Vermei-

---

377 Siehe oben Kapitel B.

378 Zingel, BKR 2010, S. 500, 500; zur Begriffshistorie vgl. Eufinger, CCZ 2012, S. 21, 21 f.

379 Vgl. Rothenhöfer, in: Kümpel/Wittig (Hrsg.), Bank- und Kapitalmarktrecht, Rn. 3.301; Stober, NJW 2010, S. 1573.

380 Lösler, in: Grundmann u. a. (Hrsg.), Symposium E. Schwark, S. 23, 24.

381 Vgl. Lösler, in: Grundmann u. a. (Hrsg.), Symposium E. Schwark, S. 23, 25; Behringer, in: Behringer (Hrsg.), Compliance kompakt, S. 39; Schaefer/Baumann, NJW 2011, S. 3602.

382 Vgl. Hemeling, ZHR 2011, S. 368, 369.

dung von Insiderhandel, die insoweit als der Ursprung[383] der Compliance-Diskussion beschrieben werden kann, zunächst auf sämtliche Rechtsbereiche, mit denen ein Wirtschaftsunternehmen in Berührung[384] kommt, etwa auf die Bekämpfung von Korruption[385], ausgeweitet. Im betriebswirtschaftlichen Umfeld wird Compliance zwischenzeitlich gar als „Stellhebel zur Steigerung der Effizienz“[386] von Banken gesehen. Zuletzt erfolgte gar eine Loslösung des Begriffs vom privaten Unternehmensbezug, indem Compliance auch für den staatlichen[387], kommunalen[388] und sogar den kirchlichen[389] Bereich diskutiert wird. Der Begriff befindet sich auf „Welttournee“[390]. Compliance umfasst auch die Anweisung an Unternehmen, Verstöße gegen die relevanten Vorschriften durch „strukturelle Organisationsmaßnahmen und Programme“[391] im Rahmen eines systematischen Ansatzes[392], eines „ganzheitlichen Organisationsmodells“[393] oder „Organisationskonzepts“[394] dauerhaft umzusetzen.

## 1. Compliance und Corporate Governance

Der Begriff der Compliance ist zunächst vom Begriff der Corporate Governance abzugrenzen. Vom Wortlaut ausgehend bedeutet Corporate Governance „Unternehmensführung und Unternehmensleitung“[395] und zwar ursprünglich vor dem Hintergrund eines Prozesses „der Kontrolle und der Verwaltung des Vermögens

---

383 Vgl. Buck-Heeb, CCZ 2009, S. 18, 18; Pape, Corporate Compliance, S. 22.

384 Vgl. hierzu generell Hauschka (Hrsg.), Corporate Compliance sowie Auerbach/Jost, in: Hopt/Wohlmannstetter (Hrsg.), Hdb CG Banken, S. 652 f.

385 Vgl. Schorn, WM 2011, S. 1689, 1689, wo der Begriff „Korruptions-Compliance“ verwendet wird.

386 Jelinek, in: Jelinek/Hannich (Hrsg.), Wege zur effizienten Finanzfunktion in Kreditinstituten, S. 26.

387 Vgl. Burgi, CCZ 2010, S. 41, 41 ff; Plamper, in: Keuper/Neumann (Hrsg.), Corporate Governance, Risk Management und Compliance, S. 136 f.

388 Vgl. Ohrtmann, Compliance Anforderungen, S. 29 ff.

389 Vgl. Rieble, Kirchen-Compliance CCZ 2010, S. 107, 107 ff.

390 Rotsch, in: FS Samson, S. 141, 141.

391 Vgl. Sieg, in: FS Buchner, S. 859, 859.

392 Vgl. Klindt/Pelz/Theusinger, NJW 2010, S. 2386, 2385.

393 Goette, ZHR 2011, S. 388, 390.

394 Wundenberg, in: Veil (Hrsg.), Europäisches Kapitalmarktrecht, § 22, Rn. 1; vgl. auch Becker/Ulrich, in: Keuper/Neumann (Hrsg.), Corporate Governance, Risk Management und Compliance, S. 9 f.

395 Abeltshauser, Corporate Governance – Standort und Dimensionen, in: Abeltshauser/Buck (Hrsg.), Corporate Governance, S. 1, 4.

sowie der Mitarbeiter einer Aktiengesellschaft im Interesse der Eigentümer"[396]. Dieser ursprüngliche Fokus auf den Ausgleich des möglichen Interessenkonflikts zwischen Aktionären und den Mitgliedern des Vorstands, der aus dem Auseinanderklaffen von Eigentum an der Aktiengesellschaft in Person der Aktionäre einerseits und der Verfügungsmacht über weite Teile des Vermögens der Aktiengesellschaft in Person der Dritten, denen die Leitung der Aktiengesellschaft durch die Eigentümer übertragen worden ist, andererseits, wurde im Zeitverlauf ausgeweitet. Nach dem weiten Begriff der Corporate Governance umschreibt dieser neben der Art und Weise, das Unternehmen zu kontrollieren, das gesamte Universum derjenigen Normen und Verhaltensvorgaben, die sich auf die Führung und die Steuerung des Unternehmens und die Kontrolle von deren Einhaltung beziehen[397]. Nach Mülbert[398] wird mit einer „guten Corporate Governance" das Ziel verfolgt zu verhindern, dass ein Unternehmen durch die Entscheidungen der eigenen Leitungs- und Aufsichtsorgane, unabhängig von „exogenen Schocks", in seiner Existenz gefährdet wird.

Auch die Fortentwicklung der Corporate Governance hat in Folge der Finanzmarktkrise rapide an Dynamik und Bedeutung hinzugewonnen[399]. Hier standen insbesondere die Schwächen von Banken im Fokus der Weiterentwicklung insbesondere des Deutschen Corporate Governance-Kodex. Das zentrale gesetzgeberische Motiv hinter den Regelungen zu Corporate Governance hat das einzelne Unternehmen im Zentrum der Betrachtung[400]. Das individuelle und individualisierbare Unternehmen an sich soll vor dem Kollaps geschützt werden, indem durch die jeweiligen Normen die Implementierung entsprechender aufbau- und ablauforganisatorischer Sicherungssysteme in den betroffenen Unternehmen verankert werden. Im Zusammenhang mit dem Begriff der Corporate Governance steht demnach das Unternehmen als Einzelnes im Mittelpunkt. Corporate Governance-Regelungen gelten insofern grundsätzlich auch für Finanzinstitute, zumal Mängel in den Corporate Governance-Strukturen vermehrt als einer der entscheidenden Gründe der Finanzmarktkrise identifiziert worden sind[401]. Deshalb gibt es auf europäischer Ebene auch auf dem Gebiet der Corporate Governance umfangreiche Regulierungsaktivitäten[402].

---

396 Abeltshauser, Corporate Governance – Standort und Dimensionen, in: Abeltshauser/Buck (Hrsg.), Corporate Governance, S. 1, 5.

397 Vgl. Abeltshauser, Corporate Governance – Standort und Dimensionen, in: Abeltshauser/Buck (Hrsg.), Corporate Governance, S. 1, 7; vgl. auch Bachmann, AG 2011, S. 181, 181.

398 Mülbert, ZHR 2009, S. 1, 4.

399 Vgl. Mülbert, ZHR 2010, S. 375, 375.

400 Vgl. Gößwein/Hohmann, BB 2011, S. 963, 963.

401 Mülbert, ZHR 2010, S. 375, 377.

402 Vgl. Bachmann, WM 2011, S. 1310, 1301.

Im Zusammenhang mit dem Begriff der Compliance steht neben dem individuellen Unternehmensinteresse immer auch ein Interesse außerhalb des jeweiligen Unternehmens im Mittelpunkt der Betrachtung entsprechender gesetzgeberischer Aktivitäten. Es sind dies die Interessen der Allgemeinheit. Insoweit unterscheidet sich der Begriff der Compliance von demjenigen der Corporate Governance, denn letzterer beschränkt sich auf das Unternehmensinteresse. Der Begriff der Corporate Governance ist der Begriffswelt des Gesellschaftsrechts zuzuordnen, wohingegen der Begriff Compliance aus der Terminologie des Aufsichtsrechts stammt[403]. So ist etwa die gesetzlich auferlegte Pflicht nach § 25c Abs. 4 KWG, einen Geldwäschebeauftragten in einem Kreditinstitut zu implementieren, hauptsächlich zugunsten der Allgemeinheit verankert. Auch die im Rahmen der Regulierung des Wertpapierhandels bestehenden Compliance-Regelungen haben nicht primär den Schutz des individuellen Unternehmens zum Ziel. Vielmehr sollen durch sie die Rahmenbedingungen für einen effektiv funktionierenden Kapitalmarkt im Interesse der Allgemeinheit geschaffen werden.

Die Begriffe Corporate Governance einerseits und Compliance andererseits verhalten sich bezüglich der Intention hinter den Regelungen demnach so wie das mit Blick auf das einzelne Kreditinstitut geschaffene Kreditwesengesetz, das hauptsächlich Regelungen zur Corporate Governance vor dem Hintergrund des gesetzgeberischen Motivs des Solvenzschutzes des einzelnen Kreditinstituts enthält, zu dem mit Blick auf die Erhaltung der Funktionsweise eines funktionierenden Wertpapierhandels geschaffenen Wertpapierhandelsgesetz, dessen gesetzgeberisches Motiv auf die Schaffung und den Erhalt eines effizienten Kapitalmarktes und als Begleiterscheinung die Förderung des Anlegerschutzes gerichtet ist.

Die Unterscheidung anhand des Kriteriums der Perspektive, von der aus die an der Regulierung beteiligten Parteien die kapitalmarktrechtlichen Normen betrachten, nimmt auch Hauschka[404] vor, der den Begriff Corporate Governance der Perspektive der Regulierungsbehörden zuordnet, während er den Begriff Compliance als der Sichtweise der von der Regulierung betroffenen Unternehmen zugehörig sieht[405]. Die Begriffe von Corporate Governance einerseits und Compliance andererseits sind daher nach hier vertretener Ansicht dem Grunde

403 Weber-Rey, ZGR 2010, S. 543, 544.

404 Hauschka, in: Hauschka (Hrsg.), Corporate Compliance, § 1, Rn. 2.

405 So auch Wehnert, in: FS Müller, S. 729, 731.

nach auseinanderzuhalten[406], auch wenn die jeweiligen Regelungen zumeist parallel Anwendung finden[407] und sich insofern gewissermaßen auch ergänzen.

## 2. Compliance und Risikomanagement

Nach der Analyse der Begriffe Compliance auf der einen und Corporate Governance auf der anderen Seite ist nachstehend das Verhältnis zwischen Compliance und dem Themenfeld des Risikomanagements zu bestimmen. Hintergrund dieser Differenzierung ist es, den für den Untersuchungsgegenstand dieser Arbeit wesentlichen Ausschnitt des kapitalmarktrechtlichen Aufsichtsrechts zu konkretisieren und gegen artverwandte Aspekte des generellen Bankaufsichtsrechts abzugrenzen.

Eine erste Positionsbestimmung des Rechts der Wertpapieraufsicht auf der einen und dem generellen Bankaufsichtsrecht auf der anderen Seite wurde bereits im Zusammenhang mit der Darstellung des in BT 2.7 MaComp angesprochenen Verhältnisses zwischen der in § 33b WpHG mit Bezug auf die Überwachung der Mitarbeitergeschäfte enthaltenen speziell wertpapieraufsichtsrechtlichen Organisationsnorm und der in § 25a KWG verankerten generellen bankaufsichtsrechtlichen Organisationsvorgabe vorgenommen[408]. An dieser Stelle soll darüber hinaus die grundsätzliche Verortung von Compliance im Überwachungssystem eines Wertpapierdienstleistungsunternehmens im Verhältnis zum Risikomanagement näher beleuchtet werden.

Compliance wird in der Literatur überwiegend als ein dem Risikomanagement zughöriger Teil verstanden[409]. Risikomanagement ist in diesem Zusammenhang gleichbedeutend mit den in § 25a Abs. 1 KWG grundgelegten Anforderungen an die Organisation zur Vermeidung von Risiken durch Kreditinstitute[410], die ausführlich in separat veröffentlichten Mindestanforderungen an das Risikomanagement (MaRisk) präzisiert werden. Zu beachten ist hierbei jedoch bereits im Ausgangspunkt die grundsätzliche Regelungsphilosophie des KWG, die letztlich

---

406 a. A. Marschlich, CCZ 2010, S. 195, 196, die Compliance-Organisationen auch mit Aufgaben auf dem Gebiet der Governance im Zusammenhang stehend sieht.

407 Vgl. Bachmann, AG 2011, S. 181, 183, wo darauf hingewiesen wird, dass das „Leitbild aktien- und aufsichtsrechtlicher Governance nicht deckungsgleich“ sei.

408 Siehe oben Kapitel B. II. 3. b) (3).

409 Bretschneider, in: Renz/Hense (Hrsg.), Wertpapier-Compliance in der Praxis, Kapitel 1, Rn. 41 ff.; Lösler, NZG 2005, S. 104, 105 ff.; Steidle, in: Renz/Hense (Hrsg.), Wertpapier-Compliance in der Praxis, Kapitel 2, Rn. 5 ff.; vgl. auch Fett, in: Schwark/Zimmer (Hrsg.), KMRK, § 33 Rn. 1, S. 1720 sowie Wundenberg, in: Veil (Hrsg.), Europäisches Kapitalmarktrecht, § 22, Rn. 2.

410 Bretschneider, in: Renz/Hense (Hrsg.), Wertpapier-Compliance in der Praxis, Kapitel 1, Rn. 42.

auf den Solvenzschutz des individuellen Kreditinstituts ausgerichtet ist, um negativen externen volkswirtschaftlichen Effekten in Verbindung mit der Insolvenz eines Kreditinstituts vorzubeugen. Demgegenüber steht die Regelungsphilosophie des WpHG, die unabhängig vom individuellen Wertpapierdienstleistungsunternehmen den Schutz des Kapitalmarktes an sich zum Ziel[411] hat[412].

Vor dem Hintergrund dieser bereits im Ausgangspunkt unterschiedlichen Regelungsansätze wird schnell klar, dass es keine vollständige Deckungsgleichheit zwischen Compliance und Risikomanagement geben kann[413]. Insbesondere das zahlengetriebene Moment des Risikomanagements im Kontext von Adressausfallrisiken[414], Marktpreisrisiken[415] sowie Liquiditätsrisiken[416] steht außerhalb der Sachverhalte, die durch Compliance erfasst werden sollen. Berührungspunkte ergeben sich allenfalls zu den operationellen Risiken[417]. Aber auch insofern liegt der Schwerpunkt der operationellen Risiken auf der „Gefahr von Verlusten" [418], also primär auch im zahlengetriebenen Bereich, wohingegen Compliance-Risiken auch bei weiter Auslegung im Kern in der Gefahr eines Verstoßes gegen das WpHG und daraus folgender Sanktions- oder Reputationsrisiken[419] zu sehen sind. Compliance kann demnach dann als Teil des Risikomanagements angesehen werden, wenn der Begriff generisch verwendet wird, da es sich um jeweils unterschiedliche Aspekte handelt, Risiken für ein Finanzinstitut zu vermeiden.

Zum speziell in § 25a KWG enthaltenen Konzept des Risikomanagements ist der Kontakt hingegen lediglich tangential. Compliance bleibt insofern als Teil des Risikomanagements autonom[420]. Dieser Befund wird auch durch BT 1.1.1 Ziffer 4 Abs. 2 MaComp gestützt, wo eine Anbindung der Compliance-Funktion[421] an das Risikocontrolling als zulässig angesehen wird, wenn insofern klargestellt wird, dass Compliance zwar Teil des Risikomanagements ist, jedoch innerhalb dessen seine Eigenständigkeit zu wahren hat. Eine „Anbindung" ist nicht

411 Siehe oben Kapitel B. II. 1. a).

412 Vgl. zu den unterschiedlichen Aufsichtsansätzen auch Veil, in: GS Walz, S. 769, 775, wonach „eine primär verhaltensbezogene Aufsicht über Kapitalmärkte und eine primär unternehmensbezogene staatliche Aufsicht über Kreditinstitute" erfolgt.

413 Ähnlich auch Geiser, Leistungspflichten, S. 130 sowie Strothmeyer, Compliance, S. 98.

414 BTR 1 MaRisk.

415 BTR 2 MaRisk.

416 BTR 3 MaRisk.

417 BTR 4 MaRisk; vgl. auch Bretschneider, in: Renz/Hense (Hrsg.), Wertpapier-Compliance in der Praxis, Kapitel 1, Rn. 60, dort Abbildung 3, S. 21.

418 Steidle, in: Renz/Hense (Hrsg.), Wertpapier-Compliance in der Praxis, Kapitel 2, Rn. 11.

419 Steidle, in: Renz/Hense (Hrsg.), Wertpapier-Compliance in der Praxis, Kapitel 2, Rn. 19.

420 Vgl. auch AT 7 Ziffer 2 MaComp, wonach die Compliance-Funktion als „Bestandteil des internen Kontrollsystems nach § 25a Abs. 1 Satz 2 Nr. 1 KWG" definiert wird.

421 Siehe dazu ausführlich unten Kapitel C. III.

gleichbedeutend mit einer „Auflösung" der Compliance im Risikomanagement, verbunden mit der Folge eines Verlustes einer eigenständigen Wahrnehmbarkeit von Compliance. Deshalb wird in der Praxis von Wertpapierdienstleistungsunternehmen die Unterscheidung von generellem Risikomanagement und Compliance auch für den Fall der „Anbindung" in der Regel auch organisatorisch in Form der Implementierung einer separaten Organisationseinheit für Compliance manifestiert.

## 3. Compliance im weiteren Sinne

Nach der Abgrenzung des Begriffs der Compliance von wesentlichen artverwandten Aspekten des Bank(aufsichts)rechts in Form von Corporate Governance und Risikomanagement gilt es nun, den Betrachtungsgegenstand dieser Arbeit innerhalb der mannigfachen Begriffswelt der Compliance möglichst präzise einzugrenzen und für die Analyse aus der Perspektive der Grundrechte eindeutig aufzubereiten. Ausgangspunkt dieser Eingrenzung ist zunächst die Unterscheidung zwischen den Begriffen der „Compliance im weiteren Sinne" einerseits und der „Compliance im engeren Sinne" andererseits[422].

Der Begriff der Compliance im weiteren Sinne erfasst eine Vielzahl von Rechtsgebieten, unabhängig vom bloßen Kapitalmarktgeschehen wie etwa Kartellrechtsproblematiken, die Bekämpfung des Terrorismus und der Korruption, Urheberrechtsfragen sowie Compliance auf dem Gebiet der Informationstechnologie[423]. Dieser weite Compliance-Begriff ist insbesondere im anglo-amerikanischen Rechtskreis verbreitet[424]. Dies hat zu einem weiten Verständnis von Compliance geführt, das „die Einhaltung aller denkbaren öffentlich-rechtlichen Verhaltensanforderungen, zivil- oder gesellschaftsrechtlicher oder kapitalmarktrechtlicher Vorschriften umfasst, die der systematischen Prävention durch Aufklärung, Beratung, Training und Überwachungsmaßnahmen zugänglich sind"[425].

Dieses weite, umfassende[426] Verständnis des Compliance-Begriffs inklusive Themenfeldern wie Geldwäsche, betrügerische Handlungen oder Finanzsanktionen/Embargo greift für die vorliegende im Schwerpunkt vorzunehmende Analy-

---

422 Vgl. Gebauer/Niermann, in: Hauschka (Hrsg.), Corporate Compliance, § 36, Rn.1.

423 Zu den vielfältigen Betätigungsfeldern von Compliance vgl. Kirsch, BB 2011, S. VI f; zur Abgrenzung zum Begriff der Ethik im Unternehmenskontext vgl. Hussain, CCZ 2011, S. 134, 134.

424 Vgl. Rothenhöfer, in: Kümpel/Wittig (Hrsg.), Bank- und Kapitalmarktrecht, Rn. 3.316.

425 Eisele/Faust, in: Schimansky u. a. (Hrsg.), Bankrechts-Handbuch, § 109, Rn. 3; vgl. auch Hemeling, CCZ 2010, S. 21, 21; Momsen, in: FS Puppe, S. 751, 754; Goette, WPg 2011, S. I, wo von der Einhaltung von Recht und Gesetz durch die Gesellschaft auf allen Ebenen die Rede ist.

426 Vgl. Liese/Schulz, BB 2011, S. 1347, 1347.

se der Überwachung der Mitarbeitergeschäfte nach § 33b WpHG und damit möglicherweise verbundene Eingriffe in grundrechtlich geschützte Positionen zu weit. In dieser Arbeit wird Compliance ausschließlich vor dem kapitalmarktrechtlichen Hintergrund gesehen.

## 4. Compliance im engeren Sinne (Wertpapier-Compliance)

Compliance wird für die Zwecke dieser Arbeit eng im Kontext des Wertpapierhandelsgesetzes verstanden. Dementsprechend ist unter Compliance für die Zwecke dieser Arbeit die organisatorische Infrastruktur eines Wertpapierdienstleistungsunternehmens zur Vermeidung von Verstößen gegen das WpHG und insbesondere von dessen 6. Abschnitt zu verstehen. Entsprechend der Fokussierung dieser Arbeit auf den öffentlich-rechtlichen Aspekt des Kapitalmarktrechts[427] wird der Compliance-Begriff vorliegend somit eng im Sinne von Wertpapier-Compliance[428], auch Kapitalmarkt-Compliance genannt[429], verstanden.

Die Wertpapier-Compliance ist, wie beschrieben, im Wertpapierhandelsrecht als Teilmenge des generellen Bankaufsichtsrechts geregelt. Vor diesem Hintergrund sind auch die Wertpapier-Compliance und die mit ihr zusammenhängenden Organisationspflichten ein wesentlicher Teil der Regelungsmaterie, die sich in Form von Verhaltenspflichten im Über-Unterordnungsverhältnis an die Marktteilnehmer der Wertpapiermärkte wendet. Ziel der so verstandenen Compliance im engeren Sinne ist die präventive Sicherstellung der vorrangigen Wahrung der Kundeninteressen bei problematischen Interessenkonflikten im Zusammenhang mit der Erbringung von Wertpapierdienstleistungen durch ein Wertpapierdienstleistungsunternehmen[430]. Zentrale Norm[431] ist insofern § 33 Abs. 1 Satz 2 Nr. 1 WpHG[432], der die Notwendigkeit einer Compliance-Funktion für Wertpapierdienstleistungsunternehmen unabhängig von der für alle Kreditinstitute geltenden zentralen Organisationsnorm in § 25a Abs. 1 KWG hervorhebt[433] und Wertpapierdienstleistungsunternehmen eine Organisationsverpflichtung zur Im-

427 Siehe oben Kapitel B. I. 2.

428 Vgl. auch Gebauer/Niermann, in: Hauschka (Hrsg.), Corporate Compliance, § 36, Rn. 2, wo die Unterscheidung zischen Compliance im engeren und weiteren Verständnis anhand des Kriteriums der Zugehörigkeit der Sachfrage entweder zum Wertpapierhandelsgesetz (dann enges Verständnis) oder zum Gesellschaftsrecht (dann weites Verständnis) festgemacht wird.

429 Rothenhöfer, in: Kümpel/Wittig (Hrsg.), Bank- und Kapitalmarktrecht, Rn. 3.303, Fn. 2, Satz 3.

430 Vgl. Eisele, WM 1993, S. 1021, 1021.

431 Vgl. Bachmann, VGR 2007, S. 65, 69.

432 Siehe oben Kapitel B. II. 3. a).

433 Mülbert, ZHR 2009, S. 1, 9.

plementierung interner Kontrollverfahren zu Vermeidung von Verstößen gegen das WpHG auferlegt[434].

## 5. Die Überwachungsfunktion von Compliance

Die Funktion von Compliance wird nach zwischenzeitlich einhelliger Meinung differenziert betrachtet und gemeinhin in die Bestandteile einer Schutzfunktion, einer Beratungsfunktion, einer Innovationsfunktion, einer Marketingfunktion sowie der vorliegend primär interessierenden Überwachungsfunktion aufgefächert[435].

Unter der Schutzfunktion von Compliance wird im Kern die Vermeidung von Regelverstößen sowohl durch die Mitarbeiter eines Wertpapierdienstleistungsunternehmens wie auch durch das Wertpapierdienstleistungsunternehmen selbst und damit einhergehender Strafen oder Bußgelder verstanden[436]. Die Beratungsfunktion beschreibt als Aufgabe von Compliance, die wesentlichen Inhalte der Regeln in das Wertpapierdienstleistungsunternehmen hinein effektiv und effizient zu kommunizieren, um dort die entsprechende Sensibilität für die Bedeutung der Einhaltung dieser Regeln zu schaffen und zu fördern[437]. Mit Innovationsfunktion ist die Ableitung von Verbesserungspotenzial durch Compliance gemeint, das im Kontext der Analyse der Regeln festgestellt und in die Wertschöpfungskette des Wertpapierdienstleistungsunternehmens integriert werden kann[438]. Eine Marketingfunktion hat Compliance insofern inne, als sie hilft, das Ansehen des Wertpapierdienstleistungsunternehmens durch die Minimierung von Reputationsverlusten infolge von Regelverstößen zu erhalten und zu mehren[439]. Schließlich kommt Compliance eine Überwachungsfunktion zu, im Rahmen derer die Beachtung der Regeln durch die Mitarbeiter des Wertpapierdienstleistungsunternehmens, aber auch durch das Wertpapierdienstleistungsunternehmen selbst eingehalten und beachtet werden[440].

In der Überwachungsfunktion von Compliance kommt es regelmäßig zu Konflikt- oder Eskalationssituationen zwischen Compliance und den zu überwachenden Personen. Dort wird durch Compliance auch konkret in Rechtspositionen Dritter eingegriffen. Diese Arbeit befasst sich aus diesem Grund nachstehend nur

434 Dreher, in: FS Hüffer, S. 161, 169.

435 Statt aller: Lösler, in: Grundmann u. a. (Hrsg.), Symposium E. Schwark, S. 23, 23 ff.

436 Vgl. Meier, NZA 2011, S. 779, 779; Lösler NZG 2005, S. 104, 104.

437 Lösler, NZG 2005, S. 104, 105.

438 Lösler, NZG 2005, S. 104, 105.

439 Lösler, NZG 2005, S. 104, 105.

440 Lösler, NZG 2005, S. 104, 105.

mit der Überwachungsfunktion, da weitere Funktionen keine wesentlichen Berührungspunkte zu den Grundrechten haben und in diesem Zusammenhang nicht weiter erörtert werden müssen. Innerhalb der generellen Überwachungsfunktion wird der Schwerpunkt auf die Überwachung der privaten Wertpapiergeschäfte der Mitarbeiter gelegt, weil die Eingriffe in grundrechtlich geschützte Positionen der jeweiligen Grundrechtsträger in diesem Kontext am eindrücklichsten illustriert, analysiert und bewertet werden können.

## II. Die Verantwortung für Compliance

Um die genaue Struktur der Überwachungsfunktion von Compliance und insbesondere die Struktur der Überwachung der Mitarbeitergeschäfte nach § 33b WpHG herausarbeiten zu können, ist zunächst eine Analyse der Verantwortlichkeit für Compliance innerhalb eines Wertpapierdienstleistungsunternehmens vorzunehmen.

### 1. Compliance als Pflicht der Leitungsorgane

Adressat der Normen des 6. Abschnitts des WpHG, von § 12 WpDVerOV sowie der überwiegenden Mehrheit der Konkretisierungen in den MaComp ist ausschließlich das Wertpapierdienstleistungsunternehmen selbst. Das Wertpapierdienstleistungsunternehmen wird nach gesellschaftsrechtlichen Grundsätzen von seinem Leitungsorgan vertreten, also entweder vom Vorstand, wenn das Wertpapierdienstleistungsunternehmen in der Rechtsform der Aktiengesellschaft, der Anstalt des öffentlichen Rechts oder der Genossenschaft konstituiert ist, oder von der Geschäftsführung, wenn das Wertpapierdienstleistungsunternehmen in der Rechtsform der GmbH konstituiert ist. Daraus folgt, dass sich die normativen Grundlagen der Überwachung der Mitarbeitergeschäfte nach § 33b WpHG an das Leitungsorgan, somit insbesondere an die natürlichen Personen, die zu einem gegebenen Zeitpunkt Mitglied des Leitungsorgans bilden, richten.

Die Ausübung der Wertpapierhandelsüberwachung wird somit über § 33b WpHG an das Leitungsorgan des jeweiligen Wertpapierdienstleistungsunternehmens delegiert. Es handelt sich auch insofern um eine Inpflichtnahme der privatrechtlich organisierten Wertpapierdienstleistungsunternehmen durch die öffentliche Hand zur Erfüllung öffentlicher Aufgaben. Compliance ist danach als eine

Organpflicht[441] anzusehen. Die Geschäftsleiter[442] sind unmittelbar mit den im Rahmen der Delegation an das Unternehmen übertragenen Überwachungsaufgaben betraut, da die Einhaltung der gesetzlichen Verpflichtungen im Verantwortungsbereich der Geschäftsleitung verankert ist[443]. „Compliance ist Chefsache"[444] und gewinnt als Thema auch auf der Ebene des Aufsichtsrats an Bedeutung[445]. Die Leitungsorgane[446] eines Wertpapierdienstleistungsunternehmens haben Compliance-Aufgaben grundsätzlich persönlich wahrzunehmen und bleiben letztverantwortlich für Compliance[447]. Dieses Prinzip kommt auch in BT 1.1 Nr. 2 MaComp zum Vorschein, indem dort beschrieben wird, dass zwar ein Compliance-Beauftragter bestellt werden muss, jedoch „unbeschadet der Gesamtverantwortung der Geschäftsleitung".

Regelmäßig wird daher vom jeweiligen Leitungsorgan eine Compliance-Organisation im Rahmen des generellen Risikomanagements in die Aufbau- und Ablauforganisation des Wertpapierdienstleistungsunternehmens integriert[448], durch die den gesetzlichen Anforderungen entsprochen werden soll. Im Rahmen dieser Compliance-Organisation werden große Teile insbesondere der täglichen Compliance-Arbeit an dem Leitungsorgan nachgeordnete Unternehmenseinheiten, wie nachstehend beschrieben, delegiert[449].

---

441 Schürrle/Olbers, CCZ 2010, S. 102, 102; vgl. auch Langenbucher, Aktien- u. Kapitalmarktrecht, § 4, Rn. 85 a.

442 Vgl. Kort, Compliance-Pflichten von Vorstandsmitgliedern und Aufsichtsratsmitgliedern, in: Grundmann u. a. (Hrsg.), FS Hopt, S. 983, 983; Brockhausen, in: Becker u. a. (Hrsg.), MiFID Umsetzungsanleitung, Rn. 69.

443 Schlicht, BKR 2006, S. 469, 475; Schneider/Schneider, ZIP 2007, S. 2061, 2061; siehe auch Sandmann, CCZ 2008, S. 104, 107; Rönnau/Schneider, ZIP 2010, S. 53, 54; Pietzke, CCZ 2010, S. 45, 52; Hegnon, CCZ 2009, S. 57, 57; Schürrle/Olbers, CCZ 2010, S. 102, 102; Böttcher, NZG 2011, S. 1054, 1054.

444 Fleischer, CCZ 2008, S. 1, 3; Winter, Die Verantwortung des Aufsichtsrats für „Corporate Compliance", in: Grundmann u. a. (Hrsg.), FS Hopt, S. 1103, 1119; Krieger/Günther, NZA 2010, S. 367, 367.

445 Vgl. Ruter/Rosken, Der Betrieb 2011, S. 1123, 1125.

446 Vgl. Frisch, in: Derleder u. a. (Hrsg.), Bankrechtshandbuch, § 52, Rn. 142.

447 Hense/Renz, CCZ 2008, S. 181, 182; Casper, in: FS Karsten Schmidt, S. 199, 206; Bauer, Bank-Praktiker 2010, S. 360, 360; Wolf, BB 2011, S. 1353, 1355; zu Fragen der Versicherung des aus dieser Verantwortung resultierenden Risikos siehe Franz, Der Betrieb 2011, S. 1961, 1961 ff. sowie S. 2019, 2019 ff.

448 Vgl. Rothenhöfer, in: Kümpel/Wittig (Hrsg.), Bank- und Kapitalmarktrecht, Rn. 3.311.

449 Vgl. Gößwein/Hohmann, BB 2011, S. 963, 964.

## 2. Die Delegation von Compliance-Pflichten an den Compliance-Beauftragten

Wie oben dargestellt, obliegt die Verpflichtung der Umsetzung der wertpapierhandelsrechtlichen Organisationspflichten dem Leitungsorgan eines Wertpapierdienstleistungsunternehmens. Eine höchstpersönliche Wahrnehmung sämtlicher damit verbundenen täglichen operativen Aufgaben durch die Mitglieder des Leitungsorgans ist jedoch insbesondere in großen Wertpapierdienstleistungsunternehmen, die als Universalbank internationalen Zuschnitts organisiert sind, bereits objektiv unmöglich[450]. Die Leitungsorgane der Wertpapierdienstleistungsunternehmen kommen ihren diesbezüglichen Verpflichtungen daher regelmäßig durch eine Delegation von Aufgaben nach[451]. Die genuinen Compliance-Aufgaben des Leitungsorgans eines Wertpapierdienstleistungsunternehmens werden durch das Leitungsorgan an einen Compliance-Beauftragten delegiert, der für die Compliance-Funktion des Wertpapierdienstleistungsunternehmens verantwortlich ist und größtenteils in abgeleiteter Verantwortung für die überwiegende Anzahl der operativen Compliance-Tätigkeiten zuständig wird. Auf diese Art und Weise wird ein Teil der Pflichterfüllung des Leitungsorgans[452] im Rahmen einer vertikalen Zuordnung[453] auf den Compliance-Beauftragten übertragen. Diese Vorgehensweise ist „gesellschaftsrechtlich anerkannt"[454]. Eine vollständige Entäußerung seiner Compliance-Verpflichtungen ist dem Leitungsorgan durch Delegation allerdings nicht möglich[455].

Die Delegation spiegelt sich in der Aufbauorganisation eines Wertpapierdienstleistungsunternehmens wider, indem eine Unternehmenseinheit bestimmt wird, die zentral für die Umsetzung der wertpapierhandelsrechtlichen Organisationspflichten und insbesondere für die Umsetzung der Überwachung der Mitarbeitergeschäfte nach § 33b WpHG, für alle Mitarbeiter erkennbar, zuständig ist. Diese regelmäßig als „Compliance-Abteilung" bezeichnete Organisationseinheit wird durch das Leitungsorgan über unternehmensinterne Anweisungen mit den notwendigen Kompetenzen ausgestattet.

Die Compliance-Abteilung wird vom sogenannten Compliance-Beauftragten geleitet. Vor dem Hintergrund des dieser Arbeit zugrunde gelegten engen Com-

---

450 Vgl. Hüffer/Schneider, ZIP 2010, S. 55, 55; Goette, ZHR 2011, S. 388, 395.

451 Liese, BB 2008, S. 17, 21; Bürkle, CCZ 2010, S. 4, 5; Dann/Mengel, NJW 2010, S. 3265, 3266.

452 Rübenstahl, NZG 2009, S. 1341, 1343.

453 Vgl. Niermann, ZBB 2010, S. 400, 409.

454 Gebauer/Niermann, in: Hauschka (Hrsg.), Corporate Compliance, § 36, Rn.14.

455 Vgl. Kort, Compliance-Pflichten von Vorstandsmitgliedern und Aufsichtsratsmitgliedern, in: Grundmann u. a. (Hrsg.), FS Hopt, S. 983, 986; mit Blick auf strafrechtliche Aspekte vgl. Wybitul, BB 2009, S. 2590, 2591.

pliance-Begriffs ist die Compliance-Abteilung dafür verantwortlich, Mittel und Verfahren vorzuhalten, um Verstöße des Unternehmens und seiner Mitarbeiter gegen die Vorschriften des WpHG nach Möglichkeit auszuschließen. Die Compliance-Abteilung nimmt je nach spezifischem Geschäftsauftrag sämtliche oder nur Teile der Gesamtheit der Compliance-Aufgaben wahr[456]. In letzterem Fall werden diejenigen Teile der Compliance-Aufgaben, die nicht von der Compliance-Stelle direkt wahrgenommen werden, von anderen Unternehmensteilen ausgeführt. Deren Tätigkeiten werden dann wiederum von der eigentlichen Compliance-Abteilung überwacht. Der Rahmen der Delegation bestimmt in der Folge die Verantwortlichkeiten in Abgrenzung zueinander[457]. Es handelt sich insofern, bezogen auf den Rahmen der Wertpapierhandelsüberwachung, um eine „in besonderem Maße institutionalisierte und gesetzlich angeordnete Delegation von Leitungspflichten auf nachgeordnete Stellen bzw. einen bestimmten Mitarbeiter (Compliance-Beauftragter)“[458]. Ein Anspruch des Aufsichtsorgans, Informationen direkt beim Compliance-Beauftragten unter Umgehung des Leitungsorgans abzufordern, besteht weder auf der Grundlage der europarechtlichen Vorgaben noch der deutschen Umsetzungsregelungen im WpHG[459]. Eine generelle Meldepflicht des Compliance-Beauftragten von Verstößen gegen Regelungen des WpHG gegenüber der BaFin gibt es nicht[460].

Durch die geschilderte Delegation kann das Haftungsrisiko der Mitglieder des Leitungsorgans des Wertpapierdienstleistungsunternehmens zwar verringert werden[461]. Die Delegation enthebt die Leitungsorgane allerdings nicht vollkommen von eigener Verantwortung. Die Leitungsorgane bleiben letztverantwortlich[462] für Compliance. Sie haben in regelmäßigen Zeitabständen zu überwachen und zu beaufsichtigen[463], inwiefern die im Rahmen des ursprünglichen Übertragungsaktes delegierten Aufgaben auch tatsächlich dauerhaft ausgeführt werden[464]. Die Leitungsorgane müssen trotz Delegation die Kontrolle über die Com-

456 Vgl. Spindler, WM 2008, S. 905, 909; Rieble, Haftung CCZ 2010, S. 1, 1; Fecker/Kinzl, CCZ 2010, S. 13, 13; Barton, RDV 2010, S. 19, 23.

457 Vgl. Zimmermann, BB 2011, S. 634, 636.

458 Lösler, WM 2008, S. 1098, 1104; vgl. auch Vetter, in: FS Graf von Westphalen, S. 719, 733.

459 Sandmann, CCZ 2008, S. 104, 107.

460 Vgl. Lösler, WM 2007, S. 676, 680; Wundenberg, in: Veil (Hrsg.), Europäisches Kapitalmarktrecht, § 23, Rn. 62; Volz, in: Wieland u. a. (Hrsg.), Handbuch Compliance-Management, S. 224.

461 Vgl. Gößwein/Hohmann, BB 2011, S. 963, 965.

462 Vgl. Dann/Mengel, NJW 2010, S. 3265, 3266; Verse, ZHR 2011, S. 401, 404; Meier, NZA 2011, S. 779, 779; Wundenberg, in: Veil (Hrsg.), Europäisches Kapitalmarktrecht, § 23, Rn. 23; Rieder, in: FS Goette, S. 413, 419.

463 Gerst/Meinicke, CCZ 2011, S. 96, 100; vgl. auch Rieder/Holzmann, AG 2011, S. 265, 270.

464 Vgl. Hegnon, CCZ 2009, S. 57, 62; Fleischer, BB 2008, S. 1070, 1072.

pliance-Organisation behalten[465] und im Rahmen der Delegation im Zeitablauf prüfen, ob die ursprüngliche Auswahl des Compliance-Beauftragten und die ursprünglich geschaffene Compliance-Struktur noch angemessen sind. Weiterhin sind sie dafür verantwortlich, die Compliance-Struktur an sich verändernde Gegebenheiten, insbesondere an neue gesetzliche Anforderungen, anzupassen. Die Grenze der Delegation wird dann überschritten, wenn die „Kernaufgaben"[466] des Leitungsorgans, insbesondere in Form der „Erfüllung öffentlich-rechtlicher Pflichten von überragender Bedeutung"[467], tangiert werden.

### 3. Die Konsequenzen der Delegation

Ausgehend von der dargestellten Umsetzung der wertpapierhandelsrechtlichen Organisationspflichten durch Zuweisung der Umsetzungsverantwortung zunächst an das Leitungsorgan des Wertpapierdienstleistungsunternehmens und der sich daran anschließenden regelmäßigen unternehmensinternen Delegation großer Teile der diesbezüglichen Verantwortung an einen Compliance-Beauftragten sind nun nachstehend die Stellung sowie die Rechtsnatur der sogenannten Compliance-Funktion und des bereits mehrfach erwähnten Compliance-Beauftragten näher zu betrachten. Der Schwerpunkt der Betrachtung ist auf die Umsetzung der Vorschriften zur Überwachung der Mitarbeitergeschäfte nach § 33b WpHG durch Compliance-Maßnahmen zu legen. Es wird dadurch die Basis für eine Analyse möglicher Eingriffe in grundrechtlich geschützte Positionen geschaffen.

## III. Die Compliance-Funktion

Der Begriff der Compliance-Funktion wurde im Rahmen der Veränderung von § 33 WpHG durch das FRUG[468] in das WpHG eingefügt. Nach § 33 Abs. 1 Satz 2 Nr. 1 WpHG muss ein Wertpapierdienstleistungsunternehmen Grundsätze aufstellen, Mittel vorhalten und Verfahren einrichten, die darauf ausgerichtet sind, sicherzustellen, dass das Wertpapierdienstleistungsunternehmen selbst und seine Mitarbeiter den Verpflichtungen des WpHG nachkommen, wobei insbesondere eine dauerhafte und wirksame Compliance-Funktion einzurichten ist, die ihre

465 Schürrle/Olbers, CCZ 2010, S. 102, 102.
466 Vgl. Froesch, DB 2009, S. 722, 724.
467 Kort, Compliance-Pflichten von Vorstandsmitgliedern und Aufsichtsratsmitgliedern, in: Grundmann u. a. (Hrsg.), FS Hopt, S. 983, 988.
468 Siehe Fn. 40.

Aufgaben unabhängig wahrnehmen kann. Nach § 33 Abs. 1 Satz 3 WpHG sind im Rahmen dieser zu treffenden Vorkehrungen der Umfang, die Komplexität sowie der Risikogehalt des Geschäfts des jeweiligen Wertpapierdienstleistungsunternehmens und die Art und das Spektrum der von diesem angebotenen Wertpapierdienstleistungen zu berücksichtigen. § 33 Abs. 1 Satz 2 Nr. 1 und Satz 3 WpHG wird bezüglich des Erfordernisses der Einrichtung einer Compliance-Funktion durch § 12 Abs. 3 WpDVerOV ergänzt, wonach durch die einzurichtende Compliance-Funktion die Angemessenheit von im Wertpapierdienstleistungsunternehmen eingerichteten Grundsätze und Vorkehrungen zur Verhinderung von Verstößen gegen das WpHG durch das Wertpapierdienstleistungsunternehmen oder seiner Mitarbeiter auf Angemessenheit und Wirksamkeit zu überwachen und zu bewerten ist. In Abgrenzung zu den im Rahmen der zuvor dargestellten unterschiedlichen allgemeinen, abstrakten und grundlegenden Funktionen eines weiten und globalen Begriffs der Compliance, mit dem Zweck der Eingrenzung der zahlreichen Facetten der Compliance auf das vorliegend zuvorderst interessierende Überwachungsmoment[469], geht es an dieser Stelle darum, den gesetzlichen Begriff „Compliance-Funktion“ – den wertpapieraufsichtsrechtlichen und überwachenden Kontext bereits vorausgesetzt – greifbar und operationabel zu machen, um ihn darauf hin zu analysieren, inwieweit er für die grundrechtliche Analyse von Bedeutung ist.

Eine konkrete Legaldefinition zur Verortung der Compliance-Funktion in die Typologien des Gesellschaftsrechts oder des öffentlichen Rechts ist in den aktuellen Regelungen jedoch nicht vorhanden[470]. Auch war bis zur Veröffentlichung der MaComp der Aufgabenbereich der Compliance-Funktion normativ nicht fixiert[471]. Die MaComp greifen den Begriff Compliance-Funktion bereits im Titel auf, indem Mindestanforderungen „an die Compliance-Funktion“ statuiert werden. AT 1 Ziffer 6 MaComp stellt zudem klar, dass sich BT 2 MaComp direkt an die Compliance-Funktion des Wertpapierdienstleistungsunternehmens richtet, wohingegen sich sämtliche anderen Abschnitte der MaComp an das Wertpapierdienstleistungsunternehmen als solches wenden. Eine konkrete Definition oder Erklärung dessen, was genau unter der Compliance-Funktion zu verstehen ist und wie diese in das Gefüge gesellschaftsrechtlicher oder aufsichtsrechtlicher Typologien einzuordnen ist, bleiben aber auch die MaComp schuldig.

Wenn nun aber sowohl der Gesetzgeber, die Exekutive als Verfasser der WpDVerOV als auch die BaFin in den MaComp die Compliance-Funktion explizit erwähnen oder direkt adressieren, ist daraus zwingend zu schließen, dass

469 Siehe oben Kapitel C. I. 5.

470 Vgl. Harm, Compliance, S. 62; Schäfer, in: Heidel (Hrsg.), Aktienrecht, § 33 WpHG, Rn. 18.

471 Vgl. Jahn, in: von Böhlen/Kan (Hrsg.), MiFID-Kompendium S. 353, 354.

unter der Compliance-Funktion eines Wertpapierdienstleistungsunternehmens eine innerhalb des Wertpapierdienstleistungsunternehmens angesiedelte, von anderen Unternehmensteilen unterscheidbare Entität verstanden werden muss. Zweifelhaft dabei ist, ob der Compliance-Funktion innerhalb dieser Erwägungen auch ein Repräsentant zuteil werden soll, der die Compliance-Funktion zum einen gegenüber den anderen Unternehmenseinheiten, aber auch extern „vertritt".

Wenn in den MaComp das Wertpapierdienstleistungsunternehmen als solches adressiert wird, wird letztlich dessen Leitungsorgan, zumeist in Form des Unternehmensorgans Vorstand, angesprochen, welcher das Wertpapierdienstleistungsunternehmen repräsentiert und zivilrechtlich nach außen hin vertritt. Die Normkonkretisierungen der MaComp sind demnach an die zu einem gegebenen Zeitpunkt diesem Leitungsorgan angehörenden natürlichen Personen gerichtet. Dies ergibt sich aus den entsprechenden gesellschaftsrechtlichen Normierungen, die, unabhängig vom Aufsichtsrecht als Teil des öffentlichen Rechts, zivilrechtlich festlegen, wer für eine Gesellschaft Vertreter für den Empfang von Willenserklärungen externer Dritter, also auch von Willenserklärungen oder dem Transfer von antizipierter Verwaltungspraxis durch die BaFin, ist. Das Gesellschaftsrecht bildet insofern die in diesem Punkt vom öffentlichen Recht nicht überlagerte und auch nicht unter besonderen aufsichtsrechtlichen Aspekten zu hinterfragende oder anzuzweifelnde Grundlage.

Ein Analogon für die Compliance-Funktion, also eine vom Aufsichtsrecht unabhängige Grundlage hinsichtlich der Rechtsnatur der Compliance-Funktion und ihrer Vertretung im Außenverhältnis, fehlt. Soweit in der Literatur ausgeführt wird, die MaComp würden letztlich den Arbeitsplatz der Compliance-Funktion beschreiben[472], ist dies kaum mit der Vorstellung in Einklang zu bringen, wonach die Compliance-Funktion Adressat von Normkonkretisierungen sein soll, denn ein „Arbeitsplatz" ist schwerlich als ein solcher auszumachen[473]. Die Schwierigkeit, die Compliance-Funktion juristisch greifbar zu machen, wird auch aus den MaComp selbst deutlich, denn der nach vorbeschriebener Systematik der MaComp speziell an die Compliance-Funktion adressierte BT 2 MaComp wendet sich in Teilziffer 2.1 in allen drei Unterpunkten nach dem Wortlaut erneut an das Wertpapierdienstleistungsunternehmen oder an die das Wertpapierdienstleistungsunternehmen vertretende Geschäftsleitung.

Die Compliance-Funktion ist aber kein Unternehmensorgan oder eine einem Unternehmensorgan entsprechende Figur[474]. Eine zivilrechtliche Grundlage für

472 Vgl. Birnbaum/Kütemeier, WM 2011, S. 293, 293.

473 Vgl. auch Forst, DuD 2010, S. 160, 160, der zurecht anmerkt, dass die Compliance-Funktion selbst keine Aufgaben wahrnehmen kann, dies vielmehr „dem Rechtssubjekt, dem Zuständigkeit und Befugnis verliehen sind", obliegt.

474 Vgl. Harm, Compliance, S. 62.

die Einordnung der Compliance-Funktion analog der gesellschaftsrechtlichen Grundlagen für die Vertretung des Wertpapierdienstleistungsunternehmens als solchem fehlt. Nach hier vertretener Ansicht kann die Compliance-Funktion direkt somit gar nicht Adressat von Normkonkretisierungen sein. In Frage kommt hier allein der Compliance-Beauftragte, auf den unten näher einzugehen sein wird.

Um den Begriff der Compliance-Funktion dennoch greifbar zu machen und die Beschreibungen der MaComp insbesondere im der Compliance-Funktion besonders gewidmeten BT 2 MaComp nutzbar zu machen, sei die Compliance-Funktion vorliegend anhand der regelmäßig in der Praxis der Wertpapierdienstleistungsunternehmen beobachtbaren Tatsachen definiert. Unter der Compliance-Funktion sind danach diejenigen Mittel, Mechanismen, Ressourcen und Systeme zu verstehen, derer sich ein Wertpapierdienstleistungsunternehmen für die operative Umsetzung derjenigen Anforderungen bedient, die ihm unter Verwendung des Begriffs „Compliance-Funktion" durch das WpHG, die WpDVerOV sowie die MaComp auferlegt werden. In größeren Wertpapierdienstleistungsunternehmen werden diese zumeist in einer innerhalb der Aufbauorganisation eigenständigen Organisationseinheit gebündelt, die in aller Regel mit Compliance überschrieben ist.

In kleineren Wertpapierdienstleistungsunternehmen ist es möglich, dass die Compliance-Funktion lediglich von einer Person ausgeübt wird. Die Compliance-Funktion hat für die Überwachung der Mitarbeitergeschäfte nach § 33b WpHG insofern Bedeutung, als dass diejenigen Ressourcen und Systeme, mit Hilfe derer konkret die Mitarbeitergeschäfte täglich überwacht werden (Control Room), in aller Regel in dieser Organisationseinheit verortet sind, ohne gleichzeitig die Rolle des Compliance-Beauftragten innezuhaben. Es ist daher zu klären, in welchem Verhältnis etwa die Mitarbeiter des Control Rooms mit Blick auf die Überwachung der Mitarbeitergeschäfte nach § 33b WpHG zum Compliance-Beauftragten stehen.

Weiterhin scheint sich der Compliance-Beauftragte als eindeutig identifizierbare Figur innerhalb des Wertpapierdienstleistungsunternehmens als Adressat für Normen oder Normkonkretisierungen sowie für die Rolle des „Repräsentanten" der Compliance-Funktion anzubieten. Zwar ist der Compliance-Beauftragte Teil der Compliance-Funktion. Allerdings ist er für diese nach § 12 Abs. 4 Satz 1 WpDVerOV auch verantwortlich. Allein daraus ist zu folgern, dass die Rolle des Compliance-Beauftragten in der Compliance-Funktion stark exponiert ist. Deshalb schließt sich die Analyse des Compliance-Beauftragten unter besonderer Berücksichtigung seiner Rolle im Hinblick auf die Überwachung der Mitarbeitergeschäfte nach § 33b WpHG an.

## IV. Der Compliance-Beauftragte und seine grundrechtliche Positionierung

Nach der Darstellung der rechtlichen Grundlagen und des Aufgabengebiets der Compliance-Funktion steht die rechtliche Einordnung des Compliance-Beauftragten sowie seiner Akte im Zentrum nachstehender Analyse. Die nähere Betrachtung der Figur des Compliance-Beauftragten ist im Kontext der Auswirkungen seines Handelns auf grundrechtlich geschützte Positionen der Mitarbeiter von Wertpapierdienstleistungsunternehmen wichtig. Wenn nämlich die Analyse ergibt, dass der Compliance-Beauftragte öffentlich-rechtlich oder zumindest auch im öffentlichen Interesse agiert, sind an die Rechtfertigung von Eingriffen in grundrechtlich geschützte Positionen höhere Anforderungen zu stellen als es der Fall wäre, wenn dieser lediglich im Unternehmensinteresse agieren würde. Vor dem Hintergrund der mannigfachen Erscheinungsformen und Aufgabengebiete[475] von Compliance-Beauftragten wird auch diesbezüglich nur der für die Wertpapier-Compliance nach dem WpHG geforderte Compliance-Beauftragte betrachtet.

### 1. Grundlagen

Die Pflicht eines Wertpapierdienstleistungsunternehmens zur Benennung eines Compliance-Beauftragten ergibt sich aus § 12 Abs. 4 Satz 1 WpDVerOV. Danach muss ein Wertpapierdienstleistungsunternehmen einen Compliance-Beauftragten benennen, der für die Compliance-Funktion sowie die Berichte an die Geschäftsleitung und das Aufsichtsorgan verantwortlich ist. Der Begriff des Compliance-Beauftragten ist in § 34d Abs. 3 Satz 1 WpHG legaldefiniert. Die Stellung und die Aufgaben des Compliance-Beauftragten auch im Zusammenhang mit der Überwachung von Mitarbeitergeschäften nach § 33b WpHG sind in den § 33 Abs. 1 Satz 2 Nr. 1, § 34d Abs. 3 Satz 1 WpHG i.V.m. § 12 Abs. 4 Satz 1 WpDVerOV grundgelegt.

#### a) Verantwortlichkeit für die Compliance-Funktion

Nach §§ 33 Abs. 1 Satz 2 Nr. 1, 34d Abs. 3 Satz 1 WpHG i. V. m. 12 Abs. 4 Satz 1 Var. 1 WpDVerOV ist der Compliance-Beauftragte insbesondere für die Compliance-Funktion verantwortlich. Diese Verantwortlichkeit ist näher zu analysieren auch vor dem Hintergrund der Frage, ob der Compliance-Beauftragte

475 Vgl. Rößler, WM 2011, S. 918, 922.

die Compliance-Funktion im Verhältnis zum Leitungsorgan des Wertpapierdienstleistungsunternehmens unternehmensintern sowie im Verhältnis zur BaFin unternehmensextern repräsentiert.

Verantwortung ist ohne Einwirkungsmöglichkeit auf den Sachverhalt, hinsichtlich dessen sich die Verantwortung beziehen soll, nicht denkbar, denn Verantwortung ist auch mit Sanktionen verbunden, wenn der Verantwortung nicht nachgekommen wird. Übertragen auf den Compliance-Beauftragten ist in diesem Zusammenhang davon auszugehen, dass er auf die Compliance-Funktion, für die er nach § 12 Abs. 4 Satz 1 WpDVerOV Verantwortung zu übernehmen hat, einwirken können muss. Unter Einwirkung ist Führung der Compliance-Funktion sowie die inhaltliche Ausgestaltung der Compliance-Funktion zu verstehen, denn der Compliance-Beauftragte hat im Rahmen seiner Verantwortung konkrete Vorgaben für die Aufgabenverteilung der von der Compliance-Funktion zu erledigenden Aufgaben an die der Compliance-Funktion zugehörigen Mitarbeiter zu machen und diese anzuleiten. Als Folge dessen ist es der Compliance-Beauftragte selbst, der als Konsequenz aus der faktischen Führung auf den Ablauf der Compliance-Funktion diese repräsentiert. Es ist somit letztlich der Compliance-Beauftragte, der als Verantwortlicher für die Compliance-Funktion der eigentliche Adressat der WpDVerOV sowie der MaComp ist, wenn dort Pflichten für die Ausführung der Compliance-Funktion gemacht und Mindestausstattungsvoraussetzungen der Compliance-Funktion beschrieben werden. Dem Compliance-Beauftragten wird damit über die WpDVerOV gesetzlich die Aufgabe übertragen, im Rahmen seiner Zuständigkeit Überwachungsaufgaben wahrzunehmen[476]. Die Art und Weise der Überwachung wird durch die MaComp konkretisiert.

### b) Verantwortlichkeit für den Bericht an das Leitungs- und Aufsichtsorgan

Nach §§ 33 Abs. 1 Satz 2 Nr. 1, 34d Abs. 3 Satz 1 WpHG i. V .m. 12 Abs. 4 Satz 1 Var. 2 WpDVerOV ist der Compliance-Beauftragte für die Berichterstattung an das Leitungs- und Aufsichtsorgan des Wertpapierdienstleistungsunternehmens verantwortlich[477]. Der Compliance-Beauftragte berichtet in diesem Zusammenhang regelmäßig in Form eines Jahresberichts über das jeweils vergangene Kalenderjahr. Der Aufbau dieses Berichts hat sich nach BT 1.2 Ziffer 10 MaComp an § 6 Abs. 1 Satz 1 Nr. 2-16 WpDPV zu orientieren[478] und insbeson-

476 Vgl. Birnbaum/Kütemeier, WM 2011, S. 293, 295.
477 Vgl. Sethe, Organisationspflichten ZBB 2007, S. 421, 429.
478 Vgl. Gebauer, in: Fischer/Klanten (Hrsg.), Bankrecht, Rn. 11.198.

dere die dort erwähnten Sachverhalte zu beinhalten[479]. Daneben hat der Bericht Aussagen zur Ausstattung der Compliance-Funktion sowie zu künftig geplanten Compliance-Strategien zu enthalten[480].

Es erfolgt dadurch eine Annäherung des an Geschäftsleitung und Aufsichtsorgan zu adressierenden Berichts der Compliance-Funktion an den Bericht der Wirtschaftsprüfer nach § 36 WpHG an die BaFin[481]. Durch die Angleichung der Berichtsformate soll die Prüfung durch die Wirtschaftsprüfer erleichtert werden, denn diese können nach Durchsicht des Berichts der Compliance-Funktion sofort die als wesentlich erkannten Feststellungen zum Gegenstand einer eigenen vertieften Prüfung machen und den Bericht der Compliance-Funktion im Übrigen über die Ziehung von Stichproben verifizieren.

Besonderheiten bestehen insofern, als der Bericht neben dem Leitungsorgan des Wertpapierdienstleistungsunternehmens auch dessen Aufsichtsorgan zugehen muss. In der Praxis wird dieser Bericht daher auf der ersten Stufe in der Gremiensitzung des Leitungsorgans behandelt, im Rahmen derer der Compliance-Beauftragte die wichtigsten Punkte vorträgt und Fragen der Mitglieder des Leitungsorgans beantwortet. Regelmäßig erfolgt sodann ein Beschluss des Leitungsgremiums, den Compliance-Jahresbericht in die nächstmögliche Gremiensitzung des Aufsichtsgremiums einzubringen. In der Gremiensitzung des Aufsichtsorgans wird der Compliance-Jahresbericht vom Vorsitzenden des Leitungsgremiums vorgetragen, oder, wenn innerhalb der Aufbauorganisation des Wertpapierdienstleistungsunternehmens die Compliance-Funktion einem anderen Mitglied des Leitungsgremiums unterstellt worden ist, von diesem. Hat das Aufsichtsgremium einen Prüfungsausschluss gegründet[482], wird der Compliance-Jahresbericht regelmäßig im Prüfungsausschuss vorgetragen.

Bemerkenswert ist, dass es dem Compliance-Beauftragten nach BT 1.2 Ziffer 11 MaComp vorgeschrieben wird, inhaltliche Änderungen am Compliance-Jahresbericht durch die Geschäftsleitung gesondert zu dokumentieren. Dem Aufsichtsgremium soll transparent gemacht werden, wenn Meinungsverschiedenheiten zwischen dem Compliance-Beauftragten und dem Leitungsorgan des Wertpapierdienstleistungsunternehmens bestehen. Dies wird im Rahmen der Untersuchung der Rechtsnatur des Compliance-Beauftragten und seiner Akte[483] noch näher zu untersuchen sein.

Bereits an dieser Stelle kann jedoch festgehalten werden, dass die MaComp dem Compliance-Beauftragten durch diese Vorgabe eine in diesem Punkt stark

479 Vgl. Schäfer, in: Heidel (Hrsg.), Aktienrecht, § 33 WpHG, Rn. 157.
480 Vgl. BT 1.2 Nr. 10 MaComp.
481 Vgl. Schäfer, in: Ellenberger u. a. (Hrsg.), Praktikerhandbuch, Rn. 2239.
482 Vgl. hierzu Vetter, in: FS Graf von Westphalen, S. 719, 733 ff.
483 Siehe unten Kapitel C. IV. 2.

unabhängige Stellung auch im Verhältnis zur eigenen Geschäftsführung einräumt[484], wobei sich diese Unabhängigkeit nicht auf eigene Weisungsrechte des Compliance-Beauftragten gegenüber den Mitarbeitern bezieht, denn von der Geschäftsleitung unabhängige Weisungsrechte sind zur Ausfüllung der Funktion des Compliance-Beauftragten nicht zwingend notwendig[485]. Laut Spindler[486] haben die Mitarbeiter der Compliance-Funktion Weisungsrechte nur im Zusammenhang mit der Befugnis, Unterlagen oder Informationen anzufordern. Kompetenzen zur Behebung von Missständen gehören nicht dazu. Die Unabhängigkeit bezieht sich in diesem Zusammenhang auf das Verhältnis zur eigenen Geschäftsleitung.

## 2. Die rechtliche Einordnung des Compliance-Beauftragten und seiner Akte

Die Frage nach der Rechtsnatur des Compliance-Beauftragten ist stark umstritten. Die Literatur ist in zwei Lager gespalten. Auf der einen Seite wird die Meinung vertreten, der Compliance-Beauftragte agiere ausschließlich im Interesse des Unternehmens und sei nur diesem gegenüber verpflichtet[487]. Diametral dazu wird die Meinung vertreten, der Compliance-Beauftragte agiere zumindest auch im Rahmen eines öffentlichen Auftrages und sei unabhängig vom Unternehmen auch Allgemeinwohlinteressen verpflichtet[488].

Für die Zwecke dieser Arbeit ist eine Einordnung der Rechtsnatur insbesondere der vom Compliance-Beauftragten vorgenommenen Überwachungshandlungen speziell im Zusammenhang mit der Überwachung der privaten Wertpapiertransaktionen der Mitarbeiter nach § 33b WpHG kardinal. Denn von der Rechtsnatur der Überwachungshandlungen hängen die grundsätzliche Eröffnung des grundrechtlichen Prüfungsmaßstabes und die erforderliche Tiefe der grundrechtlichen Prüfung der Überwachungshandlungen ab. Nur dann, wenn die Überwachungshandlungen des Compliance-Beauftragten wegen ihrer Ausrichtung auf Allgemeinwohlinteressen als staatliches Handeln oder als staatlichem Handeln gleichwertig anzusehende Maßnahmen anzusehen sind, sind sie zwingend einer vollständigen Verhältnismäßigkeitsprüfung zu unterziehen, wohingegen für den Fall der Charakterisierung der Überwachungshandlungen des Compliance-Be-

484 Vgl. Krieger/Günther, NZA 2010, S. 367, 372.

485 Hense/Renz, CCZ 2008, S. 181, 185.

486 Spindler, WM 2008, S. 905, 911.

487 Vgl. statt vieler Casper, in: FS Karsten Schmidt, S. 199, 199 ff. sowie Lösler, WM 2008, S. 1098, 1098 ff.

488 Vgl. Veil, WM 2008, S. 1093, 1096 ff.

auftragten als lediglich privatrechtliche und auf die Sphäre des Unternehmens beschränkte Maßnahmen die Grundrechtspositionen der beteiligten Personen möglicherweise lediglich in einen allgemeinen Ausgleich zu bringen wären.

## a) Der Stand der Literatur

Es sei daher zunächst der aktuelle Stand der Literatur dargestellt.

### *(1) Beschränkung auf Unternehmensinteressen*

Nach der überwiegenden Meinung handelt der Compliance-Beauftragte ausschließlich im Interesse des jeweiligen Wertpapierdienstleistungsunternehmens. Dabei wird argumentiert, eine Compliance-Abteilung agiere ausschließlich im Interesse der jeweiligen Unternehmensleitung[489] und beschränke sich insofern auf beratende Leistungen, um das jeweilige Leitungsorgan bei der Erfüllung seiner genuinen Compliance-Pflichten zu unterstützen. Ein Auftreten im öffentlichen Interesse liege nicht vor[490]. Der „Schutz unternehmensexterner Interessen (etwa der Anleger oder des Kapitalmarkts)" sei ein „bloßer Reflex"[491]. Je mehr der Compliance-Officer zu einem „Hilfsbeamten" der Staatsanwaltschaft und/ oder der Aufsichtsbehörden mutiere, desto größer werde die Wahrscheinlichkeit für eine Beeinträchtigung des unternehmensinternen Compliance-Systems, da der Compliance-Officer zwingend auf vertrauensvolle und informelle Kontakte innerhalb des Unternehmens angewiesen sei. Dies werde umso schwieriger, je mehr entsprechende Kontaktpersonen davon ausgehen müssen, dass der Compliance-Officer Hinweise extern weiterzugeben habe[492].

Auch die wesentlichen Merkmale für einen Unternehmensbeauftragten[493] erfülle der Compliance-Beauftragte nicht[494], denn es bestehe keine gesetzliche Anordnung hinsichtlich seiner Bestellung. Ihm seien weder Pflichtaufgaben und Kompetenzen zugewiesen noch bestehe eine Ausrichtung seiner Tätigkeit auf den Schutz von Allgemeinwohlbelangen[495]. Die Überwachungstätigkeit durch

489 Vgl. Hemeling, ZHR 2011, S. 368, 386; Vetter, in: FS Graf von Westphalen, S. 719, 731; Grau/Blechschmidt, DB 2009, S. 2145, 2145.

490 Lösler, WM 2008, S. 1098, 1101; Hemeling, CCZ 2010, S. 21, 22; Lebherz, Emittenten-Compliance, S. 329.

491 Rönnau/Schneider, ZIP 2010, S. 53, 56; wohl im Ergebnis auch Lösler, in: Grundmann u. a. (Hrsg.), Symposium E. Schwark, S. 23, 35.

492 Bürkle, CCZ 2010, S. 4, 12.

493 Siehe unten Kapitel C. IV. 2. b) (3).

494 Casper, in: FS Karsten Schmidt, S. 199, 212 ff.; vgl. auch Rolshoven/Hense, BKR 2009. S. 425, 427.

495 Vgl. Wolf, BB 2011, S. 1353, 1357; vgl. auch Wehnert, in: FS Müller, S. 729, 730.

den Compliance-Beauftragten sei als „betriebsinterne Aufsicht“ anzusehen, die zwar eine „Parallelität zur staatlichen Marktaufsicht“ aufweise, jedoch vorrangig im Interesse des Wertpapierdienstleistungsunternehmens erfolge, um das Risiko zivilrechtlicher Haftung oder strafrechtlicher Verfolgung zu minimieren[496]. Der Compliance-Beauftragte nehme gerade keine „übertragenen“ hoheitlichen Aufgaben im Wertpapierdienstleistungsunternehmen wahr[497]. Vielmehr leite er seine Pflichten zur Organisation der Compliance-Organisation am Maßstab des WpHG ausschließlich infolge der Delegation der entsprechenden Pflichten vom Leitungsorgan des Wertpapierdienstleistungsunternehmens ab.

*(2) Wahrnehmung von Allgemeinwohlinteressen*

Im Gegensatz dazu wird die Meinung vertreten, der Compliance-Beauftragte nehme über die bloßen Unternehmensinteressen hinaus auch Interessen der Allgemeinheit wahr, indem er der Funktionsfähigkeit des Kapitalmarkts verpflichtet sei. Es zeichne sich insoweit ein „Paradigmenwechsel“[498] ab. Der Compliance-Beauftragte könne als ein Unternehmensbeauftragter qualifiziert werden, der hauptsächlich im Allgemeinwohlinteresse verpflichtet sei. Für die Qualifikation des Compliance-Beauftragten als Unternehmensbeauftragter spreche, dass dieser alle für Unternehmensbeauftragte wesentlichen Funktionen in Form einer Kontrollfunktion, einer Funktion im Zusammenhang mit der Gefahrenvorsorge zur Vermeidung von Rechtsverstößen sowie eines Aufklärungsauftrages und einer Berichtsfunktion gegenüber den Leitungsorganen des Instituts ausfülle[499].

### b) Eigene Wertung und Einordnung

Es stellt sich daher zunächst die Frage, ob der Compliance-Beauftragte unmittelbar in bereits bekannte Muster eingeordnet werden kann, im Rahmen derer sich die Verwaltung Privater hinsichtlich der Erfüllung von hoheitlichen Aufgaben bedient. Der Compliance-Beauftragte könnte insofern Beliehener, Verwaltungshelfer oder Unternehmensbeauftragter sein.

---

496 Eisele/Faust, in: Schimansky u. a. (Hrsg.), Bankrechts-Handbuch, § 109, Rn. 166.

497 Vgl. Fett, in: Schwark/Zimmer (Hrsg.), KMRK, § 33 Rn. 26.

498 Wundenberg, in: Veil (Hrsg.), Europäisches Kapitalmarktrecht, § 23, Rn. 50.

499 Meier-Greve, CCZ 2010, S. 216, 219; vgl. auch Kort, in: FS Roth, S. 407, 410, der zwar die Wahrung von Interessen der Allgemeinheit durch den Compliance-Beauftragten verneint, jedoch eine „gewisse Annäherung an Unternehmensbeauftragte“ konzediert.

*(1) Beliehener*

Unter einem Beliehenen ist eine Privatperson zur verstehen, der hinsichtlich bestimmter Verwaltungsaufgaben die Kompetenz übertragen worden ist, im eigenen Namen hoheitlich tätig zu werden[500]. Voraussetzung für eine Beleihung ist eine gesetzliche Grundlage entweder durch ein formelles Gesetz, durch Rechtsverordnung, durch Verwaltungsakt oder durch Verwaltungsvertrag und einem sich daraus ergebenden öffentlich-rechtlichen Auftragsverhältnis zur Spezifizierung des Beleihungsverhältnisses[501]. Weiterhin sind die finanziellen Aufwendungen sowie ein angemessener Unternehmensgewinn des Beliehenen auszugleichen, was zu einer Verlagerung der Kosten des Staates auf den Bürger und einer Verlagerung des Kostenrisikos auf den Beliehenen führt[502]. Der Beliehene ist im Außenverhältnis selbstständiger Hoheitsträger und Behörde nach § 1 Abs. 4 VwVfG und kann im Rahmen des ihm übertragenen Handlungsspielraums eigenständig Verwaltungsakte erlassen, Gebühren erheben oder aus seiner Sicht angemessene hoheitliche Maßnahmen treffen[503]. Er ist im Rahmen seines Handelns insbesondere an die Grundrechte gebunden[504]. Widerspruch und Anfechtungsklage sind direkt gegen den Beliehenen zu richten[505]. Die Beleihung privater Rechtspersonen hat für den Staat den Zweck, ressourcensparend spezielles Know-how für die Erledigung von staatlichem Verwaltungshandeln zu akquirieren[506]. Das Phänomen der Beleihung wird bezüglich seiner rechtsdogmatischen Einordnung als ein Privatisierungstypus verstanden[507].

Dem Compliance-Beauftragten mangelt es jedenfalls an der Eigenschaft als selbstständiger Hoheitsträger und Behörde[508]. Er ist regelmäßig ein Angestellter des Wertpapierdienstleistungsunternehmens. Eine unmittelbare Rechtsbeziehung zwischen dem Compliance-Beauftragten und der staatlichen Aufsichtsbehörde, die speziell den Umfang der Beleihung definieren würde, besteht nicht. § 12 Abs. 4 WpDVerOV sowie die grundsätzlichen Konkretisierungen der MaComp

---

500 Burgi, in: Erichsen/Ehlers (Hrsg.), Allgemeines VerwR, § 10, Rn. 24; Schmidt, Allgemeines VerwR, Rn. 111; Kastner, in: Fehling/Kastner (Hrsg.), Handkommentar Verwaltungsrecht, VwVfG § 1, Rn. 31.

501 Maurer, Allgemeines VerwR, § 23, Rn. 57.

502 Maurer, Allgemeines VerwR, § 23, Rn. 57.

503 Maurer, Allgemeines VerwR, § 23, Rn. 58.

504 Kämmerer, Privatisierung, S. 47.

505 Burgi, in: Erichsen/Ehlers (Hrsg.), Allgemeines VerwR, § 10, Rn. 30.

506 Erbguth, Allgemeines VerwR, § 6, Rn. 22; Wallerath, Allgemeines VerwR, § 5, Rn. 26.

507 Voßkuhle, in: Hoffmann-Riem u. a. (Hrsg.), Grundlagen des VerwR, § 1, Rn. 60.

508 Vgl. Siegmund, in: Brandt/Sachs (Hrsg.), Handbuch Verwaltungsverfahren und Verwaltungsprozess, B, Rn. 50 für Beispiele von Behörden.

richten sich an das Wertpapierdienstleistungsunternehmen selbst. Wie gezeigt[509], handelt es sich bei den MaComp lediglich um eine, wenn auch normkonkretisierende, Verwaltungsvorschrift. Auf dieser Grundlage kann keine Beleihung konstituiert werden.

Es wäre zwar grundsätzlich denkbar, dass eine im ersten Schritt durch den Staat an das Wertpapierdienstleistungsunternehmen übertragene hoheitliche Aufgabe in einem zweiten Schritt an den Compliance-Beauftragten weiterdelegiert und als Folge dessen auch die Tätigkeit des Compliance-Beauftragten als hoheitlich angesehen werden könnte. Dieser Wertung steht jedoch zweierlei entgegen. Einerseits beinhaltet das Aufgabenspektrum des Compliance-Beauftragten auch die Überwachung der Verhaltensweisen des Wertpapierdienstleistungsunternehmens selbst. Diese „Eigenkontrolle" kann aber schon per definitionem nicht vom Staat in Form der Beleihung an das Wertpapierdienstleistungsunternehmen delegiert worden sein, da ansonsten die dem Compliance-Beauftragten in Teilen obliegende Überwachungsfunktion hinsichtlich des Wertpapierdienstleistungsunternehmens selbst leerlaufen würde. Insoweit scheidet bereits auf dieser Stufe die Möglichkeit der Übertragung von hoheitlichen Aufgaben an den Compliance-Beauftragten durch das Leitungsorgan des Wertpapierdienstleistungsunternehmens aus[510]. Andererseits mangelt es regelmäßig an einer formalen Rechtsgrundlage der Übertragung von speziell hoheitlichen Tätigkeiten im Verhältnis zwischen Leitungsorgan und Compliance-Beauftragtem, da dieses in der Regel nicht über einen gewöhnlichen Arbeitsvertrag hinausgeht.

Auch die weiteren Voraussetzungen in Form der Erhebung von Gebühren oder der Verlagerung des Kostenrisikos von Verwaltungshandeln auf den Compliance-Beauftragten sind nicht erfüllt, da der Compliance-Beauftragte stets im Rahmen seines üblichen Arbeitsvertrags entlohnt wird. Der Compliance-Beauftragte ist somit nicht als Beliehener zu qualifizieren.

*(2) Verwaltungshelfer*

Unter einem Verwaltungshelfer ist im Gegensatz zu einem Beliehenen eine Person zu verstehen, die zwar „in den Verwaltungsvollzug der Behörde"[511] eingebunden ist, die jedoch nicht im eigenen Namen und in eigener Verantwortung agiert, sondern nur im Rahmen der genuinen Verantwortlichkeit der Behörde[512]. Der Veraltungshelfer wird auf der Basis eines privatrechtlichen Vertrags[513] le-

509 Siehe oben Kapitel B. II. 3. a) (2).

510 Vgl. Junker, Gewährleistungsaufsicht, S. 177.

511 Maurer, Allgemeines VerwR, § 23, Rn. 59.

512 Schmidt, Allgemeines VerwR, Rn. 114; Maurer, Allgemeines VerwR, § 23, Rn. 59.

513 Maurer, Allgemeines VerwR, § 23, Rn. 59.

diglich funktional[514] in die bestehende Verwaltungsorganisation integriert[515] und übt regelmäßig lediglich Hilfstätigkeiten aus[516].

Insbesondere die funktionale Integration des Compliance-Beauftragten in eine bestehende Verwaltungsorganisation findet keine Abbildung in der täglichen Praxis eines Wertpapierdienstleistungsunternehmens. Zwar ist der Compliance-Beauftragte auf operativer Ebene Ansprechpartner der BaFin[517], etwa im Bezug auf einfache Auskunftsersuchen oder Anfragen. Dies reicht aber für das Erfordernis der Integration des Compliance-Beauftragten in die Verwaltungsorganisation der BaFin nicht aus. Auch besteht kein privatrechtlicher Vertrag zwischen dem individuellen Compliance-Beauftragten und der BaFin. Demnach scheidet auch die Figur des Verwaltungshelfers aus, um den Compliance-Beauftragten zu kategorisieren[518].

*(3) Unternehmensbeauftragter*

Nach der Definition von Haouache[519] ist unter einem Unternehmensbeauftragen eine Person zu verstehen, die auf der Grundlage von Vorschriften zu bestellen ist, welche das Unternehmen zum Schutz bestimmter Allgemeinbelange verpflichten, die sodann kraft gesetzlicher Inpflichtnahme des Unternehmens über eine exponierte Rechtsstellung verfügt und die schließlich durch Einflussnahme auf die Willensbildung der Geschäftsleitung eine die behördliche Überwachung ergänzende Funktion ausübt.

Der Compliance-Beauftragte im Kontext der Wertpapier-Compliance erfüllt diese Voraussetzungen jedenfalls im Rahmen der ihm übertragenen Überwachungs- und Kontrollaufgaben auf dem Gebiet der Überwachung der Mitarbeitergeschäfte nach § 33b WpHG. Er überwacht auf der Basis öffentlich-rechtlicher Normen (WpHG, WpDVerOV, MaComp) im Interesse der Allgemeinheit an einem funktionierenden Kapitalmarkt die einschlägigen kapitalmarktrechtlichen Verhaltenspflichten[520]. Entsprechend dem Grundgedanken der europäischen Finanzmarktregulierung werden sowohl das Wertpapierdienstleistungsunter-

514 Burgi, in: Erichsen/Ehlers (Hrsg.), Allgemeines VerwR, § 10, Rn. 31.

515 Wallerath, Allgemeines VerwR, § 5, Rn. 28.

516 Erbguth, Allgemeines VerwR, § 6, Rn. 23.

517 Vgl. Junker, Gewährleistungsaufsicht, S. 182.

518 Vgl. Junker, Gewährleistungsaufsicht, S. 177.

519 Haouache, Unternehmensbeauftragte, S. 24; vgl. zu den Aufgaben eines Unternehmensbeauftragten auch Dreher, in: FS Claussen, S. 69, 71; Rittner, Wirtschaftsrecht, § 11, Rn. 8 ff; Rehbinder, ZGR 1989, S.305, 316.

520 Zum Gedanken an die Ausübung von Compliance überwiegend im öffentlichen Interesse vgl. auch Hauschka, ZGR 2007, S. 51, 52 sowie Brinkmann, BankPraktiker 2008, S. 572, 576 „Arbeitsanweisung per Gesetz".

nehmen selbst wie auch dessen Mitarbeiter hinsichtlich der Einhaltung des WpHG überwacht. Im Unterschied zur Frage der Regelung von Compliance außerhalb des durch spezielles Aufsichtsrecht geregelten Bereichs der Finanzdienstleistungsinstitute stehen insbesondere bei der durch § 33b WpHG angeordneten und durch die MaComp bis ins letzte Detail durch normkonkretisierende Verwaltungsvorschriften spezifizierten Organisationspflicht Gemeinwohlbelange und somit die Interessen der Allgemeinheit im Vordergrund[521].

Der öffentlich-rechtliche Charakter der normativen Grundlagen ist hinreichend kausal für die organisatorischen Maßnahmen der Wertpapierdienstleistungsunternehmen zur Implementierung einer Compliance-Infrastruktur und der Benennung eines Compliance-Beauftragten. Das Schutzgut der Funktionsfähigkeit des Kapitalmarkts ist anderen Schutzgütern, etwa Umweltbelangen, die durch Unternehmensbeauftragte in anderen Konstellationen[522] gewahrt werden sollen, ebenbürtig. Für das Leitungsorgan des Wertpapierdienstleistungsunternehmens besteht jedenfalls mit Blick auf die Überwachung der privaten Wertpapiergeschäfte seiner Mitarbeiter kein Spielraum. Die Überwachung durch den Compliance-Beauftragten ist obligatorisch. Durch die Delegation an den Compliance-Beauftragten wird das Aufsichtsrecht für die betroffenen Mitarbeiter durch dessen Handeln unmittelbar wirksam[523].

§ 33b WpHG formt die generelle Organisationsnorm des § 33 Abs. 1 Nr. 3 WpHG[524] sehr spezifisch aus. Die staatlichen Vorgaben für die Art und Weise der Ausübung eines speziellen Teilgebiets der Compliance-Pflichten werden dadurch in hohem Maße konkretisiert. Der im Rahmen der grundsätzlichen Möglichkeit einer Selbstregulierung[525] bestehende Freiraum wird sehr stark ver-

---

521 Vgl. Kort, Compliance-Pflichten von Vorstandsmitgliedern und Aufsichtsratsmitgliedern, in: Grundmann u. a. (Hrsg.), FS Hopt, S. 983, 985; Harm, Compliance, S. 80.

522 Vgl. zu den unterschiedlichen Konstellationen, in denen Unternehmensbeauftragte wirken, ausführlich Haouache, Unternehmensbeauftragte, S. 24 ff.

523 Wegen der exponierten Stellung des Compliance-Beauftragten im WpHG-Umfeld vermag auch das von Fett (in: Schwark/Zimmer (Hrsg.), KMRK, § 33 Rn. 26) vorgebrachte Argument, wonach aus einer Qualifizierung des Compliance-Beauftragten als ein dem Allgemeinwohlinteresse verpflichteten Unternehmensbeauftragten zwingend zu folgern sei, dass dann alle Personen, die im weiteren Sinne im öffentlichen Interesse tätig würden automatisch zu Unternehmensbeauftragten würden, nicht durchzudringen, denn die Stellung des Compliance-Beauftragten ist durch die explizite Erwähnung sowohl im WpHG, in der WpDVerOV und den MaComp im Vergleich zu allen anderen Mitarbeitern von Wertpapierdienstleistungsunternehmen sehr stark exponiert, woraus sich die im Vergleich zu diesen anderen Mitarbeitern unterschiedliche Qualifizierung rechtfertigt.

524 Vgl. Schäfer, in: Heidel (Hrsg.), Aktienrecht, § 33b WpHG, Rn. 1.

525 Zum Begriff der Selbstregulierung vgl. Hoeren, Selbstregulierung, S. 6, wonach darunter Maßnahmen zu verstehen sind, die in (Wertpapierdienstleistungs)Unternehmen privatautonom zur Sicherung eines lauteren Wettbewerbsverhaltens getroffen werden.

engt[526]. Wenn nun aber derart enge Vorgaben im Rahmen einer möglichen Selbstregulierung gemacht werden, um den gesetzgeberischen Anforderungen gerecht werden zu können[527], und durch diese Einengung letztlich kein Spielraum für die praktische Umsetzung[528] der Norm zugunsten des Compliance-Beauftragten mehr bleibt, handelt dieser zwangsläufig auch im öffentlichen Interesse. Es besteht dann kein Unterschied zu derjenigen Konstellation, in der die Beaufsichtigung der Mitarbeitergeschäfte direkt durch eine staatliche Aufsichtsbehörde vorgenommen würde.

Die zwischenzeitlich in § 34d Abs. 3 WpHG im Rahmen des AnsFuG in das WpHG eingefügten erweiterten Informationsrechte und Einflussmöglichkeiten der BaFin engen in Verbindung mit den MaComp das Ermessen des Wertpapierdienstleistungsunternehmens bei der Ernennung des Compliance-Beauftragten zusätzlich ein. Nach § 34d Abs. 3 Satz 1 WpHG darf ein Wertpapierdienstleistungsunternehmen einen Compliance-Beauftragten nur dann als verantwortliche Person für die Compliance-Funktion nach § 33 Abs. 1 Satz 2 Nr.1 WpHG und für die Berichte an die Geschäftsleitung nach § 33 Abs. 1 Satz 2 Nr. 5 WpHG einsetzen, wenn dieser die notwendige Sachkunde[529] und die erforderli-

526 Vgl. Kämmerer, Selbstregulierung am Beispiel des Kapitalmarktrechts, in: Hopt/Veil/Kämmerer (Hrsg.), Kapitalmarktgesetzgebung, S. 145, 156.

527 Vgl. Giesen, CCZ 2009, S. 102, 104.

528 Siehe dazu ausführlich unten Kapitel C. V.

529 Die Anforderungen an die Sachkunde des Compliance-Beauftragten ergibt sich aus § 3 WpHGMaAnzV. Die Sachkunde umfasst danach „insbesondere Kenntnisse in folgenden Sachgebieten und ihre praktische Anwendung: 1. rechtliche Kenntnisse: a) Kenntnisse der Rechtsvorschriften, die vom Wertpapierdienstleistungsunternehmen bei der Erbringung von Wertpapierdienstleistungen und Wertpapiernebendienstleistungen einzuhalten sind, b) Kenntnisse der Verwaltungsvorschriften, die von der Bundesanstalt für Finanzdienstleistungsaufsicht (Bundesanstalt) zur Konkretisierung des Wertpapierhandelsgesetzes erlassenen worden sind, c) Kenntnisse der Anforderungen und Ausgestaltung angemessener Prozesse von Wertpapierdienstleistungsunternehmen zur Verhinderung und zur Aufdeckung von Verstößen gegen aufsichtsrechtliche Bestimmungen, d) Kenntnisse der Aufgaben und Verantwortlichkeiten und Befugnisse der Compliance-Funktion und des Compliance-Beauftragten, e) soweit Mitarbeiter des Wertpapierdienstleistungsunternehmens aufgrund ihrer Tätigkeit Kenntnis von Insiderinformationen im Sinne des § 13 des Wertpapierhandelsgesetzes erlangen können Kenntnisse der Handelsüberwachung und der Vorschriften des Abschnitts 3 des Wertpapierhandelsgesetzes und, f) soweit von dem Wertpapierdienstleistungsunternehmen Wertpapierdienstleistungen mit Auslandsbezug erbracht werden, Kenntnisse der hierbei zu beachtenden besonderen rechtlichen Anforderungen." Darüber hinaus müssen fachliche Kenntnisse nachgewiesen werden, konkret „a) Kenntnisse über die Grundzüge der Organisation und Zuständigkeiten der Bundesanstalt, b) Kenntnisse sämtlicher Arten von Wertpapierdienstleistungen und Wertpapiernebendienstleistungen, die durch das Wertpapierdienstleistungsunternehmen erbracht werden sowie der von ihnen ausgehenden Risiken, c) Kenntnisse der Funktionsweisen und Risiken der Arten von Finanzinstrumenten, in denen das Wertpapierdienstleistungsunternehmen Wertpapierdienst-

che Zuverlässigkeit[530] besitzt. Nachdem der Begriff des Compliance-Beauftragten bisher ausschließlich in § 12 Abs. 4 Satz 1 WpDVerOV auf der Ebene einer Verordnung erwähnt worden war, hat er durch das AnsFuG nunmehr Eingang in ein Gesetz im formellen Sinne gefunden. Aus der Aufnahme des Begriffs in das öffentliche (Aufsichts-) Recht wird die Bedeutung des Compliance-Beauftragten für die Interessen der Allgemeinheit deutlich. Nur vor diesem Hintergrund ist es erklärbar, dass der BaFin durch das Gesetz derart weitgehende Mitspracherechte bei der Bestimmung des Compliance-Beauftragten eingeräumt werden. Die Einwirkungsmöglichkeit der BaFin gründet auf § 34d Abs. 3 Satz 2 WpHG, wonach ein Wertpapierdienstleistungsunternehmen gegenüber der BaFin die Bestellung des Compliance-Beauftragten vor der Aufnahme der Tätigkeit anzuzeigen hat. Die BaFin hat dann die Möglichkeit, die Bestellung bei Bedenken hinsichtlich Sachkunde oder Zuverlässigkeit des angezeigten Kandidaten nach § 34d Abs. 4 Nr. 1 WpHG zu untersagen. Eine Ablehnung kann durch die BaFin nur im öffentlichen Interesse vor dem Hintergrund der Gefahr begründet werden, dass ein nicht qualifizierter oder unzuverlässiger Compliance-Beauftragter eine Gefahr für die Effizienz der Kapitalmärkte darstellen könnte, wenn das von ihm zu überwachende Wertpapierdienstleistungsunternehmen nicht adäquat überwacht wird. Aus dieser starken „Durchgriffsmöglichkeit" des durch die BaFin repräsentierten Staates ist zu folgern, dass der Compliance-Beauftragte zumindest auch im öffentlichen Interesse handelt.

Über die jährliche Prüfung nach § 36 WpHG erfolgt zudem faktisch eine intensive Kontrolle des Compliance-Beauftragten durch die BaFin, verbunden mit möglichen Sanktionen[531] oder Aufsichtsgesprächen gegenüber dem jeweiligen Wertpapierdienstleistungsunternehmen. Auch daraus kann abgeleitet werden, dass die genaue Tätigkeit des Compliance-Beauftragten einer starken öffentlichen Aufsicht unterliegt und die BaFin ihre konkreten Vorstellungen der auf-

leistungen oder Wertpapiernebendienstleistungen erbringt, d) Erkennen möglicher Interessenkonflikte und ihrer Ursachen und e) Kenntnisse verschiedener Ausgestaltungsmöglichkeiten von Vertriebsvorgaben sowie der Aufbau- und Ablauforganisation des Wertpapierdienstleistungsunternehmens und von Wertpapierdienstleistungsunternehmen im Allgemeinen." Sach- und Fachkenntnisse sind der BaFin gegenüber durch geeignete Unterlagen nachzuweisen.

530 Die Anforderungen an die Zuverlässigkeit ergeben sich aus § 6 WpHGMaAnzV und werden im Rahmen einer Negativabgrenzung dargestellt, wonach die Zuverlässigkeit derjenige nicht besitzt, „wer in den letzten fünf Jahren vor Beginn einer anzeigepflichtigen Tätigkeit wegen eines Verbrechens oder wegen Diebstahls, Unterschlagung, Erpressung, Betruges, Untreue, Geldwäsche, Urkundenfälschung, Hehlerei, Wuchers, einer Insolvenzstraftat, einer Steuerhinterziehung oder aufgrund des § 38 des Wertpapierhandelsgesetzes rechtskräftig verurteilt worden ist."

531 Vgl. Buck-Heeb, BKR 2011, S. 441, 442 mit Blick auf mögliche aufsichtsrechtliche Sanktionen im Zusammenhang mit einer fehlerhaften Anlageberatung; vgl. generell zu Sanktionen Veil/Koch, WM 2011, S. 2297, 2305 f.

sichtsrechtlichen Normen möglichst präzise durch die Compliance-Beauftragten der Wertpapierdienstleistungsunternehmen umgesetzt sehen will. Der Compliance-Beauftragte vertritt daher mangels Spielraums bei der Auslegung der normativen Grundlagen insbesondere der Überwachung der privaten Wertpapiertransaktionen der Mitarbeiter zwangsläufig faktisch die BaFin. Seine im Rahmen dieser faktischen Vertretung ausgeführten Überwachungsmaßnahmen erfolgen jedenfalls im Zusammenhang mit der Überwachung der privaten Wertpapiertransaktionen der Mitarbeiter im öffentlichen Interesse.

Abgerundet wird die intensive Einflussnahme auf die Bestellung des Compliance-Beauftragten durch den Staat durch die in § 34d Abs. 3 Satz 3 WpHG normierte Verpflichtung der Wertpapierdienstleistungsunternehmen, Veränderungen in der Person des Compliance-Beauftragten mit Bezug auf dessen Sachkunde oder Zuverlässigkeit unverzüglich der BaFin zu melden[532]. Insbesondere aus der Implementierung des Moments der Unverzüglichkeit kann erneut die eminent wichtige Bedeutung der Person des Compliance-Beauftragten für die Allgemeinwohlinteressen gefolgert werden.

Auch die in den MaComp in Teilen statuierte fachliche Unabhängigkeit des Compliance-Beauftragten von der Geschäftsleitung[533] ist, wie bereits erwähnt, ein Indiz für diese Sichtweise. Diese Unabhängigkeit des Compliance-Beauftragten findet seit dem AnsFuG in der Neufassung von § 12 Abs. 3 WpDVerOV Ausdruck, wonach der Compliance-Beauftragte berechtigt sein muss, eigenständig geeignete und erforderliche vorläufige Maßnahmen zu treffen, um eine konkrete Gefahr der Beeinträchtigung von Kundeninteressen abzuwenden[534]. Die Norm geht somit explizit davon aus, dass der Compliance-Beauftragte selbstständig, unmittelbar und ohne Rücksprache mit dem jeweiligen Leitungsorgan des Wertpapierdienstleistungsunternehmens auf der Grundlage einer aufsichtsrechtlichen Norm agieren muss. Maßstab für ein solches Handeln des Compliance-Beauftragten kann aber dann nur das öffentliche Interesse sein.

Letztlich kann auch der Vergleich der rechtlichen Grundlagen des Compliance-Beauftragten mit anderen gesetzlichen Beauftragten wie etwa dem Beauftragten für Gewässerschutz, dem Beauftragten für Immissionsschutz sowie dem Beauftragten für den Strahlenschutz durch den BGH in seinem Urteil zur Berliner Stadtreinigung[535] als Bestätigung gewertet werden, dass es sich auch beim

532 Vgl. Schäfer, Aufgaben von Compliance, BKR 2011, S. 187, 198.

533 Vgl. Niermann, ZBB 2010, S. 400, 426; Dann/Mengel, NJW 2010, S. 3265, 3267.

534 Vgl. Schäfer, Aufgaben von Compliance, BKR 2011, S. 187, 190.

535 Meier, NZA 2011, S. 779, 780, wo in Fn. 7 auf „BGH, NJW 2009, 3173“ weiterverwiesen wird; zu diesem sog. „BSR-Urteil“ vgl. generell auch Rieder/Holzmann, AG 2011, S. 265, 271 sowie Rolshoven/Hense, BKR 2009, S. 425, 425 ff.

Compliance-Beauftragten um einen den vorgenannten Beauftragten gleichwertigen Unternehmensbeauftragten handelt.

Es kann daher festgehalten werden, dass der Compliance-Beauftragte im Rahmen der ihm durch § 33b WpHG übertragenen Überwachungsaufgaben zumindest auch im öffentlichen Interesse, nämlich „zur Gewährleistung der Funktionsfähigkeit der Kapitalmärkte“[536], handelt.

*(4) Fazit*

Der Compliance-Beauftragte ist somit als Unternehmensbeauftragter zu qualifizieren, der, zumindest bezogen auf die Überwachung der Mitarbeitergeschäfte nach § 33b WpHG, im öffentlichen Allgemeinwohlinteresse und daher insofern als „verlängerter Arm der Aufsicht“ agiert[537]. Seine Stellung entspricht insofern derjenigen des Geldwäschebeauftragten eines Kreditinstituts[538]. Dies wird auch in Form der sich zunehmend durchsetzenden Organisation der Compliance-Aktivitäten von Wertpapierdienstleistungsunternehmen in Form der sogenannten „integrierten Compliance“[539] bestätigt, in der die Funktionen der Kapitalmarkt-Compliance sowie der Geldwäsche- und der Betrugsprävention in ein und derselben Organisationseinheit geführt werden und die Funktionen des Compliance-Beauftragten nach WpHG sowie des Geldwäschebeauftragten nach KWG zunehmend von einer Person ausgefüllt werden[540]. Das Ergebnis kann demnach auch als praxistauglich angesehen werden. Es ist kein Grund ersichtlich, ein und derselben Person für die Sphäre der Kapitalmarkt-Compliance die Eigenschaft als Unternehmensbeauftragter abzusprechen, ihr genau diese Eigenschaft mit

536 Veil, Compliance-Organisationen WM 2008, S. 1093, 1097; vgl. auch Geiger, CCZ 2011, S. 170, 173.

537 Lösler, WM 2010, S. 1917, 1923, der dies als „bedenkliche Entwicklung“ einstuft, da dies im Widerspruch dazu stehe, dass die ultimative Compliance-Verantwortung bei der Geschäftsleitung liege; vgl. auch Hemeling, ZHR 2011, S. 368, 386, wo ausgeführt wird: „Dem muss entschieden entgegengetreten werden.“

538 Veil, Compliance-Organisationen WM 2008, S. 1093, 1097; so wohl auch Campos Nave/Vogel, BB 2009, S. 2546, 2548 wegen der Normierung in § 33 Abs. 1 WpHG; vgl. auch Birnbaum/Kütemeier, WM 2010, S. 293, 295, wo der „verlängerte Arm der Aufsicht“ thematisiert wird. Auch Strothmeyer, Compliance, S. 72 scheint davon auszugehen, dass der Leiter der Compliance-Abteilung Unternehmensbeauftragter ist.

539 Bretschneider, in: Renz/Hense (Hrsg.), Wertpapier-Compliance in der Praxis, Kapitel 1, Rn. 84 ff.; Niermann, ZBB 2010, S. 400, 427.

540 Vgl. hierzu BT 1.1.1 Ziffer 4 Abs. 2 MaComp, wo ausdrücklich die Möglichkeit der Personenidentität von Compliance-Beauftragtem und Geldwäschebeauftragtem als zulässig angesehen wird.

Blick auf die Umsetzung der Vorgaben des Geldwäschegesetzes aber zuzusprechen.

## 3. Die grundrechtliche Charakterisierung der Überwachungshandlungen des Compliance-Beauftragten

Nachdem festgestellt worden ist, dass der Compliance-Beauftragte im Zuge der Überwachung der Mitarbeitergeschäfte in Wertpapierdienstleistungsunternehmen zumindest auch im öffentlichen Interesse agiert, ist nun angesichts des Schwerpunkts dieser Arbeit auf die Beurteilung der grundrechtlichen Implikationen des Handelns des Compliance-Beauftragten eine Analyse seiner grundrechtlichen Stellung vorzunehmen.

### a) Generelles

Die Charakterisierung der Überwachungshandlungen und -maßnahmen des Compliance-Beauftragten im Koordinatensystem der Grundrechtsdogmatik ist von entscheidender Bedeutung für die Perspektive ihrer grundrechtlichen Beurteilung und Bewertung.

In welcher Art und Weise tangieren seine Überwachungsmaßnahmen grundrechtlich geschützte Rechtspositionen der Mitarbeiter? Welches ist die grundrechtliche Zielrichtung der Überwachungshandlungen des Compliance-Beauftragten? Was ist der abstrakte grundrechtliche Maßstab des Handelns des Compliance-Beauftragten im Zuge der Überwachung der privaten Wertpapiertransaktionen der Mitarbeiter innerhalb von Wertpapierdienstleistungsunternehmen?

Diese Fragen gilt es nachstehend zu beantworten, um auf dieser Basis die Methodik der Gegenüberstellung der unterschiedlichen Interessenlagen fest- und die Voraussetzungen für deren Abwägung im grundrechtlichen Kontext grundzulegen.

### b) Die Grundrechtsgeltung innerhalb von Wertpapierdienstleistungsunternehmen

Es ist zunächst festzustellen, dass die Überwachungshandlungen des Compliance-Beauftragten faktisch innerhalb eines zumeist in Form einer juristischen Person des Privatrechts organisierten Wertpapierdienstleistungsunternehmens erfolgen und wirksam werden. Dies könnte dazu führen, dass Grundrechte nur eingeschränkt gelten oder nur unter eingeschränkten Vorzeichen geschützt werden. Der Staat agiert im Rahmen der konkreten Ausgestaltung der Überwachung der

Mitarbeitergeschäfte nicht direkt und unmittelbar, sondern delegiert diese Aufgabe an die Wertpapierdienstleistungsunternehmen und an den von diesen zwingend vorzuhaltenden Compliance-Beauftragten. Er begnügt sich mit der regelmäßigen Kontrolle der Umsetzung dieser Überwachung in Form der jährlichen Prüfung durch die Wirtschaftsprüfer im Auftrag der BaFin nach § 36 WpHG. Laut Kämmerer[541] wandelt sich die Wirkung der Grundrechte „in dem Maße, in dem der Staat von der Selbstvornahme bestimmter Handlungen zur Kontrolle der Fremdvornahme gleichartiger Handlungen übergeht". Diese Konstellation ist vorliegend gegeben. Der Staat nimmt die Überwachung der privaten Wertpapiertransaktionen der Mitarbeiter von Wertpapierdienst-leistungsunternehmen nicht selbst vor, sondern vertraut auf die Fremdvornahme durch den Compliance-Beauftragten. Im Rahmen einer Kollision grundrechtlicher Positionen privater Rechtssubjekte reduziert sich die Rolle des Staates darauf, „Eingriffshandlungen Privater gegenüber anderen Privaten verfassungsrechtlich abzufedern."[542]. Dem Staat obliegen insofern Schutzpflichten, auch innerhalb von privatrechtlich verfassten juristischen Personen und somit auch innerhalb von Wertpapierdienstleistungsunternehmen.

### c) Die grundrechtlichen Schutzpflichten

Das Phänomen, wonach der Staat auch beim Aufeinandertreffen grundrechtlich geschützter Positionen privater Rechtssubjekte einen Ausgleich der jeweiligen Positionen zu gewährleisten hat, wird gemeinhin unter der Überschrift der „grundrechtlichen Schutzpflichten"[543] diskutiert. Um beurteilen zu können, ob, und wenn ja, in welcher Weise sich die Überwachung der Mitarbeitergeschäfte in Wertpapierdienstleistungsunternehmen in die Systematik der grundrechtlichen Schutzpflichten einordnen lässt, sei die Dogmatik der grundrechtlichen Schutzpflichten kurz dargestellt.

Das Aufeinandertreffen Privater führt dazu, dass die Kernfunktion der Grundrechte als Abwehrrecht gegenüber dem Staat vermeintlich ins Leere geht. Es mangelt in dieser Konstellation am Staat, der final eine Rechtsposition des vergleichsweise hilflosen einzelnen Rechtssubjekts beschränkt. Dennoch kann die grundrechtlich geschützte Position eines Grundrechtsträgers faktisch auch durch Intervention eines privaten Rechtssubjekts eingeschränkt und die Entfaltung des durch die jeweilige Position geschützten Gestaltungsspielraums gefährdet wer-

541 Kämmerer, Privatisierung, S. 449.
542 Kämmerer, Privatisierung, S. 454.
543 Vgl. Schmitz, Grundrechtliche Schutzpflichten, S. 78.

den. Das „bipolare Schema der Grundrechtsbeziehungen“[544] wird im Rahmen der Schutzpflichtendogmatik ersetzt durch „eine Dreieckskonstellation, nach welcher der Staat einen Grundrechtsträger bei der Ausübung seiner grundrechtlichen garantierten Freiheit vor Beeinträchtigungen durch andere Grundrechtsträger oder Gefahren aus der Umwelt schützen muss.“[545]. Der Staat ist in dieser Konstellation nicht Ausgangspunkt einer möglichen Grundrechtseinschränkung, sondern gewährleistet[546] die Verwirklichung der privaten Rechtssubjekten durch Grundrechte vermittelten Handlungsspielräume in Abgrenzung zu konkurrierenden Freiheitspositionen anderer Grundrechtsträger. Der Staat rückt somit in die Stellung des „Grundrechtsgaranten“[547].

Die grundrechtlichen Schutzpflichten werden einerseits aus der Bedeutung der Grundrechte als objektive Werteordnung abgeleitet[548]. Die Grundrechte schützen danach die in ihnen enthaltenen Werte unabhängig vom traditionellen Abwehrmoment global und in vielerlei Hinsicht. Mangels Alternative ist der Staat berufen, in bestimmten Konstellationen diese Werte zu schützen und mit Bezug auf individuelle Rechtssubjekte zur Geltung zu bringen. Andererseits erfolgt eine dogmatische Herleitung der grundrechtlichen Schutzpflichten aus dem Schutz und der Achtung der Menschenwürde nach Art. 1 Abs. 1 Satz 2 GG[549]. Die Schutzpflicht mit Blick auf die Menschenwürde illustriere die auch hinsichtlich anderer Grundrechte bestehenden Schutzpflichten besonders deutlich[550]. Sodann werden die grundrechtlichen Schutzpflichten mit dem Argument der Kompensation hergeleitet, wonach die Bürger zum Ausgleich für die aus dem staatlichen Gewaltmonopol zwingend resultierende Friedenspflicht die Gewähr für den Schutz vor grundrechtsverletzenden Übergriffen Dritter erhalten[551]. Schließlich werden die grundrechtlichen Schutzpflichten durch eine spezielle Auslegung der Abwehrfunktion der Grundrechte konstruiert, wenn argumentiert wird, die Duldungspflicht von Beschränkungen infolge des staatlichen Gewaltmonopols sei letztlich eine vom Staat veranlasste Grundrechtseinschränkung[552]. Die grund-

544 Kämmerer, Privatisierung, S. 449.

545 Schmitz, Grundrechtliche Schutzpflichten, S. 79.

546 Hesse, in: FS Mahrenholz, S. 541, 544.

547 Dietlein, Die Lehre von den grundrechtlichen Schutzpflichten, S. 18.

548 Unruh, Die Dogmatik der grundrechtlichen Schutzpflichten, S. 31; Schmitz, Grundrechtliche Schutzpflichten, S. 90.

549 Unruh, Die Dogmatik der grundrechtlichen Schutzpflichten, S. 31; Schmitz, Grundrechtliche Schutzpflichten, S. 92.

550 Dietlein, Die Lehre von den grundrechtlichen Schutzpflichten, S. 67.

551 Schmitz, Grundrechtliche Schutzpflichten, S. 96.

552 Schmitz, Grundrechtliche Schutzpflichten, S. 100; Unruh, Die Dogmatik der grundrechtlichen Schutzpflichten, S. 44 ff.

rechtliche Schutzpflicht wird als „eine der bedeutenden Innovationen im Verfassungsrecht“[553] bezeichnet.

Zwar wurde die Schutzpflichtendogmatik bisher primär im Zusammenhang mit den Grundrechten des deutschen Grundgesetzes diskutiert. Jedoch kann sachlogisch für die europäischen Grundrechte nichts anderes gelten, da auch im europäischen Kontext Beeinträchtigungen von Rechtspositionen durch Private häufig vorkommen.

Unabhängig von der dogmatischen Herleitung der grundrechtlichen Schutzpflichten liegt jedoch immer die Konstellation zugrunde, in der die grundrechtlich geschützten Güter eines Rechtssubjekts als Folge des Impulses eines Privaten gefährdet werden und der in seinen Rechten vermeintlich Beeinträchtigte vom Staat vor dieser Gefahr zu schützen ist. Es ist daher herauszuarbeiten, ob diese Konstellation auch im Zusammenhang mit der Überwachung der privaten Wertpapiertransaktionen der Mitarbeiter in Wertpapierdienstleistungsunternehmen gegeben ist. Dann unterläge diese Überwachung der Schutzpflichtendogmatik und wäre möglicherweise der klassischen Eingriffsdogmatik entzogen.

### d) Die Überwachungshandlungen des Compliance-Beauftragten vor dem Hintergrund der grundrechtlichen Schutzpflichten

Auf den ersten Blick könnte man der Versuchung erliegen, die Überwachungsmaßnahmen des Compliance-Beauftragten in einem Wertpapierdienstleistungsunternehmen als eindeutig mit der typischen Konstellation für die Anwendbarkeit der grundrechtlichen Schutzpflichten übereinstimmend wie folgt zu bewerten: Das Wertpapierdienstleistungsunternehmen als privates Rechtssubjekt gefährdet die grundrechtlich geschützten Positionen der Mitarbeiter, denen der Staat schützend zur Seite zu stehen hat. Bevor ein zweiter Blick die Sicht für ein anderes Ergebnis lichten wird, sei zunächst der Begriff des Eingriffs in grundrechtlich geschützte Positionen vom Begriff der Beeinträchtigung selbiger abgegrenzt.

#### *(1) Eingriff versus Beeinträchtigung*

Von einem Eingriff in eine grundrechtliche Position wird dann gesprochen, wenn staatliches Handeln vorliegt, das „dem Einzelnen ein Verhalten, das in den Schutzbereich eines Grundrechts fällt, ganz oder teilweise unmöglich macht, gleichgültig ob diese Wirkung final oder unbeabsichtigt, unmittelbar oder mittelbar, rechtlich oder tatsächlich (faktisch, informal), mit oder ohne Befehl und

553 Grimm, in: FS Jaeger, S. 759, 765.

Zwang eintritt."[554]. Der moderne Eingriffsbegriff ist somit sehr weit gefasst, bezieht sich jedoch strikt auf staatliches Handeln.

Eine Grundrechtsbeeinträchtigung hingegen ist als „Zustand nichtstaatlichen Ursprungs [zu] bezeichnen (z. B. ein privater Übergriff oder ein Naturereignis), der dem Einzelnen ein Verhalten, das in den Schutzbereich eines Grundrechts fällt, ganz oder teilweise unmöglich macht, oder die Grundrechtsausübung mehr als nur unerheblich beeinträchtigt."[555]. Auch der Begriff der Grundrechtsbeeinträchtigung ist somit weit, allerdings stellt er auf die Beeinträchtigung durch nichtstaatliche Instanzen ab.

Die Relevanz der Abgrenzung der beiden Begriffe liegt darin, dass für den Fall der „bloßen" Grundrechtsbeeinträchtigung die klassische Schrankendogmatik keine Anwendung findet[556]. Vielmehr würde in diesem Fall der Ausgleich widerstreitender Positionen im Rahmen der inhaltlichen Konkretisierung[557] der staatlichen Schutzpflichten vorzunehmen sein.

Es gilt daher zu untersuchen, ob es dem Compliance-Beauftragten in diesem Sinne generell überhaupt möglich ist, in Grundrechtspositionen der Mitarbeiter einzugreifen oder ob es sich bei den Überwachungshandlungen des Compliance-Beauftragten „lediglich" um Beeinträchtigungen handelt. Das Ergebnis der Untersuchung gibt dann den Weg der weiteren Darstellung vor.

*(2) Die Zielrichtung der Überwachungshandlungen des Compliance-Beauftragten im Rahmen der Schutzpflichtendogmatik*

Wie bereits mehrfach erwähnt, ist die Grundvoraussetzung für die Anwendbarkeit der grundrechtlichen Schutzpflichten eine Beeinträchtigung einer grundrechtlich geschützten Rechtsposition durch einen Privaten. Wird in eine solche Position durch den Staat eingegriffen, ist der Anwendungsbereich der grundrechtlichen Schutzpflichten nicht eröffnet[558]. Als beeinträchtigender Privater im Sinne der Dogmatik der grundrechtlichen Schutzpflichten kommt zunächst das jeweilige Wertpapierdienstleistungsunternehmen in Betracht. Voraussetzung dafür wäre jedoch, dass das Wertpapierdienstleistungsunternehmen quasi eigeninitiativ die Grundrechtspositionen seiner Mitarbeiter beeinträchtigen würde. Dies ist jedoch bereits im Ausgangspunkt nicht der Fall. Die Wertpapierdienstleistungsunternehmen werden gesetzlich mittelbar durch den europäischen Gesetzgeber zu Überwachung der privaten Wertpapiertransaktionen gezwungen.

554 Pieroth/Schlink, Grundrechte, Rn. 253.
555 Schmitz, Grundrechtliche Schutzpflichten, S. 113.
556 Krings, Grund und Grenzen grundrechtlicher Schutzansprüche, S. 254.
557 Krings, Grund und Grenzen grundrechtlicher Schutzansprüche, S. 254.
558 Unruh, Die Dogmatik der grundrechtlichen Schutzpflichten, S. 75,

Der Impuls zur jeweiligen Grundrechtseinschränkung geht mithin nicht vom privaten Unternehmen, sondern vom Staat aus. Die auf den ersten Blick bestehende Konstellation für die Anwendbarkeit der grundrechtlichen Schutzpflichten besteht somit nicht, denn der Staat ist in diesem Fall nicht Koordinator möglicher Grundrechtsbeeinträchtigungen, sondern eigenständiger Initiator von Grundrechtseingriffen.

Wenn überhaupt, besteht die Anwendbarkeit der grundrechtlichen Schutzpflichten-Konstellation unter entgegengesetzten Vorzeichen. Nicht die Wertpapierdienstleistungsunternehmen sind potenzielle beeinträchtigende Private, sondern die Mitarbeiter der Wertpapierdienstleistungsunternehmen selbst sind als private Rechtssubjekte auszumachen, die zwar nicht die Grundrechte von individualisierbaren Grundrechtsträgern zu beeinträchtigen drohen, die jedoch durch unrechtmäßiges Verhalten die letztlich auch grundrechtlich geschützten Interessen der Allgemeinheit an funktionierenden und effektiven Kapitalmärkten beeinträchtigen und gefährden könnten. In dieser Konstellation wäre der Staat nach der Lehre von den grundrechtlichen Schutzpflichten angehalten, die Funktionsfähigkeit der Kapitalmärkte gegen mögliche Beeinträchtigungen durch die Mitarbeiter zu schützen. Mangels individualisierbarer privater Rechtssubjekte, deren grundrechtliche geschützte Positionen spezifisch durch Mitarbeiter von Wertpapierdienstleistungsunternehmen beeinträchtigt werden können, scheidet die unmittelbare Anwendung grundrechtlicher Schutzpflichten jedoch aus. Allerdings kann der Grundgedanke fruchtbar gemacht werden.

Es bleibt daher festzuhalten, dass die Zielrichtung der Eingriffe des Compliance-Beauftragten eines Wertpapierdienstleistungsunternehmens in der Reaktion auf potenzielle Störungen durch deren Mitarbeiter erfolgt.

#### *(3) Der funktionale Eingriff*

Die im Rahmen vorbeschriebener Zielrichtung durchgeführten Überwachungsmaßnahmen des Compliance-Beauftragten sind daher als vom Staat initiierte und durch den Compliance-Beauftragten umgesetzte funktionale Grundrechtseingriffe zu charakterisieren. Wie bereits erwähnt, agiert der Compliance-Beauftragte in diesem Zusammenhang als verlängerter Arm des Staates. Den Überwachungsmaßnahmen ist deshalb ein Eingriffscharakter beizumessen, weil sie wesentlich durch staatliche Impulse determiniert sind und hinsichtlich ihrer Umsetzung kein Ermessensspielraum besteht. Das Gefahrenpotenzial, das dadurch entsteht, dass in Marktnähe agierende Mitarbeiter von Wertpapierdienstleistungsunternehmen die Funktionsfähigkeit des Kapitalmarkts stören oder gefährden könnten, soll durch diese Eingriffe minimiert werden. Der Compliance-Beauftragte tritt funktional an die Stelle des Staates, der anderenfalls die Überwachung selbst und unmittelbar ausführen müsste. Aus der Sicht der Mitarbeiter wird der Eingriff durch die Maßnahmen des Compliance-Beauftragten konkret materialisiert, aber letztlich dem Staat funktional zugeordnet.

Die Überwachungsmaßnahmen des Compliance-Beauftragten sind somit grundrechtsdogmatisch als Eingriffe zu werten. Sie sind daher im Rahmen der üblichen Rechtfertigungs- und Verhältnismäßigkeitsprüfung auf ihre Grundrechtskonformität hin zu überprüfen.

## 4. Die Folgen der grundrechtlichen Positionierung

Nachdem festgestellt worden ist, dass der Compliance-Beauftragte in seiner Funktion als Unternehmensbeauftragter zumindest auch im öffentlichen Interesse tätig ist und die Überwachungsmaßnahmen hinsichtlich der Überwachung der privaten Wertpapiertransaktionen der Mitarbeiter in Wertpapierdienstleistungsunternehmen grundrechtsdogmatisch als Eingriffe zu werten sind, sind die daraus resultierenden konkreten Folgen hinsichtlich der tangierten grundrechtlichen Positionen der Mitarbeiter des Wertpapierdienstleistungsunternehmens darzustellen.

Der Compliance-Beauftragte ergänzt durch seine Überwachungsmaßnahmen im Verhältnis zu den Mitarbeitern des Wertpapierdienstleistungsunternehmens die Aufsichtstätigkeit der staatlichen Aufsichtsinstanzen, insbesondere von BaFin und HÜSt. Diese Maßnahmen sind in ihrer Wirkung gegenüber dem einzelnen Mitarbeiter staatlichen Aufsichtsmaßnahmen gleichzusetzen und sind daher einer grundrechtlichen Überprüfung zugänglich. Aber auch wenn man den Überwachungsmaßnahmen und Entscheidungen des Compliance-Beauftragten dogmatisch keinen unmittelbaren öffentlich-rechtlichen Charakter beimessen möchte, sind die Entscheidungen des Compliance-Beauftragten auf der Basis zwingender aufsichtsrechtlicher Normen aufgrund der vergleichbaren Wirkung des Eingriffs in grundrechtlich geschützte Positionen staatlicher Maßnahmen analog zu werten. Entscheidungen und Maßnahmen des Compliance-Beauftragten wären dann als mittelbare Eingriffe einer Prüfung anhand des Maßstabes der Grundrechte zu unterziehen. So wird etwa bereits im bloßen Anlegen eines Insiderverzeichnisses nach § 15b WpHG durch den verpflichteten Emittenten ein mittelbarer Grundrechtseingriff gesehen, der wie auch alle anderen Grundrechtseingriffe am Maßstab des Verfassungsrechts zu messen ist[559].

Die Qualifizierung der Akte des Compliance-Beauftragten als öffentlich-rechtlichem Handeln zumindest gleichgestelltem Handeln führt dazu, dass diese

559 Steidle/Waldeck, WM 2005, S. 868, 871.

entsprechend der Vorgaben der allgemeinen verwaltungsrechtlichen und verfassungsrechtlichen Vorgaben für behördliches Tätigwerden zu orientieren ist. Die Überwachungsmaßnahmen von Mitarbeitergeschäften auf der Grundlage von § 33b WpHG durch den Compliance-Beauftragten können daher direkt an den Grundrechten gemessen werden. Die Bewertung der Rechtsmäßigkeit von Einschränkungen grundrechtlich geschützter Positionen hat insofern im Rahmen einer vollständigen Verhältnismäßigkeitsprüfung zu erfolgen.

Dies gilt zweifelsohne dann, wenn der Compliance-Beauftragte zwingende normative Vorgaben umsetzt, hinsichtlich derer offensichtlich kein Umsetzungsspielraum besteht, wie es etwa bei der Umsetzung von § 33b WpHG der Fall ist. Die Grundbeziehung des Compliance-Beauftragten zum jeweiligen Wertpapierdienstleistungsunternehmen wird in den Fällen der Umsetzung zwingender normativer Vorgaben durch diese „öffentlich-rechtliche Funktionszuweisung"[560] und den hoheitlichen Überwachungszweck[561] beeinflusst. Diese Ansicht wird auch dadurch gestützt, dass in der Literatur vereinzelt Compliance als der Tätigkeit einer Polizeibehörde entsprechend angesehen wird[562]. Ein praktischer Anwendungsfall liegt beispielsweise vor, wenn der Compliance-Beauftragte darüber entscheidet, ob eine private Wertpapiertransaktion eines Mitarbeiters wegen möglicherweise vorliegender Interessenkonflikte genehmigt wird oder nicht[563]. Diese Entscheidung ist einer öffentlich-rechtlichen Eingriffsmaßnahme, etwa einem Verwaltungsakt, vergleichbar und somit bezogen auf seine Auswirkungen für den jeweiligen Mitarbeiter am Maßstab der Grundrechte zu messen. Ein Indiz dafür sind auch die dem Compliance-Beauftragten intern regelmäßig eingeräumten Auskunfts- und Zutrittsrechte, die ähnlich denjenigen der staatlichen Instanzen ausgestaltet sind, so dass also auch insoweit eine Parallele zu den der BaFin im WpHG eingeräumten Zutrittsrechte festzustellen ist und auf das Handeln des Compliance-Beauftragten im öffentlichen Interesse hinweist.

Setzt der Compliance-Beauftragte hingegen keine offensichtlich zwingenden normativen Vorgaben um, sondern ist er im Rahmen von individuellen Überwachungsmechanismen[564] tätig, die unabhängig von den zwingenden normativen Vorgaben implementiert worden sind, agiert der Compliance-Beauftragte nur im Unternehmensinteresse. Es ist daher auch im Zuge der vorzunehmenden grund-

560 Illing/Unmuß, CCZ 2009, S. 1, 3.

561 Vgl. Junker, Gewährleistungsaufsicht, S. 186, der von einer „Publifizierung" des Arbeitsverhältnisses zwischen dem Compliance-Beauftragten und dem Wertpapierdienstleistungsunternehmen spricht.

562 Schneider, NZG 2009, S. 1321, 1325; vgl. auch Rothenhöfer, in: Kümpel/Wittig (Hrsg.), Bank- und Kapitalmarktrecht, Rn. 3.393, der von „betriebsinterner Aufsicht" spricht.

563 Vgl. Niermann, ZBB 2010, S. 400, 410.

564 Siehe unten Kapitel C. V. 1. b).

rechtlichen Prüfung stets zu bestimmen, in welcher Funktion der Compliance-Beauftragte agiert. Setzt er zwingende normative Vorgaben um, agiert er im öffentlichen Interesse, setzt er hingegen „lediglich" unternehmensspezifische Überwachungsmaßnahmen um, agiert er privatrechtlich ausschließlich im Unternehmensinteresse. Mit Blick auf die vorliegend im Zentrum der Betrachtung stehenden Überwachungsmaßnahmen bezüglich der privaten Wertpapiertransaktionen der Mitarbeiter jedoch ist festzuhalten, dass entsprechende unternehmensspezifische Überwachungsmaßnahmen jedenfalls in diesem konkreten Zusammenhang immer in unmittelbarer Ergänzung und somit als Annex zu den entsprechenden zwingend umzusetzenden kapitalmarktrechtlichen Vorgaben implementiert werden. Daher werden auch in Umsetzung von unternehmensspezifischen Überwachungsmaßnahmen bezüglich der privaten Mitarbeitergeschäfte mögliche staatliche Grundrechtsbeschränkungen durch den Compliance-Beauftragten transportiert und sind daher einer Prüfung im Rahmen der Eingriffsdogmatik zugänglich.

## V. Die Praktische Umsetzung der Überwachung

Um die Hinführung auf den am Maßstab der Grundrechte zu bewertenden Sachverhalt in Form der Überwachung von Mitarbeitergeschäften nach § 33b WpHG zu vervollständigen, wird nachstehend die praktische Umsetzung der Überwachung in Wertpapierdienstleistungsunternehmen mit ihren konkreten Maßnahmen beschrieben. Ohne eine konkrete Beschreibung der mit den Überwachungsmaßnahmen des Wertpapierdienstleistungsunternehmens zusammenhängenden spezifischen und praktischen Umstände würde die Beurteilung der Intensität des mit dieser unmittelbaren Umsetzung oben beschriebener normativer Grundlagen verbundenen Eingriffs durch einen zumindest auch im öffentlichen Interesse handelnden Compliance-Beauftragten (s. o.) in die Privatsphäre der betroffenen Mitarbeiter nicht auf vollständiger Grundlage vorgenommen werden können. Eine bloß theoretische Betrachtung des Überwachungsregimes griffe zu kurz[565].

Die Umsetzung der normativen Grundlagen erfolgt in allen Wertpapierdienstleistungsunternehmen nach demselben Grundprinzip, wenn auch die Ausführung im Detail im Einzelfall variieren kann. Zuständig für die Überwachung der Mitarbeitergeschäfte ist regelmäßig der Compliance-Beauftragte[566]. Gemeinsam ist

565 Zu Compliance in Theorie und Praxis vgl. Hastenrath, CCZ 2010, S. 155, 155; Kort, NZG 2008, S. 81, 85.

566 Vgl. Niermann, ZBB 2010, S. 400, 419.

allen Methoden, dass die Compliance-Funktion immer Kenntnis sämtlicher privater Wertpapiertransaktionen der relevanten Mitarbeiter erlangen muss. Mit Blick auf den Schwerpunkt dieser Arbeit erfolgt daher nachstehend eine Darstellung derjenigen praktischen Umsetzungsmaßnahmen, die einen Bezug zur Überwachung privater Wertpapiertransaktionen haben und durch die dadurch möglicherweise in grundrechtlich geschützte Rechtspositionen der Mitarbeiter eingegriffen wird. Den Anspruch auf Vollständigkeit hinsichtlich aller Überwachungsaufgaben und -handlungen eines Compliance-Beauftragten erhebt die Darstellung nicht.

## 1. Interne Richtlinien als Basis der praktischen Umsetzung

Grundlage für die Offenlegung der privaten Wertpapiergeschäfte der relevanten Mitarbeiter gegenüber dem Compliance-Beauftragten sowie darauf basierende Überwachungshandlungen sind in aller Regel interne Richtlinien[567] des jeweiligen Wertpapierdienstleistungsunternehmens[568]. Diese werden zumeist als Compliance-Handbuch, „Compliance-Manual"[569] oder als „Compliance-Richtlinie"[570] bezeichnet und werden vom Compliance-Beauftragten des jeweiligen Wertpapierdienstleistungsunternehmens in der schriftlich fixierten Ordnung eines Wertpapierdienstleistungsunternehmens implementiert[571]. Eine unternehmensinterne Anweisung wird im Kontext der Compliance regelmäßig auch als „Policy" bezeichnet[572].

### a) Überwachungsmaßnahmen in Umsetzung zwingender normativer Vorgaben

Die internen Richtlinien nehmen unmittelbar Bezug auf die diesbezüglichen normativen Grundlagen, also im Fall der Überwachung der Mitarbeitergeschäfte auf § 33b WpHG sowie BT 2 der MaComp, und setzen deren Vorgaben direkt in unternehmensinterne Regelungen um. Bereits diese internen Richtlinien der Compliance-Funktion stellen Verhaltenspflichten für die Mitarbeiter des Wert-

567 Vgl. Renz, in: Becker u. a. (Hrsg.), MiFID Umsetzungsanleitung, Rn. 272; Geiser Leitungspflichten, S. 221.

568 Vgl. Rolshoven, in: Renz/Hense (Hrsg.), Wertpapier-Compliance in der Praxis, Kapitel 26, Rn. 21.

569 Vgl. Wiederholt/Walter BB 2011, S. 968, 970.

570 Vgl. Rothenhöfer, in: Kümpel/Wittig (Hrsg.), Bank- und Kapitalmarktrecht, Rn. 3.357.

571 Vgl. Marbeiter, in: Brinkmann u. a. Compliance – Konsequenzen aus der MiFID, Rn. 52 ff.

572 Vgl. Jahn, in: von Böhlen/Kan (Hrsg.), MiFID Kompendium, S. 353, 365.

papierdienstleistungsunternehmens auf und schränken diese in ihrer Handlungsfreiheit ein. Hauptsächlich dienen die internen Compliance-Richtlinien der Erreichung der allgemeinen Ziele der Kapitalmarktregulierung in Form der Schaffung der Voraussetzungen für einen funktionsfähigen und effizienten Kapitalmarkt. Sie bilden die Basis für die Auskunftsverpflichtung sämtlicher Mitarbeiter von Wertpapierdienstleistungsunternehmen bezogen auf ihre privaten Wertpapiergeschäfte sowie für diesbezügliche Sanktionen bei Verstößen gegen die darin aufgestellten Regeln.

Bezüglich der Überwachung der privaten Wertpapiergeschäfte der Mitarbeiter nach § 33b WpHG sind in aller Regel in den Wertpapierdienstleistungsunternehmen zusätzliche, auf den internen Compliance-Richtlinien basierende und speziell auf die Überwachung der Mitarbeitergeschäfte nach § 33b WpHG abzielende interne Leitsätze verankert. Diese sind regelmäßig unter der Bezeichnung „Leitsätze für Mitarbeitergeschäfte" im Wertpapierdienstleistungsunternehmen implementiert[573]. Die Leitzsätze für Mitarbeitergeschäfte dienen insofern der unternehmensinternen Umsetzung der normativen Grundlagen der Überwachung der Mitarbeitergeschäfte[574]. Seit der Aufhebung[575] der Mitarbeiter-Leitsätze durch die BaFin bestand insofern bis zum Erlass der MaComp ein Vakuum, das aber zwischenzeitlich durch BT 2 MaComp ausgefüllt wurde, dessen Regelungen sich regelmäßig in den jeweils eingeführten Leitsätzen für Mitarbeitergeschäfte widerspiegeln.

Durch die Leitsätze für Mitarbeitergeschäfte sollen die Mitarbeiter hinsichtlich der Verbotstatbestände in Form insbesondere des Insiderhandelsverbots sowie der Marktmanipulation sensibilisiert werden. Es wird aber zugleich die Basis für eine Kontrolle der privaten Wertpapiertransaktionen innerhalb des Wertpapierdienstleistungsunternehmens gelegt[576]. Durch die Implementierung von Leitsätzen für Mitarbeitergeschäfte kommt das Wertpapierhandelsunternehmen seiner Pflicht nach, organisatorische Regelungen zur Vermeidung von Mitarbeitergeschäften unter Verstoß gegen das WpHG konkret unternehmensintern zu implementieren[577].

Sowohl die Compliance-Richtlinie als auch die Leitsätze für Mitarbeitergeschäfte werden in aller Regel Anlage zum Arbeitsvertrag und werden somit mit Eintritt eines Mitarbeiters, der zugleich ein Arbeitsverhältnis mit dem Wertpapierdienstleistungsunternehmen begründet, für diesen verbindlich. Wie er-

573 Vgl. Eisele/Faust, in: Schimansky u. a. (Hrsg.), Bankrechts-Handbuch, § 109, Rn. 130 a.

574 Siehe oben Kapitel B. II. 3. b) (2) (b).

575 Siehe oben Kapitel B. II. 3. b) (1).

576 Vgl. Harm, Compliance, S. 54.

577 Vgl. Haußwald, in: Brinkmann u. a. Compliance – Konsequenzen aus der MiFID, Rn. 169.

wähnt[578] ist das Vorliegen eines Arbeitsverhältnisses jedoch nicht notwendige Bedingung für die Mitarbeitereigenschaft im Sinne der internen Richtlinien, da sich diese stets an den weiten Mitarbeiterbegriff nach § 33b Abs. 1 WpHG anlehnt. In diesen Fällen wird von Mitarbeitern, die nicht zugleich einen Arbeitsvertrag mit dem Wertpapierdienstleistungsunternehmen geschlossen haben, eine separate Verpflichtungserklärung eingeholt, wonach diese „externen" Mitarbeiter auf Verlangen der Compliance-Funktion des Wertpapierdienstleistungsunternehmens Auskunft über ihre privaten Wertpapiergeschäfte erteilen müssen. Ohne die Möglichkeit zumindest der anlassbezogenen Einsichtnahme in die privaten Wertpapiergeschäfte dieser externen Mitarbeiter durch die Compliance-Funktion des Wertpapierdienstleistungsunternehmens ist ein Tätigwerden nicht mit den aufsichtsrechtlichen Vorgaben kompatibel. Erneut wird ein Eingriff in eine möglicherweise grundrechtlich geschützte Rechtsposition, diesmal eine Rechtsposition des Wertpapierdienstleistungsunternehmens selbst, offenbar.

Die Leitsätze für Mitarbeitergeschäfte enthalten stets die Verpflichtung des Mitarbeiters, auf Verlangen des Compliance-Beauftragten diesem vollumfänglich Auskunft über sämtliche privaten Wertpapiergeschäfte, die entweder im eigenen Namen oder in Vollmacht für einen Dritten ausgeführt werden, zu erteilen. Relevante Mitarbeiter müssen zusätzlich mit Eintritt in das Wertpapierdienstleistungsunternehmen gegenüber dem Compliance-Beauftragten sämtliche Depots und andere Konten, in denen Finanzinstrumente nach WpHG verwahrt werden bzw. über die Transaktionen in Finanzinstrumenten nach WpHG abgewickelt werden können, über ein Formular melden, und zwar nicht nur diejenigen Depots und Konten im eigenen Namen, sondern auch diejenigen Depots und Konten, hinsichtlich derer ein relevanter Mitarbeiter durch den Inhaber zur Vornahme von Geschäften bevollmächtigt worden ist. Depots und Konten, die Mitarbeiter nach Eintritt in das Wertpapierdienstleistungsunternehmens neu eröffnen wollen oder hinsichtlich derer Vollmachten zugunsten der Mitarbeiter neu begründet werden sollen, bedürfen der vorherigen Genehmigung des Compliance-Beauftragten.

Die zwingend nach § 33b WpHG umzusetzenden Überwachungsmaßnahmen bilden den Schwerpunkt der Betrachtung dieser Arbeit und insbesondere der grundrechtlichen Analyse. Sie werden daher unten ausführlich im Rahmen ihrer praktischen Durchsetzung dargestellt[579]. Zur Vervollständigung der Überwachungsmaßnahmen hinsichtlich der Mitarbeitergeschäfte werden nachstehend jedoch zusätzlich die regelmäßig in Wertpapierdienstleistungsunternehmen im-

578 Siehe oben Kapitel B. II. 3. b) (2) (a).
579 Siehe unten Kapitel C. V. 2.

plementierten Überwachungsmaßnahmen beschrieben, die über die zwingenden normativen Vorgaben hinausgehen.

### b) Überwachungsmaßnahmen außerhalb der Umsetzung zwingender normativer Vorgaben

Die internen Richtlinien sind unabhängig von der zwingenden Umsetzung der normativen Grundlagen regelmäßig auch individuell auf die Position des jeweiligen Wertpapierdienstleistungsunternehmens ausgerichtet, indem neben den zwingenden Vorgaben auch unternehmensspezifische Restriktionen mit Blick auf private Wertpapiertransaktionen von Mitarbeitern enthalten sind[580].

## 2. Die praktische Umsetzung zwingender Vorgaben

Auf der Grundlage vorerwähnter interner Richtlinien setzt die praktische Umsetzung der zwingenden normativen Grundlagen in Form einer fortlaufenden Überwachung durch Compliance ein. Erst in diesem Stadium werden Einschränkungen insbesondere für die Mitarbeiter der Wertpapierdienstleistungsunternehmen konkret und unmittelbar spürbar, weshalb eine genaue Darstellung der wichtigsten Überwachungsmaßnahmen von Compliance zu erfolgen hat. Flankiert wird diese Darstellung durch Querverweise auf die MaComp, die die Verwaltungspraxis der BaFin hinsichtlich der Bewertung der in den Wertpapierdienstleistungsunternehmen existenten Überwachungsmaßnahmen enthalten.

### a) Handelsverbote

Ausgangspunkt für die Überwachung von Mitarbeitergeschäften in der Praxis eines Wertpapierdienstleistungsunternehmens sind zunächst die durch den Compliance-Beauftragten ausgesprochenen Handelsverbote, deren Einhaltung sodann unter Nutzung der Erkenntnisse aus der Überwachung der Mitarbeitergeschäfte kontrolliert wird.

So ist es etwa den Erstellern von Finanzanalysen in der Regel hinsichtlich sämtlicher regelmäßig analysierter Finanzinstrumente verboten, in diesen Finanzinstrumenten private Wertpapiergeschäfte zu tätigen[581]. Der Grund dafür ist, dass ein Ersteller bei regelmäßiger Analyse von Finanzinstrumenten ständig über den Inhalt und den wahrscheinlichen Zeitplan bisher noch nicht veröffentlichter

---

580 Siehe unten Kapitel C. V. 3.

581 Vgl. Göres, BKR 2007, S. 90, 90.

Finanzanalysen informiert ist. Er besteht somit immer die Gefahr eines Interessenkonflikts und eines Verstoßes gegen § 33b Abs. 5 Nr. 1 WpHG. In der Praxis der Umsetzung werden diese Handelsverbote in der Regel auf all diejenigen Finanzinstrumente erstreckt, die in derselben Organisationseinheit erstellt werden, der ein Finanzanalyst angehört. Auch wenn gemeinsame Hardware, etwa Drukker, verwendet wird oder wenn gemeinsame Einsichtnahme in Dateien möglich ist, wird das entsprechende Handelsverbot auf diejenigen Personen erstreckt, die Zugang zu den Informationen haben können. Die in § 33b Abs. 5 Satz 1 Nr. 1 a. E. WpHG enthaltene Ausnahmeregelung für Finanzanalysten, die parallel zu ihrer Analysetätigkeit gleichzeitig als Market Maker oder in Ausführung von nicht selbst initiierten Kundenorders agieren, spielt in der praktischen Umsetzung keine Rolle, denn aufgrund der nach § 34b WpHG notwendigen Unabhängigkeit der die Finanzanalysen erstellenden Research-Abteilung, die regelmäßig einen eigenen, von anderen Organisationseinheiten des Wertpapierdienstleistungsunternehmens auch räumlich durch Zutrittsbeschränkungen abgeschirmten Vertraulichkeitsbereich darstellt, sind deren Mitarbeiter nicht mit über die Finanzanalyse hinausgehende Tätigkeiten befasst.

Handelsverbote können auch temporär in Form von Haltefristen[582] ausgesprochen werden, so dass es den Mitarbeitern für eine von Beginn an transparente Periode untersagt ist, private Wertpapiertransaktionen in Finanzinstrumenten, die von einer solchen Haltefrist erfasst werden, zu tätigen.

### b) Watch-List

Ein Handelsverbot besteht beispielsweise für alle Mitarbeiter, die zur Aufnahme in eine Watch-List an die Compliance-Funktion gemeldet worden sind. Unter einer Watch-List ist ein Datensatz zu verstehen, der über die Art von Insiderinformationen und diejenigen Personen informiert, die Kenntnis davon erlangt haben[583]. Die Watch-List ist auch in AT 6.2 Nr. 3 c. Ziffer 1 der MaComp beschrieben. Danach handelt es sich bei einer Watch-List um eine Liste, die nur der Compliance-Funktion bekannt ist und die Finanzinstrumente enthält, hinsichtlich derer im betreffenden Wertpapierdienstleistungsunternehmen Compliance-relevante Informationen vorliegen[584]. Die Watch-List hat den Sinn, es der Compliance-Funktion des Wertpapierdienstleistungsunternehmens zu ermöglichen, die Mitarbeitergeschäfte auf Verstöße hin zu überwachen. Dies erfolgt anhand

582 Wagemann, in: Renz/Hense (Hrsg.), Wertpapier-Compliance in der Praxis, Kapitel 11, Rn. 14.
583 Vgl. Eisele/Faust, in: Schimansky u. a. (Hrsg.), Bankrechts-Handbuch, § 109, Rn. 149.
584 Zur Funktionsweise einer Watch-List vgl. Marbeiter, in: Brinkmann u. a. Compliance – Konsequenzen aus der MiFID, Rn. 90 ff.

eines Abgleichs der im Zusammenhang mit der Offenlegung der privaten Wertpapierdepots und Konten erlangten Transaktionsdaten mit den auf der Watch-List geführten Finanzinstrumenten.

Der Compliance-Beauftragte kann so feststellen, ob ein Mitarbeiter gegen gesetzliche Verbote, insbesondere gegen die §§ 14 und 20a WpHG, oder gegen interne Compliance-Richtlinien verstoßen hat. Die Watch-List dient insofern sowohl als ein Vehikel zur Verhinderung von Interessenkonflikten als auch als Überwachungsinstrument zur Verhinderung von Normverstößen. Durch das Instrument der Watch-List kann auch die Einhaltung der mit der Implementierung der Vertraulichkeitsbereiche[585] verbundenen Informationssperren überprüft werden[586]. Ein grundsätzliches Handelsverbot oder ein Empfehlungsverbot für sämtliche Mitarbeiter des Wertpapierdienstleistungsunternehmens für die auf der Watch-List enthaltenen Werte ist nicht zwingend[587], da der Kreis der Wissensträger insofern beschränkt ist und der diesbezügliche Informationsfluss durch die Compliance-Funktion des Wertpapierdienstleistungsunternehmens zu jeder Zeit kontrolliert werden kann. Neben der Überwachung der privaten Wertpapiertransaktionen der Mitarbeiter[588] können durch die Watch List auch der Eigenhandel sowie die Eigengeschäftsaktivitäten des Wertpapierdienstleistungsunternehmens selbst geprüft werden[589].

Die in den Wertpapierdienstleistungsunternehmen bestehenden internen Compliance-Richtlinien sehen regelmäßig eine Verpflichtung sämtlicher Mitarbeiter vor, Compliance-relevante Informationen, die sie in Ausübung ihrer Tätigkeit erlangen, unverzüglich an den Compliance-Beauftragten zu melden[590]. Die Compliance-Funktion erstellt daraufhin unverzüglich die entsprechende Watch-List und spricht hinsichtlich der auf der Watch-List geführten Mitarbeiter ein absolutes Handelsverbot aus. Wie bereits erwähnt, erstreckt sich dieses Handelsverbot nicht über den Kreis der Wissensträger der jeweiligen individuellen Watch-List hinaus. Mitarbeiter, die auf diese Art und Weise eindeutig von den Compliance-relevanten Informationen separiert und ferngehalten werden, können dann weiterhin die ihnen zugewiesenen Tätigkeiten ausüben, ohne Gefahr zu laufen, in Interessenkonflikte verwickelt zu werden.

---

585 Siehe unten Kapitel C. V. 2. d).

586 Vgl. Fett, in: Schwark/Zimmer (Hrsg.), KMRK, § 33 Rn. 29.

587 Becker/Wohlert, Bank-Praktiker 2010, S. 160, 161.

588 Vgl. Rothenhöfer, in: Kümpel/Wittig (Hrsg.), Bank- und Kapitalmarktrecht, Rn. 3.361.

589 Vgl. Marbeiter, in: Brinkmann u. a. Compliance – Konsequenzen aus der MiFID, Rn. 82.

590 Vgl. Rothenhöfer, in: Kümpel/Wittig (Hrsg.), Bank- und Kapitalmarktrecht, Rn. 3.362.

c) Restricted-List

Neben der Watch-List dient den Wertpapierdienstleistungsunternehmen regelmäßig eine oder mehrere Sperrlisten zum Management von Interessenkonflikten und mittelbar auch zur Überwachung der Mitarbeitergeschäfte[591]. Es handelt sich bei dieser regelmäßig als „Restricted-List" bezeichneten Liste um eine stets aktuell zu haltende Liste, im Rahmen derer compliance-relevante Informationen über Emittenten enthalten sind, mit denen das Wertpapierdienstleistungsunternehmen in Geschäftsbeziehung steht. Dies ist regelmäßig in der Öffentlichkeit bekannt[592], so dass die Restricted-List innerhalb des Wertpapierdienstleistungsunternehmens im Gegensatz zur Watch-List nicht geheim zu halten ist. Trotz dieser „Unternehmensöffentlichkeit"[593] dürfen die Informationen, die sich auf einer Restricted List befinden, die Sphäre des Wertpapierdienstleistungsunternehmens an sich nicht verlassen. Die Restricted-List dient dazu, die Mitarbeiter des Wertpapierdienstleistungsunternehmens über Geschäftsbeschränkungen in Kenntnis zu setzen[594].

Auch zur Restricted-List sind in AT 6.2 Nr. 3 c. Ziffer 2 MaComp Informationen enthalten, wonach „den betroffenen Mitarbeitern und Bereichen des Wertpapierdienstleistungsunternehmens etwaige Beschränkungen für Mitarbeiter- und Eigengeschäfte sowie Kunden- und Beratungsgeschäfte" kommuniziert werden können. Die Restricted-List wird insbesondere dann eingesetzt, wenn bereits der Anschein von Verstößen gegen die Insiderbestimmungen vermieden werden soll, also etwa dann, wenn die Veröffentlichung kurssensitiver Informationen unmittelbar bevorsteht[595]. Geschäfte, die auf die Initiative des Kunden zurückgehen, welchen keine Beratung durch das Wertpapierdienstleistungsunternehmen voranging, bleiben regelmäßig von der Restriktion unbenommen, da in diesen Konstellationen das im Wertpapierdienstleistungsunternehmen vorhandene Insiderwissen keine Rolle spielt. Bei der Aufnahme von Werten auf die Restricted-List kann die Nennung eines Grundes für die Aufnahme nur insoweit erfolgen, als die entsprechenden Tatsachen bereits öffentlich bekannt sind.

Wegen der globalen Einschränkungen für das Wertpapierdienstleistungsunternehmen und seine Mitarbeiter dient der Einsatz der Restricted-List als ultima ratio im Repertoire der Compliance-Maßnahmen. Unabhängig von öffentlichkeitswirksamen Unternehmenstransaktionen mit direktem Kapitalmarktbezug

591 Vgl. Eisele/Faust, in: Schimansky u. a. (Hrsg.), Bankrechts-Handbuch, § 109, Rn. 151.

592 Vgl. Marbeiter, in: Brinkmann u. a. Compliance – Konsequenzen aus der MiFID, Rn. 85.

593 Vgl. Fett, in: Schwark/Zimmer (Hrsg.), KMRK, § 33 Rn. 30.

594 Vgl. Rothenhöfer, in: Kümpel/Wittig (Hrsg.), Bank- und Kapitalmarktrecht, Rn. 3.364; Wagemann, in: Renz/Hense (Hrsg.), Wertpapier-Compliance in der Praxis, Kapitel 11, Rn. 14.

595 Eisele/Faust, in: Schimansky u. a. (Hrsg.), Bankrechts-Handbuch, § 109, Rn. 152.

wirkt sich die Restricted-List im Schwerpunkt lediglich bei denjenigen Finanzinstrumenten aus, die vom jeweiligen Wertpapierdienstleistungsunternehmen selbst emittiert worden sind. In diesen Konstellationen werden diejenigen Emissionen, die vom Wertpapierdienst-leistungsunternehmen selbst emittiert worden sind, regelmäßig vor den Quartals- und Jahresabschlussberichten auf die Restricted-List genommen, um Mitarbeitergeschäfte zu blockieren[596], da die Befürchtung besteht, dass wegen der hohen Anzahl der Mitarbeiter, die mit dem Jahresabschluss im Rahmen ihrer dienstlichen Aufgaben betraut sind, das üblicherweise für das Management von Interessenkonflikten verwendete Prinzip der Vertraulichkeitsbereiche zur Vermeidung von Reputationsschäden nicht ausreichend ist.

### d) Vertraulichkeitsbereiche

Ein Vertraulichkeitsbereich wird geschaffen, indem innerhalb eines Wertpapierdienstleistungsunternehmens vereinbart wird, dass kurssensitive Informationen, die in einem abgrenzbaren Bereich eines Wertpapierdienstleistungsunternehmens anfallen oder entstehen, nicht direkt oder indirekt an andere Mitarbeiter aus anderen Bereichen desselben Wertpapierdienstleistungsunternehmens weitergegeben werden dürfen[597]. Durch die Einrichtung von Vertraulichkeitsbereichen werden Informationsweitergabeverbote implementiert, um zu verhindern, dass durch das Wertpapierdienstleistungsunternehmen oder seine Mitarbeiter gegen zwingende Vorschriften aus den Bereichen Bankgeheimnis, Datenschutz, gegen das Insiderhandelsverbot oder das Verbot der Marktmanipulation nach § 20a WpHG verstoßen wird[598]. Die Einrichtung von Vertraulichkeitsbereichen kann daher als „organisatorisches Mittel zur Sicherstellung der Vertraulichkeit von Informationen“[599] bezeichnet werden.

Auch in AT 6.2 Nr. 3a MaComp ist die Schaffung von Vertraulichkeitsbereichen als ein für die Minimierung von Interessenkonflikten geeignetes Mittel beschrieben. Die Vertraulichkeitsbereiche haben danach das Ziel, dass Compliance-relevante Informationen, „die in einem bestimmten Bereich eines Wertpapierdienstleistungsunternehmens bekannt werden, den Bereich, in dem sie eingetreten sind, nur“ im Rahmen vordefinierter Regeln verlassen dürfen. Als geeignete Maßnahmen wird die Möglichkeit angeführt, zwischen Organisationseinheiten

---

596 Vgl. Rothenhöfer, in: Kümpel/Wittig (Hrsg.), Bank- und Kapitalmarktrecht, Rn. 3.368.

597 Vgl. Eisele, WM 1993, S. 1021, 1024.

598 Buck-Heeb, Insiderwissen, Interessenkonflikte und Chinese Walls bei Banken, in: Grundmann u. a. (Hrsg.), FS Hopt, S. 1647, 1660.

599 Marbeiter, in: Brinkmann u. a. Compliance – Konsequenzen aus der MiFID, Rn. 73.

innerhalb eines Wertpapierdienstleistungsunternehmens eine funktionale und/ oder einer räumliche Trennung zu implementieren[600].

In der Praxis wird beispielsweise der Zugang zu den Arbeitsplätzen der Mitarbeiter in der Handelsabteilung eines Wertpapierdienstleistungsunternehmens, die die Anlage der Gelder des Wertpapierdienstleistungsunternehmens selbst in eigener Sache anlegen, über die Ausgabe elektronischer Zugangsberechtigungen streng reglementiert, so dass sichergestellt ist, dass diesen Bereich etwa Mitarbeiter, die für die Ausführung von kundengetriebenem Handel zuständig sind, nicht betreten können. So wird der Missbrauch von Informationen, die das Wertpapierdienstleistungsunternehmen aus dem Kundengeschäft erhalten hat, unterbunden. Entsprechende Zutrittsbeschränkungen werden regelmäßig auch für andere Geschäftsbereiche, in denen regelmäßig Compliance-relevante Informationen auftreten, wie etwa Corporate Finance oder Mergers and Acquisitions-Abteilungen, eingerichtet[601].

Die räumliche Abgrenzung wird ergänzt durch entsprechende Beschränkungen hinsichtlich des Zugriffs auf Daten in den IT-Systemen des Wertpapierdienstleistungsunternehmens. Durch die Einrichtung der Vertraulichkeitsbereiche wird es insbesondere solchen Wertpapierdienstleistungsunternehmen, die gleichzeitig Universalbank sind, ermöglicht, in den unterschiedlichen Bereichen der Bank interessenkonfliktfrei handlungsfähig zu bleiben, ohne sich vor dem Hintergrund des arbeitsteiligen Zusammenwirkens vieler unterschiedlicher Stellen innerhalb eines Wertpapierdienstleistungsunternehmens über Gebühr einzuschränken[602]. Zeitgleich werden auf diese Art und Weise Interessenkonflikte zwischen dem Wertpapierdienstleistungsunternehmen und seinen Kunden oder zwischen den Kunden des Wertpapierdienstleistungsunternehmens weitestgehend minimiert.

Die praktische Umsetzung erfolgt in Form einer von der Compliance-Funktion ausgearbeiteten internen Compliance-Richtlinie, in der, ausgehend vom Organigramm des jeweiligen Wertpapierdienstleistungsunternehmens, die relevanten Organisationseinheiten festgelegt werden, die als Vertraulichkeitsbereich gelten. Zumeist wird die Einteilung der Vertraulichkeitsbereiche auf der dem Leitungsorgan folgenden Hierarchieebene angesiedelt. Würden die Vertraulichkeitsbereiche noch granularer festgelegt, ergäben sich bald Probleme im Arbeitsablauf[603].

---

600 Vgl. Rothenhöfer, in: Kümpel/Wittig (Hrsg.), Bank- und Kapitalmarktrecht, Rn. 3.337.

601 Vgl. Fett, in: Schwark/Zimmer (Hrsg.), KMRK, § 33 Rn. 40.

602 Vgl. Eisele/Faust, in: Schimansky u. a. (Hrsg.), Bankrechts-Handbuch, § 109, Rn. 146.

603 Vgl. Eisele/Faust, in: Schimansky u. a. (Hrsg.), Bankrechts-Handbuch, § 109, Rn. 144a.

Die vor dem Hintergrund der Vermeidung von Interessenkonflikten sehr effizienten Vertraulichkeitsbereiche führen jedoch auch dazu, dass ein Wertpapierdienstleistungsunternehmen seine Kunden nicht auf der Basis sämtlicher, zum gegebenen Zeitpunkt im Wertpapierdienstleistungsunternehmen vorhandener Informationen beraten kann, da möglicherweise entscheidende Informationen innerhalb des jeweiligen Vertraulichkeitsbereichs verbleiben[604]. Das insoweit bestehende Dilemma wird ganz überwiegend zugunsten der Vermeidung von Interessenkonflikten gelöst. Insbesondere dann, wenn anderenfalls ein Rechtsverstoß begangen werden müsste, wird akzeptiert, dass Kunden in solchen Konstellationen auf einer unvollkommenen Informationsbasis beraten werden, denn es wäre nicht verhältnismäßig, das Wertpapierdienstleistungsunternehmen oder seine Mitarbeiter dazu zu zwingen, etwa gegen das Weitergabeverbot mit Bezug auf Insiderinformationen nach § 14 Abs. 1 WpHG im Kundeninteresse zu verstoßen.

Nur ausnahmsweise[605] wird es gestattet, dass Compliance-relevante Informationen einen Vertraulichkeitsbereich verlassen, und zwar dann, wenn dies zur Erfüllung der Aufgaben desjenigen, bei dem die Compliance-relevante Information ursprünglich aufgeschlagen ist, für die Erbringung der relevanten Dienstleistung zwingend erforderlich ist. Diese Maßgaben, unter denen Insiderinformationen über die Vertraulichkeitsbereiche hinweg kommuniziert werden dürfen, werden gemeinhin als „Need-to-know-Prinzip“ bezeichnet[606]. Sie sind als solches auch in AT 6.2 Nr. 3b der MaComp als akzeptable Vorgehensweise im Rahmen der praktischen Durchführung des Interessenkonfliktmanagements enthalten. Als Beispiel sei die Kreditabteilung aufgeführt, die vom Kreditnehmer Compliance-relevante Informationen mit Blick auf eine neue Kreditgewährung erhalten hat und jetzt über das weitere Vorgehen zu entscheiden hat. Wenn sie dazu auf die Unterstützung der Rechtsabteilung angewiesen ist, etwa weil Verträge zu prüfen sind, darf sie die Informationen unter Verweis auf die Sensitivität der Unterlagen an die Rechtsabteilung zur Prüfung weiterreichen. Die Empfänger in der Rechtsabteilung werden dann zur Watch-List nachgemeldet und werden nun ihrerseits vergattert, die Informationen nicht weiterzugeben, es sei denn, es sei wiederum für die Erfüllung der Aufgaben der Rechtsabteilung zwingend notwendig, etwa wenn wegen einer steuerlichen Frage, die sich auf die Vertragsgestaltung auswirkt, die Steuerabteilung involviert werden muss. Dann setzt sich der Mecha-

---

604 Vgl. Buck-Heeb, Insiderwissen, Interessenkonflikte und Chinese Walls bei Banken, in: Grundmann u. a. (Hrsg.), FS Hopt, S. 1647, 1662.

605 Vgl. Rothenhöfer, in: Kümpel/Wittig (Hrsg.), Bank- und Kapitalmarktrecht, Rn. 3.345.

606 Vgl. Fett, in: Schwark/Zimmer (Hrsg.), KMRK, § 33 Rn. 43; Schäfer, in: Heidel (Hrsg.), Aktienrecht, § 33 WpHG, Rn. 116.

nismus fort und die Steuerabteilung muss zur Watch-List nachgemeldet werden[607].

Auch diese Vorgänge werden regelmäßig durch die Compliance-Funktion anhand der ihr im Rahmen der Überwachung der privaten Mitarbeitergeschäfte zugänglichen Daten überprüft. Private Umsätze in Wertpapieren, die sich auf der Watch-List befinden, durch Mitarbeiter, die zwar selbst nicht zur Watch-List gemeldet wurden, aber dennoch eine gewissen Nähe – etwa räumliche Nähe der Arbeitsplätze zueinander – zu offiziellen Wissensträgern aufweisen, begründen Verdachtsmomente und dienen der Compliance-Funktion als Indizien für mögliche Verstöße gegen das Weitergabeverbot. Es zeigt sich erneut die zentrale Bedeutung der Überwachung der privaten Wertpapiertransaktionen der Mitarbeiter von Wertpapierdienstleistungsunternehmen als Dreh- und Angelpunkt für die Wirksamkeit unterschiedlichster Überwachungsmechanismen.

### e) Eigengeschäftsverbot

Unter einem Eigengeschäftsverbot ist eine Anweisung des Compliance-Beauftragten an die Handelsabteilung des Wertpapierdienstleistungsunternehmens zu verstehen, welche besagt, dass in dem in der Anweisung enthaltenen Finanzinstrument durch das Wertpapierdienstleistungsunternehmen keine Eigengeschäftsaktivitäten nach § 2 Abs. 3 Satz 2 WpHG, also „die Anschaffung und Veräußerung von Finanzinstrumenten für eigene Rechnung, die keine Dienstleistung für andere darstellen", erlaubt sind[608]. Nach Aussprache einer solchen Restriktion kommen die gesamten Aktivitäten des betreffenden Wertpapierdienstleistungsunternehmens hinsichtlich des betreffenden Emittenten zum Erliegen.

### f) Empfehlungsverbot

Ein Empfehlungsverbot richtet sich hauptsächlich an die Research-Abteilung eines Wertpapierdienstleistungsunternehmens. Hinsichtlich der in einem solchen Empfehlungsverbot enthaltenen Finanzinstrumente ist es der Research-Abteilung untersagt, Finanzanalysen nach § 34b WpHG zu veröffentlichen[609]. Empfehlungsverbote werden häufig im Zusammenhang mit einer öffentlich bekannten Beteiligung[610] des betreffenden Wertpapierdienstleistungsunternehmens an Un-

607 Vgl. auch Beispiel bei Harm, Compliance, S. 60.
608 Vgl. Jahn, in: von Böhlen/Kan (Hrsg.), MiFID Kompendium, S. 353, 373.
609 Vgl. Jahn, in: von Böhlen/Kan (Hrsg.), MiFID Kompendium, S. 353, 373.
610 Eisele/Faust, in: Schimansky u. a. (Hrsg.), Bankrechts-Handbuch, § 109, Rn. 154.

ternehmenstransaktionen unter Beteiligung von Emittenten von Finanzinstrumenten im Sinne von § 2 Abs. 2b WpHG ausgesprochen, um die in diesem Zusammenhang notwendige Parteilichkeit zugunsten des Mandanten sicherstellen zu können, die nicht durch die Veröffentlichung von Finanzanalysen gestört werden soll. Zur Gewähr des reibungslosen Ablaufs der Unternehmenstransaktion ergeht diese Restriktion obwohl die Finanzanalysen entsprechend der organisatorisch vorgegebenen Separierung der Geschäftsbereiche in einem separat abgegrenzten Vertraulichkeitsbereich unabhängig erstellt werden. Da im Zuge einer Unternehmenstransaktion häufig ein hohes Eigeninteresse des Wertpapierdienstleistungsunternehmens, etwa an einer erfolgreichen Platzierung von im Rahmen der Transaktion (neu) emittierten Finanzinstrumente, beispielsweise wegen des Bestehens eines sog. „hard underwriting" gegeben ist, ist das Risiko eines Reputationsschadens zulasten des Wertpapierdienstleistungsunternehmens ohne ein entsprechendes Verbot zu groß.

Der Bezug zur Überwachung der privaten Wertpapiertransaktionen der Mitarbeiter eines Wertpapierdienstleistungsunternehmens ergibt sich insofern, als dass mit Aussprache eines solchen Empfehlungsverbots regelmäßig auch das Gebot einhergeht, private Wertpapiertransaktionen in den betroffenen Finanzinstrumenten zu unterlassen. Die Compliance-Funktion überwacht die Einhaltung dieses Handelsverbots mit Hilfe der ihr zur Verfügung stehenden Systeme.

### 3. Die praktische Umsetzung der Überwachung außerhalb zwingender Vorgaben

Die Maßnahmen der Überwachung der Mitarbeitergeschäfte außerhalb der Umsetzung der auf die Erhaltung der Funktionsfähigkeit des Kapitalmarkts ausgerichteten zwingenden normativen Vorgaben setzen am persönlichen Handelsverhalten der Mitarbeiter von Wertpapierdienstleistungsunternehmen an.

#### a) Beschränkung der Geschäftsanzahl

So restringieren zahlreiche Wertpapierdienstleistungsunternehmen ihre Mitarbeiter hinsichtlich der maximalen Anzahl der privaten Wertpapiertransaktionen innerhalb einer vorgegebenen Zeitspanne. Üblich sind hier beispielsweise Restriktionen von maximal 60 privaten Wertpapiergeschäften im Kalenderquartal oder im Durchschnitt jeweils der letzten drei Monate bezogen auf einen bestimmten Stichtag.

## b) Verbot taggleicher Geschäfte

Weiterhin finden sich Restriktionen durch Verbote von taggleichen Geschäften oder in Form von Mindesthaltedauern bezogen auf spezifische Finanzinstrumente[611]. Entsprechende Restriktionen sind auf den ersten Blick nicht unmittelbar dem gesetzgeberischen Motiv nach Sicherstellung eines effizienten Kapitalmarktes zuzuordnen, sondern werden durch die Wertpapierdienstleistungsunternehmen in deren Funktion als Arbeitgeber erlassen und haben das Ziel, die Konzentration der Mitarbeiter auf die Ziele des Wertpapierdienstleistungsunternehmens zu lenken und die Ablenkung der Mitarbeiter, die mit privaten Wertpapiertransaktionen verbunden ist, zu minimieren.

## c) Geschäfte im Rahmen der wirtschaftlichen Verhältnisse

Regelmäßig enthalten aktuelle interne Richtlinien zur Regelung von Mitarbeitergeschäften noch die in den Mitarbeiter-Leitsätzen enthaltene Verpflichtung der Mitarbeiter, private Wertpapiertransaktionen nur im Rahmen der wirtschaftlichen Verhältnisse[612] vorzunehmen. Der Hintergrund dieser Restriktion ist darin zu sehen, dass die Wertpapierdienstleistungsinstitute vermeiden wollen, dass die Mitarbeiter in Notlagen, die durch private Wertpapiertransaktionen selbst verursacht wurden, auf Mittel des Unternehmens zugreifen und das Unternehmen auf diese Art und Weise schädigen.

## d) Restriktionen bei Investmentclubs

Zuletzt enthalten die internen Compliance-Richtlinien Einschränkungen hinsichtlich des Beitritts zu sogenannten Investmentclubs. In diesen Vereinen schließen sich Personen zusammen, um gemeinschaftlich Geld an den Wertpapiermärkten zu investieren. Die Restriktionen bestehen darin, dass Mitarbeiter von Wertpapierdienstleistungsunternehmen nur mit Zustimmung des Compliance-Beauftragten einem solchen Verein beitreten und dort keine aktive Rolle übernehmen dürfen. Es soll auch in diesem Zusammenhang vermieden werden, dass der Mitarbeiter dienstlich erworbenes Wissen zulasten des Unternehmens verwendet und das Wertpapierdienstleistungsunternehmen einen Reputationsverlust erleidet, wenn die Prognosen und Einschätzungen des Mitarbeiters nicht

---

611 Zu weiteren möglichen Inhalten einer Compliance-Policy vgl. auch Marbeiter, in: Brinkmann u. a. Compliance – Konsequenzen aus der MiFID, Rn. 56.

612 Vgl. Rothenhöfer, in: Kümpel/Wittig (Hrsg.), Bank- und Kapitalmarktrecht, Rn. 3.417.

eintreffen und dadurch Vermögensschäden bei den übrigen Mitgliedern eintreten[613].

## 4. Die computerunterstützte Durchführung der praktischen Umsetzung

Die auf der Basis der Leitsätze für Mitarbeitergeschäfte von den Mitarbeitern erlangten Daten hinsichtlich deren privater Wertpapiertransaktionen werden von der Compliance-Funktion meist computerunterstützt fortlaufend ausgewertet und auf Auffälligkeiten hin überprüft.

### a) Erlangung der Daten

Wenn ein Wertpapierdienstleistungsunternehmen selbst Depots oder Konten in der Lage ist zu führen, werden für den Fall, dass ein Mitarbeiter seine Depots und Konten „im eigenen Haus" führt, die entsprechenden Daten über eine Schnittstelle direkt in die Compliance-IT-Anwendung übertragen. Die Compliance-Funktion greift dann direkt auf unternehmensinterne Depotdaten zu[614]. Insofern wird in der Literatur vertreten, dass dadurch eine einfache Möglichkeit des Datenabgriffs bestehe[615], weil in dieser Konstellation dem arbeitgebenden Wertpapierdienstleistungsunternehmen die Transaktionen offenkundig seien[616].

Zu beachten ist jedoch, dass bezüglich der Eigenschaft eines Mitarbeiters als Depotinhaber – wenn auch bei seinem „eigenen" Wertpapierdienstleistungsunternehmen – der Mitarbeiter in erster Linie Kunde ist. In dem Maße, wie im Rahmen des Managements von Interessenkonflikten den Wertpapierdienstleistungsunternehmen abverlangt wird, die eigenen Mitarbeiter im Vergleich zu den Kunden nicht besser, sondern höchstens gleichzustellen, sollte nun auch der Mitarbeiter hinsichtlich der Einsichtnahme in seine Depotdaten einem „externen" Kunden gleichgestellt werden. Dieser „externe" Kunde müsste der Einsichtnahme in seine Depotdaten zu Zwecken der Überwachung seiner Geschäfte explizit zustimmen. Entsprechendes gilt daher auch dann, wenn es sich um einen Mitarbeiter, also um einen „internen" Kunden handelt. Es ist daher auch dann, wenn ein Mitarbeiter ein Depot bei einem betroffenen Wertpapierdienstleistungsunternehmen selbst unterhält, eine entsprechende Zustimmung jedes einzelnen Mitar-

613 Vgl. Jerusalem, Die Regelung der Mitarbeitergeschäfte, S. 214.
614 Vgl. Rothenhöfer, in: Kümpel/Wittig (Hrsg.), Bank- und Kapitalmarktrecht, Rn. 3.422.
615 Vgl. Gebauer/Niermann, in: Hauschka (Hrsg.), Corporate Compliance, § 36, Rn.32.
616 Vgl. Meyer/Paetzel, in: Hirte/Möllers (Hrsg.), KK-WpHG, § 33 Rn. 96.

beiters einzuholen. Diese Zustimmung kann konkludent mit der Kenntnisnahme der entsprechenden internen Compliance-Richtlinien erteilt werden, sodass kein zusätzlicher bürokratischer Aufwand zu betreiben ist.

Wenn Mitarbeiter Depots oder Konten außerhalb des Wertpapierdienstleistungsunternehmens[617] führen, werden die Mitarbeiter entsprechend der jeweiligen Vorgaben der Leitsätze zu Mitarbeitergeschäften dazu verpflichtet, diese sog. Drittinstitute anzuweisen, den „eigenen" Compliance-Beauftragten über jede erfolgte Transaktion in Finanzinstrumenten nach dem WpHG direkt zu informieren. Diese Zulieferung der Daten durch die Drittinstitute erfolgt regelmäßig durch Übersendung von Kopien sämtlicher Wertpapierabrechnungen in Papierform an die Compliance-Funktion des Wertpapierdienstleistungsunternehmens (sog. Zweitschriftenversand)[618]. Zunehmend erfolgt der Versand der Transaktionsdaten auch elektronisch durch E-Mail über gesicherte Verbindungen. Die auf diese Art erhaltenen Daten werden dann manuell in die Compliance-IT-Anwendung der Compliance-Funktion eingegeben und bilden mit den vorhandenen internen Daten den Gesamtbestand an Wertpapierumsätzen für die Überwachung.

### b) Auswertung der Daten

Die entweder über eine Schnittstelle zum Depot- oder Kontoführungssystem des Wertpapierdienstleistungsunternehms oder via Zweitschriften von den depot- oder kontoführenden Drittinstituten der Mitarbeiter erhaltenen Daten werden in aller Regel durch die Compliance-Funktion mit Daten aus anderen IT-Systemen des Wertpapierdienstleistungsunternehmens, etwa mit Daten aus der Personalabteilung sowie Daten aus dem Kundenerfassungssystem, konsolidiert, um es der Compliance-Funktion – genauer: dem in der Compliance-Funktion beheimateten sog. Control Room – zu ermöglichen, fortlaufend einen Überblick über die Gesamtsituation der privaten Wertpapiertransaktionen der Mitarbeiter erhalten zu können. Die konkrete Auswertung erfolgt anhand vorheriger Parametrisierung der dem Compliance-IT-System zugrunde liegenden Datenbank, aus welcher heraus die privaten Wertpapiertransaktionen der Mitarbeiter ständig mit vordefinierten Alarm-Szenarien abgeglichen werden[619].

---

617 Eine Verpflichtung der Wertpapierdienstleistungsunternehmen, ihre Mitarbeiter zu zwingen, sämtliche Depots und relevanten Konten „im eigenen Haus" zu führen, besteht nach einhelliger Meinung nicht. Vgl. Koller, in: Assmann/Schneider (Hrsg.), WpHG, § 33b, Rn. 15.

618 Vgl. Held, in: Ellenberger u. a. (Hrsg.), Praktikerhandbuch, Rn. 1717.

619 Vgl. Held, in: Ellenberger u. a. (Hrsg.), Praktikerhandbuch, Rn. 1681.

### c) Die Umsetzung durch Pre-Clearing

Beim sog. Pre-Clearing oder „Pre-Approval“[620] muss ein relevanter Mitarbeiter jedes private Wertpapiergeschäft vor der Ausführung durch zuvor bestimmte Stellen im Wertpapierdienstleistungsunternehmen genehmigen lassen. Pre-Approval-Regelungen werden hauptsächliche bei Mitarbeitern aus den Handelseinheiten der Wertpapierdienstleistungsunternehmen eingesetzt, die eine besonders hohe Verantwortung tragen, um Reputationsschäden an solch prominenter Stelle zu vermeiden[621].

Unter genauer Bezeichnung der Wertpapierkennnummer muss entweder telefonisch oder durch Eingabe der Daten in ein Computersystem bei der Compliance-Funktion angefragt werden, ob im Einzelfall das Geschäft getätigt werden darf oder nicht. Teilweise sehen die internen Regelungen der Wertpapierdienstleistungsunternehmen zusätzlich vor, dass neben der Compliance-Funktion auch noch der direkte Vorgesetzte vor Tätigung eines privaten Wertpapiergeschäfts um Erlaubnis gefragt werden muss. Hintergrund dieses doppelten Pre-Clearings ist, dass der direkte Vorgesetzte über die konkrete Informationslage eines seiner Mitarbeiter besser informiert ist als die zentrale Compliance-Funktion. Er kann daher besser beurteilen, ob durch die Ausführung eines speziellen privaten Wertpapiergeschäfts ein Interessenkonflikt ausgelöst oder gegen das Insiderhandelsverbot verstoßen würde.

Der Mechanismus des Pre-Clearings ist in deutschen Wertpapierdienstleistungsunternehmen wegen des damit verbundenen hohen Aufwands die Ausnahme. Angelsächsische internationale Großbanken setzen diesen Mechanismus hingegen regelmäßig ein. Die Pre-Clearing-Einheit ist in diesen Fällen zentralisiert und entsprechend der Organisation eines Call Centers dauerhaft erreichbar, da ansonsten die Abschlussfreiheit der Mitarbeiter bezüglich privater Wertpapiertransaktionen in unverhältnismäßiger Art und Weise eingeschränkt würde. Auch im Rahmen des Pre-Clearings wird auf die in der Compliance-IT-Anwendung hinterlegte Datenbank zurückgegriffen.

### d) Die Umsetzung durch nachgelagerte Kontrollen

Wenn im Wertpapierdienstleistungsunternehmen kein Pre-Clearing implementiert ist, werden die ausgeführten Mitarbeitergeschäfte im Nachgang automatisiert auf Auffälligkeiten hin kontrolliert. Die jeweiligen IT-Systeme durchsuchen

620 Marbeiter, in: Brinkmann u. a. Compliance – Konsequenzen aus der MiFID, Rn. 82; Held, in: Ellenberger u. a. (Hrsg.), Praktikerhandbuch, Rn. 1728.

621 Vgl. Rothenhöfer, in: Kümpel/Wittig (Hrsg.), Bank- und Kapitalmarktrecht, Rn. 3.419.

die Mitarbeiterumsätze anhand vordefinierter Alarmszenarien, deren Auftreten dem Mitarbeiter der Compliance-Funktion am Bildschirm angezeigt wird. Daran schließt sich der von der Compliance-Funktion zu initiierende Eskalationsprozess insofern an, als dass der Mitarbeiter, der vermeintlich gegen Compliance-Richtlinien verstoßen hat, zunächst durch die Compliance-Funktion ermahnt wird. Im Wiederholungsfall ist der Fall an den direkten Vorgesetzten zu eskalieren, der dann über personalrechtliche Maßnahmen, etwa in Form einer Abmahnung, zu entscheiden hat.

Wie bereits erwähnt, ist die Grundlage für ein solches Eskalationsverfahren die Überwachung der Mitarbeitergeschäfte durch die Compliance-Funktion. Auch an dieser Stelle wird erneut offenbar, dass Maßnahmen der Überwachung der privaten Wertpapiertransaktionen spürbar in die Freiheitspositionen der betroffenen Mitarbeiter eingreifen.

## 5. Die Sanktionierung von Verstößen im Rahmen der praktischen Umsetzung

Wird ein Verstoß gegen interne Compliance-Regelungen festgestellt, steht der Compliance-Funktion des Wertpapierdienstleistungsunternehmens regelmäßig ein breites, in den jeweiligen internen Regelungen fixiertes Sanktionsinstrumentarium[622] zur Verfügung.

### a) Sanktionen mit Bezug auf das Mitarbeitergeschäft

Stellt die Compliance-Funktion beispielsweise fest, dass ein zwar getätigtes aber noch nicht abgewickeltes Mitarbeitergeschäft nicht hätte getätigt werden dürfen, kann die Compliance-Funktion die Abwicklung des betreffenden Mitarbeitergeschäfts durch eine entsprechende Weisung an die Abwicklungsabteilung des Wertpapierdienstleistungsunternehmens unterbinden. Auf diese Art und Weise kann das Wertpapierdienstleistungsunternehmen, etwa für den Fall von versuchtem Insiderhandel oder von versuchter Marktmanipulation, verhindern, dass Straftaten aus seiner Sphäre heraus begangen werden, die möglicherweise negative Auswirkungen auf das Kapitalmarktgeschehen haben könnten[623].

---

622 Vgl. Rothenhöfer, in: Kümpel/Wittig (Hrsg.), Bank- und Kapitalmarktrecht, Rn. 3.333.

623 Vgl. auch Jerusalem, Die Regelung der Mitarbeitergeschäfte, S. 245, der anführt, dass das Wertpapierdienstleistungsunternehmen nicht verpflichtet sei, dazu beizutragen, dass über die unternehmenseigenen Systeme Geschäfte getätigt werden, die gegen unternehmenseigene Grundsätze offensichtlich verstoßen.

Stellt sich erst nach der Abwicklung eines Mitarbeitergeschäfts heraus, dass es entgegen den Compliance-Regelungen getätigt wurde, kann die Compliance-Funktion die Stornierung und Rückgängigmachung direkt durch eine entsprechende Anweisung an den Abwicklungsbereich des Wertpapierdienstleistungsunternehmens verlangen, denn auch in dieser Konstellation muss es dem Wertpapierdienstleistungsunternehmen möglich sein, die Auswirkungen einer aus seiner Sphäre resultierenden Straftat und insbesondere mögliche negative Auswirkungen auf die Funktionsfähigkeit des Kapitalmarktes zu minimieren, da sich die Auswirkungen entsprechend der Gesetzmäßigkeiten des Kapitalmarktes ansonsten verselbstständigen und potenzieren könnten[624].

Vorgenannte Sanktionen können naturgemäß nur dann greifen, wenn die relevante private Wertpapiertransaktion des Mitarbeiters über die internen Systeme des Wertpapierdienstleistungsunternehmens abgewickelt worden sind. Bei Abwicklung von Geschäften über Drittinstitute kann die Compliance-Funktion des Wertpapierdienstleistungsunternehmens die Rückabwicklung per Weisung gegenüber dem Mitarbeiter verlangen. In beiden Konstellationen hat der betroffene Mitarbeiter regelmäßig etwaige Verluste im Zusammenhang mit einer Nichtausführung oder Rückabwicklung eines Geschäfts selbst zu tragen. Teilweise enthalten die internen Compliance-Regelungen darüber hinaus Sanktionsmöglichkeiten insofern, als durch nicht Compliance-konforme Transaktionen erzielte Gewinne zugunsten wohltätiger Zwecke auszugleichen sind[625].

### b) Sanktionen mit Bezug auf das Arbeitsverhältnis

Neben den Sanktionen mit Bezug auf das regelwidrige Mitarbeitergeschäft selbst wird die Compliance-widrige Vornahme einer privaten Wertpapiertransaktion insbesondere im Wiederholungsfall regelmäßig auch Konsequenzen für das Arbeitsverhältnis des Mitarbeiters haben[626]. Üblicherweise ergeht beim ersten Verstoß gegen eine Compliance-Regelung lediglich ein als Ermahnung zu kategorisierender Hinweis ausschließlich an den betroffenen Mitarbeiter. Im Wiederholungsfall erfolgt eine weitere Ermahnung unter Information des jeweiligen Vorgesetzten, bevor dann bei einem weiteren Wiederholungsfall an die Personalabteilung eskaliert wird. Regelmäßig verhängt allerdings nicht die Compliance-Funktion selbst entsprechende Sanktionen, sondern eskaliert entsprechende Verstöße gestuft an Vorgesetzte des Mitarbeiters oder an die Personalabteilung, die

---

624 a. A. Jerusalem, Die Regelung der Mitarbeitergeschäfte, S. 245, der in dieser Konstellation ein Recht zur Liquidation nur auf der Basis eines zwischen dem Wertpapierdienstleistungsunternehmen und dem Mitarbeiter geschlossenen Vertrages bejaht.

625 Insofern kritisch Jerusalem, Die Regelung der Mitarbeitergeschäfte, S. 247.

626 Vgl. Lelley, Compliance im Arbeitsrecht, Rn. 613 ff.

dann eigenständig mit den üblichen personalrechtlichen Maßnahmen in Form von Abmahnung oder Kündigung die arbeitsvertraglichen Konsequenzen umsetzt. In Fällen des Verstoßes gegen das Insiderhandelsverbot kann eine außerordentliche Kündigung angezeigt sein[627].

## VI. Zwischenergebnis

Dieser Arbeit liegt der enge Compliance-Begriff im Sinne der Wertpapier-Compliance zugrunde. Im Rahmen der Überwachungsfunktion der Compliance in diesem Sinne erfolgt zunächst eine Delegation der Überwachungsaufgaben durch den Gesetzgeber an das Leitungsorgan des Wertpapierdienstleistungsunternehmens und von dort eine Delegation an Compliance, genauer: an den Compliance-Beauftragten. Dieser agiert im Zusammenhang mit der Überwachung der Mitarbeitergeschäfte nach § 33b WpHG in Umsetzung zwingender kapitalmarktrechtlicher Vorgaben zumindest auch im öffentlichen Interesse.

Die auf der Basis der normativen Grundlagen für die Überwachung der Mitarbeitergeschäfte durch Compliance ausgeführten praktischen Umsetzungsmaßnahmen in den Wertpapierdienstleistungsunternehmen greifen unmittelbar in die Privatsphäre der überwachten Mitarbeiter ein. Die Maßnahmen haben insofern eine hohe Eingriffsintensität bezogen auf die private Lebensführung der betroffenen Mitarbeiter. Auch in Freiheitspositionen des Wertpapierdienstleistungsunternehmens selbst wird eingegriffen.

Nachfolgend ist deshalb zu analysieren, ob diese Überwachungsmaßnahmen am Maßstab der Grundrechte zu messen und auf ihre Verfassungsmäßigkeit hin zu prüfen sind.

627 Vgl. Jerusalem, Die Regelung der Mitarbeitergeschäfte, S. 253.

# D. Die grundrechtlichen Dimensionen der Überwachung

Wie bereits an mehreren Stellen gezeigt, tangieren die Überwachungshandlungen des Compliance-Beauftragten unmittelbar die Privatsphäre der betroffenen Mitarbeiter auf unterschiedlichen Ebenen. Dies gilt insbesondere für die in Umsetzung der Überwachung der Mitarbeitergeschäfte nach § 33b WpHG durch den Compliance-Beauftragten ergriffenen Maßnahmen in der täglichen Praxis eines Wertpapierdienstleistungsunternehmens. Aber auch die Wertpapierdienstleistungsunternehmen selbst werden durch die teilweise rigiden gesetzlichen Vorgaben und Rechtskonkretisierungen durch die BaFin in ihrer Handlungsfreiheit eingeschränkt.

Eine erste kursorische Analyse führt daher zu der Erkenntnis, dass durch die Überwachungsmaßnahmen mit einer hohen Wahrscheinlichkeit auch in grundrechtlich geschützte Rechtspositionen der betroffenen Mitarbeiter wie auch der Wertpapierdienstleistungsunternehmen selbst eingegriffen wird. Möglicherweise sind auch andere Kapitalmarktteilnehmer oder die Institution des Kapitalmarkts an sich in grundrechtsrelevanter Weise tangiert. Es ist daher zunächst der Frage nachzugehen, in welcher Funktion die Grundrechte im Kontext der Überwachungsfunktion der Wertpapier-Compliance, insbesondere mit Bezug auf die Überwachung der privaten Wertpapiergeschäfte der Mitarbeiter, Bedeutung erlangen.

## I. Die Funktion der Grundrechte im Rahmen der Überwachungshandlungen

Zwar sind Grundrechte nach modernem Verständnis multifunktional[628] und finden somit in unterschiedlichen Konstellationen und mit unterschiedlicher Zielrichtung Anwendung. Für den Bereich der kapitalmarktrechtlichen Organisationsvorgaben, etwa in Gestalt der Notwendigkeit der Überwachung der privaten Wertpapiertransaktionen der Mitarbeiter, ist jedoch nur ein kleiner Ausschnitt relevant.

---

628 Stern, in: Stern/Becker (Hrsg.), Grundrechte-Kommentar, Einl., Rn. 26.

## 1. Die Abwehrfunktion

Bereits im Rahmen der Analyse der Charakterisierung der Überwachungsmaßnahmen des Compliance-Beauftragten[629] wurde angedeutet, dass hinsichtlich der Überwachung Grundrechte primär als Abwehrrechte des einzelnen Mitarbeiters gegenüber staatlichen Maßnahmen dienen.

Diese klassische Funktion der Grundrechte besteht darin, dem betroffenen Rechtssubjekt die Möglichkeit zu geben, sich gegen Eingriffe des Staates zu wehren. Den Grundrechtsträgern sollen Freiheitspositionen eingeräumt werden, innerhalb derer der Einzelne individuell und ohne staatliche Eingriffe agieren kann. Der „Bereich freier Lebensgestaltung"[630] soll gesichert werden. Dieser auch als „status negativus" bezeichnete Zustand soll insbesondere Eingriffe in Freiheitspositionen abwehren[631].

Die Abwehrfunktion steht im Zusammenhang mit den kapitalmarktrechtlichen Organisationsvorgaben und deren Auswirkungen mit Blick auf die Mitarbeiter von Wertpapierdienstleistungsunternehmen im Vordergrund. Die Überwachungsmaßnahmen des Compliance-Beauftragten greifen unmittelbar in private Rechtspositionen der einzelnen Mitarbeiter ein. Es gilt daher zu analysieren, in welchem Maße dem einzelnen Mitarbeiter Abwehrmöglichkeiten gegen die vom Compliance-Beauftragten ausgeführten Überwachungsmaßnahmen einzuräumen sind. Als Konsequenz daraus ist der Frage nachzugehen, inwieweit die normativen Grundlagen der Überwachung und darauf basierende einzelne Überwachungsmaßnahmen grundrechtskonform ausgestaltet sind und wo die Grenzen zwischen zulässiger Überwachung und der Verletzung von Grundrechtspositionen verlaufen.

Auch hinsichtlich der Wertpapierdienstleistungsunternehmen selbst steht die Abwehrfunktion im Zentrum der grundrechtlichen Analyse. In dieser Konstellation ist zu untersuchen, inwieweit durch die normierten Organisationsanforderungen in grundrechtlich geschützte Rechtspositionen der Unternehmen eingegriffen wird und welche Möglichkeiten die Wertpapierdienstleistungsunternehmen haben, sich gegen solche Eingriffe zur Wehr zu setzen.

Sowohl der status positivus, im Rahmen dessen es primär darauf ankommt, inwieweit notwendige staatliche Vorkehrungen für die Grundrechtsausübung vorhanden sind[632], wie auch der status activus, der sich hauptsächlich auf die Ausübung staatsbürgerlicher Rechte bezieht[633], spielen im Zusammenhang mit

629 Siehe oben Kapitel C. 4. III.

630 Stern, in: Stern/Becker (Hrsg.), Grundrechte-Kommentar, Einl., Rn. 33.

631 Pieroth/Schlink, Grundrechte, Rn. 76.

632 Pieroth/Schlink, Grundrechte, Rn. 78 f.

633 Pieroth/Schlink, Grundrechte, Rn. 83 ff.

den kapitalmarktrechtlichen Organisationspflichten und damit möglicherweise verbundenen Eingriffen in grundrechtlich geschützte Positionen der jeweiligen Grundrechtsträger keine Rolle.

### 2. Der objektive Geltungsrahmen

Die Tatsache, dass die Grundrechte daneben auch als objektive Werteordnung[634] für die Gestaltung der Gesellschaft und möglicherweise daraus resultierende Schutz- und Gewährleistungspflichten des Staates dienen ist in vorliegendem Zusammenhang sekundär. Zwar ergibt sich aus dem objektiven Geltungsrahmen der Grundrechte auch deren Anwendung im Verhältnis unter Privaten[635]. Da nach hier vertretener Ansicht auch Überwachungsmaßnahmen außerhalb der zwingenden normativen Vorgaben, die sich auf die Überwachung der privaten Wertpapiertransaktionen fokussieren und auf diese Weise zu Einschränkungen grundrechtlicher Positionen führen, staatlicher Natur sind, bleibt insofern für den Anwendungsbereich der Geltung von Grundrechten unter Privaten jedenfalls unmittelbar kein Raum.

### 3. Fazit

Im Kontext der Überwachung der privaten Mitarbeitergeschäfte erlangen die Grundrechte somit primär Relevanz im Rahmen der klassischen Abwehrfunktion zugunsten der individuellen Mitarbeiter und in Teilen der Wertpapierdienstleistungsunternehmen selbst.

## II. Der grundrechtliche Prüfungsmaßstab

Im Rahmen der Untersuchung des Spannungsfelds zwischen den Überwachungsmaßnahmen der staatlichen Aufsichtsbehörden und der Gewerbefreiheit des einzelnen Wertpapierdienstleistungsunternehmens ist sodann die Frage nach der grundsätzlichen Anwendbarkeit der Grundrechte im Zusammenhang mit der Überwachung von Mitarbeitergeschäften nach § 33b WpHG zu beantworten. Entsprechendes gilt auch hinsichtlich des Spannungsfelds zwischen dem Schutz der grundrechtlich geschützten Positionen der von Überwachungsmaßnahmen

634 P. Kirchhof, in: Merten/Papier (Hrsg.), Handbuch der Grundrechte, § 21, Rn. 10.
635 Stern, in: Stern/Becker (Hrsg.), Grundrechte-Kommentar, Einl., Rn. 42.

durch den Compliance-Beauftragten betroffenen Mitarbeiter und den gesetzlich geforderten Überwachungshandlungen durch die Compliance-Funktion der Wertpapierdienstleistungsunternehmen, die mit dem Motiv, die Funktionsfähigkeit des Kapitalmarkts zu sichern, implementiert worden sind.

Es gilt daher zunächst die Dimensionen des Grundrechtsschutzes herauszuarbeiten und darzustellen. Insbesondere ist die Frage zu beantworten, ob die normativen Grundlagen der Überwachung der Mitarbeitergeschäfte nach § 33b WpHG sowie sämtliche darauf gestützte Überwachungshandlungen, aber auch die über die in Umsetzung der zwingenden normativen Grundlagen hinausgehenden individuellen Überwachungsmechanismen an den Grundrechten des deutschen Grundgesetzes oder an den europäischen Grundrechten zu messen sind.

## 1. Die europäischen Grundrechte

Die europäischen Grundrechte kommen als Prüfungsmaßstab deshalb in Betracht, weil die normativen Grundlagen der Überwachung der Mitarbeitergeschäfte nach § 33b WpHG, wie gezeigt[636], europarechtlichen Ursprungs sind. § 33b WpHG setzt entsprechende Vorgaben aus der MiFID sowie der MiFID-Durchführungsrichtlinie um. Demzufolge basieren auch konkrete Überwachungsmaßnahmen entweder durch die staatlichen Überwachungsinstanzen oder durch die Compliance-Beauftragten der Wertpapierdienstleistungsunternehmen auf europäischen Rechtsnormen, mit der Folge, dass auch sie am Maßstab der europäischen Grundrechte zu messen sein könnten.

### a) Die Charta der Grundrechte der Europäischen Union

Bereits vor der Entstehung der Charta der Grundrechte der Europäischen Union („EU-Grundrechte-Charta") waren Grundrechte als Teil der allgemeinen Rechtsgrundsätze[637] der Europäischen Union anerkannt[638].

Die explizite Kodifizierung von Grundrechten für die Bürger der Europäischen Union erfolgte erstmals in Form der bereits erwähnten EU-Grundrechte-Charta, die am 7. Dezember 2000 in Nizza verkündet wurde[639], nachdem die Charta zuvor von einem im Jahre 1999 durch den Europäischen Rat eingesetzten

636 Siehe oben Kapitel B. I. 1. b).

637 Walter, in: Ehlers (Hrsg.), Europäische Grundrechte, § 1, Rn. 27.

638 Jarass, EU-Grundrechte-Charta, Einl., Rn. 8.

639 Vgl. Eisner, Schrankenregelung, S. 22; Wilms, Staatsrecht II, Rn. 280.

Konvent aus Repräsentanten der Staats- und Regierungschefs, des Kommissionspräsidenten, des Europäischen Parlaments und der nationalen Parlamente ausgearbeitet worden war[640]. Durch die EU-Grundrechte-Charta wurde das Ziel verfolgt, die bereits aus vorerwähnten allgemeinen Rechtsgrundsätzen bestehenden Grundrechte zu katalogisieren[641], um sie dadurch „sichtbar zu machen" und den Inhalt der Grundrechte und deren Durchsetzung dadurch „zu bekräftigen"[642]. Allerdings war mit der Verkündung der EU-Grundrechte-Charta keine rechtliche Bindungswirkung verbunden[643]. Vielmehr beschränkte sich die Proklamation der EU-Grundrechte-Charta auf eine politische Aussage, wenngleich die Charta trotz ihres Mangels an rechtlicher Verbindlichkeit die Entwicklung des europäischen Grundrechtsschutzes maßgeblich beeinflusst hat[644].

Rechtliche Verbindlichkeit erlangte die EU-Grundrechte-Charta am 1. Dezember 2009, da am 13. November 2009 der Vertrag von Lissabon vollständig durch die Mitgliedstaaten ratifiziert[645] und dadurch auch Art. 9 EUV in Kraft gesetzt wurde[646]. Die in der EU-Grundrechte-Charta fixierten europäischen Grundrechte wurden dadurch zum europäischen Primärrecht[647], mit der Folge, dass die Organe der Europäischen Union nach Art. 51 Abs. 1 der EU-Grundrechte-Charta immer an die in ihr fixierten Grundrechte gebunden sind[648]. Nach Art. 6 Abs. 1 Unterabschnitt 1 EUV ist die EU-Grundrechte-Charta im Verhältnis zum übrigen primären Recht innerhalb der Europäischen Union gleichrangig und muss für den Fall einer Kollision mit anderem primären Recht nach dem Grundsatz der praktischen Konkordanz in einen schonenden Ausgleich gebracht werden[649].

Die bereits vor der rechtlichen Verbindlichkeit der EU-Grundrechte-Charta aus den allgemeinen Rechtsgrundsätzen[650] durch den EuGH hergeleiteten Grundrechte bleiben nach Art. 6 Abs. 3 EUV weiterhin eine Rechtsquelle für EU-Grundrechte als Teil des Primärrechts[651]. Eine eigenständige Bedeutung der aus den allgemeinen Rechtsgrundsätzen abgeleiteten Grundrechte wird diesen, mit

---

640 Mombaur, in: Tettinger/Stern (Hrsg.), Europäische Grundrechte-Charta, B IV Rn. 11.

641 Schroeder, EuZW 2011, S. 462, 463.

642 Jarass, EU-Grundrechte-Charta, Einl., Rn. 3.

643 Vgl. Alber/Widmaier, EuGRZ 2006, S. 113, 113.

644 Walter, in: Ehlers (Hrsg.), Europäische Grundrechte, § 1, Rn. 37 f.

645 Niedobitek, in: Merten/Papier (Hrsg.), Handbuch der Grundrechte, § 159, Rn. 29.

646 Vgl. Ehlers, in: Ehlers (Hrsg.), Europäische Grundrechte, § 14, Rn. 24; Epping, Grundrechte, Rn. 1035; Jarass, EU-Grundrechte-Charta, Einl., Rn. 6.

647 Vgl. Schmidt, Grundrechte, Rn. 7-9.

648 Willemsen/Sagan, NZA 2011, S. 258, 258; P. Kirchof, in: Merten/Papier (Hrsg.), Handbuch der Grundrechte, § 21, Rn. 26.

649 Jarass, EU-Grundrechte-Charta, Einl., Rn. 10.

650 Hufen, Staatsrecht II, § 3, Rn. 8.

651 Jarass, EU-Grundrechte-Charta, Einl., Rn. 28.

Ausnahme der Bereitstellung eines allgemeinen Freiheitsrechts entsprechend dem deutschen Grundrecht nach Art. 2 Abs. 1 GG, nach der Verbindlichkeit der EU-Grundrechte-Charta allerdings nicht mehr beigemessen, da davon auszugehen ist, dass die Geltung der bisherigen aus den allgemeinen Rechtsgrundsätzen abgeleiteten Grundrechte durch eine entsprechende Auslegung der durch die EU-Grundrechte-Charta kodifizierten Grundrechte gewährleistet werden[652].

Insbesondere hinsichtlich der in der EU-Grundrechte-Charta fixierten Freiheitsrechte, die dem Einzelnen (also etwa einem einzelnen Mitarbeiter eines Wertpapierdienstleistungsunternehmens) einen bestimmten Freiheitsraum (also etwa freie Investitionsmöglichkeiten hinsichtlich des persönlichen Vermögens) einräumt und Abwehransprüche gegen nicht gerechtfertigte hoheitliche Einschränkungen dieses Freiheitsraumes (also etwa das an Mitarbeiter eines Wertpapierdienstleistungsunternehmens durch den Compliance-Beauftragten ausgesprochene Verbot des An- und Verkaufs eines spezifischen Finanzinstruments) zusichert, kann davon ausgegangen werden, dass diese im Prinzip den vergleichbaren durch das deutsche Grundgesetz eingeräumten Freiheitsrechten entsprechen[653].

Neben der EU-Grundrechte-Charta gilt nach deren Art. 53 die Europäische Menschenrechtskonvention parallel, die somit durch den Verweis in Artikel 6 Absatz 3 des Vertrages von Lissabon für die Bestimmung des grundrechtlichen Schutzniveaus in der Europäischen Union relevant wird. Die EMRK stellt insofern das minimale grundrechtliche Schutzniveau innerhalb der EU dar. Durch die Ratifizierung des Vertrages von Lissabon hat sich die EU der Rechtsprechung des Europäischen Gerichtshofs für Menschenrechte unterworfen[654]. Die Europäische Menschenrechtskonvention enthält materiell im Vergleich zur EU-Grundrechte-Charta keine darüber hinausgehenden Grundrechte[655].

Eine Überprüfung der normativen Grundlagen der Überwachung von Mitarbeitergeschäften nach § 33b WpHG sowie darauf basierender Überwachungshandlungen durch den Compliance-Beauftragten eines Wertpapierhandelsunternehmens kann daher auf die Überprüfung am Maßstab der EU-Grundrechte-Charta beschränkt werden, wenn deren Anwendungsbereich grundsätzlich eröffnet ist. Die Verwendung des Begriffs der europäischen Grundrechte beschränkt sich daher in dieser Arbeit nachfolgend auf die in der EU-Grundrechte-Charta kodifizierten Grundrechte, die nachstehend als „EU-Grundrechte“ bezeichnet werden.

652 Jarass, EU-Grundrechte-Charta, Einl., Rn. 34 f.

653 Vgl. Ehlers, in: Ehlers (Hrsg.), Europäische Grundrechte, § 14, Rn. 33.

654 Vgl. Epping, Grundrechte, Rn. 1020.

655 Jarass, EU-Grundrechte-Charta, Einl., Rn. 44 f.

## b) Die Anwendbarkeit der EU-Grundrechte

Zwar gehen die in der EU-Grundrechte-Charta kodifizierten EU-Grundrechte dem nationalen Recht grundsätzlich vor[656]. Allerdings ist die EU-Grundrechte-Charta in den Mitgliedstaaten in der Regel nicht anwendbar, es sei denn, die Mitgliedstaaten führen durch den Erlass von Normen oder durch Maßnahmen der Verwaltung Unionsrecht aus[657].

Der Anwendungsbereich des Unionsrechts ist insofern beispielsweise dann eröffnet, wenn eine gesetzliche Regelung oder Maßnahme der Verwaltung in Deutschland zwingend[658] in Umsetzung einer europäischen Richtlinie erfolgt[659]. Voraussetzung für das insoweit notwendige Tatbestandsmerkmal der „Durchführung" von Unionsrecht[660] in den Mitgliedstaaten sind entsprechend enge und verbindliche Vorgaben durch den europäischen Gesetzgeber[661]. Der Begriff der „Durchführung" wird in diesem Kontext weit ausgelegt und umfasst auch diejenigen Fälle, im Rahmen derer durch die nationale Umsetzung von Richtlinien der Europäischen Union ein Mitgliedstaat europäisches Recht „nur mittelbar" [662] in nationales Recht umsetzt.

Gemeinschaftsrecht selbst kann grundsätzlich nicht am Maßstab des nationalen Rechts gemessen werden, denn es liegt nicht im Rahmen der deutschen Gerichtsgewalt, über die Gültigkeit von Handlungen von Organen der EU zu befinden[663]. Deutsche Umsetzungs- oder Vollzugsakte von Gemeinschaftsrecht sind an den deutschen Grundrechten dann zu messen, wenn im Rahmen der Umsetzung oder des Vollzugs Spielraum besteht. Soweit die Umsetzungs- oder Vollzugsakte auf zwingendes Gemeinschaftsrecht zurückgreifen, scheidet der Maßstab eines kollidierenden nationalen Rechts inklusive der nationalen Grundrechte wegen des Vorrangs des Gemeinschaftsrechts aus[664]. Das BVerfG hat insofern beschlossen, Normen und Verwaltungshandeln in Umsetzung der europarechtlichen Vorgaben nicht am Maßstab der Grundrechte des Grundgesetzes zu messen, solange ein ausreichender Grundrechtsschutz auf Gemeinschaftsebene durch

656 Jarass, EU-Grundrechte-Charta, Einl., Rn. 53.
657 Willemsen/Sagan, NZA 2011, S. 258, 258.
658 Dederer, ZaöRV 2006, S. 575, 584.
659 Bauer/von Medem, ZIP 2010, S. 449, 450.
660 Vgl. F. Kirchhof, NJW 2011, S. 3681, 3684; Pieroth/Schlink, Grundrechte, Rn. 60.
661 Willemsen/Sagan, NZA 2011, S. 258, 258; Streinz/Michl, EuZW 2011, S. 384, 385.
662 Vgl. Scholz, in: Merten/Papier (Hrsg.), Handbuch der Grundrechte, § 170, Rn. 39.
663 Ehlers, in: Ehlers (Hrsg.), Europäische Grundrechte, § 14, Rn. 18.
664 Vgl. Ehlers, in: Ehlers (Hrsg.), Europäische Grundrechte, § 14, Rn. 19; Wernsmann, NZG 2011, S. 1243.

den EuGH gewährleistet ist[665]. Nachdem der Vertrag von Lissabon verbindlich geworden ist, wird dem Eingriffsvorbehalt keine wesentliche Bedeutung mehr beigemessen, da davon auszugehen ist, dass das BVerfG sich nur noch als Wächter der Einhaltung der Kompetenzgrenzen der Europäischen Union sieht[666].

Entscheidend für den relevanten grundrechtlichen Prüfungsmaßstab hinsichtlich der Überwachung von Mitarbeitergeschäften nach § 33b WpHG ist somit, inwieweit für die Bundesrepublik Deutschland bei der Umsetzung der MiFID ein Spielraum bestanden hat oder ob die Umsetzung durch das FRUG über die zwingenden Vorgaben der MiFID bezüglich der Überwachung von Mitarbeitergeschäften hinausgeht[667]. Wie bereits dargestellt[668] ist von einer Vollharmonisierung durch die im Wege des Lamfalussy-Verfahrens erlassenen Regelungen der MiFID auszugehen[669]. Als Folge dessen kann grundsätzlich davon ausgegangen werden, dass der Ausfüllungsspielraum der gesetzgebenden Organe in den jeweiligen Mitgliedstaaten äußerst gering ist, was bereits generell dafür spricht, Durchsetzungsmaßnahmen infolge der MiFID an den EU-Grundrechten zu messen[670].

Am Maßstab der Grundrechte des deutschen Grundgesetzes können Regelungen des WpHG somit nur dann gemessen werden, wenn dem deutschen Gesetzgeber bei der Umsetzung der entsprechenden europarechtlichen Vorgaben ein hinreichender Gestaltungsspielraum eingeräumt wurde oder für Regelungen, die ohne entsprechende europarechtliche Vorgabe Eingang in das WpHG gefunden haben[671]. Dies bedeutet weiterhin, dass jede individuelle Passage des WpHG daraufhin zu überprüfen ist, ob die europarechtlichen Vorgaben den Mitgliedstaaten Spielraum bei der Umsetzung lassen, ob der Spielraum in Einzelfall durch einen Mitgliedstaat tatsächlich ausgenutzt worden ist oder ob eine sogenannte 1:1-Umsetzung[672] der europarechtlichen Vorgaben vorgenommen wurde.

Zwar bestehen für Teile der Kapitalmarktregulierung durchaus Gestaltungsspielräume für die nationalen Gesetzgeber[673]. So wird beispielsweise auch im

665 BVerfGE 73, S. 339ff.; vgl. Scholz, in: Merten/Papier (Hrsg.), Handbuch der Grundrechte, § 170, Rn. 8; Wilms, Staatsrecht II, Rn. 166; Dederer, ZaöRV, S. 575, 596.

666 Vgl. Manssen, Staatsrecht II, Rn. 91.

667 Vgl. Möllers, WM 2008, S. 93, 96.

668 Siehe oben Kapitel B. I. 1. b.

669 Möllers, Anlegerschutz im System des Kapitalmarktrechts, in: Grundmann u. a. (Hrsg.), FS Hopt, S. 2247, 2261.

670 Vgl. Mülbert, WM 2007, S. 1149, 1157.

671 Hirte/Heinrich, in: Hirte/Möllers (Hrsg.), KK-WpHG, Einleitung Rn. 113.

672 Vgl. Fett, in: Schwark/Zimmer (Hrsg.), KMRK, § 33 Rn. 1, S. 1719.

673 Vgl. Bumke, Regulierung am Beispiel der Kapitalmärkte, in: Hopt/Veil/Kämmerer (Hrsg.), Kapitalmarktgesetzgebung, S. 107, 120, der in Fn. 68 darauf verweist, dass beispielsweise der graue Kapitalmarkt von den europarechtlichen Harmonisierungsbemühungen verschont bleibt,

Zusammenhang mit der sogenannten Marktmissbrauchsrichtlinie[674] und der Marktmissbrauchsdurchführungsrichtlinie[675] vertreten, dass dem deutschen Gesetzgeber ein Spielraum bei der Umsetzung eingeräumt wurde, die Umsetzung deshalb verfassungskonform vorzunehmen sei, mit der Folge, dass die Umsetzung einer vollständigen verfassungsgerichtlichen Überprüfung durch das BVerfG unterliege[676].

Allerdings haben die MiFID und die MiFID-Durchführungsrichtlinie einen sehr hohen Detaillierungsgrad, was dazu führt, dass die Mitgliedstaaten im Zusammenhang mit der Umsetzung in nationales Recht sehr enge Grenzen auferlegt bekommen haben[677]. Vorliegend ist demnach zu prüfen, inwieweit die für die Überwachung von Mitarbeitergeschäften von Wertpapierdienstleistungsunternehmen in der MiFID enthaltenen Passagen einen Spielraum für die Umsetzung durch die nationalen Gesetzgeber belassen haben oder nicht.

Ausgangspunkt sind insofern Art. 13 Abs. 2 und 3 MiFID[678], die Vorgaben für die grundsätzlichen Organisations- und Überwachungspflichten enthalten. Hinsichtlich des Begriffs des persönlichen Geschäfts erfolgt eine spezifische Erläu-

---

für den geregelten Kapitalmarkt jedoch die Vollharmonisierung durch das Lamfalussy-Verfahren angestrebt wird.

674 Richtlinie 2003/6/EG des Europäischen Parlaments und des Rates vom 28. Januar 2003 über Insider-Geschäfte und Marktmanipulation (Marktmissbrauch), ABl. EU Nr. L 96, S. 16 ff. vom 12. 4. 2003 [kurz: Marktmissbrauchsrichtlinie]; vgl. zu deren Entstehung und Inhalt Klein, Anwendbarkeit und Umsetzung von Risikomanagementsystemen auf Compliance-Risiken im Unternehmen, S. 139 ff.

675 Richtlinie 2003/124/EG der Kommission vom 22. Dezember 2003 zur Durchführung der Richtlinie 2003/6/EG des Europäischen Parlaments und des Rates betreffend die Begriffsbestimmung und die Veröffentlichung von Insiderinformationen und die Begriffsbestimmung der Marktmanipulation, ABl. EU Nr. L 339, S. 70 ff. vom 22. 12. 2003 [kurz: Marktmissbrauchsdurchführungsrichtlinie].

676 Steidle/Waldeck, WM 2005, S. 868, 871.

677 Fuchs, in: Fuchs (Hrsg.), WpHG-Kommentar, Einleitung, Rn. 56; Möllers, Anlegerschutz im System des Kapitalmarktrechts, in: Grundmann u. a. (Hrsg.), FS Hopt, S. 2247, 2261; Veil, in: Veil (Hrsg.), Europäisches Kapitalmarktrecht, § 2, Rn. 15.

678 Unter der Überschrift „Organisatorische Anforderungen" lautet Absatz 2: „Eine Wertpapierfirma sieht angemessene Strategien und Verfahren vor, die ausreichen, um sicherzustellen, dass die Firma, ihre Geschäftsleitung, Beschäftigten und vertraglich gebundenen Vermittler den Verpflichtungen gemäß dieser Richtlinie sowie den einschlägigen Vorschriften für persönliche Geschäfte dieser Personen nachkommen." Absatz 3 lautet wie folgt: „Eine Wertpapierfirma muss auf Dauer wirksame organisatorische und verwaltungsmäßige Vorkehrungen für angemessene Maßnahmen treffen, um zu verhindern, dass Interessenkonflikte im Sinne des Artikels 18 den Kundeninteressen schaden."

terung der Begriffsdefinition durch Artikel 11[679] der MiFID-Durchführungsrichtlinie.

Weitere Präzisierungen hinsichtlich der Art und Weise der Organisationsvorgaben sind in Artikel 12[680] MiFID-Durchführungsrichtlinie enthalten.

---

679 „Der Begriff des persönlichen Geschäfts für die Zwecke der Artikel 12 und 25 bezeichnet als „persönliches Geschäft" ein Geschäft mit einem Finanzinstrument, das von einer relevanten Person für eigene oder für Rechnung Dritter getätigt wird und bei dem mindestens eines der folgenden Kriterien erfüllt ist: a) Die relevante Person handelt außerhalb ihres Aufgabenbereichs, für den sie in der Wertpapierfirma zuständig ist; b) das Geschäft erfolgt für Rechnung einer der folgenden Personen: i) der relevanten Person, ii) einer Person, zu der sie eine familiäre Bindung oder enge Verbindungen hat, iii) einer Person, deren Verhältnis zur relevanten Person so beschaffen ist, dass Letztere ein direktes oder indirektes wesentliches Interesse am Ausgang des Geschäfts hat, wobei das Interesse nicht auf eine Gebühr oder Provision für die Abwicklung des Geschäfts abzielen darf."

680 „Artikel 12 (Artikel 13 Absatz 2 der Richtlinie 2004/39/EG) Persönliche Geschäfte (1) Die Mitgliedstaaten schreiben den Wertpapierfirmen vor, angemessene Vorkehrungen zu treffen und auf Dauer einzuhalten, um relevante Personen, deren Tätigkeiten zu einem Interessenkonflikt Anlass geben könnten, oder die aufgrund von Tätigkeiten, die sie im Namen der Firma ausüben, Zugang zu Insiderinformationen im Sinne von Artikel 1 Absatz 1 der Richtlinie 2003/6/EG oder zu anderen vertraulichen Informationen über Kunden oder über Geschäfte haben, die mit oder für Kunden getätigt werden, daran zu hindern, a) ein persönliches Geschäft zu tätigen, bei dem zumindest eine der folgenden Voraussetzungen erfüllt ist: i) Die Person darf das Geschäft nach der Richtlinie 2003/6/EG nicht tätigen; ii) es geht mit dem Missbrauch oder der vorschriftswidrigen Weitergabe dieser vertraulichen Informationen einher; iii) es kollidiert mit einer Pflicht, die der Wertpapierfirma aus der Richtlinie 2004/39/EG erwächst, oder könnte damit kollidieren; b) außerhalb ihres regulären Beschäftigungsverhältnisses oder Dienstleistungsvertrags einer anderen Person ein Geschäft mit Finanzinstrumenten zu empfehlen, das – wenn es sich um ein persönliches Geschäft der relevanten Person handeln würde – unter Buchstabe a bzw. Artikel 25 Absatz 2 Buchstabe a oder b bzw. Artikel 47 Absatz 3 fiele, oder diese Person zu einem solchen Geschäft zu veranlassen; c) unbeschadet des Artikels 3 Buchstabe a der Richtlinie 2003/6/EG außerhalb ihres regulären Beschäftigungsverhältnisses oder Dienstleistungsvertrags Informationen oder Meinungen an eine andere Person weiterzugeben, wenn der relevanten Person klar ist oder nach vernünftigem Ermessen klar sein sollte, dass diese Weitergabe die andere Person dazu veranlassen wird oder veranlassen dürfte, i) ein Geschäft mit Finanzinstrumenten zu tätigen, das – wenn es sich um ein persönliches Geschäft der relevanten Person handeln würde – unter Buchstabe a bzw. Artikel 25 Absatz 2 Buchstabe a oder b bzw. Artikel 47 Absatz 3 fiele, oder ii) einer anderen Person zu einem solchen Geschäft zu raten oder eine andere Person zu einem solchen Geschäft zu veranlassen. (2) Die in Absatz 1 vorgeschriebenen Vorkehrungen müssen insbesondere gewährleisten, dass a) jede unter Absatz 1 fallende relevante Person die Beschränkungen bei persönlichen Geschäften und die Maßnahmen, die die Wertpapierfirma im Hinblick auf L 241/38 DE Amtsblatt der Europäischen Union 2.9.2006 persönliche Geschäfte und Informationsweitergabe gemäß Absatz 1 getroffen hat, kennt; b) die Wertpapierfirma unverzüglich über jedes persönliche Geschäft einer solchen relevanten Person unterrichtet wird, und zwar entweder durch Meldung des Geschäfts oder durch andere Verfahren, die der Wertpapierfirma die Feststellung solcher Geschäfte ermöglichen. Bei Auslagerungsvereinbarungen muss die Wertpapierfirma sicherstellen, dass die Firma, an die die

Es kann diesbezüglich festgehalten werden, dass bereits bezüglich der allgemeinen Organisationsanforderungen durch die europäischen Normen sehr genaue und enge Vorgaben für die Umsetzung der materiellen Inhalte des europäischen Rechts in das nationale Recht gemacht werden. Ein Spielraum für den jeweiligen nationalen Gesetzgeber ist nicht erkennbar.

Dies wird noch deutlicher im Zusammenhang mit den Präzisierungen für die Umsetzung der Organisationsvorgaben für den Fall der Finanzanalyse durch Artikel 25[681] der MiFID-Durchführungsrichtlinie.

---

Tätigkeit ausgelagert wird, persönliche Geschäfte aller relevanten Personen festhält und der Wertpapierfirma diese Informationen auf Verlangen unverzüglich liefert; c) ein bei der Wertpapierfirma gemeldetes oder von dieser festgestelltes persönliches Geschäft sowie jede Erlaubnis und jedes Verbot im Zusammenhang mit einem solchen Geschäft festgehalten wird. (3) Von den Absätzen 1 und 2 ausgenommen sind: a) persönliche Geschäfte, die im Rahmen eines Vertrags über die Portfolioverwaltung mit Entscheidungsspielraum getätigt werden, sofern vor Abschluss des Geschäfts keine diesbezüglichen Kontakte zwischen dem Portfolioverwalter und der relevanten Person oder der Person, für deren Rechnung das Geschäft getätigt wird, stattfinden; b) persönliche Geschäfte mit Anteilen an Organismen für gemeinsame Anlagen, die die Voraussetzungen erfüllen, um die Rechte der Richtlinie 85/611/EWG in Anspruch nehmen zu können, oder die nach den Rechtsvorschriften eines Mitgliedstaats einer Aufsicht unterliegen, die für ihre Anlagen ein gleich hohes Maß an Risikostreuung vorschreibt, wenn die relevante Person oder jede andere Person, für deren Rechnung die Geschäfte getätigt werden, nicht an der Geschäftsleitung dieses Organismus beteiligt ist."

681 Die relevanten Passagen lauten: „(1) Die Mitgliedstaaten verpflichten Wertpapierfirmen, die auf eigene Verantwortung oder auf Verantwortung eines Mitglieds ihrer Gruppe Finanzanalysen erstellen oder erstellen lassen, die im Anschluss daran unter den Kunden der Wertpapierfirma oder in der Öffentlichkeit verbreitet werden sollen oder aller Wahrscheinlichkeit nach verbreitet werden, dafür zu sorgen, dass in Bezug auf die an der Erstellung dieser Analysen beteiligten Finanzanalysten sowie in Bezug auf andere relevante Personen, deren Aufgaben oder Geschäftsinteressen mit den Interessen der L 241/44 DE Amtsblatt der Europäischen Union 2.9.2006 Personen, an die die Finanzanalysen weitergegeben werden, kollidieren könnten, alle in Artikel 22 Absatz 3 genannten Maßnahmen getroffen werden. (2) Die Mitgliedstaaten verpflichten die unter Absatz 1 fallenden Wertpapierfirmen zu Vorkehrungen, die so angelegt sind, dass sie die Erfüllung der folgenden Bedingungen gewährleisten: a) Finanzanalysten und andere relevante Personen, die den wahrscheinlichen Zeitplan oder Inhalt einer Finanzanalyse kennen, die für die Öffentlichkeit oder für Kunden nicht zugänglich ist und aus den öffentlich verfügbaren Informationen nicht ohne Weiteres abgeleitet werden kann, dürfen persönliche oder im Namen einer anderen Person, einschließlich der Wertpapierfirma, getätigte Geschäfte mit Finanzinstrumenten, auf die sich die Finanzanalyse bezieht, oder mit damit verbundenen Finanzinstrumenten nur als Marktmacher in gutem Glauben und im normalen Verlauf des „Market-Making" oder in Ausführung eines unaufgeforderten Kundenauftrags tätigen, und zwar erst dann, wenn die Empfänger der Finanzanalyse ausreichend Gelegenheit hatten, auf diese zu reagieren; b) in den von Buchstabe a nicht abgedeckten Fällen dürfen Finanzanalysten und alle anderen an der Erstellung von Finanzanalysen beteiligten relevanten Personen nur unter außergewöhnlichen Umständen und mit vorheriger Genehmigung eines Mitarbeiters der Rechtsabteilung oder der Compliance-Funktion der Wertpapierfirma ein den aktuellen Empfehlungen zuwiderlaufendes

Durch einen Vergleich mit dem Wortlaut von § 33b WpHG wird deutlich, dass die Vorgaben der europäischen Normen im Prinzip wortgleich durch das FRUG in das WpHG eingefügt worden sind. Die in der MiFID und der MiFID-Durchführungsrichtlinie enthaltenen Vorgaben sind zudem derart ausdifferenziert und genau, dass kein nennenswerter Spielraum für den nationalen Gesetzgeber im Rahmen der Umsetzung in nationales Recht besteht.

Weiterhin ist festzuhalten, dass der deutsche Gesetzgeber im Rahmen des FRUG, bezogen auf die Überwachung der privaten Wertpapiertransaktionen der Mitarbeiter von Wertpapierdienstleistungsunternehmen, auch nicht über den europarechtlich vorgegebenen Mindeststandard hinausgegangen ist.

#### c) Fazit

Zusammenfassend kann daher festgestellt werden, dass wegen des Mangels an Spielraum bei der Umsetzung der relevanten europäischen Richtlinien durch § 33b WpHG dieser und die aus ihm abgeleiteten Umsetzungsmaßnahmen durch den Compliance-Beauftragten eines Wertpapierdienstleistungsunternehmens am Maßstab der EU-Grundrechte zu messen sind. Es sind dies gleichzeitig diejenigen Überwachungsmaßnahmen, hinsichtlich derer der Compliance-Beauftragte im öffentlichen Interesse handelt[682]. Die europäischen Grundrechte sind daher auf diese Überwachungshandlungen direkt anwendbar.

### 2. Die deutschen Grundrechte

Nachdem gezeigt wurde, dass die im Zusammenhang mit der in Umsetzung der zwingenden (europäischen) normativen Grundlagen nach § 33b WpHG ausgeführten Überwachungshandlungen exklusiv und unmittelbar an den europäischen Grundrechten zu messen sind, bleibt zu analysieren, welcher Anwendungsbereich für die deutschen Grundrechte verbleibt. In Frage kommt insoweit eine hilfsweise oder ergänzende Bewertung sowie die Überprüfung derjenigen Maßnahmen des Compliance-Beauftragten, die sich zwar auf die Kontrolle oder die Überwachung von Mitarbeitergeschäften beziehen, die jedoch unternehmensindividuell, unabhängig von den zwingenden kapitalmarktrechtlichen Vorgaben, implementiert werden.

---

persönliches Geschäft mit den Finanzinstrumenten, auf die sich die Finanzanalyse bezieht, oder damit verbundenen Finanzinstrumenten tätigen."

682 Siehe oben Kapitel C. IV. 4.

## a) Ergänzung der Prüfung der europäischen Grundrechte

Eine Bewertung am Maßstab der Grundrechte des deutschen Grundgesetzes kann – soweit im Einzelfall notwendig – hilfsweise oder ergänzend erfolgen. Vor dem Hintergrund der bisher noch nicht stark ausgeprägten Rechtsprechung des EuGH im Zusammenhang mit kapitalmarktrechtlichen Sachverhalten kann auf die vom BVerfG herausgearbeiteten Prinzipien rekurriert werden. Die im Rahmen der Rechtsprechung des Bundesverfassungsgerichts herausgearbeiteten Prinzipien werden, soweit notwendig, für die Auslegung der EU-Grundrechte und für die Bewertung der auf deren Basis geschützten Positionen in entsprechender Anwendung herangezogen, da auf der europäischen Ebene im Vergleich zu der vom BVerfG entwickelten Grundrechtsdogmatik letztlich nichts anderes gelten kann.

## b) Überwachungshandlungen außerhalb der zwingenden gesetzlichen Vorgaben

Weiterhin kommt die Überprüfung derjenigen Überwachungshandlungen des Compliance-Beauftragten am Maßstab der deutschen Grundrechte in Betracht, die unabhängig von den insoweit bestehenden zwingenden normativen Vorgaben im Wertpapierdienstleistungsunternehmen implementiert worden sind und zwar insbesondere dann, wenn der hier vertretenen Ansicht, wonach zumindest bezüglich der Überwachungsmaßnahmen hinsichtlich der privaten Wertpapiertransaktionen der Mitarbeiter staatliche Grundrechtseinschränkungen in unmittelbarer Ergänzung zwingender Vorgaben transportiert werden, nicht gefolgt werden sollte.

### *(1) Geltung der Grundrechte unter Privaten*

Eine Überprüfung am Maßstab der deutschen Grundrechte wäre grundsätzlich auch hinsichtlich solcher Überwachungsmaßnahmen möglich, die allein im Rahmen der Ausgestaltung der individuellen Arbeitsverhältnisse regelmäßig durchgeführt werden. Als Beispiel hierfür seien die bereits erwähnten regelmäßig durch interne Compliance-Richtlinien in Wertpapierdienstleistungsunternehmen implementierten Höchstgrenzen für private Wertpapiertransaktionen innerhalb eines bestimmten Zeitraums sowie Vorgaben, wonach die privaten Wertpapiertransaktionen der Mitarbeiter nicht spekulativer Natur sein dürfen, sondern dem langfristigen Vermögensaufbau[683] zu dienen haben und sich nur innerhalb der

683 Eine solche Regelung war noch in den zwischenzeitlich aufgehobenen Mitarbeiter-Leitsätzen Buchstabe A Ziffer 2 enthalten und wurde auch nach Implementierung von § 33b WpHG durch

wirtschaftlichen Verhältnisse des Mitarbeiters[684] bewegen dürfen, angeführt. Entsprechendes gilt für Restriktionen hinsichtlich des Beitritts zu Investmentclubs[685].

Voraussetzung für eine Überprüfung dieser Maßnahmen am Maßstab der deutschen Grundrechte wäre allerdings, dass die Grundrechte auch unter Privaten Geltung haben. Die Überwachungsmaßnahmen des Compliance-Beauftragten sind vor dem Hintergrund seiner jeweiligen konkreten Tätigkeiten differenziert zu betrachten. Oben wurde bereits festgestellt, dass der Compliance-Beauftragte in Umsetzung der normativen Grundlagen im Zusammenhang mit der Überwachung der Mitarbeitergeschäfte auf der Basis von § 33b WpHG zumindest auch im öffentlichen Interesse handelt, da die entsprechenden Regelungen das Ermessen sowohl des Wertpapierdienstleistungsunternehmens wie auch des Compliance-Beauftragten im Prinzip auf Null reduzieren. Liegen diese Voraussetzungen nicht vor, kann nicht davon ausgegangen werden, dass der Compliance-Beauftragte im öffentlichen Interesse handelt. Eine direkte Anwendbarkeit der Grundrechte scheidet daher aus.

Der Compliance-Beauftragte agiert außerhalb der zwingenden kapitalmarktrechtlichen Vorgaben ausschließlich im privaten Interesse des jeweiligen Wertpapierdienstleistungsunternehmens, das im Rahmen des Arbeitsverhältnisses zur Vermeidung von Reputationsschäden sicherstellen möchte, dass sich die Mitarbeiter auf die Arbeitsleistung im Unternehmen konzentrieren, anstatt sich durch das Verfolgen von Börsenkursen infolge eigener offener Wertpapierpositionen während des Arbeitstages von der Arbeit ablenken zu lassen. Entsprechendes gilt für das Interesse des Wertpapierdienstleistungsunternehmens an geordneten Vermögensverhältnissen seiner Mitarbeiter und einem damit verbundenen geringeren Risiko in Form etwa eines internen strafrechtlich relevanten Fehlverhaltens durch die Veruntreuung von Kundengeldern zum Ausgleich von möglicherweise durch eigene spekulative Mitarbeitergeschäfte erlittene Verluste.

Die Drittwirkung der deutschen Grundrechte innerhalb des Arbeitsverhältnisses unter Privaten ist zwischenzeitlich unbestritten[686]. Zumindest für das deutsche Grundgesetz gilt, dass darin eine objektive Grundentscheidung[687] getroffen

---

das FRUG weiterhin in den entsprechenden internen Richtlinien der Wertpapierdienstleistungsunternehmen fortgeführt, obwohl diese Forderung nicht mehr in den aktuellen normativen Grundlagen hinsichtlich der Überwachung der privaten Wertpapiertransaktionen enthalten ist.

684 Wagemann, in: Renz/Hense (Hrsg.), Wertpapier-Compliance in der Praxis, Kapitel 11, Rn. 14.

685 Siehe oben Kapitel C. V. 3.

686 Siehe Mahnhold, Compliance und Arbeitsrecht, S. 138 ff für Compliance-Maßnahmen von Unternehmen außerhalb der Finanzbranche, insbesondere S. 143 unter Verweis auf den Schutzpflichtenansatz des BVerfG.

687 Badura, in: Merten/Papier (Hrsg.), Handbuch der Grundrechte, § 20, Rn. 12.

wurde, die für alle Bereiche des Rechts, also auch für das Zivilrecht und somit insbesondere für das Arbeitsrecht gelten[688]. Die Grundrechtspositionen sind auch vor „Schädigungen durch Privatrechtsträger zu schützen“[689]. Auch im Rahmen der Einführung von Compliance-Regelungen durch das Direktionsrecht des Arbeitgebers sind grundsätzlich „im Wege der Drittwirkung insbesondere Grundrechte der Arbeitnehmer zu berücksichtigen und mit den berechtigten Belangen des Arbeitgebers“[690] oder Interessen der Allgemeinheit[691] abzuwägen.

Zur Frage der Bindung Privater an die EU-Grundrechte im Sinne einer unmittelbaren Drittwirkung gibt es bislang keine Rechtsprechung. In der Literatur finden sich Stimmen, die eine solche Bindung ablehnen[692]. Die Frage der Drittwirkung der (europäischen) Grundrechte muss jedoch vor dem Hintergrund des Betrachtungsgegenstandes dieser Arbeit nicht weiter vertieft werden. Dies hat seinen Grund darin, dass die Überwachungshandlungen des Compliance-Beauftragten in Umsetzung von unternehmensspezifischen Vorgaben, die nicht auf zwingendem europäischen Aufsichtsrecht beruhen, einer Überprüfung anhand der europäischen Grundrechte nicht zugänglich sind. Auf die Frage, ob EU-Grundrechte im Rahmen von Arbeitsverhältnissen deutscher Wertpapierdienstleistungsunternehmen mit ihren Mitarbeitern eine drittschützende Wirkung entfalten, kommt es demnach für die Zwecke dieser Arbeit nicht weiter an.

#### *(2) Grenzen für Überwachungshandlungen außerhalb der zwingenden gesetzlichen Vorgaben*

Ausgehend von der grundsätzlichen Überprüfbarkeit von Überwachungshandlungen durch den Compliance-Beauftragten außerhalb der Umsetzung zwingender gesetzlicher Vorgaben finden auch diese ihre Grenzen in den Grundrechten der Mitarbeiter, die einen einzelnen Mitarbeiter innerhalb des Arbeitsverhältnisses schützen[693]. Insbesondere gilt zugunsten der Mitarbeiter, dass ihre Persönlichkeit zu schützen ist[694]. Dies gilt unabhängig davon, dass wegen der rechtlichen Schranken aus dem Selbstbestimmungsrecht der Mitarbeiter entsprechende

---

688 Vgl. Badura, in: Merten/Papier (Hrsg.), Handbuch der Grundrechte, § 20, Rn. 26; MünchKomm BGB/Müller-Glöge, § 611, Rn. 278.

689 Hofmann, Gesellschaftsrecht und Art. 14 GG, in: Grundmann u. a. (Hrsg.), FS Hopt, S. 833, 843.

690 Mengel, CCZ, 2008, S. 85, 86; vgl. auch Ulber, NZA 2011, S. 962, 963 sowie Simon/Schilling, BB 2011, S. 2421, 2422 zur Anwendbarkeit von Art. 2 Abs. 1 GG im Zusammenhang mit einer Kündigung nach erfolgtem Whistleblowing.

691 Vgl. Becker, Der Betrieb 2011, S. 2202, 2203.

692 Epping, Grundrechte, Rn. 1032; a. A. Seifert, EuZW 2011, S. 696, 702.

693 Vgl. Rudkowski, NZA 2011, S. 612, 612.

694 Mengel/Hagemeister, BB 2006, S. 2466, 2468.

Gebote teilweise lediglich als Appell unter warnendem Verweis auf die negativen Folgen spekulativer Anlagen gewertet werden[695], ohne dass konkrete Sanktionen bei Zuwiderhandeln drohen würden.

Flankiert wird der grundrechtliche Schutz der Mitarbeiter insofern, als Maßnahmen des Compliance-Beauftragten außerhalb von dessen öffentlich-rechtlichem Handeln am Maßstab des im zivilrechtlichen Kontext entwickelten allgemeinen Persönlichkeitsrechts zu messen sind[696], im Rahmen dessen dieselbe Interessenabwägung zwischen den Interessen des Arbeitgebers einerseits und den Interessen der Mitarbeiter andererseits vorzunehmen ist. Entsprechend Mahnhold ist somit auch bei Überwachungsmaßnahmen im Kontext von Unternehmen der Finanzbranche, die unabhängig von zwingenden aufsichtsrechtlichen Vorgaben implementiert werden, eine volle Verhältnismäßigkeitsprüfung vorzunehmen[697].

## III. Die Grundrechtsträger

Die Prüfung der normativen Grundlagen der Überwachung von Mitarbeitergeschäften nach § 33b WpHG sowie die auf deren Basis erfolgenden Überwachungshandlungen anhand der Grundrechte hat sich anhand der unterschiedlichen Grundrechtsträger aufzufächern, die in diesem Zusammenhang eine Rolle spielen. Es sind dies die Mitarbeiter der Wertpapierdienstleistungsunternehmen, der Compliance-Beauftragte, die Wertpapierdienstleistungsunternehmen selbst sowie möglicherweise der Kapitalmarkt an sich. Die Differenzierung der Grundrechtsträger ist in zweierlei Hinsicht wichtig. Zunächst ist der jeweils anzuwendende grundrechtliche Prüfungsmaßstab im Rahmen individualistischer Prüfungen abhängig vom jeweiligen durch Überwachungsmaßnahmen im vorerwähnten Sinne tangierten Rechtssubjekt. Weiterhin ist mit Blick auf die später vorzunehmende Analyse der betroffenen Grundrechtspositionen[698] eine präzisere Analyse möglich, wenn stets klar ist, aus welcher Perspektive die jeweilige Position konkret zu betrachten ist.

### 1. Die Mitarbeiter

Zuvorderst sind die in den Wertpapierdienstleistungsunternehmen beschäftigten natürlichen Personen – die Mitarbeiter – und deren durch Grundrechte gegen

695 Vgl. Rothenhöfer, in: Kümpel/Wittig (Hrsg.), Bank- und Kapitalmarktrecht, Rn. 3.417.

696 Vgl. hierzu ausführlich Jerusalem, Die Regelung der Mitarbeitergeschäfte, S. 171 ff.

697 Mahnhold, Compliance und Arbeitsrecht, S. 185.

698 Siehe unten Kapitel E. II.

Überwachungshandlungen des Compliance-Beauftragten geschützten Rechtspositionen ins Zentrum der Betrachtung zu stellen.

Die Mitarbeiter eines Wertpapierdienstleistungsunternehmens stehen im Fokus der Überwachungsfunktion der Wertpapier-Compliance. Die hohe Wahrscheinlichkeit, durch Mitarbeiterkontrollen in grundrechtlich geschützte Positionen von Arbeitnehmern in unterschiedlichen Facetten einzugreifen, ist gemeinhin anerkannt[699]. Die Mitarbeiter stehen daher auch im Mittelpunkt der Analyse, ob durch die gegenwärtig regelmäßig in Wertpapierdienstleistungsunternehmen implementierten Überwachungshandlungen des Compliance-Beauftragten in grundrechtlich geschützte Positionen eingegriffen wird und ob mögliche Eingriffe gerechtfertigt sind.

In Betracht kommen insoweit Kollisionen mit dem auch Arbeitnehmer schützenden allgemeinen Persönlichkeitsrecht, aber auch mit speziellen Freiheitsrechten, insbesondere der grundrechtlich geschützten Berufsfreiheit und den Eigentumsrechten der Mitarbeiter. Die Grundrechte dienen in diesem Kontext neben dem Schutz vor staatlicher Überwachung auch der Abwehr von unrechtmäßigen Kontrollen durch Private. Insbesondere das Recht auf informationelle Selbstbestimmung schützt den Mitarbeiter im Verhältnis zu seinem Arbeitgeber. Zwischen dem Schutz der Persönlichkeit durch die Grundrechte und dem Schutz der Persönlichkeit durch das Zivilrecht bestehen kaum noch Unterschiede[700].

Die Interessen der Arbeitgeber an einer Überwachung ihrer Mitarbeiter zur Überprüfung und Sicherstellung von deren rechtmäßiger Erfüllung der abgeschlossenen Arbeitsverträge sind im Rahmen einer Prüfung der Verhältnismäßigkeit gegen die Interessen der Arbeitnehmer an der Wahrung ihrer Persönlichkeitsrechte und ihrem Recht auf informationelle Selbstbestimmung abzuwägen. Zu untersuchen ist daher, ob infolge einer gesetzlichen Verpflichtung zur Einführung spezifischer Überwachungsstrukturen und Compliance-Organisationen den Interessen des Arbeitgebers im Vergleich zu den Interessen der Arbeitnehmer an der Wahrung ihrer Freiheitsrechte ein höheres Gewicht beizumessen ist. Insbesondere ist zu analysieren, ob dies speziell für Wertpapierdienstleistungsunternehmen gilt, die nach den §§ 33 ff. WpHG zur Umsetzung allgemeiner und spezieller Organisationsanforderungen[701] und zur Implementierung spezieller Regelungen zur Überwachung von Mitarbeitergeschäften nach § 33b WpHG gezwungen werden.

---

699 Maschmann, in: FS Hromadka, S. 233, 238.

700 Maschmann, in: FS Hromadka, S. 233, 237.

701 Siehe oben Kapitel B. II. 3.

## a) Die Mitarbeiter als mittelbare Normadressaten

Zwar wenden sich die normativen Grundlagen der Überwachung der Mitarbeitergeschäfte nie direkt und unmittelbar an die Mitarbeiter, sondern größtenteils an die Wertpapierdienstleistungsunternehmen sowie in Einzelfällen an den Compliance-Beauftragten, jedoch sind die Mitarbeiter der Wertpapierdienstleistungsunternehmen diesbezüglich mittelbar als Normadressaten anzusehen. Obwohl für die Mitarbeiter die einschränkenden Wirkungen der Überwachungsmechanismen erst durch spezifische Maßnahmen des Compliance-Beauftragten konkret spürbar werden, basieren diese Überwachungsmaßnahmen doch zumeist auf zwingenden normativen Vorgaben, deren möglicherweise grundrechtseinschränkende Wirkung lediglich durch den Compliance-Beauftragten transportiert wird. Wie gezeigt[702] agiert der Compliance-Beauftragte in dieser Konstellation als Unternehmensbeauftragter. Auch außerhalb der in Umsetzung zwingender kapitalmarktrechtlicher Normen regelmäßig in Wertpapierdienstleistungsunternehmen unternehmensindividuell verankerten Überwachungsmaßnahmen ist der Mitarbeiter wegen der Drittwirkung[703] der Grundrechte im Privatrechtsverhältnis geschützt.

Die Mitarbeiter von Wertpapierdienstleistungsunternehmen sind daher im Kontext der Überwachung ihrer privaten Wertpapiertransaktionen als schützenswerte Grundrechtsträger anzusehen.

## b) Die Bedeutung der arbeitsrechtlichen Grundlage der Überwachung für den Grundrechtsschutz der Mitarbeiter

Bevor die normativen Grundlagen der Überwachung von Mitarbeitergeschäften nach § 33b WpHG sowie die darauf basierenden Überwachungshandlungen des Compliance-Beauftragten anhand von spezifischen Grundrechten gemessen werden, ist grundsätzlich zu analysieren, inwieweit die konkrete Art und Weise der Implementierung von Compliance-Regelungen zur Mitarbeiterüberwachung im Wertpapierdienstleistungsunternehmen Auswirkungen auf den Grundrechtsschutz der von den Überwachungshandlungen betroffenen Mitarbeitern haben kann.

Compliance-Regelungen zur Überwachung privater Wertpapiertransaktionen der Mitarbeiter von Wertpapierdienstleistungsunternehmen kann der Arbeitgeber auf drei verschiedenen Wegen implementieren, die sich hauptsächlich im Grad der Mitwirkung der Arbeitnehmer oder der Arbeitnehmervertretungen unter-

702 Siehe oben Kapitel C. IV. 2. b) (3).

703 Siehe oben Kapitel D. II. 2. b) (1).

scheiden[704]. Ein Wertpapierdienstleistungsunternehmen kann diese Regelungen mit jedem einzelnen Mitarbeiter individuell über die jeweiligen Arbeitsverträge verbindlich vereinbaren. Sodann hat ein Wertpapierdienstleistungsunternehmen die Möglichkeit, Compliance-Regelungen mit der Personalvertretung des Wertpapierdienstleistungsunternehmens in Form einer Betriebsvereinbarung über die nähere Ausgestaltung der Modalitäten der Überwachung der privaten Wertpapiertransaktionen der Mitarbeiter zu schließen. Schließlich kann der Arbeitgeber Compliance-Regelungen mit Bezug zur Überwachung der privaten Wertpapiertransaktionen der Mitarbeiter auch im Rahmen seines Direktions- bzw. Weisungsrechts implementieren[705]. Die drei Varianten werden daher nachstehend dargestellt und auf ihre jeweiligen Auswirkungen auf den Schutz der grundrechtlich geschützten Positionen hin untersucht.

*(1) Die Überwachung auf der Grundlage individualvertraglicher Vereinbarungen*

Die Vereinbarung von Compliance-Regelungen auf der Basis individualvertraglicher Vereinbarungen ist im Rahmen der allgemeinen Vertragsfreiheit möglich. Das Wertpapierdienstleistungsunternehmen kann somit mit seinen Mitarbeitern grundsätzlich auch Beschränkungen und Informationspflichten hinsichtlich privater Wertpapiertransaktionen vereinbaren[706].

(a) Die Praktikabilität der individualvertraglichen Regelung

Die Vereinbarung von Compliance-Regelungen auf der Basis einer individualvertraglichen Grundlage ist jedoch in Wertpapierdienstleistungsunternehmen nicht die Regel, da es sich bei dieser Lösung um eine sehr unflexible Variante handelt. Häufig kommt es im Bereich des Wertpapieraufsichtsrechts zu Veränderungen der gesetzlichen Regelungen, die dann durch die Wertpapierdienstleistungsunternehmen umgesetzt werden müssen. Hat das Wertpapierdienstleistungsunternehmen die sich ändernden Vorschriften innerbetrieblich nur individuell mit den Mitarbeitern vereinbart, müssen auch Änderungen individualvertraglich vorgenommen werden. Dies führt bei einer großen Anzahl von Mitarbeitern zu großen logistischen Problemen, da eine Änderung der individuellen Verträge derselben Form bedürfte, in der die ursprünglichen Verträge geschlossen worden sind. Bei der für Arbeitsverträge in Wertpapierdienstleistungsunter-

704 Mengel/Hagemeister, BB 2007, S. 1386, 1393.

705 Vgl. Mengel, Compliance und Arbeitsrecht, Rn. 2., zur Darstellung der drei Optionen.

706 Vgl. Mengel, Compliance und Arbeitsrecht, Rn. 31.

nehmen vorherrschenden Schriftform müssten – etwa bei einer Großbank – Zehntausende von Arbeitsverträgen schriftlich geändert werden, wenn neue aufsichtsrechtliche Vorgaben umzusetzen sind. Dies ist nicht praktikabel.

Weiterhin würde diese Vorgehensweise dazu führen, dass zu einem bestimmten Zeitpunkt unterschiedliche Regelungen hinsichtlich der Überwachung der Mitarbeitergeschäfte Anwendung fänden, je nachdem, wann einzelne Mitarbeiter der Änderung ihres individuellen Vertrages zustimmen. Dann aber würde die Compliance-Funktion schnell den Überblick verlieren, für welchen Mitarbeiter welche Regelungen gelten, so dass dies kein geeignetes und dauerhaft wirksames Verfahren im Sinne des WpHG mehr darstellen würde. Verschärft würde diese Situation dann, wenn sich einzelne Mitarbeiter dauerhaft weigern würden, einer Vertragsanpassung wegen neuer Compliance-Regelungen zuzustimmen. In diesem Fall käme es hinsichtlich der Überwachung der privaten Wertpapiertransaktionen zu einem dauerhaften Auseinanderklaffen der auf im Prinzip vergleichbare Mitarbeiter anwendbaren Regelungen, ohne dass es dem Wertpapierdienstleistungsunternehmen möglich wäre, die Regelungen durchzusetzen oder die sich weigernden Mitarbeiter anderweitig zu sanktionieren.

Die Vereinbarung von Regelungen zur Überwachung von Mitarbeitergeschäften in Wertpapierdienstleistungsunternehmen ausschließlich im Wege von individualvertraglichen Vereinbarungen ist somit in der Praxis kaum vorzufinden[707].

#### (b) Die Konsequenzen der individualvertraglichen Regelung für den Grundrechtsschutz

Sollten die Regelungen zur Überwachung der Mitarbeitergeschäfte in Einzelfällen – etwa in sehr kleinen Wertpapierdienstleistungsunternehmen – individualvertraglich implementiert worden sein, ist zu analysieren, inwieweit damit eine Beeinträchtigung oder gar ein Verlust der Schutzwirkung durch Grundrechte einhergeht.

Mit Blick auf den Grundrechtsschutz der betroffenen Mitarbeiter problematisch ist, dass in der Zustimmung des Mitarbeiters zu einem Vertrag, der die Modalitäten der Überwachung seiner privaten Wertpapiergeschäfte enthält, ein Grundrechtsverzicht gesehen werden könnte, in dessen Folge der Mitarbeiter nicht mehr durch Grundrechte geschützt wäre[708]. Ein wirksamer Verzicht auf eine Rechtsposition setzt einerseits voraus, dass der Verzichtende tatsächlich über das geschützte Rechtsgut disponieren kann und er andererseits aus einer freiwil-

707 Vgl. auch Mengel Compliance und Arbeitsrecht, Rn. 49.

708 Vgl. Junker, Gewährleistungsaufsicht, S. 220.

ligen[709] Lage heraus seinen Verzicht erklärt, ohne dass ein Missverhältnis der Verhandlungspositionen besteht, das den Verzichtenden faktisch in eine Zwangslage bringt[710].

Da es sich bei den durch Überwachungsmaßnahmen hinsichtlich der privaten Wertpapiergeschäfte der Mitarbeiter von Wertpapierdienstleistungsunternehmen regelmäßig um mögliche Eingriffe in Freiheitsrechte der betroffenen Mitarbeiter handeln dürfte, ist grundsätzlich von der Dispositionsbefugnis des Einzelnen auszugehen, da Kernbereiche des Grundrechtsschutzes, wie etwa die Gewährleistung der Menschenwürde, im „Überwachungsalltag" der Wertpapierdienstleistungsunternehmen nicht berührt werden. Von einer Gleichheit der Verhandlungspostionen zwischen dem Wertpapierdienstleistungsunternehmen auf der einen und dem individuellen Mitarbeiter auf der anderen Seite kann indes nicht ausgegangen werden, denn für den einzelnen Mitarbeiter ist die Akzeptanz der durch zwingendes Aufsichtsrecht vorgegebenen Überwachungsmodalitäten und die entsprechende Vereinbarung der relevanten Klauseln im individuellen Arbeitsvertrag faktisch ohne Alternative, es sei denn, der Mitarbeiter würde im Fall eines Änderungswunsches des Arbeitgebers bei bereits bestehendem Arbeitsverhältnis das Arbeitsverhältnis beenden oder das Arbeitsverhältnis gar nicht erst beginnen[711].

Diese in der Literatur für die Grundreche des deutschen Grundgesetzes herausgearbeiteten Kriterien gelten aufgrund derselben Interessenlage für die Möglichkeit des Rechtsverzichts auch mit Blick auf die vorliegend anwendbaren EU-Grundrechte[712]. Von einem Verzicht auf den Schutz durch die EU-Grundrechte ist daher im Zusammenhang mit der individualvertraglichen Vereinbarung der Regelung der Überwachung der privaten Wertpapiertransaktionen von Mitarbeitern von Wertpapierdienstleistungsunternehmen nicht auszugehen.

Vielmehr ist grundsätzlich festzustellen, dass auch Compliance-Regelungen, die individuell mit den Mitarbeitern von Wertpapierdienstleistungsunternehmen im Kontext der Vermeidung von Verstößen gegen das Verbot von Insidergeschäften oder der Marktmanipulation, und damit zusammenhängende Regelungen zur Überwachung der privaten Wertpapiergeschäfte der betroffenen Mitarbeiter einer Inhaltskontrolle nach § 307 BGB zugänglich sind, im Rahmen derer die Persönlichkeitsrechte, die allgemeine Handlungsfreiheit oder die Berufsfreiheit der Mitarbeiter eine angemessene Berücksichtigung finden müssen[713]. Die

---

709 Stern, in: Stern/Becker (Hrsg.), Grundrechte-Kommentar, Einl., Rn. 155; Sachs, in: Sachs (Hrsg.), Grundgesetz, Vor Art. 1, Rn. 56.

710 Vgl. Junker, Gewährleistungsaufsicht, S. 221.

711 Vgl. Junker, Gewährleistungsaufsicht, S. 221.

712 Siehe oben Kapitel D. II. 1.

713 Mengel/Hagemeister, BB 2007. S. 1386, 1390.

Grundrechte sind im Rahmen der allgemeinen Billigkeitskontrolle nach §§ 138, 242 BGB auch bei der Einführung von Compliance-Richtlinien durch Arbeitsvertrag im Wege der Individualabrede zu berücksichtigen[714].

*(2) Die Überwachung auf der Grundlage einer Betriebsvereinbarung*

Die Implementierung von Compliance-Programmen sowie einer Compliance-Organisation bedürfen grundsätzlich keiner Mitbestimmung durch die Personalvertretung[715]. Insbesondere für die Überwachung von Mitarbeitergeschäften in Wertpapierdienstleistungsunternehmen wird § 33b WpHG als explizite Ermächtigungsgrundlage angesehen, bei deren Umsetzung der Betriebsrat nicht nach § 87 Abs. 1 Nr. 1, 6 BetrVG zu beteiligen ist[716].

Dennoch ist es unabhängig von der Mitbestimmungspflichtigkeit grundsätzlich möglich, dass ein Wertpapierdienstleistungsunternehmen die Regelungen zur Überwachung der Mitarbeitergeschäfte in Form einer zwischen dem Leitungsorgan und dem Betriebsrat des Unternehmens zu schließenden Betriebsvereinbarung einführt.

(a) Die Praktikabilität der Regelung durch Betriebsvereinbarung

Der Abschluss einer Betriebsvereinbarung hinsichtlich der Regelungen der Überwachung von Mitarbeitergeschäften hat für ein Wertpapierdienstleistungsunternehmen im Vergleich zur individualvertraglichen Vereinbarungen den Vorteil, keine Einzelabstimmung der Klauseln mit einer Vielzahl von Mitarbeitern vornehmen zu müssen, sondern im Betriebsrat nur einen Ansprechpartner zu haben, der zumindest die überwiegende Anzahl der Mitarbeiter vertritt[717].

Dennoch werden in Wertpapierdienstleistungsunternehmen die Regelungen zur Überwachung der privaten Wertpapiertransaktionen der Mitarbeiter in aller Regel nicht in Form einer Betriebsvereinbarung getroffen, da eine solche Vorgehensweise insbesondere bei Veränderungen der aufsichtsrechtlichen Bestimmungen und der Notwendigkeit einer schnellen Umsetzung der aufsichtsrechtlichen Vorgaben sehr unpraktisch und unflexibel ist. Wegen der Abstimmungsfristen mit dem Betriebsrat ist diese Vorgehensweise auch sehr umständlich, so

---

714 Meyer, NJW 2006, S. 3605, 3608.

715 Sieg, in: FS Buchner, S. 859, 871; Schneider, Die arbeitsrechtliche Implementierung von Compliance- und Ethikrichtlinien, S. 220.

716 Vgl. Rothenhöfer, in: Kümpel/Wittig (Hrsg.), Bank- und Kapitalmarktrecht, Rn. 3.402.; Fett, in: Schwark/Zimmer (Hrsg.), KMRK, § 33 Rn. 18.

717 Vgl. Mengel, Compliance und Arbeitsrecht, Rn. 50.

dass die Gefahr besteht, dass das geänderte Aufsichtsrecht nicht schnell genug im Wertpapierdienstleistungsunternehmen abgebildet werden kann.

Die Form der Betriebsvereinbarung für die unternehmensinterne Abbildung der Überwachung von Mitarbeitergeschäften in Wertpapierdienstleistungsunternehmen ist daher nicht zu empfehlen[718].

(b) Die Konsequenzen der Regelung durch Betriebsvereinbarung für den Grundrechtsschutz

Auch eine Betriebsvereinbarung darf grundsätzlich nicht gegen Grundrechte verstoßen[719], sodass die Mitarbeiter eines Wertpapierdienstleistungsunternehmens gegen rechtswidrige Überwachungsmaßnahmen durch den Compliance-Beauftragten im Kontext privater Wertpapiertransaktionen grundsätzlich auch in dieser Konstellation geschützt sind.

Fraglich ist, ob durch die Vereinbarung zwischen dem Leitungsorgan des Wertpapierdienstleistungsunternehmens und der Personalvertretung der Grundrechtsschutz des einzelnen Mitarbeiters vermindert ausgeprägt ist, da dieser, vertreten durch die Personalvertretung, den entsprechenden Regelungen zumindest mittelbar zugestimmt haben könnte. Konsequenz dessen könnte sein, dass in dieser Konstellation bereits ein Eingriff infolge Einverständnisses ausscheidet, wenn die Überwachung der Mitarbeitergeschäfte innerhalb eines Wertpapierdienstleistungsunternehmens auf der Grundlage einer Betriebsvereinbarung erfolgt. Dies im Gegensatz zu Eingriffen in Form von Grundsätzen, Leitsätzen, Richtlinien oder Policies, die einseitig von der Geschäftsleitung des jeweiligen Wertpapierdienstleistungsunternehmens implementiert werden, in deren Kontext offensichtlich nicht von einem Einverständnis ausgegangen werden kann.

Die Mitigierung des Grundrechtsschutzes des einzelnen Mitarbeiters liegt jedoch im Ergebnis nicht vor, denn wenn bereits im Rahmen der individualvertraglichen Vereinbarung kein Verzicht auf den entsprechenden Grundrechtsschutz liegt[720], muss dies erst recht für die weniger intensive Variante eines möglichen Einverständnisses im Rahmen einer Repräsentation durch die Personalvertretung gelten.

Der Mitarbeiter hat somit auch in der Konstellation der Betriebsvereinbarung einen Anspruch darauf, dass sich die in ihr vereinbarten Regelungen zur Umsetzung der gesetzlichen Verpflichtung zur Überwachung der Mitarbeitergeschäfte im Rahmen der durch die Grundrechte vorgegebenen Maßstäbe halten.

---

718 a. A. Sieg, in: FS Buchner, S. 859, 872.

719 Vgl. Mengel, Compliance und Arbeitsrecht, Rn. 51.

720 Siehe oben Kapitel D. III. 1. b) (1).

*(3) Die Überwachung auf der Grundlage des Direktionsrechts des Arbeitgebers*

Wenn die Modalitäten der Überwachung der privaten Wertpapiertransaktionen der Mitarbeiter weder durch individualvertragliche Vereinbarungen noch via Betriebsvereinbarung implementiert werden, was in der überwiegenden Anzahl der Fälle so ist, werden die Regelungen im Rahmen des Direktionsrechts des Leitungsorgans eines Wertpapierdienstleistungsunternehmens implementiert.

(a) Die Praktikabilität der Regelung durch Direktionsrecht

Wie bereits oben ausgeführt[721] ist die Einführung von Compliance-Regelungen nach § 33b WpHG nicht mitbestimmungspflichtig. Die Implementierung entsprechender Regelungen sind vom Weisungsrecht des Wertpapierdienstleistungsunternehmens umfasst, da zu seinen Gunsten berücksichtigt werden muss, dass das Wertpapierdienstleistungsunternehmen durch die Implementierung entsprechender Regelungen zwingenden gesetzlichen Vorgaben nachkommt[722].

Nach Mahnhold ist das Direktionsrecht von Wertpapierdienstleistungsunternehmen in dieser Beziehung „von den Besonderheiten der jeweiligen Compliance-Maßnahme“[723] abhängig. Im Zusammenhang mit der dem Wertpapierdienstleistungsunternehmen auferlegten Pflicht, sich die privaten Wertpapiertransaktionen der Mitarbeiter offenlegen zu lassen, ist daher davon auszugehen, dass das Direktionsrecht des Wertpapierdienstleistungsunternehmens insoweit weitgehender als das anderer Arbeitgeber ist und somit die Befugnis umfasst, von den Mitarbeitern Anzeigen über alle bei Dritten geführten Konten oder Depots und die darauf getätigten Transaktionen zu verlangen oder die Eröffnung von Drittkonten von einer Zustimmung durch den Compliance-Beauftragten abhängig zu machen. Im Zusammenhang mit der Einführung von Compliance-Richtlinien in Wertpapierdienstleistungsunternehmen wiegen die Interessen des Unternehmens grundsätzlich höher, da diese gesetzlich zur Implementierung einer Infrastruktur für die Überwachung der Mitarbeitergeschäfte verpflichtet sind und insofern auch einer strengen Aufsicht durch BaFin unterliegen[724].

Die Vorteile der Umsetzung der gesetzlichen Vorgaben in das einzelne Wertpapierdienstleistungsunternehmen unter Nutzung des arbeitsrechtlichen Direktionsrechts liegen in der Flexibilität und kurzen Reaktionszeit hinsichtlich der oft

721 Siehe oben Kapitel D. III. 1. b) (2).

722 Vgl. Schuster/Darsow, NZA 2005, S. 273, 274; Wisskirchen/Jordan/Bissels, Der Betrieb 2005, S. 2190, 2191.

723 Mahnhold, Compliance und Arbeitsrecht, S. 171.

724 Borgmann, NZA 2003, S. 352, 354.

kurzfristigen[725] Einführung neuer aufsichtsrechtlicher Änderungen. Aufwändige Abstimmungen mit einzelnen Mitarbeitern, in der Konstellation der individualvertraglichen Vereinbarung, oder mit der Personalvertretung, in der Konstellation des Abschlusses einer Betriebsvereinbarung, entfallen. Neue aufsichtsrechtliche Anforderungen werden durch Änderung der entsprechenden Policy durch den Compliance-Beauftragten des Wertpapierdienstleistungsunternehmens und einer sich daran anschließenden Veröffentlichung innerhalb des Wertpapierdienstleistungsunternehmens unmittelbar für alle Mitarbeiter auf einheitliche Art und Weise verbindlich.

(b) Die Konsequenzen der Regelung durch Direktionsrecht für den Grundrechtsschutz

Die Frage eines möglichen Grundrechtsverzichts stellt sich in dieser Konstellation nicht, da der einzelne Mitarbeiter weder direkt noch indirekt an der Implementierung der entsprechenden Regelungen beteiligt ist. Wie oben gezeigt[726] agiert der Compliance-Beauftragte eines Wertpapierdienstleistungsunternehmens im Zusammenhang mit der Überwachung privater Wertpapiertransaktionen der Mitarbeiter des Wertpapierdienstleistungsunternehmens auf der Basis und in Umsetzung der zwingenden normativen Grundlagen im öffentlichen Interesse und somit in direkter Umsetzung öffentlich-rechtlicher Normen. Seine Überwachungsmaßnahmen sind daher in Entsprechung der Handhabung für unmittelbare Maßnahmen, etwa Verwaltungsakte, der staatlichen Aufsichtsbehörden[727] am Maßstabe der EU-Grundrechte zu messen. Der Compliance-Beauftragte agiert insofern gegenüber den Mitarbeitern faktisch in einem Über-Unterordnungsverhältnis, so dass dessen Überwachungsmaßnahmen aus der Perspektive des betroffenen Mitarbeiters faktisch staatlichen Eingriffen gleichzustellen sind. Auch bei Überwachungsmaßnahmen des Compliance-Beauftragten außerhalb der Umsetzung zwingender normativer Grundlagen ist eine grundrechtliche Überprüfung aufgrund der mittelbaren Drittwirkung der Grundrechte in den jeweiligen Arbeitsverhältnissen und der damit verbunden Schutzpflicht des Staates zugunsten der Mitarbeiter vorzunehmen.

*(4) Fazit*

Wegen der Erheblichkeit der möglichen Eingriffe in die Rechtspositionen der Mitarbeiter der Wertpapierdienstleistungsunternehmen durch die spezifische

---

725 Vgl. Dzida/Naber, BB 2011, S. 2613, 2616.

726 Siehe oben Kapitel C. IV. 2. b).

727 Siehe oben Kapitel B. III. 1.

Überwachung ihrer gesamten privaten Wertpapiertransaktionen ist insofern im Rahmen der später vorzunehmenden Analyse einzelner Grundrechte jeweils eine Interessenabwägung vorzunehmen[728]. Dabei ist im Rahmen der Prüfung der Erforderlichkeit einzelner Überwachungsmaßnahmen unter anderem zu prüfen, ob das Wertpapierdienstleistungsunternehmen auch ohne die Vornahme der aktuell üblichen Überwachungshandlungen den gesetzlichen Erfordernissen genügen könnte. Das in einem Wertpapierdienstleistungsunternehmen spezifisch eingeführte Überwachungsregime hinsichtlich der Überwachung der privaten Wertpapiertransaktionen der Mitarbeiter ist hinsichtlich seiner Elemente dahingehend zu überprüfen, ob die damit verbundenen einzelnen konkreten Überwachungshandlungen dem jeweiligen Arbeitnehmer, nach Abwägung der unterschiedlichen Interessen, zugemutet werden können.

Für den individuellen Mitarbeiter spielt es für die grundsätzliche Eröffnung der grundrechtlichen Schutzwirkung zu seinen Gunsten keine Rolle, wie genau die diesbezüglichen Compliance-Regelungen in einem Wertpapierdienstleistungsunternehmen implementiert worden sind, da er in keiner Konstellation auf seine diesbezüglichen Rechtspositionen wirksam verzichtet hat oder als Ausgleich für einen Verzicht eine Kompensation erhält.

## 2. Der Compliance-Beauftragte

Sodann ist zu analysieren, inwieweit der Compliance-Beauftragte selbst durch die normativen Grundlagen der Überwachung der privaten Wertpapiertransaktionen der Mitarbeiter in eigenen Rechtspositionen betroffen sein könnte.

Der Compliance-Beauftragte ist einerseits „normaler Angestellter" eines Wertpapierdienstleistungsunternehmens und andererseits nach hier vertretener Ansicht im Zusammenhang mit der in Umsetzung der entsprechenden zwingenden normativen Grundlagen erfolgenden Überwachung der Mitarbeitergeschäfte nach § 33b WpHG ein zumindest auch im öffentlichen Interesse agierender Unternehmensbeauftragter innerhalb des Wertpapierdienstleistungsunternehmens. Die Analyse möglicher Eingriffe in grundrechtlich geschützte Positionen des Compliance-Beauftragten durch die entsprechenden normativen Grundlagen ist daher anhand dieser unterschiedlichen Rollen differenziert zu betrachten.

728 Borgmann, NZA 2003, S. 352, 354.

### a) Der Compliance-Beauftragte in seiner Eigenschaft als Mitarbeiter

Der Compliance-Beauftragte ist regelmäßig selbst Angestellter eines Wertpapierdienstleistungsunternehmens und somit grundsätzlich auch Objekt der Überwachungsmaßnahmen mit Bezug auf seine eigenen privaten Wertpapiertransaktionen. Besonderheiten bestehend insofern, als es ja der Compliance-Beauftragte selbst ist, der die überwiegende Anzahl von Mitarbeitern überwacht und er sich schwerlich selbst vollständig überwachen kann. Regelmäßig werden die privaten Wertpapiertransaktionen des Compliance-Beauftragten selbst durch das Leitungsorgan des Wertpapierdienstleistungsunternehmens kontrolliert, indem entsprechende Pre-Clearing-Mechanismen[729] in den unternehmensinternen Compliance-Richtlinien implementiert werden.

Trotz dieser Vorkehrungen gerät das Überwachungssystem hinsichtlich der Überwachung der privaten Wertpapiertransaktionen des Compliance-Beauftragten selbst an seine Grenzen, denn die Mitglieder des den Compliance-Beauftragten überwachenden Leitungsorgans werden ihrerseits aufgrund ihrer Eigenschaften als Mitarbeiter des Wertpapierdienstleistungsunternehmens[730] wiederum durch den Compliance-Beauftragten überwacht. Das Überwachungssystem ist insofern zirkulär und somit nicht mehr stringent. Diese Schwachstelle der Überwachung der privaten Wertpapiertransaktionen des Compliance-Beauftragten selbst ist jedoch systemimmanent und nicht vermeidbar.

Die Gefahr einer mangelnden Überwachung wird dadurch gemindert, dass an die Person des Compliance-Beauftragten durch § 34d WpHG i. V. m. der geplanten WpHGMaAnzV[731] sehr hohe, auch persönliche, Anforderungen gestellt werden, die die Wahrscheinlichkeit von Gesetzesverstößen ausgerechnet durch den „Wächter" über das WpHG verringern. Eine weitere Reduktion des Risikos erfolgt insofern, als die privaten Wertpapiergeschäfte des Compliance-Beauftragten regelmäßig auch durch die Wirtschaftsprüfer im Rahmen der jährlich vorzunehmenden Prüfung des Wertpapierdienstleistungsgeschäfts nach § 36 WpHG geprüft werden und aufgedeckte Verstöße des Compliance-Beauftragten die Gefahr von Sanktionen durch die BaFin beispielsweise in Form des Verbots der Berufsausübung in sich bergen, was die Motivation des Compliance-Beauftragten, Verstöße gegen das WpHG durch eigene private Wertpapiertransaktionen zu vermeiden, deutlich erhöhen dürfte.

Eine entsprechende Schwachstelle enthält letztlich auch das für die BaFin selbst geltende Überwachungsregime hinsichtlich der privaten Wertpapiertrans-

729 Siehe oben Kapitel C. V. 4. c).
730 Siehe oben Kapitel B. II. 3. b) (2) (a).
731 Siehe oben Kapitel B. I. 3.

aktionen der bei der BaFin beschäftigten Personen, das in seinen Grundzügen der Infrastruktur zur Überwachung von Mitarbeitergeschäften innerhalb der von der BaFin beaufsichtigten Wertpapierdienstleistungsunternehmen ähnelt[732]. Nach § 16a WpHG hat die BaFin interne Kontrollverfahren einzurichten, die Verstöße durch bei der BaFin beschäftigte Personen insbesondere gegen § 14 WpHG minimieren[733]. Im Rahmen der täglichen Praxis wird das Kontrollverfahren auf der Basis einer entsprechenden Dienstanweisung durch eine Anzeigeverpflichtung der privaten Wertpapiertransaktionen der Mitarbeiter der BaFin gegenüber einem speziellen Beauftragten umgesetzt[734]. Die Anzeigepflicht besteht gegenüber dem Präsidenten der BaFin als ultimativem Dienstvorgesetztem im Sinne von § 16a WpHG[735]. Regelungen, wer dessen private Wertpapiertransaktionen zu prüfen hat, können dem WpHG nicht entnommen werden, so dass sich auch im Rahmen des Überwachungsregimes der BaFin hinsichtlich der Überwachung der privaten Wertpapiergeschäfte der bei der BaFin beschäftigten Personen die Frage nach der finalen Überprüfung der Geschäfte des Wächters über das WpHG stellt[736].

Ähnlich wie im Zusammenhang mit den hohen Qualifikationsanforderungen an einen Compliance-Beauftragten ausgeführt ist aber auch bezüglich der BaFin das aus einer systemimmanent unvollständigen Überprüfung der privaten Wertpapiertransaktionen der bei der BaFin beschäftigten Personen als gering einzuschätzen, da hinsichtlich der Person des Präsidenten der BaFin höchste Anforderungen an die Integrität zu stellen sind. Aus der Tatsache, dass dieses Restrisiko im Zusammenhang mit dem Überwachungsregime innerhalb der BaFin vom Gesetzgeber getragen wird, kann aufgrund der Ähnlichkeit der Überwachungssysteme abgeleitet werden, dass dies auch im Zusammenhang mit der Überwachung der Mitarbeitergeschäfte in Wertpapierdienstleistungsunternehmen nach § 33b WpHG der Fall ist.

Jedenfalls kann festgehalten werden, dass sich die Rechtsposition des Compliance-Beauftragten in seiner Eigenschaft als Mitarbeiter nicht von derjenigen der anderen Mitarbeiter unterscheidet. Bezogen auf mögliche Eingriffe in grund-

---

732 Vgl. Pawlik, in: Hirte/Möllers (Hrsg.), KK-WpHG, § 16a, Rn. 2.

733 Vgl. Fischer zu Cramburg/Royé, in: Heidel (Hrsg.), Aktienrecht, § 16a WpHG, Rn. 1; Döhmel, in: Assmann/Schneider (Hrsg.), WpHG, § 16a, Rn. 4.

734 Schlette/Bouchon, in: Fuchs (Hrsg.), WpHG-Kommentar, § 16a, Rn. 3.

735 Pawlik, in: Hirte/Möllers (Hrsg.), KK-WpHG, § 16a, Rn. 23.

736 Vgl. Schlette/Bouchon, in: Fuchs (Hrsg.), WpHG-Kommentar, § 16a, Rn.2, wo ausgeführt wird, dass „... die zu Kontrollierenden gleichzeitig die Kontrolleure sind und sie auch noch den anzulegenden Kontrollmaßstab selbst bestimmen." und somit die Effektivität des Überwachungsregimes in Frage gestellt wird.

rechtlich geschützte Positionen des Compliance-Beauftragten kann insofern vollumfänglich auf die Ausführungen zu den Mitarbeitern[737] verwiesen werden.

### b) Der Compliance-Beauftragte in seiner Eigenschaft als Unternehmensbeauftragter

Fraglich ist, ob dem Compliance-Beauftragten aufgrund seiner Eigenschaft als Unternehmensbeauftragter ein über den Maßstab des „normalen" Mitarbeiters hinausgehender grundrechtlicher Schutz zuteil wird, weil mit dieser speziellen Stellung auch Grundrechtseingriffe einhergehen, die über das Maß des gewöhnlichen Mitarbeiters eines Wertpapierdienstleistungsunternehmens hinausgehen. Dann müssten sich etwa mit Blick auf die Berufsfreiheit, die Eigentumsgarantie, die informationelle Selbstbestimmung, den Schutz persönlicher Daten oder das Recht auf die Integrität informationstechnischer Systeme speziell auf den Compliance-Beauftragten ausgerichtete Eingriffe aus den normativen Grundlagen der Überwachung der Mitarbeitergeschäfte nach § 33b WpHG ergeben.

Diese sind nicht erkennbar. Zudem agiert der Compliance-Beauftragte in Umsetzung der normativen Grundlagen zur Überwachung der Mitarbeitergeschäfte nach § 33b WpHG zumindest auch im öffentlichen Interesse und ist schon aus diesem Grund in seiner Funktion als Unternehmensbeauftragter aus dem Schutzbereich der Grundrechte ausgeschlossen. In seiner Funktion als Unternehmensbeauftragter ist der Compliance-Beauftragte nicht Objekt der Überwachung, sondern führt die Überwachungshandlungen selbst als Subjekt gegenüber den Mitarbeitern des Wertpapierdienstleistungsunternehmen aus und verursacht dadurch Grundrechtseingriffe bei den Mitarbeitern[738]. Insofern agiert der Compliance-Beauftragte funktional staatlich. Er bedarf in diesem Zusammenhang keines grundrechtlichen Schutzes

### c) Fazit

Mit Blick auf Eingriffe in grundrechtlich geschützte Rechtspositionen im Zusammenhang mit der Überwachung der Mitarbeitergeschäfte nach § 33b WpHG ist zunächst zu bestimmen, in welcher Funktion der Compliance-Beauftragte im Wertpapierdienstleistungsunternehmen agiert. In der Funktion als bloßer Mitarbeiter unterscheidet sich der Compliance-Beauftragte im Ergebnis nicht von anderen Mitarbeitern des Wertpapierdienstleistungsunternehmens. In der Funktion

---

737 Siehe oben Kapitel D. III. 1.
738 Siehe oben Kapitel C. IV. 3.

als Unternehmensbeauftragter ist für ihn als Initiator von Grundrechtseingriffen der grundrechtliche Schutzbereich nicht eröffnet.

### 3. Die Wertpapierdienstleistungsunternehmen

Auch die Wertpapierdienstleistungsunternehmen selbst können Träger von Grundrechten sein. Sie sind selbst unmittelbar Adressat von § 33b WpHG. Es liegt daher nahe zu analysieren, inwieweit auch dem einzelnen Wertpapierdienstleistungsunternehmen im Kontext der Überwachung von Mitarbeitergeschäften grundrechtlich normierte Schutzbereiche eröffnet werden. Insbesondere ist zu untersuchen, inwieweit die mit den normativen Grundlagen der Überwachung von Mitarbeitergeschäften nach § 33b WpHG verbundenen Einschränkungen der Gewerbefreiheit einer Überprüfung am Maßstab der Grundrechte standhalten. Im Zusammenhang mit der Überprüfung der Mitarbeitergeschäfte ist insbesondere eine Überprüfung der Kompatibilität der gesetzlichen Vorgaben bezüglich der Implementierung der notwendigen Überwachungsinfrastruktur mit der auf europäischer Ebene durch Art. 16 EU-Grundrechte-Charta verbürgten unternehmerischen Freiheit, dem Eigentumsgrundrecht des einzelnen Wertpapierdienstleistungsunternehmens sowie dessen grundrechtlich geschützte Positionen im Zusammenhang mit datenschutzrechtlichen Aspekten vorzunehmen.

Da mit Blick auf die Wertpapierdienstleistungsunternehmen naturgemäß nur die zwingenden normativen Vorgaben auf ihre Grundrechtskompatibilität hin überprüft werden können, sind die Europäischen Grundrechte als Maßstab heranzuziehen. Hinsichtlich der über die zwingenden Vorgaben hinausgehenden Überwachungsmaßnahmen ist wegen der Freiwilligkeit der Einführung solcher Maßnahmen eine Grundrechtsrelevanz mit Bezug auf das einzelne Wertpapierdienstleistungsunternehmen selbst nicht gegeben.

Ein Wertpapierdienstleistungsunternehmen ist allerdings nicht nur Adressat der entsprechenden kapitalmarktrechtlichen Normen und somit möglicherweise in grundrechtlich geschützten Freiheitspositionen tangiert. Vielmehr ist es als private Überwachungsinstanz[739] auch zur praktischen Umsetzung des gesetzlichen Überwachungsregimes gegenüber seinen Mitarbeitern verpflichtet. Auch in dieser Konstellation sind relevante grundrechtlich geschützte Positionen des Wertpapierdienstleistungsunternehmens denkbar, die im Rahmen einer möglichen Abwägung der unterschiedlichen Interessenlagen[740] eine Rolle spielen können. In dieser Konstellation steht aus der Perspektive eines Wertpapier-

739 Siehe oben Kapitel B. III. 2.

740 Siehe unten Kapitel E. III. 4. a).

dienstleistungsunternehmens allerdings nicht seine grundrechtlich geschützte Freiheitsposition gegenüber staatlichen Eingriffen im Vordergrund. Vielmehr ist es denkbar, dass im Zuge der Umsetzung zwingender kapitalmarktrechtlicher Normen gegenüber den Mitarbeitern grundrechtlich geschützte Positionen des einzelnen Wertpapierdienstleistungsunternehmens im Rahmen einer Interessenabwägung gegen die Freiheitsrechte der einzelnen Mitarbeiter sogar für das Überwachungsregime streiten.

## 4. Der Kapitalmarkt

Möglicherweise kommen auch die Institution des Kapitalmarkts an sich oder individuelle Marktteilnehmer am Kapitalmarkt als Träger von relevanten grundrechtlich geschützten Positionen mit Bezug auf kapitalmarktrechtliche Überwachungsmechanismen in Betracht.

### a) Der Kapitalmarkt als Institution

Zunächst ist zu untersuchen, ob auch die Institution des Kapitalmarkts an sich durch die Regelungen im Zusammenhang mit kapitalmarktrechtlichen Organisationsvorschriften und insbesondere die Vorschriften zur Überwachung der Mitarbeitergeschäfte nach § 33b WpHG in grundrechtlich geschützten Rechtspositionen tangiert sein könnte.

Dies würde voraussetzen, dass der Kapitalmarkt als Institution Träger von Grundrechten sein kann, in deren Schutzbereich eingegriffen werden könnte oder denen im Rahmen der objektiven Werteordnung auch unter Inkaufnahme der Einschränkung von Rechtspositionen anderer am Kapitalmarkt beteiligter Personen Geltung verschafft werden müsste. Dies ist im Ausgangspunkt nicht der Fall, da Träger von Grundrechten lediglich individualisierbare natürliche oder juristische Personen sein können. Dieses Kriterium erfüllt „der Kapitalmarkt" an sich nicht. Der Kapitalmarkt besteht aus einer Vielzahl einzelner Personen, die an unterschiedlichen Orten, an denen das Angebot und die Nachfrage nach Finanztransaktionen aufeinandertreffen, interagieren. Diese Interaktionen kommen etwa über organisierte Börsen oder Finanzinteraktionen auf der Basis individueller Vertragsbeziehungen, etwa zwischen einem Wertpapierdienstleistungsunternehmen und seinem Kunden in Form einer Anlageberatung vor. Eine genuin positive grundrechtliche Schutzwirkung kann der Institution Kapitalmarkt aus diesen Gründen nicht zuteil werden.

Die überragend wichtige Bedeutung eines funktionierenden Kapitalmarkts spiegelt sich im Kontext der Grundrechte vielmehr im Rahmen der Prüfung der

Verhältnismäßigkeit von Eingriffen in grundrechtlich geschützte Positionen einzelner natürlicher oder juristischer Personen wider, jedoch nicht in Form einer klassischen Grundrechtekollision, sondern innerhalb der Bestimmung der Allgemeinwohlinteressen, die Einschränkungen einer einzelnen Grundrechtsposition zu rechtfertigen helfen. Der Kapitalmarkt wird auf diese Art und Weise im Rahmen der jeweiligen Abwägungen indirekt geschützt.

### b) Einzelne Kapitalmarktteilnehmer

Zuletzt ist zu analysieren, ob der einzelne Marktteilnehmer, also etwa ein einzelner Anleger, auf der Basis einer grundrechtlich geschützten Position Einschränkungen von Rechtspositionen der Mitarbeiter eines Wertpapierdienstleistungsunternehmens bzw. der Wertpapierdienstleistungsunternehmen selbst fordern kann. Voraussetzung dafür wäre, dass infolge der durch die Gesamtheit der Grundrechte vorgegebenen objektiven Werteordnung eben jener speziellen Grundrechtsposition eines einzelnen Teilnehmers am Kapitalmarkt Geltung verschafft werden soll. Es stellt sich mit anderen Worten konkret die Frage, ob der einzelne Anleger einen Anspruch darauf hat, dass eine Bank ein Compliance- bzw. Überwachungsregime implementiert, um insbesondere die privaten Wertpapiergeschäfte seiner Mitarbeiter zu kontrollieren. Als relevante Grundrechtsposition käme das Eigentum des Anlegers in Form von bei einem Wertpapierdienstleistungsunternehmen verwahrten Finanzinstrument in Betracht, das mangels entsprechender angemessener Implementierung von Überwachungsmechanismen gegen Marktmanipulation oder Insiderhandel im Wertpapierdienstleistungsunternehmen geschädigt werden könnte.

Die grundsätzliche Fähigkeit eines am Kapitalmarkt beteiligten Individuums, Träger von Grundrechten zu sein, steht zwar bei natürlichen sowie in speziellen Fällen auch bei juristischen Personen außer Frage. Allerdings ist damit nicht zwingend ein Anspruch auf die Einschränkung von Rechtspositionen anderer verbunden.

Im Zusammenhang mit dem Kapitalmarkt ist zudem zu bedenken, dass es letztlich nicht auf das einzelne Individuum ankommt, das – hinsichtlich der Verwirklichung seiner Grundrechtspositionen – schutzwürdig ist, sondern dass vielmehr die Gesamtheit der am Kapitalmarkt beteiligten Individuen und die Ermöglichung einer reibungslosen und effizienten Interaktion dieser Individuen untereinander im Zentrum der gesetzgeberischen Motivation der entsprechenden kapitalmarktrechtlichen Regelungen stehen. Schutzwürdig ist demnach im Grundsatz nur die Gesamtheit der Anleger und nicht der einzelne Anleger. Dies ergibt sich auch aus dem Gedanken, dass das einzelne am Kapitalmarkt agierende Individuum sehr individualistische, sich von den Interessen anderer am Kapitalmarkt agierender Personen möglicherweise stark unterscheidende Ziele verfolgt. Eine Vereinheitlichung dieser Interessen ist letztlich nicht denkbar, sodass Ansprüche Einzelner auf der Basis ihrer grundrechtlich geschützten Positionen im Zusammenhang mit der Überwachung der privaten Wertpapiertransaktionen der Mitarbeiter von Wertpapierdienstleistungsunternehmen nach § 33b WpHG auszuschließen sind.

## IV. Zwischenergebnis

Der Schwerpunkt der Funktion der Grundrechte im Umfeld der Überwachungsmechanismen hinsichtlich der Überwachung von Mitarbeitergeschäften in Wertpapierdienstleistungsunternehmen liegt auf deren Abwehrfunktion gegen staatliche Eingriffe in Freiheitspositionen. Hinsichtlich des im Einzelfall anwendbaren Prüfungsmaßstabes ist zu differenzieren.

Handelt es sich um zwingende kapitalmarktrechtliche Normen und deren Umsetzung durch staatliche oder private Überwachungsinstanzen, sind Überwachungsmaßnahmen in Umsetzung dieser zwingenden normativen Grundlagen im Umfeld der Überwachung von Mitarbeitergeschäften zweifelsohne an den EU-Grundrechten zu messen, da kein Spielraum für den nationalen Gesetzgeber bei der Umsetzung der insofern einschlägigen europäischen Rechtsgrundlagen besteht. Überwachungsmaßnahmen sowohl durch den nationalen Gesetzgeber, die nationalen Überwachungsinstanzen und die Wertpapierdienstleistungsunternehmen inklusive deren Compliance-Beauftragte werden in dieser Konstellation in Umsetzung dieser europäischen Rechtsgrundlagen implementiert und ausgeführt.

Überwachungsmaßnahmen, die unternehmensindividuell, unabhängig von zwingenden normativen Grundlagen, im Wertpapierdienstleistungsunternehmen implementiert werden, sind grundsätzlich am Maßstab der Grundrechte des deutschen Grundgesetzes zu messen. Unternehmensindividuelle Überwachungsmaßnahmen hinsichtlich der privaten Wertpapiertransaktionen der Mitarbeiter jedoch sind als unmittelbar die zwingenden Vorgaben unterstützende Maßnahmen anzusehen und somit auch an den europäischen Grundrechten zu messen.

Als relevante Grundrechtsträger können die Mitarbeiter der Wertpapierdienstleistungsunternehmen, die Compliance-Beauftragten und die Wertpapierdienstleistungsunternehmen selbst identifiziert werden. Bei Letzteren ist zu differenzieren, ob Freiheitspositionen gegenüber staatlichen Eingriffen bestehen oder ob möglicherweise auch grundrechtlich geschützte Positionen für das Überwachungsregime streiten und im Rahmen von Abwägungen gegen die Interessen einzelner Mitarbeiter zu gewichten sind. Der Kapitalmarkt als Institution sowie individuelle Teilnehmer am Kapitalmarkt scheiden als Grundrechtsträger aus. Ihre Interessen werden im Rahmen der Prüfung der Verhältnismäßigkeit von Eingriffen in die Positionen vorgenannter Grundrechtsträger berücksichtigt.

Nachdem die allgemeinen Funktionen der Grundrechte und die grundrechtlichen Prüfungsmaßstäbe sowie die betroffenen Rechtssubjekte herausgearbeitet worden sind, gilt es nun, sich im folgenden Kapitel[741] den spezifischen grundrechtlich geschützten Positionen dieser Grundrechtsträger zu widmen. Im Rahmen der Untersuchung dieser grundrechtlichen Spannungsverhältnisse werden die unterschiedlichen Interessenlagen einander detailliert gegenübergestellt. Im Rahmen dieser Gegenüberstellung ist zu untersuchen, ob die Grundrechte auch auf der Seite der Überwachungssysteme gelten könnten und somit eine Grundrechtsabwägung zu erfolgen hat.

Weiterhin wird eine Abwägung der unterschiedlichen Positionen gegeneinander vorzunehmen sein, um zu einer Aussage bezüglich Zulässigkeit der im Zusammenhang mit den in Wertpapierdienstleistungsunternehmen implementierten Überwachungsmechanismen insbesondere hinsichtlich der Überwachung der Mitarbeitergeschäfte zu kommen.

---

741 Siehe unten Kapitel E.

# E. Die grundrechtlichen Spannungsverhältnisse

Um eine Analyse derjenigen Grundrechtspositionen vornehmen zu können, die in Folge der in Wertpapierdienstleistungsunternehmen zur Überwachung von Mitarbeitergeschäften durchgeführten Überwachungsmaßnahmen betroffenen sein können, ist ein schrittweises Vorgehen notwendig.

Nach Darstellung der grundsätzlichen Varianten möglicher Eingriffe in geschützte Positionen der Grundrechtsträger im ersten Schritt sind in einem zweiten Schritt die konkreten Grundrechtspositionen einzelner relevanter Grundrechtsträger daraufhin zu analysieren, ob in diese im Zusammenhang mit den regelmäßig in Wertpapierdienstleistungsunternehmen implementierten Überwachungsmechanismen eingegriffen wird. Abschließend sind in einem dritten Schritt die zu gewichtenden unterschiedlichen Interessen und Konfliktlagen in einen Ausgleich zu bringen.

## I. Die Varianten des Eingriffs

Eingriffe in grundrechtlich geschützte Positionen der hinsichtlich ihrer privaten Wertpapiertransaktionen überwachten Mitarbeiter sowie der durch organisationsrechtliche Vorgaben eingeschränkten Wertpapierdienstleistungsunternehmen sind in unterschiedlichen Varianten denkbar. Zunächst können Eingriffe bereits unmittelbar durch die normativen Grundlagen selbst erfolgen. Sodann sind Eingriffe erst in Umsetzung der normativen Grundlagen in Form von Überwachungshandlungen durch den Compliance-Beauftragten möglich.

Mögliche Grundrechtseingriffe direkt durch abstrakt-generelle Normen kommen hauptsächlich mit Blick auf die geschützten Positionen der Wertpapierdienstleistungsunternehmen in Frage, da nur diese unmittelbar Normadressaten der entsprechenden Normen sind. Grundrechtseingriffe in die geschützten Positionen der Mitarbeiter werden in der Regel infolge von Überwachungsmaßnahmen des Compliance-Beauftragten entstehen.

## 1. Der unmittelbare Eingriff durch normative Grundlagen

Da sich die normativen Grundlagen der Überwachung der Mitarbeitergeschäfte sowohl aus europäischen wie auch aus deutschen Rechtsgrundlagen zusammensetzen, sind Grundrechtseingriffe in beiden Ausprägungen denkbar.

### a) Mögliche Eingriffe durch europäisches Sekundärrecht

Neben direkten Einschränkungen durch konkrete Maßnahmen kann in eine grundrechtlich geschützte Rechtsposition, die vom Schutzbereich der EU-Grundrechte-Charta umfasst ist, auch in abstrakter Art und Weise durch eine gesetzliche Regelung eingegriffen werden[742]. Im Kontext der Überwachung der privaten Wertpapiertransaktionen der Mitarbeiter von Wertpapierdienstleistungsunternehmen kommen auf europäischer Ebene die europäischen Regelungen der eingangs dargestellten normativen Grundlagen[743], namentlich die MiFID, die MiFID-Durchführungsrichtlinie sowie die MiFID-Durchführungsverordnung, als potenziell grundrechtseinschränkende Normen in Betracht.

Vorbezeichnete Normen beschreiben die Notwendigkeit der Implementierung von Überwachungsmaßnahmen der Wertpapierdienstleistungsunternehmen der Mitgliedstaaten in abstrakt-genereller Weise für alle Wertpapierdienstleistungsunternehmen gleich. Eine höhere Betroffenheit der durch die Normen adressierten Wertpapierdienstleistungsunternehmen im Vergleich zu Normadressaten vergleichbarer Regelungen der europarechtlichen wirtschaftsaufsichtsrechtlichen Normen ist nicht erkennbar. Auch die Wertpapierdienstleistungsunternehmen untereinander sind in gleichem Ausmaß zueinander betroffen. Entsprechendes gilt für die Mitarbeiter der Wertpapierdienstleistungsunternehmen, die lediglich mittelbar Adressaten der europarechtlichen Regelungen als Teil der normativen Grundlagen der Überwachung der Wertpapiergeschäfte nach § 33b WpHG sind.

Eine Betroffenheit von grundrechtlich geschützten Positionen kann daher ausschließlich aus dem Zwang zur Umsetzung von Organisationvorgaben auf der Ebene der Wertpapierdienstleistungsunternehmen entstehen. Eingriffe können sich daraus auf Freiheitsrechte wie die unternehmerische Freiheit der Wertpapierdienstleistungsunternehmen sowie deren Eigentumsrechten ergeben. Es wird in dieser Konstellation zu prüfen sein, ob die Ausgestaltung dieser Normen dem Maßstab der europäischen Grundrechte genügt.

Eine darüber hinausgehende Betroffenheit spezieller Positionen existiert nicht. Es mangelt insofern an den Voraussetzungen für den Eingriffscharakter einer ab-

742 Calliess, in: Ehlers (Hrsg.), Europäische Grundrechte, § 16.4, Rn. 26.

743 Siehe oben Kapitel B. I.

strakt-generellen Norm. Dieser ist nur dann gegeben, wenn eine über die für jeden Normadressaten in gleicher Art und Weise einschränkende Normauswirkung hinausgehende spezifische Betroffenheit eines Grundrechtsträgers besteht. Ohne eine entsprechend differenzierte, über das normale Maß hinausgehende Betroffenheit ist die Annahme eines Eingriffs durch den EuGH unwahrscheinlich[744]. Eine solche Betroffenheit ist jedoch mit Blick auf die abstrakt-generellen europarechtlichen normativen Grundlagen nicht zu erkennen. Diese haben somit über die vorerwähnten möglichen Eingriffe in die allgemeinen Freiheitspositionen der Wertpapierdienstleistungsunternehmen hinaus keinen Eingriffscharakter.

### b) Mögliche Eingriffe durch deutsche Normen

Neben den europarechtlichen Regelungen kommen auch die im Rahmen der Umsetzung der europarechtlichen Vorgaben im deutschen Recht implementierten Normen im Zusammenhang mit der Überwachung der privaten Wertpapiertransaktionen von Mitarbeitern von Wertpapierdienstleistungsunternehmen als abstrakt-generelle Regelungen mit Eingriffscharakter in Betracht. Namentlich durch das WpHG, die WpDVerOV sowie die MaComp könnte unmittelbar in grundrechtlich geschützte Positionen der jeweiligen Grundrechtsträger eingegriffen werden. Da die deutschen Normen jedoch die europarechtlichen Vorgaben im Rahmen einer 1:1-Umsetzung[745] identisch abbilden, kann bezüglich des grundrechtsdogmatischen Eingriffscharakters an dieser Stelle kein im Vergleich zur Analyse der europarechtlichen Normen abweichendes Ergebnis der Untersuchung gefolgert werden.

Auch durch die deutschen Regelungen betreffend die Überwachung der privaten Wertpapiertransaktionen der Mitarbeiter von Wertpapierdienstleistungsunternehmen erfolgt somit über einen möglichen Eingriff in allgemeine Freiheitspositionen der Wertpapierdienstleistungsunternehmen hinaus kein Eingriff.

## 2. Der Eingriff durch Überwachungshandlungen des Compliance-Beauftragten

Im Gegensatz zu möglichen Eingriffen in grundrechtlich geschützte Positionen der Wertpapierdienstleistungsunternehmen unmittelbar durch die abstrakt-generellen normativen Grundlagen materialisieren sich die Eingriffe aus der Perspektive der Mitarbeiter in den Überwachungsmaßnahmen des Compliance-

744 Calliess, in: Ehlers (Hrsg.), Europäische Grundrechte, § 16.4, Rn. 26.

745 Siehe oben Kapitel B. I. 1. d) (1).

Beauftragten. Der Compliance-Beauftragte vermittelt insofern hinsichtlich der zwingenden normativen Grundlagen unmittelbar und bezüglich der unternehmensindividuell implementierten mittelbar gesetzlich geregelten staatlichen Einschränkungen. Dies sei anhand der Eingriffe in das Nutzungsrecht bezüglich privat gehaltener Finanzinstrumente durch die konkreten Überwachungsmaßnahmen des Compliance-Beauftragten eines Wertpapierunternehmens in Umsetzung der normativen Grundlagen zur Überwachung der Mitarbeitergeschäfte nach § 33b WpHG illustriert.

### a) Watch-List

Wie zuvor ausgeführt[746] ist es Wissensträgern von Compliance-relevanten Informationen über die Watch-List durch den Compliance-Beauftragten verboten, beginnend mit der Kenntniserlangung bezogen auf die Compliance-relevante Information bis zum Zeitpunkt des öffentlichen Bekanntwerdens der entsprechenden Information, über privat gehaltene Wertpapiere zu verfügen. Die Verfügungsberechtigung an den im privaten Depot befindlichen Finanzinstrumenten wird dem betroffenen Mitarbeiter in dieser Zeitperiode vollständig entzogen. Das Verfügungsverbot ist daher als Eingriff in grundrechtlich geschützte Positionen des Mitarbeiters eines Wertpapierdienstleistungsunternehmens anzusehen.

### b) Restricted List

Auch die Restricted-List[747] spricht Handelsverbote aus, im Vergleich zur Watch-List jedoch nicht nur gegenüber einem begrenzten Teil der Mitarbeiter auf der Basis von deren Kenntnis von Compliance-relevanten Informationen, sondern gegenüber sämtlichen Mitarbeitern des Wertpapierdienstleistungsunternehmens vor dem Hintergrund der Vermeidung von Interessenkonflikten. Für die Qualifikation der Überwachungsmaßnahme als Eingriff in durch die EU-Grundrechte-Charta dem Mitarbeiter vermittelte geschützte Rechtspositionen ist die zugrunde liegende Motivation des Eingriffs ohne Belang. Analog zur Watch-List stellt also auch die Überwachungsmaßnahme des Compliance-Beauftragten in Form der Restricted-List einen Eingriff in geschützte Rechtspositionen dar.

746 Siehe oben Kapitel C. V. 2. b).
747 Siehe oben Kapitel C. V. 2. c).

### c) Pre-Clearing

Entsprechend führt der Pre-Clearing-Mechanismus[748] analog der Argumentation zu Watch-List und Restricted-List zu einem Eingriff, da auch in diesem Fall die Verfügungsfreiheit des betroffenen Mitarbeiters hinsichtlich vom Mitarbeiter privat gehaltener Finanzinstrumente beschränkt wird.

## II. Die betroffenen Grundrechtspositionen

Auf der Basis der zuvor dargestellten Eingriffsvarianten wird nachstehend zu untersuchen sein, welche Grundrechtspositionen in Betracht kommen, in die entweder unmittelbar durch die normativen Grundlagen der Überwachung selbst oder durch Überwachungshandlungen des Compliance-Beauftragten eingegriffen werden könnte.

## 1. Die Berufsfreiheit

Naheliegend ist zunächst ein Eingriff in die Berufsfreiheit der Mitarbeiter als Folge der im Rahmen des Überwachungsregimes durch den Compliance-Beauftragten vorgenommenen Überwachungshandlungen.

### a) Schutzbereich

Auch die EU-Grundrechte-Charta enthält in Artikel 15 EU-Grundrechte-Charta als zentrales wirtschaftliches Freiheitsgrundrecht das Grundrecht der Berufsfreiheit[749]. Das Grundrecht hat seinen Ursprung in der Berufsfreiheit, wie sie der EuGH aus allgemeinen Rechtsgrundsätzen entwickelt hat[750]. Es ist als Abwehrrecht konzipiert[751], das die Freiheit des Unionsbürgers als Teilnehmer am Wirtschaftsverkehr[752] schützt.

Unter der Berufsfreiheit ist im Kontext des Gemeinschaftsrechts die umfassende Freiheit der wirtschaftlichen Betätigung[753] gemeint. Notwendige Bedingung für die Eröffnung des Schutzbereiches von Art. 15 EU-Grundrechte-Charta

748 Siehe oben Kapitel C. V. 4. c).
749 Ruffert, in: Ehlers (Hrsg.), Europäische Grundrechte, § 16.3, Rn. 1.
750 Jarass, EU-Grundrechte-Charta, Art. 15, Rn. 1.
751 Jarass, EU-Grundrechte-Charta, Art. 15, Rn. 2.
752 Vgl. Bernsdorff, in: Meyer (Hrsg.), Charta der Grundrechte der EU, Art. 15, Rn. 1.
753 Ruffert, in: Ehlers (Hrsg.), Europäische Grundrechte, § 16.3, Rn. 10.

ist die Erwerbsabsicht[754]. In persönlicher Hinsicht schützt Art. 15 EU-Grundrechte-Charta alle Unionsbürger in selbstständiger und unselbstständiger Tätigkeit[755]. Darin ist der Schutz für den Bereich der Arbeitnehmer enthalten[756]. Von Art. 15 EU-Grundrechte-Charta werden sowohl die Berufswahl als auch die Berufsausübung geschützt[757]. Auf die Frage, ob auch juristische Personen in den Schutzbereich von Art. 15 EU-Grundrechte-Charta fallen, braucht an dieser Stelle nicht eingegangen zu werden, da es sich bei den Mitarbeitern von Wertpapierdienstleistungsunternehmen, auch unter Zugrundelegung des insoweit weiten Mitarbeiterbegriffs nach § 33b Abs. 1 WpHG[758], regelmäßig um natürliche Personen handelt.

Die Tätigkeit eines Mitarbeiters eines Wertpapierdienstleistungsunternehmens fällt daher in den Schutzbereich, da dessen Tätigkeit mit einer auf Dauer angelegten Erwerbserzielungsabsicht ausgeführt wird und somit Angriffe auf die Art und Weise der Ausübung dieser Tätigkeit grundsätzlich abgewehrt werden können.

### b) Eingriff

Eingriffe in die Berufsfreiheit nach Art. 15 EU-Grundrechte-Charta sind anhand der generellen Schrankenregelung nach Art. 52 Abs. 1 EU-Grundrechte-Charta zu messen[759]. Eine grundrechtsspezifische Schrankenregelung ist in Art. 15 EU-Grundrechte-Charta nicht enthalten. Eine Beeinträchtigung liegt dann vor, wenn vom Schutzbereich erfasste Tätigkeiten erheblich tangiert werden[760]. Die Berufsfreiheit kann danach grundsätzlich durch normative Regelungen beschränkt werden, wobei die Notwendigkeit der Rechtfertigung für Eingriffe in den Schutzbereich auch bereits für nur mittelbar beeinträchtigende normative Regelungen besteht[761].

Mit Blick auf den einzelnen Mitarbeiter eines Wertpapierdienstleistungsunternehmens ist zunächst zu klären, ob in den normativen Grundlagen der Überwachung der Mitarbeitergeschäfte nach § 33b WpHG oder darauf basierende Überwachungshandlungen des Compliance-Beauftragten ein Eingriff in den individuellen Schutzbereich nach Art. 15 EU-Grundrechte-Charta zu sehen ist. Die

754 Ruffert, in: Ehlers (Hrsg.), Europäische Grundrechte, § 16.3, Rn. 11.
755 Ruffert, in: Ehlers (Hrsg.), Europäische Grundrechte, § 16.3, Rn. 24.
756 Jarass, EU-Grundrechte-Charta, Art. 15, Rn. 1.
757 Jarass, EU-Grundrechte-Charta, Art. 15, Rn. 8.
758 Siehe oben Kapitel B. II. 3. b) (2) (a).
759 Bernsdorff, in: Meyer (Hrsg.), Charta der Grundrechte der EU, Art. 15, Rn. 18.
760 Jarass, EU-Grundrechte-Charta, Art. 15, Rn. 10.
761 Ruffert, in: Ehlers (Hrsg.), Europäische Grundrechte, § 16.3, Rn. 29.

Normen des WpHG richten sich nach dem Wortlaut größtenteils an das Wertpapierdienstleistungsunternehmen und zu einem sehr geringen Teil an den Compliance-Beauftragten des Wertpapierdienstleistungsunternehmens, nicht jedoch direkt an individuelle Mitarbeiter von Wertpapierdienstleistungsunternehmen.

Unter Zugrundelegung des weiten Eingriffsbegriffs, wonach jedes staatliche Handeln als Eingriff zu werten ist, das eine vom Schutzbereich eines Grundrechts umfasste Handlungsfreiheit beschränkt, und zwar unabhängig von der Finalität, Absicht oder Unmittelbarkeit des hinter dem staatlichen Handeln stehenden Motivs[762], kann bereits in den normativen Grundlagen der Überwachung der Mitarbeitergeschäfte nach § 33b WpHG an sich ein Eingriff in den Schutzbereich von Art. 15 EU-Grundrechte-Charta, bezogen auf einen individuellen Mitarbeiter eines Wertpapierdienstleistungsunternehmens, angenommen werden. So liegt nach Halbleib[763] beispielsweise durch die der BaFin nach § 34d Abs. 4 Satz 1 Nr. 2b WpHG gegenüber dem Wertpapierdienstleistungsunternehmen eingeräumte Untersagungsbefugnis des Einsatzes bestimmter Mitarbeiter in der Anlageberatung bereits ein Eingriff in den Schutzbereich der Berufsfreiheit eines betroffenen Anlageberaters vor, obwohl sich die Norm des § 34d WpHG nur an das Wertpapierdienstleistungsunternehmen wendet.

Die Ausübung seines Berufs als Angestellter eines Wertpapierdienstleistungsunternehmens ist zwingend mit den durch § 33b WpHG statuierten Einschränkungen hinsichtlich der Offenlegung sämtlicher privater Wertpapiertransaktionen verbunden. So ist es Mitarbeitern von Wertpapierdienstleistungsunternehmen nicht möglich, frei Depots und Konten bei beliebigen Institutionen zu eröffnen. Diese Einschränkungen sind bei Angestellten bei Unternehmen außerhalb der Finanzbranche nicht zu beobachten. Die freie Berufsausübung der Angestellten von Wertpapierdienstleistungsunternehmen wird somit im Vergleich dazu beschränkt.

Auch die auf der Basis der normativen Grundlagen der Überwachung der Mitarbeitergeschäfte nach § 33b WpHG durch den Compliance-Beauftragten eines Wertpapierdienstleistungsunternehmens konkret vorgenommenen Überwachungshandlungen schränken die Freiheit der Berufsausübung des einzelnen Mitarbeiters spürbar ein. Da nach hier vertretener Ansicht der Compliance-Beauftragte eines Wertpapierdienstleistungsunternehmens in Umsetzung zwingender normativer Grundlagen im Kontext der Überwachung der Mitarbeitergeschäfte zumindest auch im öffentlichen Interesse handelt, sind diese Eingriffe als final und unmittelbar anzusehen, so dass es des Rückgriffs auf den weiten Eingriffsbegriff in dieser Beziehung nicht bedarf.

762 Junker, Gewährleistungsaufsicht, S. 217.
763 Vgl. Halbleib, WM 2011, S. 673, 677.

## 2. Die unternehmerische Freiheit

Bereits im Kontext des deutschen Grundgesetzes wurde in der Literatur festgestellt, dass durch staatlich vorgegebene Organisationsanforderungen zulasten von Wertpapierdienstleistungsunternehmen offensichtlich in den Schutzbereich der von Art. 12 Abs. 1 GG verbürgten Berufsfreiheit eingegriffen werde[764]. Diese Erkenntnis gilt es auch für den Anwendungsbereich der EU-Grundrechte-Charta zu verifizieren. In diesem Zusammenhang ist unter einem Eingriff eine Einschränkung zu verstehen, die dazu führt, dass hinsichtlich der geschützten unternehmerischen Tätigkeiten aus der Perspektive des Grundrechtsberechtigten ein Nachteil entsteht[765].

### a) Schutzbereich

Durch die im WpHG enthaltene Verpflichtung der Wertpapierdienstleistungsunternehmen, eine kostenintensive Überwachungsinfrastruktur zu implementieren, kommt zuvorderst eine Einschränkung der unternehmerischen Freiheit eines Wertpapierdienstleistungsunternehmens in Betracht. Entsprechend der Rechtsprechung des EuGH ist die unternehmerische Freiheit nach Art. 16 EU-Grundrechte-Charta im Kern von der in Art. 15 EU-Grundrechte-Charta geschützten allgemeinen Berufsfreiheit abgeleitet[766]. Zum Schutzbereich kann daher zunächst auf die Ausführungen zum Schutzbereich zu Art. 15 EU-Grundrechte-Charta im Kontext der Prüfung dieses Grundrechts mit Bezug auf einzelne Mitarbeiter von Wertpapierdienstleistungsunternehmen verwiesen werden[767], da zumindest „Teilaspekte der unternehmerischen Freiheit auch von Art. 15 EU-Grundrechte-Charta erfasst werden“[768].

Im Übrigen jedoch verdrängt die in Art. 16 EU-Grundrechte-Charta geschützte unternehmerische Freiheit innerhalb ihres Anwendungsbereichs die in Art. 15 EU-Grundrechte-Charta geregelte Berufsfreiheit[769], die im Ergebnis nur eine Relevanz für Arbeitnehmer entfaltet. Art. 16 EU-Grundrechte-Charta schützt eine unternehmerische Betätigung in Form einer auf Dauer angelegten, freien, eigenständigen und ökonomisch orientierten Aktivität unabhängig von einer konkreten Organisationsform des Grundrechtsträgers[770]. Dieses Merkmal ist

---

764 Vgl. Junker, Gewährleistungsaufsicht, S. 216.

765 Jarass, EU-Grundrechte-Charta, Art. 16, Rn. 12.

766 Bernsdorff, in: Meyer (Hrsg.), Charta der Grundrechte der EU, Art. 16, Rn. 1.

767 Siehe oben Kapitel E. II. 1. a).

768 Bernsdorff, in: Meyer (Hrsg.), Charta der Grundrechte der EU, Art. 16, Rn. 10.

769 Jarass, EU-Grundrechte-Charta, Art. 16, Rn. 4.

770 Vgl. Bernsdorff, in: Meyer (Hrsg.), Charta der Grundrechte der EU, Art. 16, Rn. 10a.

bei der Betätigung eines Wertpapierdienstleistungsunternehmens am Kapitalmarkt mit dem Ziel, den Kunden gegenüber Wertpapierdienst- und nebendienstleistungen zu erbringen, stets der Fall. Vom Schutzbereich ist auch die Organisation eines Unternehmens umfasst[771]. Auch im Kontext des deutschen Grundgesetzes wird die Organisationsgestaltung eines Wertpapierdienstleistungsunternehmens nach Spindler[772] als ein Teil der „verfassungsrechtlich geschützten Eigentums- und Berufsausübungsfreiheit" der hinter dem Wertpapierdienstleistungsunternehmen stehenden juristischen Person angesehen[773]. Bezogen auf den persönlichen Schutzbereich von Art. 16 EU-Grundrechte-Charta ist festzustellen, dass dieser auch für juristische Personen eröffnet ist[774]. Insofern wird der aus Art. 15 EU-Grundrechte-Charta im Schwerpunkt den natürlichen Personen zuteil werdende Schutz der Berufsfreiheit für die Sphäre der regelmäßig in der Organisationsform der juristischen Person agierenden Unternehmen in der Ausprägung der unternehmerischen Freiheit komplettiert.

### b) Eingriff

Hinsichtlich der normativen Grundlagen der Überwachung von Mitarbeitergeschäften nach § 33b WpHG liegen die Nachteile für die betroffenen Wertpapierdienstleistungsunternehmen in den erheblichen Kosten[775], die ihnen für die Unterhaltung der für die Überwachung notwendigen Infrastruktur zur Ausübung der Überwachung entstehen. Weiterhin ist ein Nachteil darin zu sehen, dass die Auswahl eines Wertpapierdienstleistungsunternehmens bezüglich möglicher Vertragspartner zur Unterstützung hinsichtlich der Erbringung von Wertpapierdienstleistungen deshalb eingeschränkt wird, da das Wertpapierdienstleistungsunternehmen wegen des weiten Mitarbeiterbegriffs[776] auch die Vertragspartner in das Überwachungsregime einzubeziehen hat. Wenn entsprechende Vereinbarungen seitens möglicher Vertragspartner abgelehnt werden, kann dies dazu führen, dass mit den im Grunde für eine spezifische Aufgabe am besten geeigneten Partnern keine Kooperation zustande kommt, was sich letztlich erneut in höheren Kosten niederschlagen kann.

771 Jarass, EU-Grundrechte-Charta, Art. 16, Rn. 9.
772 Spindler, WM 2008, S. 905, 909.
773 Vgl. auch Kort, Compliance-Pflichten von Vorstandsmitgliedern und Aufsichtsratsmitgliedern, in: Grundmann u. a. (Hrsg.), FS Hopt, S. 983, 985.
774 Bernsdorff, in: Meyer (Hrsg.), Charta der Grundrechte der EU, Art. 16, Rn. 16.
775 Vgl. Möllers, AcP 2008, S. 1, 18.
776 Siehe oben Kapitel B. II. 3. b) (2) (a).

### 3. Das Eigentum

Neben der Berufsfreiheit kann durch die normativen Grundlagen der Überwachung der Mitarbeitergeschäfte sowie die darauf basierenden konkreten Überwachungshandlungen des Compliance-Beauftragten in das durch Artikel 17 EU-Grundrechte-Charta geschützte Eigentumsrecht eingegriffen werden.

#### a) Schutzbereich

Art. 17 EU-Grundrechte Charta fixiert das vor dem Hintergrund der Ausrichtung der Europäischen Union als Wirtschaftsgemeinschaft nach Art. 3 Absatz 3 EUV zentrale Eigentumsgrundrecht[777]. Grundrechtsträger sind alle natürliche Personen[778], also auch die Mitarbeiter von Wertpapierdienstleistungsunternehmen. Geschützt werden insbesondere privatrechtliche Eigentumspositionen, aber auch „vermögenswerte Rechte“[779].

Dies ist im Zusammenhang mit konkreten Überwachungshandlungen und Überwachungsmechanismen des Compliance-Beauftragten mit Blick auf privat gehaltene Finanzinstrumente der Mitarbeiter von Wertpapierdienstleistungsunternehmen relevant, die als Folge dieses weit verstandenen Eigentumsbegriffs[780] in den Schutzbereich von Art. 17 EU-Grundrechte-Charta fallen. Die Gewährleistung von Art. 17 EU-Grundrechte-Charta schützt neben dem Bestand des Eigentums auch die Befugnis, über das Eigentum zu verfügen[781].

Neben natürlichen Personen sind auch juristische Personen und somit auch die Wertpapierdienstleistungsunternehmen hinsichtlich ihrer eigentumsbegründenden Rechtspositionen durch das Eigentumsrecht nach Artikel 17 EU-Grundrechte-Charta geschützt[782]. Zusätzlich zu den Eigentumspositionen der Mitarbeiter werden somit auch die Wertpapierdienstleistungsunternehmen selbst vom Schutzbereich von Art. 17 EU-Grundrechte-Charta umfasst. Aufgrund der Tatsache, dass der Grundrechtsberechtigte in dieser Konstellation als juristische Person organisiert ist, ergeben sich jedoch hinsichtlich der konkreten Art und Weise möglicher Eingriffe Unterschiede. Mit Blick auf Unternehmen wird insbesondere die Nutzung der Produktionsstätten und die freie Disposition über die Produktionsmittel geschützt[783].

---

777 Calliess, in: Ehlers (Hrsg.), Europäische Grundrechte, § 16.4, Rn. 1.

778 Jarass, EU-Grundrechte-Charta, Art. 17, Rn. 17.

779 Bernsdorff, in: Meyer (Hrsg.), Charta der Grundrechte der EU, Art. 17, Rn. 15.

780 Jarass, EU-Grundrechte-Charta, Art. 17, Rn. 6.

781 Bernsdorff, in: Meyer (Hrsg.), Charta der Grundrechte der EU, Art. 17, Rn. 17.

782 Calliess, in: Ehlers (Hrsg.), Europäische Grundrechte, § 16.4, Rn. 15.

783 Ruffert, in: Ehlers (Hrsg.), Europäische Grundrechte, § 16.3, Rn. 14.

Laut Veil[784] kann aus der Perspektive des Wertpapierdienstleistungsunternehmens beispielsweise bereits dann der Schutzbereich seines Eigentumsgrundrechts betroffen sein, wenn ein Compliance-Beauftragter das Recht und die Pflicht haben sollte, „am Vorstand einer Gesellschaft vorbei" in Kontakt zur Aufsichtsbehörde zu treten. Nach weiteren Literaturstimmen ist das Eigentum eines Wertpapierdienstleistungsunternehmens im Rahmen der Freiheit der Unternehmensorganisation grundrechtlich geschützt[785], sodass einer Beschränkung dieser Freiheit Eingriffscharakter beizumessen ist.

Im Zusammenhang mit der Überwachung von Mitarbeitergeschäften nach § 33b WpHG kommen somit Eingriffe in den Schutzbereich von Art. 17 EU-Grundrechte-Charta bereits infolge der normativen Grundlagen insbesondere in Form der in § 33b WpHG enthaltenen Vorgaben zur Unternehmensorganisation in Betracht. Eingriffe durch konkrete Überwachungsmaßnahmen des Compliance-Beauftragten in Umsetzung dieser normativen Grundlagen spielen für die Frage eines möglichen Eingriffs in die grundrechtlich geschützte Eigentumsposition der Wertpapierdienstleistungsunternehmen keine Rolle. Diese beziehen sich spezifisch auf die Überwachung des Verhaltens der Mitarbeiter der Wertpapierdienstleistungsunternehmen. Allerdings ist der Frage nachzugehen, ob in der Notwendigkeit der Unabhängigkeit und aus dieser Unabhängigkeit resultierenden Maßnahmen des Compliance-Beauftragten möglicherweise entgegen dem Willen der Leitungsorgane oder Eigentümer des Wertpapierdienstleistungsunternehmens ein Eingriff in deren Eigentumsposition liegen kann.

## b) Eingriff

Die Frage der Beeinträchtigung des Eigentums ist abhängig vom speziellen Grundrechtsträger, also davon, ob ein Mitarbeiter oder ein Wertpapierdienstleistungsunternehmen betrachtet wird.

### *(1) Die Eigentumsposition eines Mitarbeiters*

Ein Entzug einer in den Schutzbereich von Art. 17 EU-Grundrechte-Charta fallenden Rechtsposition stellt einen Eingriff in das Grundrecht dar[786]. Hinsichtlich der Arten der Eingriffe wird danach unterschieden, ob eine in den Schutzbereich des Eigentumsrechts fallende Rechtsposition entzogen[787] oder nur in ihrer Nut-

---

784 Veil, Compliance-Organisationen WM 2008, S. 1093, 1094.

785 Vgl. zu Art. 14 Abs. 1 GG, Kort, Compliance-Pflichten von Vorstandsmitgliedern und Aufsichtsratsmitgliedern, in: Grundmann u. a. (Hrsg.), FS Hopt, S.983, 985.

786 Calliess, in: Ehlers (Hrsg.), Europäische Grundrechte, § 16.4, Rn. 24.

787 Jarass, EU-Grundrechte-Charta, Art. 17, Rn. 18.

zung eingeschränkt[788] wird. Unter einer Beschränkung in diesem Sinne ist insbesondere ein Verbot zu verstehen, über die geschützte Position frei verfügen zu können. Dies ist aus der Perspektive der Mitarbeiter dann der Fall, wenn es ihnen durch den Compliance-Beauftragten untersagt wird, privat gehaltene Finanzinstrumente zu veräußern, wenn diese in eine Watch-List oder eine Restricted-List aufgenommen werden. In die grundrechtlich geschützte Eigentumsposition eines Mitarbeiters wird auf diese Art und Weise eingegriffen.

*(2) Die Eigentumsposition eines Wertpapierdienstleistungsunternehmens*

Bezogen auf die Wertpapierdienstleistungsunternehmen selbst wird direkt durch § 33b WpHG in deren Eigentumsrecht eingegriffen. Die Norm bürdet den Wertpapierdienstleistungsunternehmen kostenpflichtige Organisationsstrukturen auf, die in die Freiheit der Unternehmensorganisation eingreifen, da bei Nichtbefolgung eine Sanktionierung durch die staatlichen Aufsichtsinstanzen[789], insbesondere durch die BaFin, droht. Die normativen Grundlagen der Überwachung von Mitarbeitergeschäften greifen somit durch die in § 33b WpHG angeordneten Organisationsanforderungen in den Schutzbereich des Eigentumsgrundrechts ein.

*(3) Fazit*

Es kann daher festgehalten werden, dass in Eigentumspositionen sowohl der Mitarbeiter wie auch der Wertpapierdienstleistungsunternehmen selbst durch Maßnahmen des Compliance-Beauftragten oder unmittelbar durch die normativen Grundlagen der Überwachung eingegriffen wird.

## 4. Die informationelle Selbstbestimmung

Wie bereits im Zusammenhang mit den praktischen Umsetzungsmaßnahmen der Überwachung der privaten Wertpapiertransaktionen der Mitarbeiter erwähnt werden die vom Compliance-Beauftragten abgefragten bzw. diesem zugelieferten Transaktionsdaten unter Verwendung spezieller Compliance-IT-Programme verarbeitet, ausgewertet und mit anderen im Wertpapierdienstleistungsunternehmen vorhandenen Daten abgeglichen[790]. Es liegt daher nahe, die Vereinbarkeit dieser Praxis mit Art. 8 EU-Grundrechte-Charta zu untersuchen, der in Idealkon-

788 Jarass, EU-Grundrechte-Charta, Art. 17, Rn. 26.
789 Siehe oben Kapitel B. III. 1.
790 Siehe oben Kapitel C. V. 4.

kurrenz[791] zu Art. 15 EU-Grundrechte-Charta sowie Art. 17 EU-Grundrechte-Charta steht. Entsprechend gilt es, aus der Perspektive der Wertpapierdienstleistungsunternehmen zu analysieren, inwieweit diese im Rahmen der ihnen auferlegten Meldepflichten in ihrem Recht auf informationelle Selbstbestimmung tangiert sein können.

Weiterhin ist der Vollständigkeit halber die Vereinbarkeit der regelmäßig in Wertpapierdienstleistungsunternehmen durch den Compliance-Beauftragten implementierten und durchgeführten Überwachungshandlungen mit den Regelungen zum Beschäftigtendatenschutz zu analysieren.

### a) Schutzbereich

Durch Art. 8 EU-Grundrechte-Charta werden personenbezogene Daten geschützt. Darunter sind im Rahmen einer weiten Auslegung „alle nur denkbaren“[792] Informationen zu verstehen, die sich auf eine bestimmte Person beziehen oder aufgrund derer eine individuelle Person bestimmt werden kann, beispielsweise eine Kontonummer[793], die der Privatsphäre[794] der betreffenden Person zuzuordnen sind. Nach Scholz[795] umfasst der Schutzbereich von Art. 8 EU-Grundrechte-Charta auch die im Kontext des deutschen Grundgesetzes vom BVerfG entwickelten Grundsätze des Grundrechts auf informationelle Selbstbestimmung, hinsichtlich dessen durch Art. 8 EU-Grundrechte-Charta ein materiell gleichwertiges Schutzniveau gewährleistet sei[796]. Vorstehend erwähnte Transaktions- und Depotdaten über die privaten Wertpapiergeschäfte der Mitarbeiter von Wertpapierdienstleistungsunternehmen fallen zweifellos unter diese Definition und sind daher als vom Schutzbereich von Art. 8 EU-Grundrechte-Charta umfasst anzusehen.

### b) Eingriff

Hinsichtlich der Frage des Eingriffs ist die Betrachtung anhand der Mitarbeiter einerseits und der Wertpapierdienstleistungsunternehmen andererseits zu differenzieren.

---

791 Bernsdorff, in: Meyer (Hrsg.), Charta der Grundrechte der EU, Art. 8, Rn. 13.
792 Bernsdorff, in: Meyer (Hrsg.), Charta der Grundrechte der EU, Art. 8, Rn. 15.
793 Jarass, EU-Grundrechte-Charta, Art. 8, Rn. 5.
794 Vgl. Schorkopf, in: Ehlers (Hrsg.), Europäische Grundrechte, § 16.1, Rn. 40.
795 Scholz, in: Merten/Papier (Hrsg.), Handbuch der Grundrechte, § 170, Rn. 75.
796 Vgl. auch Britz, EuGRZ 2009, S. 1, 3.

*(1) Die Perspektive eines Mitarbeiters*

Ein Eingriff in den Schutzbereich von Art. 8 EU-Grundrechte-Charta liegt bereits bei jeder Art der Verarbeitung von personenbezogenen Daten vor[797]. Auch der Begriff der Verarbeitung ist weit auszulegen, um auch neue Arten der Datenverwendung sofort erfassen und auch künftige technische Entwicklungen antizipieren zu können[798]. Insbesondere fallen die Aufbewahrung und die Abfrage von personenbezogenen Daten unter den Begriff der Verarbeitung in diesem Sinne[799]. So werden beispielsweise in der Literatur die Regelungen von § 15b WpHG, der die Anlage eines Insiderverzeichnisses für solche Personen vorschreibt, die hinsichtlich eines Emittenten von Finanzinstrumenten bestimmungsgemäß Zugang zu Insiderinformationen haben können, als solche Regelungen angesehen, die in das Grundrecht der informationellen Selbstbestimmung eingreifen[800].

Die im Rahmen der Überwachung der Mitarbeitergeschäfte nach § 33b WpHG durch den Compliance-Beauftragten eingesetzten Compliance-IT-Programme erfüllen den Begriff der Verarbeitung, denn die Transaktionsdaten der jeweiligen Geschäfte werden gespeichert und insbesondere anhand vorab definierter Parameter ausgelesen, indem sie mit anderen Transaktionsdaten, etwa im Zusammenhang mit Eigengeschäften des Wertpapierdienstleistungsunternehmens selbst, abgeglichen und auf mögliche Verstöße gegen kapitalmarktrechtliche Vorschriften hin überprüft werden.

Wie bereits im Zusammenhang mit der konkreten Art und Weise der arbeitsrechtlichen Umsetzung des Überwachungsregimes in das jeweilige Wertpapierdienstleistungsunternehmen ausgeführt[801] scheitert die Annahme einer einen Eingriff in den Schutzbereich ausschließenden Einwilligung nach Art. 8 Abs. 2 EU-Grundrechte-Charta auch hier aus den dort genannten Gründen. Infolge der strukturell ungleichen Verhandlungspositionen sind die Voraussetzungen für einen freien Verzicht auf die grundrechtlich geschützte Rechtsposition nicht gegeben.

*(2) Die Perspektive eines Wertpapierdienstleistungsunternehmens*

Sodann ist auch mit Blick auf das Wertpapierdienstleistungsunternehmen herauszuarbeiten, ob vor dem Hintergrund des Datenschutzes eine grundrechtlich geschützte Position tangiert ist. Auf das Recht der informationellen Selbstbestim-

797 Schorkopf, in: Ehlers (Hrsg.), Europäische Grundrechte, § 16.1, Rn. 44.
798 Bernsdorff, in: Meyer (Hrsg.), Charta der Grundrechte der EU, Art. 8, Rn. 16.
799 Vgl. Jarass, EU-Grundrechte-Charta, Art. 8, Rn. 8.
800 Steidle/Waldeck, WM 2005, S. 868, 870.
801 Siehe oben Kapitel D. III. 1. b).

mung können sich nach Art. 8 EU-Grundrechte-Charta bzw. nach Art. 19 Abs. 3 GG grundsätzlich auch juristische Personen des Privatrechts berufen[802]. Es könnte somit argumentiert werden, dass durch die Auskunftspflicht der Wertpapierdienstleistungsunternehmen gegenüber der BaFin[803] wie auch der den Wertpapierdienstleistungsunternehmen auferlegten Pflicht, der BaFin gegenüber Unterlagen aushändigen zu müssen, in das Recht auf informationelle Selbstbestimmung eingegriffen wird. Allerdings ist diesbezüglich zu bedenken, dass es sich insofern nicht um genuin auf das Wertpapierdienstleistungsunternehmen selbst bezogene personenbezogene Daten handelt, sondern letztlich um Daten der Kunden des Wertpapierdienstleistungsunternehmens. Der Kern des Schutzbereichs ist im Ergebnis nicht betroffen, eine Einschlägigkeit des Schutzbereichs des Grundrechts auf informationelle Selbstbestimmung mit Blick auf die Wertpapierdienstleistungsunternehmen selbst besteht nicht.

*(3) Fazit*

Ein Eingriff in das Recht auf informationelle Selbstbestimmung liegt somit nur hinsichtlich der Mitarbeiter vor. Ein entsprechender Eingriff bezüglich der Wertpapierdienstleistungsunternehmen ist nicht gegeben.

### c) Exkurs: Beschäftigtendatenschutz und Überwachung

Die Bundesregierung hat am 15. Dezember 2010 den Entwurf eines Gesetzes zur Regelung des Beschäftigtendatenschutzes in den Bundestag eingebracht[804]. Compliance-Aspekte sind im Rahmen der Gesetzesinitiative explizit und an prominenter Stelle angesprochen, wenn dort betont wird, dass den Arbeitgebern unter anderem verlässliche Grundlagen für die Durchsetzung von Compliance-Anforderungen an die Hand gegeben würden[805]. Da unter Compliance-Anforderungen in diesem Sinne auch die Vorgaben zur Überwachung der privaten Wertpapiertransaktionen der Mitarbeiter in Wertpapierdienstleistungen zu verstehen sind, werden die entsprechenden Entwicklungen nachstehend unter dem Blickwinkel der Überwachung der Mitarbeitergeschäfte nach § 33b WpHG analysiert und bewertet.

---

802 Jarass, EU-Grundrechte-Charta, Art. 8, Rn. 7; Schlette/Bouchon, in: Fuchs (Hrsg.), WpHG-Kommentar, § 4, Rn. 65; Kühling/Seidel/Sivridis, Datenschutzrecht, S. 18.

803 Siehe oben Kapitel B. II. 1.

804 BT-Drucksache 17/4230 vom 15.12.2010, S. 3; zum weiteren Verfahren vgl. Maschmann, BB 2011, S. I.

805 BT-Drucksache 17/4230 vom 15.12.2010, S. 1.

*(1) Das Spannungsfeld zwischen Beschäftigtendatenschutz und Überwachung*

Der Compliance-Beauftragte benötigt für die Erfüllung seiner Aufgaben umfangreiche IT-Zugriffsrechte[806], um auf der Grundlage einer vollständigen Informationslage beurteilen zu können, ob Mitarbeiter gegen Vorgaben des WpHG verstoßen. Die MaComp fordern unter anderem, dass Mitarbeiter der Compliance-Funktion ihr umfassendes Auskunfts-, Einsichts- und Zugangsrecht aus eigener Initiative wahrnehmen können müssen. Dies ist regelmäßig mit Einsichtsrechten in DV-Systeme verbunden, also beispielsweise Einsichts- oder Leserechte mit Bezug zu Chat-Anwendungen in Bloomberg oder Reuters sowie zum allgemeinen E-Mail-Verkehr[807]. Grundlage für die entsprechenden Informationen sind Daten, die in den Systemen des Wertpapierdienstleistungsunternehmens erhoben, erzeugt, verwahrt oder gespeichert werden[808]. Da es sich bei der überwiegenden Anzahl der Mitarbeiter im Sinne von § 33b WpHG[809] um Beschäftigte des Wertpapierdienstleistungsunternehmens handelt, sind die Regelungen zum Beschäftigtendatenschutz zu beachten.

Neben dem bereits dargestellten Spannungsverhältnis der normativen Grundlagen der Überwachung der Mitarbeitergeschäfte nach § 33b WpHG sowie der darauf basierenden Überwachungsmaßnahmen des Compliance-Beauftragten einerseits und den grundrechtlich geschützten Positionen der Mitarbeiter andererseits spielt im Verhältnis zwischen einem Wertpapierdienstleistungsunternehmen und seinen Beschäftigen auch der Datenschutz im nicht-öffentlichen Bereich[810] unter Privaten[811] eine gewichtige Rolle.

Im Rahmen der praktischen Umsetzung der Überwachung von Mitarbeitergeschäften ist es das Anliegen des Wertpapierdienstleistungsunternehmens in der Rolle als Arbeitgeber, einen möglichst umfassenden und transparenten Informationsstand und eine möglichst umfassende Zugangsmöglichkeit zu den Informationen über die Mitarbeitergeschäfte der relevanten Personen zu erhalten. Dieses Ansinnen kollidiert naturgemäß mit dem Interesse nach dem Schutz der Daten der betroffenen Mitarbeiter nach den einschlägigen Datenschutzregelungen[812],

806 Vgl. Dann/Mengel, NJW 2010, S. 3265, 3266.

807 Niermann, ZBB 2010, S. 400, 424.

808 Vgl. Schmidt, BB 2009, S.1295, 1296.

809 Siehe oben Kapitel B. II. 3. b) (2) (a).

810 Vgl. Kühling/Seidel/Sivridis, Datenschutzrecht, S. 72.

811 Vgl. Streinz/Michl, EuZW 2011, S. 384, 385.

812 Vgl. Schäfer, Unabhängigkeit/Wirksamkeit/Dauerhaftigkeit von Compliance, BKR 2011, S. 45, 51; Zentes/Wybitul, CCZ 2011, S. 90, 90.

welche die Erhebung, die Nutzung und die Verarbeitung unter Vorbehalt einer Erlaubnis im Einzelfall verbieten[813].

Auf der Basis der aktuellen Gesetzeslage dient § 28 Abs. 1 Nr. 2 BDSG als Grundlage für die Überwachung der Mitarbeitergeschäfte nach § 33b WpHG[814]. Die Umsetzung der explizit aufsichtsrechtlich geforderten – speziell auf die Überwachung von Beschäftigtendaten auszurichtenden – Organisations- und Überwachungsmaßnahmen können trotz der gebotenen engen Auslegung[815] als berechtigtes Interesse für die Erhebung, Speicherung oder Übermittlung von personenbezogenen Daten in Form von Depot- oder Transaktionsdaten hinsichtlich der von den Mitarbeitern getätigten privaten Wertpapiertransaktionen angesehen werden. Ein Grund zur Annahme, dass das schutzwürdige Interesse der Mitarbeiter an einem Ausschluss der Verarbeitung oder Nutzung dieser Daten überwiegt, ist vor dem Hintergrund der erheblichen Bedeutung effektiver und funktionierender Kapitalmärkte und dem hohen Gewicht dieses Interesses der Allgemeinheit nicht erkennbar[816].

*(2) Die geplante Neuregelung des Beschäftigtendatenschutzes*

Es ist fraglich, ob § 28 Abs. 1 Nr. 2 BDSG auch nach Umsetzung der geplanten Neuregelungen als Grundlage für die Überwachung der Mitarbeitergeschäfte nach § 33b WpHG herangezogen werden kann[817], da der Gesetzesentwurf ausführliche Regelungen in den neu einzufügenden §§ 32 ff. BDSG mit konkretem Bezug zum Beschäftigtenverhältnis vorsieht[818]. Dazu ist insbesondere das mögliche künftige Verhältnis der geplanten § 32 ff. BDSG zum unverändert bleibenden § 28 Abs. 1 Nr. 2 BDSG zu analysieren.

Der Gesetzentwurf der Bundesregierung stellt klar, dass die Regelungen des Unterabschnitts zum Beschäftigtendatenschutz nur § 28 Abs. 2 Nr. 1 BDSG vorgehen[819], nicht jedoch § 28 Abs. 1 Nr. 2 BDSG[820], so dass dieser auch weiterhin als Grundlage der Überwachung der Mitarbeitergeschäfte nach § 33b WpHG angesehen werden kann.

813 Vgl. Kort, Der Betrieb 2011, S. 651, 651.

814 Vgl. Zentes/Wybitul, CCZ 2011, S. 90, 94; Schmidt, BB 2009, S. 1295, 1298; Wolf, in: FS Picker, S. 1193, 1195; Kort NZA 2011, S. 1319, 1320; vgl. auch Scheben/Klos/Geschonneck, CCZ 2012, S. 13, 15.

815 Wedde, in: Däubler/Klebe/Wedde/Weichert, BDSG, § 32 Rn. 8.

816 Zu diesen Interessen der Allgemeinheit siehe unten Kapitel E. III. 4. a) (2).

817 Niermann, ZBB 2010, S. 400, 424, Fn. 165.

818 BT-Drucksache 17/4230 vom 15.12.2010, S. 4 - 10.

819 BT-Drucksache 17/4230 vom 15.12.2010, S. 14; vgl. auch Forst, NZA 2010, S. 1044.

820 Vgl. Kort, Der Betrieb 2011, S. 651, 652; Lelley, Compliance im Arbeitsrecht, Rn. 309-311; Däubler, in: Däubler/Klebe/Wedde/Weichert, BDSG, § 32 Rn. 8.

Auch die Anregungen des Bundesrates, die Regelungen des Beschäftigtendatenschutzes stärker an die Notwendigkeit von großflächig angelegten Verfahren des automatisierten Datenabgleichs zur Prävention von Verstößen gegen Regelungen des Finanzmarktaufsichtsrechts im Rahmen der Überwachung der Mitarbeitergeschäfte auf der Basis von § 33b Abs. 3 WpHG auszurichten[821], wurden mit der Zusage durch die Bundesregierung, die Aufnahme entsprechender Klarstellungen direkt in den Spezialgesetzen, wie etwa dem WpHG, im weiteren Verlauf des Gesetzgebungsverfahrens zu prüfen[822], aufgenommen. Ohne diese Klarstellungen wären die geplanten Regelungen nicht praxisnah auf die Notwendigkeiten der Wertpapierdienstleistungsunternehmen, zwingende kapitalmarktrechtliche Normen umsetzen zu müssen, ausgerichtet[823]. Mit entsprechenden expliziten normativen Klarstellungen der Zulässigkeit der entsprechenden Praxis ist daher zu rechnen. Auch bei Einführung der Regelungen entsprechend dem aktuellen Gesetzentwurf kann somit eine Abwägung der Interessen des Wertpapierdienstleistungsunternehmens gegenüber den Interessen der Mitarbeiter vorgenommen werden, im Rahmen derer das Wertpapierdienstleistungsunternehmen in Umsetzung zwingender kapitalmarktrechtlicher Vorgaben regelmäßig berechtigte Interessen nachweisen kann[824].

*(3) Fazit*

Die Überwachung der Mitarbeitergeschäfte nach § 33b WpHG kann unabhängig von den geplanten Neuregelungen zum Beschäftigtendatenschutz weiterhin auf der Grundlage von § 28 Abs. 1 Nr. 2 BDSG im Rahmen des bisherigen Umfangs erfolgen. Durch die regelmäßig vorgenommenen Überwachungshandlungen des Compliance-Beauftragten wird der Beschäftigtendatenschutz nicht verletzt[825].

821 BT-Drucksache 17/4230 vom 15.12.2010, S. 27.

822 BT-Drucksache 17/4230 vom 15.12.2010, S. 38.

823 Zur mangelnden Praxistauglichkeit der aktuell geplanten Regelungen zum Beschäftigtendatenschutz auch auf anderen Gebieten vgl. Dzida, BB 2011, S. I.

824 Vgl. Wybitul, BB 2011, S. I, wo für die Einsichtnahme des Arbeitgebers in betriebliche E-Mails von Arbeitnehmern von einem solchen berechtigten Interesse ausgegangen wird.

825 Im Ergebnis ebenso Otto/Lampe, NZA 2011, S. 1134, 1137 für den vergleichbaren Fall der Zulässigkeit des Datenabgleichs in Erfüllung der Vorgaben der Anti-Terror-Verordnungen der Europäischen Union.

## 5. Die Gewährleistung der Vertraulichkeit und Integrität informationstechnischer Systeme

Angesichts der Verwendung von Computer-Systemen zum Abgleich von personenbezogenen Daten mit anderen Informationen innerhalb des Wertpapierdienstleistungsunternehmens und der fortlaufenden umfangreichen Meldeverpflichtung der Wertpapierdienstleistungsunternehmen gegenüber der BaFin ist zu untersuchen, ob im Kontext der Überwachung von Mitarbeitergeschäften in Wertpapierdienstleistungsunternehmen ein Eingriff in das Grundrecht auf die Gewährleistung der Vertraulichkeit und Integrität informationstechnischer Systeme in Frage kommt.

### a) Schutzbereich

Das Grundrecht auf die Gewährleistung der Vertraulichkeit und Integrität informationstechnischer Systeme ist explizit nicht in der EU-Grundrechte-Charta normiert. Das Grundrecht wurde vom deutschen Bundesverfassungsgericht durch Urteil vom 27. Februar 2008 im Geltungsbereich des deutschen Grundgesetzes geschaffen[826]. Da der Grundrechtsschutz auf der Ebene der EU nach Art. 52 Abs. 4 EU-Grundrechte-Charta entsprechend der gemeinsamen Verfassungsüberlieferungen der Mitgliedstaaten ausgestattet sein muss, ist der Kern dieses vom BVerfG kreierten Grundrechtes aufgrund seiner Sachnähe zum Schutz personenbezogener Daten im Kontext von Art. 8 EU-Grundrechte-Charta zu prüfen.

Vor dem Hintergrund der generellen Digitalisierung und Technologisierung funktionieren die internationalen Kapitalmärkte und die Handelssysteme, in denen die internationalen Kapitalmarkttransaktionen abgewickelt werden, auf der Basis informationstechnische Systeme. Somit müssen auch kapitalmarktrechtliche Überwachungsmechanismen staatlicher Aufsichtsbehörden sowie Überwachungsmaßnahmen der privaten Kapitalmarktteilnehmer, insbesondere Überwachungsmaßnahmen hinsichtlich der Überwachung der privaten Wertpapiergeschäfte der Mitarbeiter von Wertpapierdienstleistungsunternehmen, zwangsläufig auf diesen informationstechnischen Systemen aufsetzen, um eine effiziente Bekämpfung von Verstößen gegen kapitalmarktrechtliche Vorschriften durchführen zu können. Nur so kann aus der Perspektive der betroffenen Wertpapierdienstleistungsunternehmen den insofern gesetzlich geforderten strengen Organisationsanforderungen nachgekommen werden.

826 BVerfG, 1 BvR 370/07 vom 27.2.2008, 1. Leitsatz, http://www.bverfg.de/entscheidungen/rs20080227_Ibvr037007.html [kurz: BVerfG, 1 BvR 370/07]

Informationstechnische Systeme werden in allen Stufen von Kapitalmarkttransaktionen eingesetzt. Zunächst erfolgt die Marktbeobachtung als Basis für die Entscheidung, eine Kapitalmarkttransaktion durchzuführen, über Informationsdienste wie Bloomberg oder Reuters. Kapitalmarkttransaktionen zwischen institutionellen Handelspartnern werden in der überwiegenden Anzahl der Fälle telefonisch vereinbart und sodann in die jeweiligen Front-Office-Systeme der Handelspartner eingegeben. Von den Front-Office-Systemen werden die Daten in die Back-Office-Systeme überspielt, die ihrerseits die Basis für Abwicklungssysteme, Dokumentationssysteme und Überwachungssysteme bilden. Eine Kapitalmarkttransaktion wird demnach durch eine Vielzahl von informationstechnischen Systemen beeinflusst.

## b) Eingriff

Auch hier wird die Frage des Eingriffs in die jeweiligen grundrechtlich geschützten Positionen anhand der Perspektiven der entsprechenden Grundrechtsträger unterschieden.

### *(1) Die Perspektive eines Mitarbeiters*

Zwar ist es im Rahmen der praktischen Umsetzung der Überwachung von Mitarbeitergeschäften das Anliegen der Compliance-Funktion, einen möglichst umfassenden und transparenten Informationsstand und eine möglichst umfassende Zugangsmöglichkeit zu den Informationen über die Mitarbeitergeschäfte der relevanten Personen zu erhalten, was naturgemäß mit dem Interesse nach dem Schutz der Daten der betroffenen Mitarbeiter nach den einschlägigen Datenschutzregelungen kollidiert[827].

Allerdings findet im Zusammenhang mit den Überwachungshandlungen nach § 33b WpHG regelmäßig keine „Infiltration" eines IT-Systems statt. Der Inhaber des entsprechenden IT-Systems muss nicht ohne Kenntnis hinnehmen, dass dieses vom Compliance-Beauftragten des Wertpapierdienstleistungsunternehmens durchsucht wird und auf der Basis solcher Durchsuchungen Sanktionen befürchten. Allenfalls in der Konstellation, in der ein Mitarbeiter eines Wertpapierdienstleistungsunternehmens ein internes Depot führt, auf das das Compliance-IT-System über eine Schnittstelle zugreift und direkt Daten der privaten Wertpapiertransaktionen mit weiteren Daten aus der Personalabteilung und den Order-

827 Vgl. Schäfer, Unabhängigkeit/Wirksamkeit/Dauerhaftigkeit von Compliance, BKR 2011, S. 45, 51.

systemen abgleicht, könnte ein Eingriff dann vorliegen, wenn dieser Abgleich heimlich und ohne Zustimmung des Mitarbeiters erfolgt.

Die Erhebung der Daten im Zusammenhang mit der Überwachung der privaten Wertpapiertransaktionen in Wertpapierdienstleistungsunternehmen erfolgt jedoch nicht heimlich und anonym, sondern öffentlich und für jedermann transparent. Weiterhin erfolgt die Erhebung nicht verdachtsbezogen individuell, sondern generell und unter Anlegung eines einheitlichen Maßstabs.

Im Ergebnis wird mangels Infiltration das Datengrundrecht eines Mitarbeiters in seiner Ausprägung des Schutzes der Integrität informationstechnischer Systeme nicht durch Überwachungsmaßnahmen des Compliance-Beauftragten eines Wertpapierdienstleistungsunternehmens beeinträchtigt. Die nachfolgende Analyse der Rechtfertigung von Eingriffen in den Schutzbereich von Art. 8 EU-Grundrechte-Charta bezieht sich daher nur auf den Aspekt der informationellen Selbstbestimmung.

*(2) Die Perspektive eines Wertpapierdienstleistungsunternehmens*

Eine Infiltration informationstechnischer Systeme der Wertpapierdienstleistungsunternehmen selbst ist im Zusammenhang mit der Überwachung von Mitarbeitergeschäften nach § 33b WpHG nicht erkennbar. Nach § 9 WpHG sind zwar die Daten sämtlicher Wertpapiertransaktionen vom jeweils ausführenden Wertpapierdienstleistungsunternehmen zu erfassen und in einer durch die WpAIV vorgegebenen Form an die BaFin zu melden[828]. Insbesondere sind Kennzeichen zur Identifikation des Depotinhabers oder des Auftraggebers, sofern dieser nicht mit dem Depotinhaber identisch ist, mithin personenbezogene Daten, an die BaFin zu melden, mit der Folge, dass dieser Datenpool als Grundlage der staatlichen Überwachung von Kapitalmarkttransaktionen dient. Die Daten werden jedoch auf der Basis von § 9 WpHG in einer für jedermann transparenten Art und Weise eigenständig an die BaFin weitergegeben. Eine Infiltration setzt im Gegensatz zur Transparenz das geheime Moment voraus. Das Grundrecht auf Gewährleistung der Vertraulichkeit und Integrität informationstechnischer Systeme ist somit im Bezug auf das Wertpapierdienstleistungsunternehmen im Kontext der Überwachung der Mitarbeitergeschäfte nach § 33b WpHG nicht einschlägig.

*(3) Fazit*

Weder hinsichtlich der Mitarbeiter noch bezüglich der Wertpapierdienstleistungsunternehmen liegt ein Eingriff in den Schutzbereich des Grundrechts

828 Siehe oben Kapitel B. II. 1. a).

auf die Gewährleistung der Vertraulichkeit und Integrität informationstechnischer Systeme vor.

## 6. Die Achtung des Privat- und Familienlebens

Artikel 7 EU-Grundrechte-Charta schützt unter anderem einerseits die Privatsphäre der Grundrechtsberechtigten speziell vor dem Hintergrund der Familie[829], und andererseits die Freiheit der Kommunikation, insbesondere der Telekommunikation des Grundrechtsberechtigten[830]. Beide Schutzbereiche können von Überwachungshandlungen des Compliance-Beauftragten im Zusammenhang mit der Überwachung der privaten Wertpapiertransaktionen der Mitarbeiter eines Wertpapierdienstleistungsunternehmens tangiert werden.

Eine Relevanz dieses Grundrechts für andere Grundrechtsträger, insbesondere für die Wertpapierdienstleistungsunternehmen, besteht nicht.

### a) Die Privatsphäre mit Bezug zur Familie

Compliance-Regelungen und Überwachungshandlungen des Compliance-Beauftragten im Zusammenhang mit der Überwachung der privaten Wertpapiertransaktionen der Mitarbeiter nach § 33b WpHG müssen sich innerhalb der Grenzen der bestehenden gesetzlichen Regelungen bewegen. Verfassungsrechtliche Bedenken hinsichtlich der gesetzlichen Grundlagen für derartige Überwachungshandlungen haben auf diese einen Einfluss, denn wenn eine Compliance-Regelung oder eine Überwachungshandlung einer verfassungswidrigen Norm Geltung verschaffen soll, schlägt die Verfassungswidrigkeit der gesetzlichen Grundlage auf die darauf basierenden Compliance-Regelungen oder Überwachungshandlungen durch.

Wenn nun beispielsweise das Weitergabeverbot des § 14 WpHG verfassungswidrig ist, sind auch darauf ausgelegte Überwachungshandlungen durch den Compliance-Beauftragten inklusive deren Basis in Form von internen Compliance-Richtlinien[831], die einen Verstoß gegen das Weitergabeverbot verhindern und möglicherweise auch sanktionieren sollen, als verfassungswidrig anzusehen.

Vereinzelt wird in der Literatur vertreten, dass das insiderrechtliche Weitergabeverbot gegen Art. 6 GG verstoße, da in Kombination mit der hohen Strafandrohung in den Schutzbereich der Ehe und Familie eingegriffen werde, da dieser

829 Vgl. Jarass, EU-Grundrechte-Charta, Art. 7, Rn. 17 ff.

830 Vgl. Jarass, EU-Grundrechte-Charta, Art. 7, Rn. 43 ff.

831 Siehe oben Kapitel C. V. 1.

Bereich der privaten Lebensgestaltung zuzuordnen und durch das allgemeine Persönlichkeitsrecht geschützt sei[832].

Auf Art. 7 EU-Grundrechte-Charta übertragen, würde dies auch einen Eingriff auf dieser Ebene darstellen, denn interne Compliance-Regelungen enthalten regelmäßig Verbote für die Mitarbeiter, Insider-Informationen, auch innerhalb der Familie, weiterzugeben. Die Einhaltung dieser Weitergabeverbote wird im Rahmen der Überwachungsmaßnahmen des Compliance-Beauftragten hinsichtlich der privaten Wertpapiertransaktionen der Mitarbeiter auch überwacht. Die Mitarbeiter müssen gegenüber dem Compliance-Beauftragten regelmäßig Bevollmächtigungen auf Wertpapierdepots aus dem engeren Familienkreis offenlegen. Die Umsätze auf diesen Depots fließen somit auch in die Überwachung durch die Compliance-IT-Programme ein.

Durch Art. 7 EU-Grundrechte-Charta werden die Grundrechtsverpflichteten, also das jeweilige Wertpapierdienstleistungsunternehmen und der jeweilige Compliance-Beauftragte, jedoch dazu angehalten, Eingriffe in die Privatsphäre der Grundrechtsberechtigten, also der Mitarbeiter, zu unterlassen[833]. Zweifelsohne sind verfassungswidrige Einschränkungen der grundrechtlich geschützten Position eines Mitarbeiters verboten, sodass zu klären ist, inwiefern Zweifel an der Verfassungswidrigkeit am Weitergabeverbot nach § 14 WpHG zur Verfassungswidrigkeit der regelmäßig in Wertpapierdienstleistungsunternehmen zu Überwachung der privaten Wertpapiertransaktionen der Mitarbeiter implementierten Regelungen und Überwachungsmaßnahmen führen können.

Im Ergebnis ist dies zu verneinen. Bloße Meinungsäußerungen in der Literatur hinsichtlich der Verfassungsmäßigkeit von kapitalmarktrechtlichen Normen können letztlich nicht dazu führen, die Legitimität von Überwachungshandlungen des Compliance-Beauftragten anzuzweifeln. Solange eine Norm nicht vom zuständigen (Verfassungs-) Gericht für nichtig erklärt wird, bestehen somit auch keine Bedenken, sodass insofern ein Eingriff in eine grundrechtlich geschützte Position des Mitarbeiters eines Wertpapierdienstleistungsunternehmens ausscheidet. Etwaige künftige Entwicklungen der Rechtsprechung müssten entsprechend in den internen Compliance-Richtlinien abgebildet werden.

### b) Telekommunikation

Art. 7 EU-Grundrechte-Charta schützt auch das Telekommunikationsgeheimnis inklusive moderner Kommunikationsformen wie E-Mail oder SMS-Kommunika-

---

832 Gehrmann, Das versuchte Insiderdelikt, S. 162.

833 Bernsdorff, in: Meyer (Hrsg.), Charta der Grundrechte der EU, Art. 7, Rn. 16.

tion[834]. Darunter sind auch typische elektronische Kommunikationsmittel zu verstehen, wie sie innerhalb von Wertpapierdienstleistungsunternehmen zur Durchführung von Handelsgeschäften an den Kapitalmärkten eingesetzt werden. Zu nennen sind hier insbesondere Chat-Räume, im Rahmen derer auf den bekannten Plattformen der Wirtschaftsinformationsdienste wie Reuters oder Bloomberg Kommunikation zwischen Kapitalmarktteilnehmern zur Vorbereitung oder zur Vereinbarung von Finanzmarkttransaktionen verwendet werden.

Der Compliance-Beauftragte eines Wertpapierdienstleistungsunternehmens hat im Rahmen der ihm auf der Basis interner Richtlinien in Umsetzung der normativen Grundlagen der Überwachung von Mitarbeitergeschäften nach § 33b WpHG eingeräumten Informationsrechte regelmäßig vollumfassenden Einblick in sämtliche kapitalmarktbezogenen Kommunikationsvorgänge der Mitarbeiter eines Wertpapierdienstleistungsunternehmens. Die telefonischen Handelsgespräche werden regelmäßig aufgezeichnet. Hinsichtlich des E-Mail-Verkehrs sowie der Vereinbarungen in den Chat-Räumen sind dem Compliance-Beauftragten regelmäßig Leserechte eingeräumt. Dadurch könnte in den Schutzbereich der Kommunikationsfreiheit nach Art. 7 EU-Grundrechte-Charta eingegriffen werden.

Dies würde jedoch voraussetzen, dass der Schutzbereich von Art. 7 EU-Grundrechte-Charta auch für Kommunikationsvorgänge der Mitarbeiter im beruflichen Kontext eröffnet wäre. Dies ist im Ergebnis zu verneinen, denn Art. 7 EU-Grundrechte-Charta schützt die Kommunikation nur als Teilbereich der Privatsphäre[835]. Diese wird im Zusammenhang mit den vom Wertpapierdienstleistungsunternehmen als Infrastruktur für die Vornahme von Finanzmarkttransaktionen zur Förderung der geschäftlichen Ziele des Unternehmens zur Verfügung gestellten Kommunikationsmitteln nicht tangiert. Ein Eingriff in Art. 7 EU-Grundrechte-Charta scheidet daher aus.

## 7. Die Religionsfreiheit

Wie oben dargestellt[836] müssen die dem Wertpapierdienstleistungsunternehmen auferlegten Verfahren nach § 33b Abs. 3 Nr. 1 b WpHG auch darauf ausgelegt sein, die vorschriftswidrige Weitergabe vertraulicher Informationen zu unterbinden. Es handelt sich hier überwiegend um die Weitergabe von Insiderinformationen, denn nur kursrelevante Informationen stehen vor dem Hintergrund des ge-

834 Vgl. Kühling/Seidel/Sivridis, Datenschutzrecht, S. 16.
835 Vgl. Kingreen, in: Calliess/Ruffert (Hrsg.), EUV/AEUV GRCh Art. 7, Rn. 1.
836 Siehe oben Kapitel B. II. 3. b) (2) (c).

setzgeberischen Motivs, die Funktionsfähigkeit des Kapitalmarkts zu schützen, im Fokus dieser Regelung. Die Verbreitung genereller Kundendaten oder genereller Geschäftsgeheimnisse wird nicht von dieser Vorschrift, sondern vom allgemeinen Bankgeheimnis umfasst.

Problematisch ist dies vor dem Hintergrund des Grundrechts auf freie Religionsausübung dann, wenn § 14 WpHG, bezogen auf die Weitergabe von Insiderinformationen, seinerseits verfassungswidrig wäre, denn dann würde durch § 33b Abs. 3 Nr. 1 WpHG und durch die im Rahmen der praktischen Umsetzung durch Compliance erlassenen internen Richtlinien ihrerseits unzulässig in den diesbezüglichen Schutzbereich des betroffenen Mitarbeiters eingegriffen. Nach Gehrmann[837] schützt die Religionsfreiheit auch die „ungestörte Religionsausübung“ und beispielsweise mit Bezug auf den katholischen Glauben die Beichte gegenüber dem Beichtvater. Auch durch Art. 10 EU-Grundrechte-Charta wird die Ausübung der Religion geschützt[838]. Die Beichte kann begrifflich als Ritus[839] nach Art. 10 Abs. 1 Satz 2 EU-Grundrechte-Charta verstanden werden.

Wie bereits im Zusammenhang mit dem grundrechtlichen Schutz der Familie und Ehe ausgeführt[840], würde unter der Voraussetzung der Verfassungswidrigkeit des insiderrechtlichen Weitergabeverbots durch Überwachungshandlungen des Compliance-Beauftragten zur Einhaltung desselben in den Schutzbereich der Religionsfreiheit des einzelnen Mitarbeiters eingegriffen[841]. Entsprechend der Argumentation im Zusammenhang mit dem Grundrecht auf Schutz der Familie und Ehe ist aber auch mit Bezug auf das Grundrecht der Religionsfreiheit ohne eine konkrete (verfassungs)gerichtliche Entscheidung hinsichtlich der Nichtigkeit des insiderrechtlichen Weitergabeverbots von der Unbedenklichkeit von Überwachungsmaßnahmen zur Einhaltung und möglicherweise Sanktionierung von Verstößen gegen die entsprechenden Regelungen auszugehen. Auch hier gilt, dass Entwicklungen von Rechtsprechung und Gesetzgebung entsprechende Änderungen der internen Compliance-Richtlinien nach sich ziehen müssen.

### 8. Die allgemeine Handlungsfreiheit

Ergänzend zu den vorstehend dargestellten Grundrechtspositionen, die möglicherweise durch Eingriffe in Umsetzung zwingender normativer Grundlagen be-

837 Gehrmann, Das versuchte Insiderdelikt, S. 170.

838 Waldhoff, in: Calliess/Ruffert (Hrsg.), EUV/AEUV GRCh Art. 10, Rn. 11; Jarass, EU-Grundrechte-Charta, Art. 10, Rn. 8.

839 Vgl. Bernsdorff, in: Meyer (Hrsg.), Charta der Grundrechte der EU, Art. 10, Rn. 12.

840 Siehe oben Kapitel E. II. 6.

841 Gehrmann, Das versuchte Insiderdelikt, S. 170.

troffen sind, ist zu analysieren, inwieweit durch unternehmensindividuell implementierte Überwachungsmechanismen in die allgemeine Handlungsfreiheit der Mitarbeiter eingegriffen wird. Grundrechtlicher Prüfungsmaßstab sind hier die infolge der mittelbaren Drittwirkung[842] in Deutschland auch unter Privaten geltenden Grundrechte des Grundgesetzes. Für die Anwendung der EU-Grundrechte verbleibt kein Raum, da durch unternehmensindividuell implementierte Überwachungshandlungen kein zwingendes europäisches Recht durchgeführt wird.

Die regelmäßig in Wertpapierdienstleistungsunternehmen über die zwingenden Vorgaben hinaus implementierten Überwachungsmaßnahmen mit Bezug zu den privaten Wertpapiertransaktionen der Mitarbeiter wurden oben dargestellt[843]. Sämtliche Maßnahmen schränken die Handlungsfreiheit der von den Restriktionen betroffenen Mitarbeiter hinsichtlich der Vornahme von Wertpapiertransaktionen ein. Die Beschränkungen gelten regelmäßig ausnahmslos für alle Mitarbeiter eines Wertpapierdienstleistungsunternehmens.

Wie bereits im Zusammenhang mit der Umsetzung der zwingenden Vorgaben im Zuge der Prüfung von Art. 15 EU-Grundrechte-Charta dargestellt[844] kommt auch bei den unternehmensspezifisch implementierten Überwachungsmechanismen[845] ein Eingriff in die durch Art. 12 Abs.1 GG geschützte Berufsfreiheit in Betracht. Insofern bestehen jedoch zwischen dem auf europäischer Ebene durch die EU-Grundrechte-Charta im Vergleich zu dem durch das deutsche Grundgesetz gewährleisteten Schutzniveau hinsichtlich der Berufsfreiheit keine substantiellen Unterschiede. Auch die Tatsache, dass einerseits Überwachungsmaßnahmen in Umsetzung zwingender normativer Vorgaben und andererseits unternehmensindividuell implementierte Überwachungsmechanismen möglicherweise zur Betroffenheit der jeweiligen Grundrechtsposition, hier der Berufsfreiheit, führen, führt für die Frage eines möglichen Eingriffs in die geschützte Position nicht zu unterschiedlichen Ergebnissen. Für die Frage des Eingriffs in die Berufsfreiheit kann insofern nach oben verwiesen werden. Unabhängig davon wird die Frage der Rechtfertigung des Eingriffs durch unternehmensindividuell implementierte Überwachungsmaßnahmen zu beantworten sein.

Jedenfalls liegt im Zusammenhang mit Überwachungsmaßnahmen des Compliance-Beauftragten außerhalb der Umsetzung zwingender normativer Grundlagen ein Eingriff in die über Art. 2 Abs. 1 GG geschützte allgemeine Handlungsfreiheit nahe. Durch Geschäftsanzahlbeschränkungen sowie die Einschränkung,

---

842 Siehe oben Kapitel D. II. 2. b) (1).

843 Siehe oben Kapitel C. V. 3.

844 Siehe oben Kapitel E. II. 1.

845 Insoweit besteht kein Unterschied zu den Compliance-Maßnahmen in Unternehmen außerhalb der Finanzbranche, für die die berührten Schutzbereiche bei Mahnhold Compliance und Arbeitsrecht, S. 143 ff. dargestellt sind.

keine spekulativen Wertpapiergeschäfte tätigen zu dürfen, wird der einzelne Mitarbeiter in seiner persönlichen Verfügungsbefugnis erheblich eingeschränkt, da er sein privates Vermögen nicht nach seinen Vorstellungen zur Vornahme von Wertpapiergeschäften nutzen darf. Auch innerhalb der erlaubten Geschäftsanzahl wird er spürbar eingeschränkt, da ihm vorgeschrieben wird, Wertpapiergeschäfte nicht in spekulativer Absicht, sondern zum langfristigen Vermögensaufbau einzugehen. Diese Einschränkungen führen daher zu einem Eingriff in die durch Art. 2 Abs. 1 GG garantierte allgemeine Handlungsfreiheit, die eine vollumfängliche, sich auf beliebige menschliche Verhaltensweisen beziehende Handlungsfreiheit[846] gewährleistet.

## 9. Die Vereinigungsfreiheit

Hinsichtlich der Restriktionen bezüglich des Beitritts zu Investmentclubs im Rahmen der unternehmensindividuell implementierten Überwachungsmechanismen kommt die in Art. 9 Abs. 1 GG geschützte Vereinigungsfreiheit ins Spiel. Die Vereinigungsfreiheit umfasst insbesondere das Recht, einem Verein beitreten zu dürfen[847].

Bereits faktische Beeinträchtigungen[848] greifen in den Schutzbereich ein. Durch die Erlaubnispflicht zum Beitritt zu einem Investmentclub wird der einzelne Mitarbeiter in seiner Freiheit eingeschränkt, Vereinen beizutreten, da ein Beitritt von einer Bedingung abhängig gemacht wird und so die Wahrnehmung der Vereinigungsfreiheit erschwert wird[849]. Die Grundrechtsposition ist somit betroffen.

## 10. Das Gleichheitsgebot

Art. 20 EU-Grundrechte-Charta enthält auf der Ebene des Rechts der Europäischen Union einen allgemeinen Gleichheitssatz[850]. Im Kontext der Überwachung der privaten Wertpapiertransaktionen der Mitarbeiter in Wertpapierdienstleistungsunternehmen durch den Compliance-Beauftragten könnte eine gegen diesen Gleichheitssatz verstoßende Ungleichbehandlung in der Überwachungs-

846 Horn, in: Stern/Becker (Hrsg.), Grundrechte-Kommentar, Art. 2., Rn. 20.
847 Sodan, in: Sodan (Hrsg.), Grundgesetz, Art. 9 Rn. 4; Höfling, in: Sachs (Hrsg.), Grundgesetz, Art. 9, Rn. 16; Kannengießer, in: Schmidt-Bleibtreu u. a. (Hrsg.), GG, Art. 9, Rn. 11.
848 Sodan, in: Sodan (Hrsg.), Grundgesetz, Art. 9 Rn. 11.
849 Vgl. Junker, Gewährleistungsaufsicht, S. 226.
850 Rossi, in: Calliess/Ruffert (Hrsg.), EUV/AEUV GRCh Art. 20, Rn. 1.

praxis insofern zu sehen sein, als ein Teil der Mitarbeiter einem strengeren Überwachungsregime unterzogen wird als die übrigen Mitarbeiter.

Wie bereits dargestellt[851] sind regelmäßig nur Mitarbeiter mit besonderer Compliance-Relevanz dazu verpflichtet, sämtliche Kontoverbindungen inklusive bestehender Vollmachten für Konten und Depots Dritter dem Compliance-Beauftragten gegenüber offenzulegen, während die übrigen Mitarbeiter dem Compliance-Beauftragten gegenüber nur im konkreten Verdachtsfall auf Anfrage Auskünfte über getätigte private Wertpapiertransaktionen erteilen müssen.

Hinsichtlich des Vorliegens einer Ungleichbehandlung sind zunächst die Vergleichsgruppen sowie das „tertium comparationis" hinsichtlich der zu vergleichenden Sachverhalte zu bilden[852]. Wie bereits ausgeführt handelt es sich bei der einen Gruppe um Mitarbeiter, die vollumfassend Auskunft geben müssen, und bei der anderen Gruppe um Mitarbeiter, die lediglich auf spezifische Anfragen hin Auskunft erteilen müssen. Beide Vorgänge können unter den Oberbegriff der Überwachung der Mitarbeitergeschäfte innerhalb eines Wertpapierdienstleistungsunternehmens eingeordnet werden, sodass der Schutzbereich von Art. 20 EU-Grundrechte-Charta berührt ist, da die Ungleichbehandlung in Form der sich deutlich unterscheidenden Eingriffsintensitäten offensichtlich ist.

Problematisch wäre dies jedoch nur dann, wenn es keinen Rechtfertigungsgrund für diese Ungleichbehandlung gäbe. Die unterschiedlichen Überwachungsintensitäten hinsichtlich der beiden Vergleichsgruppen werden in der Praxis vor dem Hintergrund des Kriteriums der Wahrscheinlichkeit einzelner Mitarbeiter bezüglich der Möglichkeit zur Erlangung der Kenntnis von Insiderinformationen vorgenommen. Je höher diese Wahrscheinlichkeit bezüglich eines speziellen Mitarbeiters ist, desto höher ist die Überwachungsintensität ausgeprägt. Der unterschiedliche Umfang der Überwachungsmaßnahmen bildet somit die Wahrscheinlichkeit von möglichen Regelverletzungen und möglicherweise damit einhergehender Schäden ab, denn hinsichtlich eines Mitarbeiters, der regelmäßig mit Insiderinformationen in Kontakt kommt, besteht ein großes Risiko des Missbrauchs solcher Informationen[853], wohingegen dieses Risiko bei Mitarbeitern, die nur gelegentlich oder nur durch Zufall von solchen Informationen Kenntnis erlangen, gering ist.

Die Ungleichbehandlung fußt somit auf einem „überzeugenden Grund"[854] und ist letztlich auch ein Ausdruck des Grundsatzes der Verhältnismäßigkeit, da die

---

851 Siehe oben Kapitel C. V. 1.

852 Rossi, in: Calliess/Ruffert (Hrsg.), EUV/AEUV GRCh Art. 20, Rn. 20.

853 Vgl. Schäfer, Aufgaben von Compliance, BKR 2011, S. 187, 194.

854 Jarass, EU-Grundrechte-Charta, Art. 20, Rn. 15.

Abstufung in der Überwachungsintensität letztlich denjenigen Mitarbeitern zugute kommt, die nicht regelmäßig mit Insiderinformationen in Kontakt kommen.

Ein Eingriff in Art. 20 EU-Grundrechte-Charta liegt demnach nicht vor.

## III. Die Verhältnismäßigkeit der Eingriffe

Nach der Darstellung der betroffenen Grundrechtspositionen mit Bezug auf die einzelnen Grundrechtsträger ist nun zu erarbeiten, inwieweit diese Eingriffe als gerechtfertigt angesehen werden können.

### 1. Die Schrankenregelungen der betroffenen Grundrechte

Um die Prüfung der Verhältnismäßigkeit vorzubereiten, seien kurz die Schranken der betroffenen Grundrechte beschrieben.

#### a) Generelles

Bei den im Zusammenhang mit der Überwachung der privaten Wertpapiertransaktionen betroffenen Grundrechtspositionen einerseits der überwachten Mitarbeiter und andererseits der Wertpapierdienstleistungsunternehmen selbst, handelt es sich durchgängig um klassische Freiheitsrechte. Dies führt dazu, dass die jeweiligen Grundrechtsschranken in der Grundstruktur ähnlich sind, und zwar unabhängig davon, ob es sich um europäische oder deutsche Grundrechte handelt. Die Grundrechtsschranken werden daher für alle betroffenen Grundrechte gebündelt dargestellt.

#### b) Die spezifischen Schranken

Die Berufsfreiheit nach Art. 15 EU-Grundrechte-Charta sowie die in Art. 16 EU-Grundrechte-Charta geregelte unternehmerische Freiheit können im Rahmen der generellen Schrankenregelung nach Art. 52 Abs. 1 EU-Grundrechte-Charta durch gesetzliche Regelungen beschränkt werden[855]. Diese Voraussetzung wird durch die ausführlich erläuterten normativen Grundlagen der Überwachung der Mitarbeitergeschäfte, insbesondere durch § 33b WpHG selbst[856], erfüllt. Die beschränkende gesetzliche Regelung muss der Verwirklichung von Gemeinwoh-

855 Ruffert, in: Ehlers (Hrsg.), Europäische Grundrechte, § 16.3, Rn. 33.
856 Siehe oben Kapitel B. II. 3. b).

linteressen dienen[857]. Nach der Rechtsprechung des EuGH ist dies insbesondere dann der Fall, wenn sich einschränkende gesetzliche Regelungen an den normierten Zielen der Europäischen Union orientieren[858]. Die normativen Grundlagen der Überwachung der Mitarbeitergeschäfte nach § 33b WpHG sind daher nachstehend daraufhin zu überprüfen, inwieweit insbesondere durch die MiFID und § 33b WpHG die normierten Gemeinschaftsziele umgesetzt werden.

Bezogen auf die Rechtfertigung von Eingriffen in das Eigentumsrecht nach Art. 17 EU-Grundrechte-Charta sowie die Rechtfertigung von Eingriffen in das Recht des Schutzes personenbezogener Daten nach Artikel 8 EU-Grundrechte-Charta ist zunächst zu klären, anhand welchen Maßstabs der beeinträchtigende Eingriff zu messen ist, denn sowohl das Eigentumsrecht nach Art. 17 EU-Grundrechte-Charta wie auch das Recht des Schutzes personenbezogener Daten enthalten eine spezielle Schrankenregelung[859]. Es ist daher das Konkurrenzverhältnis zwischen der jeweils generellen Schranke einerseits und der jeweils speziellen Schranke andererseits zu bestimmen. Dies sei anhand der das Eigentumsrecht betreffenden Schrankenregelung in Art. 17 Abs. 1 Sätze 2 und 3 EU-Grundrechte-Charta einerseits im Verhältnis zur generellen Schrankenregelung in Art. 52 Abs. 1 EU-Grundrechte-Charta andererseits illustriert[860].

In Frage kommt zunächst die exklusive Prüfung anhand des Maßstabs der in Art. 17 Abs. 1 Sätze 2 und 3 EU-Grundrechte-Charta enthaltenen, für das Eigentumsrecht nach Art. 17 EU-Grundrechte-Charta spezifisch ausgestalteten Schrankenregelung. Sodann kommt in Frage, die Zulässigkeit der Beschränkung des Eigentumsrechts nach Art. 17 EU-Grundrechte-Charta ausschließlich anhand der generellen und prinzipiell für alle EU-Grundrechte anwendbaren und in Art. 52 EU-Grundrechte-Charta enthaltenen Schrankenregelung zu messen. Zuletzt ist es denkbar, eine Beschränkung des Eigentumsrechts nach Art. 17 EU-Grundrechte-Charta anhand beider Maßstäbe zu prüfen.

Die Überprüfung anhand beider Maßstäbe scheidet aus, da die Überprüfung eines Sachverhalts anhand zweier unterschiedlicher, sich möglicherweise widersprechender Maßstäbe nicht zielführend ist[861]. Auch eine Überprüfung allein anhand der generellen Schranke des Art. 52 Abs. 1 EU-Grundrechte-Charta scheidet aus, denn bereits aus systematischen Erwägungen heraus kann die spezifische Grundrechtsschranke in Art. 17 Abs. 1 Sätze 2 und 3 EU-Grundrechte-Charta nicht übergangen werden, da sie bei Nichtbeachtung völlig leerlaufen würde, was

857 Jarass, EU-Grundrechte-Charta, Art. 15, Rn. 14.

858 Ruffert, in: Ehlers (Hrsg.), Europäische Grundrechte, § 16.3, Rn. 35.

859 Schmitz, JZ 2001, S. 833, 838; Magiera, DÖV 2000, S. 1017, 1018.

860 Vgl. Hilf, in: Merten/Papier (Hrsg.), Handbuch der Grundrechte, § 164, Rn. 43.

861 A. A. Jarass, EU-Grundrechte-Charta, Art. 17, Rn. 20, wonach zusätzlich zu Art. 17 Abs. 1 Satz 2 EU-Grundrechte-Charta Art. 52 Abs. 1 EU-Grundrechte-Charta „...zu beachten sein dürfte."

der Intention des Konvents bei der Schaffung der EU-Grundrechte-Charta zuwiderlaufen würde, da der Wortlaut offensichtlich eine speziell zu beachtende Schrankenregelung enthält.

Aufgrund des Spezialitätsgrundsatzes ist demnach die dritte Variante, nach der die Zulässigkeit der Beschränkung des Eigentumsrechts der EU-Grundrechte-Charta ausschließlich anhand der in Art. 17 EU-Grundrechte-Charta selbst angelegten Regelung zu messen und zu bewerten[862] ist, zu bevorzugen. Dies gilt auch für das Recht des Schutzes personenbezogener Daten nach Artikel 8 EU-Grundrechte-Charta, dessen mögliche Einschränkung folgerichtig im Ergebnis anhand der speziellen Norm, also am Maßstab von Art. 8 Abs. 2 EU-Grundrechte-Charta, zu messen ist.

Die Vereinigungsfreiheit kann dann eingeschränkt werden, wenn schwerwiegende, kollidierende Interessen mit Verfassungsrang[863] bestehen, die im Rahmen einer Prüfung der Verhältnismäßigkeit entsprechende Einschränkungen rechtfertigen. Hinsichtlich solcher Interessen wird eine einfachrechtliche Konkretisierung[864] vorausgesetzt. Die allgemeine Handlungsfreiheit kann im Rahmen der verfassungsmäßigen Ordnung eingeschränkt werden.

#### c) Fazit

Sämtliche im Zuge der Überwachung der privaten Mitarbeitergeschäfte in Wertpapierdienstleistungsunternehmen betroffenen Grundrechte können somit zugunsten der Allgemeinheit eingeschränkt werden. Die Ausgestaltungen der Schranken unterscheiden sich somit nicht wesentlich voneinander. Die Voraussetzungen der Beschränkung der jeweiligen Grundrechtspositionen sind demnach im Prinzip vergleichbar. Eine Differenzierung anhand der spezifischen Grundrechtsschranken ist daher nachfolgend nicht mehr notwendig. Sämtliche betroffenen Grundrechtspositionen der jeweiligen Grundrechtsträger sind einer Abwägung mit konkurrierenden Interessen der Allgemeinheit oder den Interessen des Kapitalmarkts zugänglich.

### 2. Die Geeignetheit der Eingriffe

Hinsichtlich der Geeignetheit der Eingriffe ist zwischen Überwachungsmaßnahmen, die in Umsetzung zwingender kapitalmarktrechtlicher Vorschriften imple-

---

862 So bereits Bernsdorff, in: Meyer (Hrsg.), Charta der Grundrechte der EU, Art. 17, Rn. 19.
863 Sodan, in: Sodan (Hrsg.), Grundgesetz, Art. 9 Rn. 17.
864 Höfling, in: Sachs (Hrsg.), Grundgesetz, Art. 9, Rn. 40.

mentiert werden, und solchen Überwachungsmaßnahmen, die unabhängig von den zwingenden kapitalmarktrechtlichen Normen unternehmensindividuell in Wertpapierdienstleistungsunternehmen verankert werden, zu unterscheiden.

### a) Die Eingriffe in Umsetzung zwingender Vorschriften

Die verstärkte Überwachung von Mitarbeitergeschäften in Wertpapierdienstleistungsunternehmen ist grundsätzlich geeignet, Verstöße gegen kapitalmarktrechtliche Pflichten, insbesondere in Form von Straftaten, zu verringern und dadurch die Effizienz und die grundsätzliche Funktionsfähigkeit des Kapitalmarktes in der Europäischen Union zu erhöhen. Dies ist deshalb der Fall, weil Mitarbeiter, die sich einer erhöhten Überwachung und der damit verbundenen erhöhten Gefahr des Arbeitsplatzverlusts infolge aufgedeckter Verstöße gegen die implementierten Überwachungsregelungen ausgesetzt sehen, sich im Rahmen ihrer persönlichen Risikoabwägung im Vergleich zu einer Situation ohne Überwachung mit höherer Wahrscheinlichkeit gegen einen Verstoß gegen kapitalmarktrechtliche Vorschriften entscheiden werden. Dadurch sinkt die Gefahr von Reputationsverlusten zulasten der Wertpapierdienst-leistungsunternehmen. Das Vertrauen der Anleger steigt umgekehrt proportional dazu an.

Auch mit Blick auf die Organisationsvorgaben zulasten der Wertpapierdienstleistungsunternehmen ist die Geeignetheit der Vorgaben der normativen Grundlagen der Überwachung der Mitarbeitergeschäfte nach § 33b WpHG, eine Infrastruktur zur Überwachung der privaten Wertpapiertransaktionen der Mitarbeiter implementieren zu müssen, um den gesetzgeberischen Zweck der Minimierung des Risikos von Verstößen gegen kapitalmarktrechtliche Vorschriften aus der Sphäre eines Wertpapierdienstleistungsunternehmens heraus zu verfolgen, zu bejahen. Die Wahrscheinlichkeit der Begehung von Insiderdelikten oder der Marktmanipulation sinkt dadurch erheblich ab. Weiterhin spricht für die Geeignetheit, dass es die Wertpapierdienstleistungsunternehmen selbst waren, die das Vorhalten entsprechender Überwachungsinfrastrukturen bereits vor der Existenz entsprechender gesetzlicher Regelungen in Form von Selbstverpflichtungen[865] praktiziert haben, was naturgemäß deren grundsätzliche Eignung voraussetzt.

Die Geeignetheit der Eingriffe in Umsetzung zwingender kapitalmarktrechtlicher Normen ist demnach sowohl hinsichtlich der Einschränkung der grundrechtlich geschützten Positionen der Mitarbeiter wie auch der Wertpapierdienstleistungsunternehmen zu bejahen.

865 Siehe oben Kapitel B. II. 3. b) (1).

### b) Die Eingriffe durch unternehmensindividuelle Überwachungsmaßnahmen

Mit Blick auf die Restriktionen in Form der Beschränkung der Anzahl von Geschäften, dem Verbot taggleicher Geschäfte sowie der Vorgabe, dass sich private Wertpapiertransaktionen lediglich im Rahmen der jeweiligen wirtschaftlichen Verhältnisse zu bewegen haben, kann allerdings angezweifelt werden, ob diese Überwachungsmechanismen und -maßnahmen geeignet sind, nachstehend beschriebenes[866] Allgemeinwohlinteresse an der Gewährleistung effizienter Kapitalmärkte zu fördern.

Es kann argumentiert werden, dass es für die Funktionsfähigkeit des Kapitalmarkts letztlich unerheblich ist, ob das einzelne Individuum innerhalb oder außerhalb seiner wirtschaftlichen Verhältnisse handelt, solange dadurch nicht die Tatbestände des Insiderhandels oder der Marktmanipulation erfüllt werden. Ein entsprechendes Argument kann anlässlich der Beantwortung der Frage vorgebracht werden, ob es den Kapitalmarkt negativ beeinflusst, wenn einige wenige Individuen viele oder wenige Transaktionen durchführen oder jene taggleiche Geschäfte tätigen, da diese in der Gesamtheit der Transaktionen am Kapitalmarkt „untergehen". Beschränkungen der Anzahl von Geschäften für einzelne Individuen könnten sogar als für die Funktionsfähigkeit des Kapitalmarkts negativ angesehen werden, da damit eine verminderte Liquidität in den Märkten einhergehen könnte, eine hohe Liquidität, also eine hohe Anzahl von Transaktionen, aber gemeinhin als förderlich für effektive Kapitalmärkte angesehen wird.

Auch hinsichtlich der Restriktionen, die sich auf den Beitritt zu Investmentclubs beziehen, kann auf den ersten Blick keine unmittelbare Förderung der Funktionsfähigkeit und Effizienz der Kapitalmärkte erkannt werden. Aus der Perspektive des Kapitalmarkts an sich ist es unerheblich, ob Transaktionen von einem Individuum persönlich oder über einen Verein, dem Mitarbeiter von Wertpapierdienstleistungsunternehmen angehören, initiiert werden.

Mangels unmittelbaren Einflusses vorbezeichneter Überwachungsmechanismen auf das Kapitalmarktgeschehen könnten Grundrechtseingriffe unter diesem Blickwinkel als nicht geeignet und somit als nicht gerechtfertigt angesehen werden.

Die in Diskussion stehenden Überwachungsmechanismen fördern vorbezeichnete Allgemeinwohlinteressen allerdings mittelbar. Sie werden von einem Wertpapierdienstleistungsunternehmen implementiert, um die Integrität des einzelnen Unternehmens zu fördern und die Gefahr von Reputationsschäden zu minimieren. Das Ansehen des Unternehmens soll im Interesse der Kunden nicht

866 Siehe unten Kapitel E. III. 4. b).

darunter leiden, dass Mitarbeiter durch übermäßige private Wertpapiertransaktionen abgelenkt werden, etwa weil diese wegen taggleicher Geschäfte sich dazu gezwungen sehen, fortlaufend die Kurse von Finanzinstrumenten zu verfolgen, um den „idealen“ Ausstiegszeitpunkt nicht zu verpassen und diesbezüglich in einen Konflikt mit den Interessen der Kunden zu kommen. Entsprechendes gilt für die Beschränkung der Geschäftsanzahl, die die Gefahr in sich bergen, dass Mitarbeiter von Wertpapierdienstleistungsunternehmen sich infolge übermäßiger Transaktionen einem wirtschaftlichen Verfall ausgesetzt sehen. Wird dies öffentlich, leidet zwar zunächst nur der Ruf des betroffenen Wertpapierdienstleistungsunternehmens. Allerdings kann dies auch mittelbar Auswirkungen auf den Kapitalmarkt haben. Wertpapierdienstleistungsunternehmen müssen gewährleisten, dass sie ihrer Funktion als Intermediäre einwandfrei nachkommen können. Deshalb sind an das Verhalten und an die Konzentration ihrer Mitarbeiter höhere Anforderungen zu stellen als an Mitarbeiter von Unternehmen anderer Branchen.

Auch die regelmäßig in Wertpapierdienstleistungsunternehmen implementierten Überwachungsmechanismen und -maßnahmen außerhalb der Umsetzung zwingender normativer Grundlagen sind daher mit Blick auf die Gewährleistung der Voraussetzungen für effiziente Kapitalmärkte als geeignete Maßnahmen anzusehen.

## 3. Die Erforderlichkeit der Eingriffe

Die Frage der Erforderlichkeit der mit der Überwachung der privaten Wertpapiergeschäfte verbundenen Grundrechtseingriffe ist differenziert zu beantworten. Zunächst ist der Frage nachzugehen, ob es diesbezüglich des aktuell in den normativen Grundlagen enthaltenen Überwachungsinstrumentariums für Mitarbeiter in Wertpapierdienstleistungsunternehmen überhaupt bedarf oder ob gleiche Ergebnisse auch durch mildere Mittel zu erreichen wären. Sodann ist zu analysieren, ob die aktuell normierte und praktizierte Ausgestaltung der Überwachungssysteme in Wertpapierdienstleistungsunternehmen unter Einbeziehung eines direkt im Unternehmen angesiedelten Compliance-Beauftragten erforderlich ist.

### a) Die grundsätzliche Erforderlichkeit der Überwachung der Mitarbeitergeschäfte

Die erhöhte Überwachung von Mitarbeitern in Wertpapierdienstleistungsunternehmen bezüglich ihrer privaten Wertpapiertransaktionen ist unabhängig von deren konkreten Ausgestaltung generell erforderlich, um die Gefahr von Ineffizienzen durch Vertrauensverlust seitens der Kapitalmarktanleger zu minimieren. Ein milderes Mittel gleicher Eignung ist nicht erkennbar. So würde beispielsweise ein bloßer Appell an die Mitarbeiter von Wertpapierdienstleistungsunternehmen, sich normgerecht zu verhalten, ohne zugleich entsprechende Überwachungsmechanismen zu implementieren, nach der tatsächlichen Lebenserfahrung nicht zu denselben Ergebnissen führen. Es ist davon auszugehen, dass die Gefahr von kapitalmarktstrafrechtlichem Verhalten sich ohne entsprechende Überwachungssysteme erhöhen würde. Nicht zuletzt durch jüngst öffentlich gewordene Skandale im Zusammenhang mit Marktmanipulationen einzelner Mitarbeiter von globalen Investmentbanken und deren erhebliche Auswirkungen auf die globalen Kapitalmärkte wird die Notwendigkeit geeigneter Überwachungssysteme klar vor Augen geführt.

Die Frage der Erforderlichkeit ist auch in Anlehnung an andere Konstellationen von Eingriffen in grundrechtlich geschützte Positionen durch Regelungen des WpHG zu beurteilen. So wird beispielsweise im Zusammenhang mit einer durch Gesetz vorgesehenen Einführung von Obergrenzen für die Vergütung von Mitarbeitern des Finanzsektors die Erforderlichkeit eines Eingriffs in die unternehmerische Freiheit des Wertpapierdienstleistungsunternehmens angezweifelt. Das gesetzgeberische Ziel, Interessenkonflikte zu vermeiden, die dann entstehen oder verstärkt werden könnten, wenn sich die Mitarbeiter von Wertpapierdienstleistungsunternehmen im Zusammenhang mit der Erbringung von Wertpapierdienstleistungen primär an der Maximierung ihrer variablen Vergütung anstatt am Kundeninteresse ausrichten, könne zumindest mit gleichem Wirkungsgrad oder sogar noch effektiver durch transparente und ausführliche Offenlegungen der Vergütungsstruktur der Mitarbeiter erreicht werden[867]. Insbesondere dann, wenn zeitgleich auch die entsprechenden strukturellen Gefahren für Interessenkonflikte inklusive der unternehmensinternen organisatorischen Maßnahmen zur Verhinderung derselben offengelegt würden, könne dieselbe Wirkung erzielt werden. Weiterhin wird vertreten, dass spezielle und stringente „ex-post-Überwachungssysteme" die sich aus Vergütungssystemen ergebende Gefahr von Interessenkonflikten effektiver minimieren würden als die Einführung von starren Obergrenzen oder das Verbot von variablen Vergütungsbestandteilen für Mitarbeiter von Wertpapierdienstleistungsunternehmen[868].

Entsprechende Zweifel bestehen hingegen bezüglich der Erforderlichkeit einer Überwachungsinfrastruktur in Wertpapierdienstleistungsunternehmen zur Vermeidung von Verstößen gegen das WpHG durch deren Mitarbeiter nicht, da eine spürbare Überwachung von zuvor ausgesprochenen Ge- und Verboten notwen-

---

867 Vgl. Mülbert, ZHR 2009, S. 1, 11.
868 Röh, BB 2008, S. 398, 410.

dige Bedingung für die Gewähr einer nachhaltigen Befolgung dieser Vorgaben ist. Weiterhin ist zu konstatieren, dass die Regelungen in § 33b WpHG sowie die sich darauf beziehenden Normkonkretisierungen in BT2 MaComp einen Spielraum insofern einräumen, als nur die tatsächlich Compliance-relevanten Mitarbeiter einer erhöhten Überwachungsintensität ausgesetzt sind.

Aus der generellen Perspektive betrachtet ist somit kein milderes Mittel zur Erreichung eines identischen Erfolgs erkennbar.

### b) Die Erforderlichkeit der Überwachung speziell durch Compliance im Vergleich zur rein staatlichen Überwachung

Neben der generellen Betrachtung der Erforderlichkeit ist nachstehend zu analysieren, inwieweit die spezielle Ausgestaltung der Überwachung der Mitarbeitergeschäfte durch einen direkt im Wertpapierdienstleistungsunternehmen Compliance-Beauftragten als erforderlich anzusehen ist. Schließlich wäre es auch denkbar, die Überwachung der Mitarbeitergeschäfte auf andere Art und Weise zu gewährleisten. In Betracht käme beispielsweise eine rein staatliche Überwachung durch die BaFin oder die Bundesbank. Möglich wäre theoretisch auch eine Entsendung von Beamten direkt in die Wertpapierdienstleistungsunternehmen, die dann vor Ort die Überwachung unmittelbar hoheitlich vornehmen könnten.

#### *(1) Der Ausgangspunkt*

Letztlich geht es um die Frage, auf welche Art und Weise die Überwachung insbesondere der privaten Wertpapiertransaktionen der Mitarbeiter in Wertpapierdienstleistungsunternehmen effizienter und wirkungsvoller gewährleistet werden kann: Durch die Implementierung eines auch öffentlichen Interessen verpflichteten Unternehmensbeauftragten, der vollständig in die Organisation des Wertpapierdienstleistungsunternehmens integriert ist oder durch die Gewährleistung der Überwachung im Rahmen einer traditionellen staatlichen Aufsicht. Entscheidend bei der Beantwortung dieser Frage ist die Beurteilung der Eingriffsintensität des aktuell durch den unternehmensinternen Compliance-Beauftragten umgesetzten Überwachungsregimes im Vergleich zu möglichen Alternativen.

Wie bereits mehrfach erwähnt kann das gegenwärtig durch die normativen Grundlagen der Überwachung vorgeschriebene Überwachungsregime dem Begriff der Selbstregulierung zugeordnet werden. Der Staat gibt in § 33b WpHG sowie BT2 MaComp einen Regulierungsrahmen vor, den die Normadressaten eigenständig auszufüllen haben. Im Ausgangspunkt kann festgestellt werden, dass das Grundprinzip der Selbstregulierung als unternehmensschonendes Instrument angesehen werden kann, denn im Zuge der Ausfüllung des staatlich gesteckten Regulierungsrahmens besteht für das einzelne Wertpapierdienstleistungsunternehmen ein Gestaltungsspielraum, der Möglichkeiten einräumt, unternehmensspezifische Effizienzen und Besonderheiten zu berücksichtigen und zur Geltung zu bringen. Insofern liegt strukturell eine Parallelität zum prinzipienorientierten Aufsichtskonzept[869] vor.

Bereits auf der Ebene der Prüfung der Erforderlichkeit ist zu berücksichtigen, dass Grundrechtspositionen mehrerer Grundrechtsträger tangiert sind. Die Beurteilung der Eingriffsintensität hat demnach mehrere Dimensionen zu berücksichtigen.

*(2) Die Analyse der Erforderlichkeit der Überwachung speziell durch Compliance unter Einbeziehung der Perspektiven unterschiedlicher Grundrechtsträger*

Mit Blick auf die Mitarbeiter in Wertpapierdienstleistungsunternehmen liegt der Vorteil der Überwachung der Mitarbeitergeschäfte durch einen in das Unternehmen integrierten Compliance-Beauftragten darin, dass zu diesem durch den einzelnen Mitarbeiter im Vergleich zu einer Überwachung durch einen Beamten aus einer externen staatliche Behörde mit höherer Wahrscheinlichkeit ein Vertrauensverhältnis aufgebaut werden kann. Ein im Unternehmen integrierter Compliance-Beauftragter steht unkomplizierter für Beratungen im Zusammenhang mit kapitalmarktrechtlichen Sachverhalten zur Verfügung, zumal auf diesem Gebiet bereits Schwächen der generellen Aufsichtspraxis festgestellt worden sind[870]. Obwohl nach hier vertretener Ansicht die Überwachungshandlungen des Compliance-Beauftragten als funktionale Grundrechtseingriffe gewertet werden[871], kommt hinzu, dass diese trotz gleicher Wirkung vom einzelnen Mitarbeiter subjektiv als weniger belastend wahrgenommen werden als unmittelbare Maßnahmen staatlicher Aufsichtsinstanzen. Mit Blick auf den einzelnen Mitarbeiter eines Wertpapierdienstleistungsunternehmens kann somit kein gleich geeignetes milderes Überwachungsverfahren identifiziert werden.

Fraglich ist, ob dies auch für die Betrachtung aus der Perspektive der Wertpapierdienstleistungsunternehmen gilt. Im Vergleich zur Vorhaltung einer kostenintensiven Überwachungsinfrastruktur und Compliance-Organisation scheint die rein staatliche Überwachung auf den ersten Blick eine geringere Eingriffsintensität aufzuweisen. Bei genauerem Hinsehen allerdings ist festzustellen, dass das Kostenargument allein in diesem Zusammenhang nicht weiterhilft, denn die

869 Siehe oben Kapitel B. II. 3. c).
870 Siehe oben Kapitel B. III. 1. b) (1) (b).
871 Siehe oben Kapitel C. IV. 3. d) (3).

Kosten der staatlichen Wertpapieraufsicht werden auf die Marktteilnehmer, also insbesondere auf die von der BaFin zu beaufsichtigenden Wertpapierdienstleistungsunternehmen selbst, abgewälzt[872]. Erhöhte Kosten im Zuge einer höheren Intensität staatlicher Überwachung der privaten Wertpapiertransaktionen der Mitarbeiter in Wertpapierdienstleistungsunternehmen durch die BaFin würden über eine erhöhte Kostenumlage die Unternehmen indirekt wieder erreichen.

Aber auch unabhängig von den damit verbundenen Kosten käme ein milderes Mittel für die Überwachung als Alternative nur dann in Betracht, wenn dieses gleich geeignet wäre, die Gefahr von Verstößen der Mitarbeiter von Wertpapierdienstleistungsunternehmen gegen kapitalmarktrechtliche Regelungen zu minimieren. Da die direkt in das Unternehmen eingefügte Überwachung durch einen in Teilen unabhängigen und öffentlichen Interessen verpflichteten im Wertpapierdienstleistungsunternehmen integrierten Compliance-Beauftragten sehr flexibel, sachnah und effizient gewährleistet werden kann, ist dies schwerlich vorstellbar. Ein externer Beamter etwa würde die konkreten Gegebenheiten im jeweiligen Unternehmen nicht mit einer im Vergleich zu den Möglichkeiten des unternehmensinternen Compliance-Beauftragten vergleichbaren Tiefe und Intensität erfassen können. Daraus resultierende Unschärfen in den Überwachungshandlungen würden einen unnötigen Arbeitsaufwand im jeweiligen Wertpapierdienstleistungsunternehmen auslösen, der letztlich zu vergleichsweise mindestens gleich hohen Kostenaufwänden führen würde, und das bei geringerer Effizienz. Daher kann auch mit Blick auf die Wertpapierdienstleistungsunternehmen selbst festgehalten werden, dass die Überwachung der Mitarbeitergeschäfte durch einen in das jeweilige Wertpapierdienstleistungsunternehmen integrierten Compliance-Beauftragten als erforderlich angesehen werden kann.

Entsprechendes kann für die Perspektive der Allgemeinheit konstatiert werden, deren Schutz mit einer effizienten Überwachung letztlich bezweckt wird. Zwar gilt die Kostenneutralität der Überwachung durch einen unternehmensintegrierten Compliance-Beauftragten auch hier, so dass kein Argument insofern aufgemacht werden kann, als dass die Verlagerung der Überwachung auf die Wertpapierdienstleistungsunternehmen kostengünstiger ist. Jedoch ist auch aus dieser Perspektive auf die weitaus höhere Effizienz einer unternehmensinternen Überwachung hinzuweisen.

872 Vgl. § 16 FinDAG.

### *(3) Die Analyse der Erforderlichkeit spezifischer Überwachungsmaßnahmen durch Compliance*

Um die Prüfung der Erforderlichkeit zu vervollständigen sind auch die spezifischen Überwachungsmaßnahmen daraufhin zu untersuchen, ob die durch diese verfolgten Zwecke nicht durch mildere Mittel zu erreichen wären.

#### (a) Verfügungsverbote

Fraglich ist, ob die Erforderlichkeit auch für die als Folge der detaillierten Umsetzungsmaßnahmen entstehenden Eigentumseinschränkungen der Mitarbeiter, konkret als Konsequenz der in Form von Watch-List, Restricted-List sowie Pre-Clearing Mechanismen ausgesprochenen Verfügungsverbote angenommen werden kann.

Die Watch-List wird implementiert, um strafrechtliches Verhalten der Mitarbeiter von Wertpapierdienstleistungsunternehmen in Form von verbotenem Insiderhandel und verbotener Marktmanipulation zu verhindern[873]. Voraussetzung für die Aufnahme eines Mitarbeiters zur Watch-List ist es, dass dieser konkrete Kenntnisse von Insiderinformationen im Zusammenhang mit seiner Tätigkeit für seinen Arbeitgeber und dessen Kunden erlangt hat. Die Missbrauchsgefahr mit Bezug auf solche Informationen zulasten der Kunden des Wertpapierdienstleistungsunternehmens, des Wertpapierdienstleistungsunternehmens selbst sowie der Integrität des Kapitalmarkts an sich ist somit konkret gegeben.

Die in diesem Zusammenhang implementierte Beschränkung der Verfügungsbefugnis über die privat gehaltenen Finanzinstrumente in den privaten Depots der Mitarbeiter und die damit verbundene unmittelbare Beschränkung des Schutzbereichs von deren Eigentumsrechten ist vor diesem Hintergrund notwendig, denn sie zielt darauf ab, verbotenen Insiderhandel und verbotene Marktmanipulation zu verhindern, indem Mitarbeitern, die auf der Basis ihrer beruflichen Stellung die Möglichkeit einer Einflussnahme auf das Kapitalmarktgeschehen haben, temporär verboten wird, Umsätze im betroffenen Wertpapier zu tätigen. Um die Gefahr der Begehung von Straftaten aus der Sphäre des Wertpapierdienstleistungsunternehmens heraus effizient minimieren zu können, ist auch ein temporäres Handelsverbot erforderlich. Um potenziell interessenkonfliktbeladene Kapitalmarkttransaktionen mit derselben Wirkung zu verhindern, ist kein milderes Mittel erkennbar. Das lediglich temporär ausgesprochene Handelsverbot ist im Vergleich zur Alternative in Form eines generellen und dauerhaften Handelsverbots an alle Mitarbeiter eines Wertpapierdienstleistungsunterneh-

---

873 Siehe oben Kapitel C. V. 2. b).

mens, unabhängig von der Kenntnis von Compliance-relevanten Informationen, die bedeutend schonendere Intervention. Durch Pre-Clearing-Mechanismen werden letztlich die im Vergleich zu Watch-List und Restricted-List strukturell gleichen Risiken auf eine andere Art und Weise minimiert.

Die Überwachungsmaßnahme in Form der Führung einer Restricted-List ist auf der Ebene der Prüfung der Rechtfertigung des damit verbundenen Eingriffs in grundrechtlich geschützte Eigentumspositionen der Mitarbeiter von Wertpapierdienstleistungsunternehmen im Verhältnis zur Führung einer Watch-List differenziert zu betrachten. Der Grund dafür liegt darin, dass mit der Restricted-List ein viel größerer Kreis von Mitarbeitern eines Wertpapierdienstleistungsunternehmens angesprochen wird und auch die Motivation der Implementierung der Restricted-List entscheidend von der Motivation zur Implementierung einer Watch-List abweicht. Zweifel hinsichtlich der Erforderlichkeit der Implementierung einer Restricted-List können sich daraus ergeben, dass diese als ein Instrument zu Vermeidung von Interessenkonflikten eingesetzt wird, obwohl in Form der Festlegung von Vertraulichkeitsbereichen[874] regelmäßig bereits ein entsprechendes Instrumentarium im Wertpapierdienstleistungsunternehmen eingeführt ist, das, wenn es effizient und stringent verfolgt wird, die Minimierung von Interessenkonflikten gewährleisten kann. Eines zusätzlichen grundrechtsbeschränkenden Eingriffs würde es dann nicht mehr bedürfen. Allerdings ist hier zu bedenken, dass das System der Implementierung von Vertraulichkeitsbereichen in Extremfällen an seine Grenzen gelangt und dann seine Funktion nicht mehr durchgängig erfüllen kann. Für diesen Fall aber muss das bestehende Sicherungssystem zusätzlich durch den Einsatz einer Restricted-List verstärkt werden. Die Effizienz des zwingend notwendigen Schutzes des Kapitalmarkts vor missbräuchlichen Wertpapiertransaktionen wird auf diese Art und Weise gewährleistet.

(b) Beschränkungen von Umfang und Art der Ausführung privater Wertpapiertransaktionen

Die Betroffenheit der allgemeinen Handlungsfreiheit sowie der Vereinigungsfreiheit resultiert aus Überwachungsmaßnahmen, die unabhängig von den zwingenden Vorgaben unternehmensindividuell in Wertpapierdienstleistungsunternehmen implementiert werden und die folglich mangels Umsetzung zwingender europäischer Vorgaben am Maßstab des deutschen Grundgesetzes zu messen sind. Es ist zu untersuchen, ob solche Maßnahmen zusätzlich zu den bereits

874 Siehe oben Kapitel C. V. 2. d).

zwingend vorgegebenen Überwachungsmechanismen zur Minimierung von Risiken erforderlich sind.

In diesem Zusammenhang implementierte Restriktionen werden regelmäßig auf alle Mitarbeiter eines Wertpapierdienstleistungsunternehmens und somit auf einen sehr großen Kreis von Betroffenen ausgedehnt. Vom Aktienhändler im Handelsraum bis zur Sekretärin in der allgemeinen Verwaltungsabteilung sind alle gleichermaßen von den Einschränkungen betroffen. Zudem werden Beschränkungen regelmäßig dauerhaft und unabhängig von der Arbeitszeit implementiert. Fraglich ist insbesondere, ob das Interesse des Unternehmens an der Vermeidung der Überlastung, Ablenkung oder eines Fehlverhaltens auch in der Freizeit der Mitarbeiter so zu gewichten ist, dass die damit verbundenen Einschränkungen gerechtfertigt werden können.

Die Erforderlichkeit dieser Maßnahmen ist jedoch auch hier zu bejahen. Das gesetzgeberische Ziel, die Effizienz der Kapitalmärkte zu schützen, wird durch diese Überwachungsmaßnahmen mittelbar gefördert[875]. Ohne die komplementierende Wirkung dieser unternehmensindividuell durchgeführten Überwachungsmaßnahmen wäre die Schutzwirkung der sich aufeinander beziehenden Überwachungsmechanismen des Compliance-Beauftragten zur Überwachung der privaten Wertpapiergeschäfte von Mitarbeitern in Wertpapierdienstleistungsunternehmen nicht mit gleicher Effizienz gewährleistet. Die Sicherung der Funktionsfähigkeit des Kapitalmarktes ist jedoch zwingend zu gewährleisten, so dass auch die unternehmensindividuell implementierten Überwachungsmaßnahmen als erforderlich anzusehen sind.

(c) Informationspflichten und Verarbeitung von Daten

Mit Bezug auf den Eingriff in das Recht der informationellen Selbstbestimmung kann hinsichtlich der Frage der Erforderlichkeit zunächst eine bereits in der Literatur diskutierte kapitalmarktrechtliche Eingriffslage in den Schutzbereich der informationellen Selbstbestimmung als Vergleichsmaßstab herangezogen werden.

Wegen mangelnder Verhältnismäßigkeit wird die Verfassungsmäßigkeit von Eingriffen in das grundrechtlich geschützte Recht auf informationelle Selbstbestimmung in Folge der Aufnahme einer Person in ein Insiderverzeichnis nach § 15b WpHG angezweifelt[876]. Diese Argumentation verkennt jedoch, dass die Pflicht zur Führung des Insiderverzeichnisses im öffentlichen Interesse an einem funktionierenden Kapitalmarkt statuiert wurde. Es steht in diesem Zusammenhang nicht lediglich die Attraktivität des Finanzplatzes Deutschland bzw. sämtli-

875 Siehe oben Kapitel E. III. 2. b).

876 Steidle/Waldeck, WM 2005, S. 868, 873.

cher Kapitalmärkte innerhalb der Europäischen Union im Vordergrund des gesetzgeberischen Motivs, den staatlichen Aufsichtsbehörden jederzeit einen Überblick über die hinsichtlich eines Emittenten von Finanzinstrumenten potenziell mit Insiderinformationen in Kontakt kommenden Personen zu ermöglichen, sondern die Regelung soll letztlich einen Baustein im Rahmen der Absicherung der marktwirtschaftlich geprägten Gesellschaftsordnung auf der Basis effizienter Kapitalmärkte darstellen. Durch die transparente Gestaltung der Pflicht zur Führung des Insiderverzeichnisses nach § 15b WpHG wird ein starker Abschreckungseffekt erzielt, der zum Schutz der für die Gesellschaft kardinalen Funktionsfähigkeit der Kapitalmärkte angemessen ist. Nur dann, wenn auch dauerhaft nachverfolgt werden kann, welche Individuen Insiderkenntnisse bezüglich spezieller Finanzinstrumente hatten, können präventiv ein funktionierender Kapitalmarkt und darauf aufbauend eine funktionierende Marktwirtschaft gewährleistet werden. Die Regelungen hinsichtlich der Notwendigkeit des Führens von Insiderverzeichnissen werden daher letztlich überwiegend als verfassungsgemäß angesehen[877].

Dieser Linie ist im Grundsatz auch bei der Beurteilung der Frage der Erforderlichkeit der Datenverarbeitung im Zuge der Überwachung der Mitarbeitergeschäfte in Wertpapierdienstleistungsunternehmen durch den Compliance-Beauftragten zu folgen. Die Datenverarbeitung durch spezialisierte Compliance-IT-Programme dienen lediglich als Hilfsmittel, um es dem Compliance-Beauftragten zu ermöglichen, die zwingenden aufsichtsrechtlichen Vorgaben im öffentlichen Interesse an funktionierenden und effizienten Kapitalmärkten im jeweiligen Wertpapierdienstleistungsunternehmen umzusetzen. Die im Zusammenhang mit der umfassenden Analyse und Überprüfung der vorhandenen Transaktionsdaten durch den Compliance-Beauftragten entstehende Abschreckungswirkung, die dadurch entsteht, dass über die Datenverarbeitung in den internen Compliance-Policies aufgeklärt wird, ist geeignet, die Gefahr der Begehung von Verstößen gegen kapitalmarktrechtliche Vorschriften durch Mitarbeiter von Wertpapierdienstleistungsunternehmen zu vermindern. Die Datenverarbeitung ist zur Erreichung einer Abschreckung auf einem hinreichenden Niveau, wie auch zur schnellen Erkennung von bereits begangenen Rechtsverstößen erforderlich, da eine Einsichtnahme in Daten in einem geringeren Maße oder in einem geringeren Umfang zu Effizienzeinbußen führen würde, somit kein milderes Mittel erkennbar ist, das die Gewährleistung dafür bietet, den Compliance-Beauftragten in die Lage zu versetzen, zeitnah auf der Grundlage einer vollständigen Datenbasis, bezogen auf die Transaktionsdaten der privaten Wertpapiertransaktionen der Mitarbeiter des Wertpapierdienstleistungsunternehmens, reagieren zu können.

877 Eisele/Faust, in: Schimansky u. a. (Hrsg.), Bankrechts-Handbuch, § 109, Rn. 140.

### (4) Fazit

Die Überwachung der privaten Wertpapiertransaktionen von Mitarbeitern in Wertpapierdienstleistungsunternehmen speziell durch Compliance unter Verwendung der aktuell üblicherweise praktizierten Überwachungsmaßnahmen ist erforderlich. Sie erweist sich in Ansehung sämtlicher relevanter Perspektiven als mildester Eingriff in die jeweiligen Grundrechtspositionen. Sie ermöglicht den unmittelbaren und mittelbaren Normadressaten die größtmögliche Autonomie bei gleichzeitiger hoher Praktikabilität. Die mit dem Grundkonzept der Selbstregulierung sowie der prinzipiengeleiteten aufsichtsrechtlichen Herangehensweise verbundene Privatisierungskomponente erweist sich allen anderen Varianten einer Überwachung der Mitarbeitergeschäfte als überlegen.

## 4. Die Verhältnismäßigkeit der Eingriffe im engeren Sinne

Abschließend ist zu untersuchen, inwieweit die mit der Überwachung der privaten Wertpapiertransaktionen der Mitarbeiter im Einzelfall verbundenen konkreten Eingriffe in die betroffenen Grundrechtspositionen verhältnismäßig im engeren Sinne und somit grundrechtskonform sind.

Die auch für die Überwachung der Mitarbeitergeschäfte nach § 33b WpHG grundlegende Norm des § 33 Abs. 1 Satz 3 WpHG trägt dem Grundsatz der Verhältnismäßigkeit zwar prinzipiell in Form einer Öffnungsklausel, die die Intensität und Eingriffstiefe der aufsichtsrechtlichen Eingriffe von der jeweilig konkret vorliegenden Risikosituation des Wertpapierdienstleistungsunternehmens abhängig macht, Rechnung[878]. Dennoch ist die Eingriffsintensität speziell der Maßnahmen gegenüber den Mitarbeitern in den Wertpapierdienstleistungsunternehmen tiefer zu analysieren. Obwohl § 33 Abs. 1 Satz 1 und Satz 2 WpHG von den Wertpapierdienstleistungsunternehmen „nur" eine angemessene betriebliche Organisation verlangt und es den einzelnen Wertpapierdienstleistungsunternehmen freigestellt wird, wie diese die Vorgaben genau, angepasst auf ihre jeweiligen konkreten Umstände, umsetzen und diese flexible Vorgabe im Zuge der Prüfung der Übereinstimmung der Norm mit dem Grundsatz der Verhältnismäßigkeit positiv zu berücksichtigen ist[879], werden auf dem Gebiet der Überwachung der Mitarbeitergeschäfte durch § 33b WpHG Mindesterfordernisse für Grundrechtseingriffe geschaffen. Diese sind unabhängig von den gegebenen

878 Engelhart ZIP 2011, S. 1832, 1834.
879 Vgl. Rothenhöfer, in: Kümpel/Wittig (Hrsg.), Bank- und Kapitalmarktrecht, Rn. 3.318.

Umständen von jedem Wertpapierdienstleistungsunternehmen gleich umzusetzen. Sie erfordern eine diesbezüglich vertiefte Prüfung.

Erneut sind unterschiedliche Interessenkomplexe zu differenzieren und in die Gesamtabwägung mit einzubeziehen.

## a) Die grundrechtlichen Interessenlagen

Bevor speziell auf die Frage der Rechtfertigung der Eingriffe in individuelle Grundrechtspositionen und deren Abwägung gegen andere Rechtsgüter eingegangen wird, seien zunächst die grundlegenden Interessenlagen dargestellt. Diese spalten sich im Kern in zwei Lager auf. Auf der einen Seite stehen die Interessen der Grundrechtsträger, auf der anderen Seite die der Allgemeinheit, die ihrerseits zumindest mittelbar infolge des objektiven Geltungscharakters der Grundrechte geschützt sind.

### *(1) Die Interessen der Grundrechtsträger*

Das Interesse der Grundrechtsträger[880] besteht darin, möglichst geringe Einschränkungen der zu ihren Gunsten grundrechtlich geschützten Freiheitspositionen, bezogen auf die Überwachung der privaten Wertpapiertransaktionen, hinnehmen zu müssen.

#### (a) Die Interessen der Mitarbeiter

Für die davon primär betroffenen Mitarbeiter in Wertpapierdienstleistungsunternehmen bedeutet dies, dass Einschränkungen der persönlichen Freiheit, beispielsweise durch Meldepflichten, Geschäftsbeschränkungen sowie Verfügungsverbote über privat gehaltene Finanzinstrumente, nach Möglichkeit ganz vermieden, zumindest jedoch auf ein Minimalmaß zu beschränken sind.

#### (b) Die Interessen des Compliance-Beauftragten

Auch hinsichtlich der Analyse der spezifischen grundrechtlichen Interessenlage ist bezüglich der Interessen des Compliance-Beauftragten eine funktionale Differenzierung vorzunehmen.

Hinsichtlich seiner Eigenschaft als Mitarbeiter unterscheiden sich die Interessen des Compliance-Beauftragten nicht von denjenigen der übrigen Mitarbei-

880 Siehe oben Kapitel D. III.

ter[881]. In diesem Zusammenhang sind seine Interessen parallel zu den Interessen der Mitarbeiter. Diese sind vordergründig den Interessen der Allgemeinheit sowie mittelbar den Interessen des Wertpapierdienstleistungsunternehmens entgegengesetzt. Auch der Compliance-Beauftragte ist in seiner Funktion als Mitarbeiter bestrebt, die Beschränkungen seines privaten Lebensumfelds im Zusammenhang mit der Disposition seines privaten Vermögens so gering wie möglich zu halten.

Mit Blick auf seine Funktion als Unternehmensbeauftragter in Umsetzung zwingender kapitalmarktrechtlicher Normen wandelt sich die Interessenlage des Compliance-Beauftragten. Er hat aus dieser Perspektive betrachtet ein Interesse daran, die Überwachungsmaßnahmen in besonders effizienter und durchgreifender Art und Weise umzusetzen. Die Interessen sind nun denen der Mitarbeiter (und somit theoretisch auch seinen eigenen Interessen in seiner Funktion als Mitarbeiter) entgegengesetzt und zu denjenigen der Allgemeinheit und mittelbar auch der Wertpapierdienstleistungsunternehmen parallel. Wenn der Compliance-Beauftragte funktional als Unternehmensbeauftragter die privaten Wertpapiertransaktionen der Mitarbeiter von Wertpapierdienstleistungsunternehmen überwacht, ist er in erster Linie dem öffentlichen Interesse verpflichtet. Er vertritt insofern nicht primär die Interessen des Wertpapierdienstleistungsunternehmens, da jenes selbst Adressat staatlicher Maßnahmen im Zusammenhang mit der Überwachung der Mitarbeitergeschäfte nach § 33b WpHG ist. Der ursprüngliche Impuls für die mit den Überwachungsmaßnahmen verbundenen Grundrechtseingriffe kommt vom Gesetzgeber und somit vom Staat.

(c) Die Interessen der Wertpapierdienstleistungsunternehmen

Auch die von den normativen Grundlagen der Überwachung direkt betroffenen Wertpapierdienstleistungsunternehmen haben im Kern ein Interesse daran, die Beschränkung ihrer Gewerbe- und Gestaltungsfreiheit infolge einer kostenintensiven Umsetzung gesetzlicher Organisationsvorgaben zu minimieren. Die Interessenlage der Wertpapierdienstleistungsunternehmen ist insofern jedoch ambivalent.

Einerseits stehen die Wertpapierdienstleistungsunternehmen dem Staat als Grundrechtsträger gegenüber, in dessen Freiheitsrechte durch zwingende gesetzliche Vorgaben eingegriffen wird. Die Interessenlagen des Wertpapierdienstleistungsunternehmens und seiner Mitarbeiter sind insofern, wenn auch auf unterschiedlichen Ebenen, gleichgerichtet.

---

881 Siehe oben Kapitel D. III. 2. c).

Andererseits hat ein Wertpapierdienstleistungsunternehmen ein hohes Interesse daran, dass Normverstöße aus seiner Sphäre heraus vermieden werden, um Sanktionen durch staatliche Instanzen, etwa in Form von Bußgeldern, zu vermeiden. Unter der Voraussetzung, dass die gesetzlichen Vorgaben zur Implementierung von Überwachungsmechanismen die grundrechtlichen Freiheitspositionen der Wertpapierdienstleistungsunternehmen nicht verletzen und somit durchgängig als rechtmäßig anzusehen sind, haben die Wertpapierdienstleistungsunternehmen ein hohes Interesse daran, dass die Mitarbeiter die entsprechenden Vorschriften unter Inkaufnahme der Einschränkung ihrer Grundrechtspositionen einhalten. Insofern sind die Interessen der Wertpapierdienstleistungsunternehmen gegenläufig zu denjenigen der Mitarbeiter.

*(2) Die Interessen der Allgemeinheit*

Den Interessen der Grundrechtsträger an einer möglichst geringen Einschränkung ihrer jeweiligen Freiheitspositionen gegenüber stehen die Interessen der Allgemeinheit an einem effektiven und funktionierenden Kapitalmarkt als Grundlage für die Gewährleistung der marktwirtschaftlichen Grundordnung.

Die extrem wichtige Bedeutung eines funktionierenden Kapitalmarkts und dessen Integrität[882] wurde nicht zuletzt durch die Folgen der Finanzmarktkrise deutlich. Diese Folgen treffen beispielsweise über gefährdete Renditen privater Lebensversicherungen oder durch die Gefahr des Verfalls der Werte privater Ersparnisse zur Altersvorsorge die breite Masse der Allgemeinheit mit voller Wucht. Daraus resultiert das eminent hohe Interesse der Allgemeinheit an funktionierenden Kapitalmärkten unter Inkaufnahme von Grundrechtseinschränkungen einzelner Personen[883]. Die optimale Allokation des Kapitals ist notwendige Grundvoraussetzung der marktwirtschaftlichen Wirtschaftsordnung und somit der Gesellschaftsordnung in der EU und somit auch in der Bundesrepublik Deutschland insgesamt.

Die so verstandenen Interessen der Allgemeinheit stehen den Freiheitspositionen vorbezeichneter Grundrechtsträger gegenüber, sind diesen somit entgegengesetzt. Um einen funktionierenden Kapitalmarkt gewährleisten zu können, sind Überwachungsmechanismen sowohl in Form von Organisationsvorgaben für die am Kapitalmarkt unmittelbar agierenden Wertpapierdienstleistungsunternehmen als auch in Form von konkreten Überwachungshandlungen des Compliance-

---

882 Vgl. Veil/Koch, WM 2011, S. 2997, 2297.

883 Zur Möglichkeit der Berücksichtigung von Interessen der Allgemeinheit im Rahmen einer Grundrechtsabwägung zwischen Arbeitnehmer und Arbeitnehmer vgl. Becker, Der Betrieb 2011, S. 2203.

Beauftragten gegenüber den Mitarbeitern der Wertpapierdienstleistungsunternehmen unerlässlich. Aus Sicht der Allgemeinheit gilt daher: Je mehr Überwachung, desto sicherer ist die Gewähr der Voraussetzungen für einen effektiven, sicheren und effizienten Kapitalmarkt.

*(3) Fazit*

Es liegen somit in Teilen einander entgegengesetzte Interessen vor. Die unterschiedlichen Interessenlagen sind daher nachstehend im Rahmen einer Verhältnismäßigkeitsprüfung im engeren Sinne gegeneinander abzuwägen. Ziel ist es, zu einer Aussage über die Grundrechtskonformität insbesondere der aktuell regelmäßig in Wertpapierdienstleistungsunternehmen implementierten Überwachungsmechanismen hinsichtlich der privaten Wertpapiertransaktionen der Mitarbeiter als wesentlichem Moment der Überwachungsfunktion der Wertpapier-Compliance zu kommen.

## b) Die Abwägung der Interessen

Im Zentrum der Interessenabwägung hinsichtlich der Analyse der Grundrechtskonformität der Überwachung der Mitarbeitergeschäfte nach § 33b WpHG steht letztlich die Frage, ob die Interessen der Mitarbeiter am Schutz ihrer grundrechtlichen Freiheitspositionen oder die Interessen, die zugunsten eines funktionierenden Kapitalmarkts streiten, vorrangig sind. Es ist insofern eine Gesamtschau vorzunehmen, um unter Berücksichtigung sämtlicher Aspekte zu einem ausgewogenen Ergebnis gelangen zu können. Die Abwägung wird nachstehend zentral am Beispiel des Eingriffs in die Berufsfreiheit der Mitarbeiter illustriert, die wegen der Parallelität der Grundrechtsstruktur entsprechend für die Abwägung der Eingriffe in die unternehmerische Freiheit, die deshalb nachstehend nicht mehr explizit erwähnt wird, übertragen werden kann. Spezifika anderer berührter Grundrechtspositionen unterschiedlicher Grundrechtsträger werden – soweit notwendig – ergänzend dargestellt.

*(1) Die Verwirklichung von Allgemeinwohlinteressen*

Wie bereits erwähnt[884] muss eine die Berufsfreiheit nach Art. 15 EU-Grundrechte-Charta wie auch das Eigentumsrecht nach Art. 17 EU-Grundrechte-Charta

---

884 Siehe oben Kapitel E. III. 1. b).

beschränkende gesetzliche Regelung der Verwirklichung von Gemeinwohlinteressen dienen[885].

Nach dem ersten Erwägungsgrund der MiFID wurde die Richtlinie vor dem Hintergrund der Erforderlichkeit einer Harmonisierung von Regelungen zum Zweck der Schaffung eines hohen Schutzniveaus für Kapitalanleger erlassen. Nach Erwägungsgrund 71 soll mit der MiFID unter anderem das Ziel der Gewähr „eines integrierten Finanzmarktes" innerhalb der Europäischen Union erreicht werden, der ausreichende Schutzmechanismen für die Anleger bietet und dessen „Effizienz und Integrität" gewährleistet ist. Als Folge der in Deutschland erfolgten 1:1-Umsetzung der MiFID übernimmt auch das FRUG und dadurch auch der durch das FRUG in das WpHG eingefügte § 33b WpHG diese Motivation. Sowohl die Harmonisierung der Kapitalmarktregelungen zugunsten des Anlegerschutzes als auch das Bestreben nach der Schaffung und Erhaltung effizienter Kapitalmärkte sind Ausfluss des in Art. 3 Abs. 3 Sätze 1 und 2 AEUV niedergelegten Bestrebens der Europäischen Union, einen Binnenmarkt sowie die Grundlage einer sozialen Marktwirtschaft zu schaffen. Die MiFID und als Konsequenz daraus das FRUG und die durch das FRUG in deutsche Gesetze implementierten Normen sind daher als an den normierten Gemeinschaftszeilen der Europäischen Union orientiert anzusehen. Sie dienen als Folge dessen der Verwirklichung von Gemeinwohlinteressen im Sinne der generellen Schrankenregelung nach Art. 52 Abs. 1 EU-Grundrechte-Charta. Auch die Eingriffe in das Recht auf informationelle Selbstbestimmung werden somit prinzipiell auf Basis einer gesetzlichen Grundlage nach Art. 8 Abs. 2 EU-Grundrechte-Charta vorgenommen, die im Sinne der Möglichkeit der Einschränkung der allgemeinen Handlungsfreiheit nach Art. 2 Abs. 1 GG als der verfassungsmäßigen Ordnung zugehörig zu werten ist.

*(2) Die Gewährleistung des Wesensgehalts der grundrechtlich geschützten Positionen*

Auch eine der generellen Schrankenregelung nach Art. 52 Abs. 1 EU-Grundrechte-Charta genügende Einschränkung der nach Art. 15 EU-Grundrechte-Charta geschützten Berufsfreiheit darf allerdings nach der Rechtsprechung des EuGH deren Wesensgehalt nicht antasten[886]. Die Wesensgehaltsgarantie ist eine vom Grundsatz der Verhältnismäßigkeit, der unabhängig von der Wesensgehaltsgarantie zusätzlich zu prüfen ist, selbstständiger Bestandteil des grundrecht-

885 Jarass, EU-Grundrechte-Charta, Art. 15, Rn. 14.

886 Bernsdorff, in: Meyer (Hrsg.), Charta der Grundrechte der EU, Art. 15, Rn. 18.

lichen Prüfungsmaßstabs der Grundrechte der EU-Grundrechte-Charta[887]. Unabhängig von der Frage, ob der Wesensgehalt eines Grundrechts generell-absolut oder relativ zum jeweiligen Grundrechtsträger zu bestimmen ist[888], besteht im Zusammenhang mit den normativen Grundlagen der Überwachung der Mitarbeitergeschäfte nach § 33b WpHG jedoch keine Gefahr der totalen Aushöhlung der Berufsfreiheit. Es handelt sich zum einen um eine bloße Einschränkung der Berufsausübungsfreiheit, zum anderen wird diese nur partiell und auch nur in der Form zusätzlicher Verpflichtungen eingeschränkt. Die Tätigkeit als Angestellter eines Wertpapierdienstleistungsunternehmens wird nicht bis hin zur Unzumutbarkeit erschwert. Der Wesensgehalt der Berufsfreiheit wird somit in dieser Beziehung nicht angetastet. Dies gilt auch für die anderen betroffenen Grundrechtspositionen, deren Einschränkung jeweils nur in einem eng umrissenen Teil erfolgt. So wird das Eigentum im Rahmen der temporären Einschränkung der Verfügungsbefugnis über privat gehaltene Finanzinstrumente nur für einen kleinen Ausschnitt sämtlicher denkbarer Wertpapiere beschränkt. Auch hinsichtlich des Eingriffs in das Recht auf informationelle Selbstbestimmung liegt ein Eingriff nur mit Blick auf einen kleinen Teil der privaten Vermögensverhältnisse vor, ohne den Mitarbeiter im Verhältnis zum Compliance-Beauftragten zum „gläsernen Mitarbeiter" zu machen und dessen Recht auf informationelle Selbstbestimmung seiner privaten Vermögensverhältnisse auszuhöhlen. Entsprechendes gilt für die Einschränkung der allgemeinen Handlungsfreiheit sowie der Vereinigungsfreiheit.

*(3) Die Relation der Eingriffsintensitäten zum angestrebten Ziel*

Schließlich muss der durch die Norm grundgelegte Eingriff angemessen insofern sein, als die aus dem Eingriff resultierende Belastung im Verhältnis zum angestrebten Ziel nicht in einem Missverhältnis stehen darf[889]. Wie bereits mehrfach erwähnt, handelt es sich bei den infolge der normativen Grundlagen der Überwachung von Mitarbeitergeschäften nach § 33b WpHG implementierten Eingriffen um Berufsausübungsregelungen, hinsichtlich derer, bezogen auf die Eingriffsintensität, großzügigere Maßstäbe im Rahmen der Angemessenheitsprüfung angelegt werden können als bei Eingriffen, die zu einer Berufswahleinschränkung führen[890]. Gleichzeitig ist die Bedeutung des Ziels, das mit der den Eingriff ermöglichenden Regelung verfolgt werden soll, im Rahmen der Gewichtung der

887 Ruffert, in: Ehlers (Hrsg.), Europäische Grundrechte, § 16.3, Rn. 36.
888 Vgl. Ehlers, in: Ehlers (Hrsg.), Europäische Grundrechte, § 14, Rn. 70.
889 Jarass, EU-Grundrechte-Charta, Art. 15, Rn. 16.
890 Ruffert, in: Ehlers (Hrsg.), Europäische Grundrechte, § 16.3, Rn. 37.

Abwägungskomponenten herauszuarbeiten, da sich die Wahrscheinlichkeit der Angemessenheit eines Grundrechtseingriffs mit steigender Bedeutung des verfolgten Ziels erhöht[891]. Das Mittel einer teilweisen Berufsausübungsbeschränkung ist daher mit Blick auf das Ziel, den Kapitalmarkt zu schützen, als angemessen anzusehen.

Auch mit Blick auf die Eigentumseinschränkungen sind die partiellen Verfügungsbeschränkungen in Folge der Implementierung von Watch-List sowie Pre-Clearing-Mechanismen im Verhältnis zum angestrebten Ziel als angemessen anzusehen. Gründe dafür sind insbesondere die Transparenz und die Vorhersehbarkeit der Folgen dieser Überwachungsmechanismen. Durch eine entsprechende Publikation der Wirkungsweise und der Konsequenzen für die privaten Wertpapiertransaktionen betroffener Mitarbeiter in den internen Richtlinien[892] der Compliance-Funktion und der damit verbundenen Möglichkeit der Mitarbeiter, sich der einschränkenden Wirkungen dieser Überwachungsmaßnahme durch die Nutzung von Ausnahmevorschriften[893], beispielsweise in Form der privaten Vermögensanlage in Investmentfonds anstatt in einzelnen Finanzinstrumenten, zu entziehen, wird ausreichend Rücksicht auf die primär betroffenen Mitarbeiter genommen.

Entsprechendes gilt für die anderen tangierten Grundrechtspositionen.

*(4) Die Gewichtung der Interessen*

Entscheidend für die Grundrechtskonformität der aktuell implementierten Überwachungsmechanismen zur Überwachung der privaten Wertpapiertransaktionen in Wertpapierdienstleistungsunternehmen ist letztlich die Gewichtung der Interessen.

In der einen Waagschale versammeln sich die grundrechtlich geschützten Freiheitspositionen der diversen Grundrechtsträger. Sie sind durch Einschränkungen der Berufsfreiheit und der unternehmerischen Freiheit, der freien Verwendung des Eigentums, der Einschränkung der informationellen Selbstbestimmung sowie der allgemeinen Handlungsfreiheit sowie der Versammlungsfreiheit belastet. Diesen Einschränkungen zentraler grundrechtlicher Freiheitsrechte ist ein angemessenes Gewicht zuzuschreiben. Obwohl es sich größtenteils nur um partielle Eingriffe in diese Positionen handelt, bedarf es eindeutiger schwerer zu gewichtender Interessen, um diese zu rechtfertigen. So muss eindeutig nachgewiesen werden, dass Verfügungsverbote als Folge der Führung einer Watch-List

891 Jarass, EU-Grundrechte-Charta, Art. 15, Rn. 16.

892 Siehe oben Kapitel C. V. 1.

893 Siehe oben Kapitel B. II. 3. b) (2) (b) iii).

oder einer Restricted-List gerechtfertigt werden. Insbesondere hinsichtlich des Eingriffs in das Recht auf informationelle Selbstbestimmung ist zu bedenken, dass selbst im Kontext der Aufklärung von vermuteten Rechtsverstößen durch Unternehmensmitarbeiter zu deren Gunsten „erhebliche rechtliche Schranken in Form des allgemeinen Persönlichkeitsrechts im Hinblick auf datenschutzrechtliche Restriktionen“[894] zu beachten sind. Auch im Zusammenhang mit den Eingriffsmöglichkeiten der BaFin wird in der Literatur darauf hingewiesen, dass durch diese nicht in rechtswidriger Art und Weise in das den Betroffenen schützende Grundrecht auf informationelle Selbstbestimmung eingegriffen werden darf[895], indem sein Kernbereich erhalten werden muss.

In die andere Waagschale ist das Interesse der Allgemeinheit an funktionierenden Kapitalmärkten zu legen. Wie bereits in der Einleitung dargelegt ist die Funktionsfähigkeit der Kapitalmärkte für ein gedeihliches Zusammenleben innerhalb der Europäischen Union von überragender, gar existenzieller Bedeutung. Ausgangspunkt für die Harmonisierungsbemühungen auf dem Gebiet des europäischen Kapitalmarktrechts ist Art. 3 EUV, der der Europäischen Gemeinschaft als wesentliches Vertragsziel die „Errichtung eines gemeinsamen Binnenmarkts“ [896] auf der Basis des „Marktprinzips“[897] vorgibt. Nach Riesenhuber[898] kann dieses Ziel, wie auch die anderen Gemeinschaftsziele, somit als Marktdeterminante für den europäischen Kapitalmarkt angesehen werden, denn sowohl die Funktionsschutz- als auch die Anlegerschutzkomponente, die im öffentlichen Interesse an funktionierenden Kapitalmärkten liegen, können „zwingende Erfordernisse des Allgemeininteresses“ im Sinne der Grundfreiheitenrechtsprechung des EuGH sein. Nach Bumke[899] ist das „Leitbild eines transparenten, offenen und fairen Kapitalmarktes“ auf der Basis der Bestrebung einer innerhalb der Europäischen Union insofern angestrebten Mindestharmonisierung durch das europäische Gemeinschaftsrecht und der insofern angestrebten Einheitlichkeit in der Europäischen Union als fest verankert anzusehen. Das überragende Interesse der Gesellschaft an der Funktionsfähigkeit der Kapitalmärkte sowie die hohe Bedeutung des Geschehens auf den Kapitalmärkten für das wirtschaftliche Gesamtgeschehen und darüber hinaus auf „anderen gesellschaftlichen Subsystemen“[900]

---

894 Bürkle, CCZ 2010, S. 4, 7.

895 Döhmel, in: Assmann/Schneider (Hrsg.), WpHG, § 4, Rn. 32 unter Verweis auf Fn. 1.

896 Vgl. Hirte/Heinrich, in: Hirte/Möllers (Hrsg.), KK-WpHG, Einleitung, Rn. 44.

897 Ruffert, in: Calliess/Ruffert (Hrsg.), EUV/AEUV EUV Art. 3, Rn. 25.

898 Riesenhuber, Primärrechtliche Grundlagen der Kapitalmarkttransparenz, S. 1, 3, in: Hopt/Veil/Kämmerer (Hrsg.), Kapitalmarktgesetzgebung.

899 Bumke, Regulierung am Beispiel der Kapitalmärkte, in: Hopt/Veil/Kämmerer (Hrsg.), Kapitalmarktgesetzgebung, S. 107, 126.

900 Weber, NJW 2000, S. 2061, 2061.

wird insofern als unbestritten angesehen. Zudem handelt es sich beim Kapitalmarktrecht, wie bereits ausgeführt[901], um einen „Bereich ausgestaltender Rechtsetzung", hinsichtlich derer die „grundrechtlichen Rechtfertigungslasten zugunsten des Staates verschoben" sind[902]. Das mit den Regelungen der normativen Grundlagen der Überwachung von Mitarbeitergeschäften nach § 33b WpHG verfolgte Ziel ist daher als sehr bedeutend einzustufen. Die insofern verfolgten Interessen der Allgemeinheit sind demnach bereits im Ausgangspunkt höher zu gewichten als diejenigen der Mitarbeiter und der Wertpapierdienstleistungsunternehmen an der Vermeidung der Einschränkung ihrer Freiheitspositionen.

Angesichts der eminent wichtigen Bedeutung der Funktionsfähigkeit der Kapitalmärkte und der diesbezüglich notwendigen Basis in Form von bedingungsloser Integrität der Kapitalmarktteilnehmer schlägt das Pendel letztlich auch in der speziellen Konstellation der Eingriffe in das Eigentum der Mitarbeiter zugunsten der Überwachungsmaßnahmen in Form der Führung einer Watch-List oder einer Restricted-List aus. Obwohl das Überraschungsmoment insbesondere bei der Führung der Restricted-List sehr groß und die Vorhersehbarkeit der aus einer Restricted-List resultierenden Handelsverbote gegenüber einem großen Kreis von Mitarbeitern gering ist, ist das Risiko eines Fehlverhaltens eines Mitarbeiters und einer daraus möglicherweise resultierenden Gefahr für die Glaubwürdigkeit des Kapitalmarkts und seiner Teilnehmer letztlich so hoch und bedeutend, dass es gerechtfertigt ist, auch trotz bereits bestehender Systeme zur Vermeidung von Interessenkonflikten eine zweite Verteidigungslinie im öffentlichen Interesse zu implementieren. Mit Blick auf die Einschränkung der Eigentumsposition des einzelnen Wertpapierdienstleistungsunternehmens umfasst dies auch das Moment der Unabhängigkeit des Compliance-Beauftragten im Zusammenhang mit der Umsetzung der zwingenden normativen Vorgaben zur Überwachung der Mitarbeitergeschäfte. Dessen unabhängige Stellung kann gegebenenfalls zu Maßnahmen führen, die nicht mit dem Interesse der Eigentümer des Wertpapierdienstleistungsunternehmens oder dessen Leitungsorgan übereinstimmen und auf diese Art und Weise in deren Eigentumsrecht eingreifen können. Auch solche Eingriffe sind jedoch im objektiv verstandenen Unternehmensinteresse vor dem Hintergrund der Bedeutung des mit einem effizienten Kapitalmarkt verbundenen Allgemeinwohlinteresses gerechtfertigt. Obwohl der Compliance-Beauftragte regelmäßig ein Angestellter des Wertpapierdienstleistungsunternehmens ist, haben die Eigentümer zu dulden, wenn dieser gleichzeitig im Rahmen der Überwachungsmaßnahmen möglicherweise gegen die Interessen des

901 Siehe oben Kapitel B. I. 2.

902 Bumke, Regulierung am Beispiel der Kapitalmärkte, in: Hopt/Veil/Kämmerer (Hrsg.), Kapitalmarktgesetzgebung, S. 107, 115.

Leitungsorgans des Unternehmens agiert, etwa wenn private Wertpapiertransaktionen von Mitgliedern der Geschäftsleitung selbst überwacht und entsprechende Verstöße sanktioniert werden, und dadurch in die Eigentümerstellung eingegriffen wird[903].

Letztlich werden die jeweiligen Eigentümer von Wertpapierdienstleistungsunternehmen indirekt durch diese Einschränkungen auch geschützt, denn die Prosperität des einzelnen Unternehmens ist letztlich auch vom Vertrauen in die Integrität der Kapitalmärkte abhängig. Führt man diesen Gedanken weiter, wird schnell klar, dass letztlich auch das Interesse der Allgemeinheit an effizienten und funktionierenden Kapitalmärkten eine mittelbar grundrechtsschützende Zielrichtung hat. Ein Kapitalmarkt, der die Gewähr dafür bietet, dass das Kapital diejenige Anlagemöglichkeit mit dem höchsten Grenznutzen findet und damit die Grundlagen für die marktwirtschaftlich orientierte Gesellschaftsordnung legt, schafft überhaupt erst die Voraussetzungen dafür, dass Grundrechte wie Berufsfreiheit, unternehmerische Freiheit sowie Eigentum in Anspruch genommen werden können. Die Überwachung der Mitarbeitergeschäfte ist somit ein Baustein des Schutzes der globalen grundrechtsermöglichenden Wirkung des Kapitalmarkts. Vor dem Hintergrund von dessen fundamentaler Bedeutung wird das hohe Gewicht am Interesse nach dem peniblen Schutz der Funktionsfähigkeit des Kapitalmarkts auch unter Inkaufnahme der insoweit geringer zu gewichtenden Interessen einzelner Grundrechtsträger an der Aufrechterhaltung einzelner Freiheitspositionen erneut offenbar und rechtfertigt insbesondere auch den Eingriff in das Grundrecht auf informationelle Selbstbestimmung. Der einzelne Mitarbeiter, dem aufgrund der Sachnähe zum Kapitalmarktgeschehen die faktische Möglichkeit zum Missbrauch eingeräumt wird, hat vor diesem Hintergrund zu dulden, dass er einer erhöhten Überwachung unterzogen wird, zumal Daten regelmäßig nur in der speziell abgeschirmten Compliance-Abteilung eines Wertpapierdienstleistungsunternehmens verarbeitet oder analysiert werden dürfen.

Im Ergebnis dringen deshalb auch Bedenken gegen eine Rechtfertigung von Eingriffen in die allgemeine Handlungsfreiheit sowie die Vereinigungsfreiheit im Zusammenhang mit unternehmensindividuell implementierten Überwachungsmaßnahmen außerhalb zwingender kapitalmarktrechtlicher Vorgaben nicht durch. Auch im Zuge der unternehmensindividuell implementierten Überwachungsmaßnahmen des Compliance-Beauftragten, die mittelbar die Effizienz des Kapitalmarkts schützen, indem Reputationsrisiken der für den Kapitalmarkt zentralen Akteure minimiert werden sollen, sind die globalen Interessen der Allgemeinheit höher zu gewichten als die Interessen des einzelnen Mitarbeiters.

903 Vgl. zum „Spannungsfeld zwischen öffentlich-rechtlichen Pflichten und arbeitsrechtlichen Möglichkeiten" Rößler/Yoo, BKR 2011, S. 377, 380.

Es besteht insofern ein Unterschied zu Compliance-Regelungen außerhalb der Finanzbranche. Für diese hat Mahnhold[904] darauf hingewiesen, dass Einschränkungen nur auf ein Mindestmaß zu beschränken sind. An die Mitarbeiter von Wertpapierdienstleistungsunternehmen sind insofern jedoch höhere Ansprüche zu stellen, da die potenziellen Schäden infolge eines möglichen Reputationsverlustes für ein Wertpapierdienstleistungsunternehmen aufgrund der sehr stark ausgeprägten Abhängigkeit vom Vertrauen der Kunden in die Finanzbranche im Vergleich zu Unternehmen anderer Branchen als höher einzuschätzen sind[905]. Dies führt dazu, dass den Interessen eines Wertpapierdienstleistungsunternehmens zur Vermeidung von Reputationsschäden im Vergleich zur Einführung von Compliance-Regelungen durch Unternehmen anderer Branchen eine höhere Bedeutung beizumessen sind. Daraus folgt, dass durch entsprechende Überwachungsmaßnahmen des Compliance-Beauftragten in die grundrechtlich geschützten Positionen der einzelnen Mitarbeiter vergleichsweise intensiver eingegriffen werden darf.

Obwohl die Einschränkung der Möglichkeit des Beitritts zu Investmentclubs nicht durch zwingendes Kapitalmarktrecht gefordert wird, kommt als einfachrechtliche Konkretisierung die allgemeine Organisationspflicht des § 33 WpHG in Betracht, der mittelbar die Voraussetzungen der sozialen Marktwirtschaft schützen hilft, indem er Wertpapierdienstleistungsunternehmen dazu verpflichtet, sich so zu organisieren, dass die Voraussetzungen für effiziente und integre Kapitalmärkte gewährleistet werden. Diesem Ziel dienen auch die regelmäßig unternehmensindividuell in Wertpapierdienstleistungsunternehmen implementierten Zustimmungserfordernisse hinsichtlich des Beitritts zu Investmentclubs. Durch die Mitwirkung von Mitarbeitern in Vereinigungen, die Investitionsentscheidungen sowie Ordererteilungen einer großen Anzahl von Anlegern beeinflussen können, besteht die Gefahr, dass sich der Reputationsschaden, der sich aus der Verbindung des jeweiligen Mitarbeiters zu seinem arbeitgebenden Wertpapierdienstleistungsunternehmen ergeben kann, potenziert wird. Es ist dem Mitarbeiter eines Wertpapierdienstleistungsunternehmens daher zuzumuten, vor dem Eintritt in eine entsprechende Vereinigung die Zustimmung des Compliance-Beauftragten einzuholen. Auf diese Art und Weise hat der Compliance-Beauftragte des jeweiligen Wertpapierdienstleistungsunternehmens die Möglichkeit, auch die Tätigkeit eines Mitarbeiters durch Einflussnahme in Investmentclubs in seine Überwachungsmaßnahmen mit einzubeziehen. Für den Mitarbeiter

---

904 Mahnhold, Compliance und Arbeitsrecht, S. 216.

905 Ähnlich auch Schneider, Die arbeitsrechtliche Implementierung von Compliance- und Ethikrichtlinien, S. 122, sowie Wagner, Ethikrichtlinien: Inhalte – Implementierung – Mitbestimmung, in: Maschmann (Hrsg.), Corporate Compliance und Arbeitsrecht, S. 65, 85.

sind entsprechende Einschränkungen seiner Tätigkeit in einem stark von Regulierung betroffenen Wertpapierdienstleistungsunternehmen immanent.

Dieses Ergebnis wird auch durch die jüngsten Anpassungen der gesetzlichen Anforderungen durch das AnsFuG gestützt. Im Zuge der Änderungen des WpHG durch das AnsFuG wurde in § 34d WpHG das Erfordernis der Zuverlässigkeit für Mitarbeiter von Wertpapierdienstleistungsunternehmen implementiert, die in der Anlageberatung eingesetzt werden. Die WpHGMaAnzV enthält einen Katalog von Sachverhalten, die eine Zuverlässigkeit regelmäßig ausschließen[906]. Durch die Ausdehnung des Anwendungsbereichs der gesetzlichen Norm auf die Privatsphäre eines Mitarbeiters stellt der Gesetzgeber klar, dass die entsprechenden Anforderungen nicht auf die dienstliche Sphäre des einzelnen Anlageberaters beschränkt bleibt, sondern die Frage der Zuverlässigkeit in Ansehung der Gesamtsituation eines Mitarbeiters zu beurteilen ist. Genau hier setzen jedoch, wie gezeigt, die außerhalb der in Umsetzung zwingender kapitalmarktrechtlicher Organisationsanforderungen implementieren Überwachungsmechanismen des Compliance-Beauftragten eines Wertpapierdienstleistungsunternehmens zur Vermeidung von Reputationsschäden an.

*(5) Fazit*

Die durch die normativen Grundlagen der Überwachung von Mitarbeitergeschäften nach § 33b WpHG geschützten Interessen der Allgemeinheit an effizienten und funktionierenden Kapitalmärkten sind höher zu gewichten als die Interessen der Grundrechtsträger am Schutz ihrer jeweiligen Freiheitspositionen. Die damit verbundenen Grundrechtseingriffe sind daher als gerechtfertigt anzusehen.

## IV. Zwischenergebnis

Überwachungsmaßnahmen des Compliance-Beauftragten greifen regelmäßig in grundrechtlich geschützte Rechtspositionen der Mitarbeiter von Wertpapierdienstleistungsunternehmen ein. Auch in grundrechtlich geschützte Positionen der Wertpapierdienstleistungsunternehmen selbst wird unmittelbar durch die in einschlägigen normativen Grundlagen enthaltenen, zwingend umzusetzenden Organisationsvorgaben eingegriffen.

Im Rahmen der Interessenabwägung stehen die Freiheitspositionen der betroffenen Grundrechtsträger dem Interesse der Allgemeinheit an einem effizient

906 Vgl. § 34d Abs. 6 WpHG i. V. m. § 6 WpHGMaAnzV.

funktionierenden Kapitalmarkt gegenüber. Die Interessen sind insofern gegenläufig, da sich die Effizienz des Kapitalmarktes mit zunehmender Überwachung der am Kapitalmarkt agierenden Grundrechtsträger erhöht, dadurch jedoch gleichzeitig immer tiefere Eingriffe in grundrechtlich geschützte Positionen entstehen.

Mit Blick auf Überwachungsmaßnahmen in Umsetzung zwingender kapitalmarktrechtlicher Vorgaben setzt sich das Interesse der Allgemeinheit im Rahmen der grundrechtsindividuell auf die einzelnen Gruppen von Grundrechtsträgern innerhalb der Prüfung der Verhältnismäßigkeit der Eingriffe vorzunehmenden Interessenabwägung durchgängig durch. Die unmittelbare Förderung der für die marktwirtschaftliche Gesellschaftsordnung überragend wichtigen Funktion eines effizienten und integren Kapitalmarkts rechtfertigt die damit zulasten der betroffenen Personen verbundenen Grundrechtseingriffe.

Zweifel bestehen allenfalls bei Überwachungsmaßnahmen und -mechanismen, die über die zwingenden kapitalmarktrechtlichen Normen hinausgehen und die unternehmensindividuell in den Wertpapierdienstleistungsunternehmen implementiert werden. Bezweifelt werden kann insofern zunächst die Geeignetheit der Eingriffe, die mehr das persönliche Verhalten der Mitarbeiter denn die eindeutige Ausrichtung auf Kapitalmarktinteressen im Fokus haben. Weiterhin kann in Frage gestellt werden, ob die mit diesen Überwachungsmaßnahmen und -mechanismen verbundene lediglich mittelbare Förderung der Funktionsfähigkeit der Kapitalmärkte die damit verbundenen Grundrechtseingriffe rechtfertigt. Auch dies ist angesichts der kardinalen Bedeutung funktionierende Kapitalmärkte letztlich zu bejahen. Entsprechende Überwachungsmaßnahmen und -mechanismen dürfen jedoch nur sehr zurückhaltend implementiert werden, da sie mangels Verhältnismäßigkeit anderenfalls Gefahr laufen, einer gerichtlichen Überprüfung nicht standzuhalten.

Die normativen Grundlagen der Überwachung der Mitarbeitergeschäfte nach § 33b WpHG sowie die regelmäßig auf der Basis dieser normativen Grundlagen durch die Compliance-Beauftragten in den Wertpapierdienstleistungsunternehmen veranlassten Überwachungsmaßnahmen hinsichtlich der privaten Wertpapiertransaktionen der Mitarbeiter der Wertpapierdienstleistungsunternehmen halten somit einer grundrechtlichen Überprüfung am Maßstab der EU-Grundrechte in Fällen, in denen die Eingriffe in Umsetzung zwingender europarechtlicher Vorgaben entstehen sowie am Maßstab der Grundrechte des deutschen Grundgesetzes, wenn die Eingriffe unabhängig von der Umsetzung europarechtlicher Vorgaben entstehen, stand.

# F. Ergebnis, Ausblick

Abschließend sind die Zwischenergebnisse zusammenzufassen, um auf dieser Basis das Gesamtergebnis ableiten und einen Ausblick auf die künftige Entwicklung geben zu können, bevor das Gesamtergebnis am Ende in Form von Thesen dargestellt wird.

## I. Zusammenfassung der Zwischenergebnisse, Gesamtergebnis

Die normativen Grundlagen der Überwachung der Mitarbeitergeschäfte nach § 33b WpHG basieren auf europarechtlichen Vorgaben und sind insofern Bestandteil der Bemühungen einer Harmonisierung des Kapitalmarktrechts innerhalb der Europäischen Union. Die gesetzlichen Regelungen werden durch die MaComp, einer Verwaltungsvorschrift mit normkonkretisierender Wirkung, genau spezifiziert. Die Überwachung der Mitarbeitergeschäfte nach § 33b WpHG ist Teil der den Wertpapierdienstleistungsunternehmen auferlegten Organisationspflichten. Die Umsetzung und Überwachung dieser Organisationsvorgaben wird neben den staatlichen Instanzen auf europäischer und nationaler Ebene in Teilen durch die Wertpapierdienstleistungsunternehmen selbst wahrgenommen.

Innerhalb der Wertpapierdienstleistungsunternehmen werden die konkrete Umsetzung der Überwachung und die Vornahme der Überwachungshandlungen regelmäßig durch Compliance durchgeführt. Zu diesem Zweck erfolgt eine Delegation der Compliance-Pflichten durch das Leitungsorgan des Wertpapierdienstleistungsunternehmens an den Compliance-Beauftragten. Der Compliance-Beauftragte handelt im Rahmen der von ihm durchgeführten Überwachungsmaßnahmen hinsichtlich der Umsetzung des Gebots der Überwachung der Mitarbeitergeschäfte nach § 33b WpHG zumindest auch im öffentlichen Interesse. Dies gilt nur dann, wenn zwingende kapitalmarktrechtliche Normen des Aufsichtsrechts ausgeführt werden, hinsichtlich deren Umsetzung kein Spielraum besteht. Führt der Compliance-Beauftragte Überwachungshandlungen aus, die unabhängig von zwingenden Normen des Aufsichtsrechts individuell im Wertpapierdienstleistungsunternehmen implementiert werden, handelt er lediglich im Interesse des Unternehmens, also privatrechtlich.

Aus der Perspektive der betroffenen Mitarbeiter eines Wertpapierdienstleistungsunternehmens wirkt eine Überwachungsmaßnahme des Compliance-Beauftragten hinsichtlich der privaten Wertpapiertransaktionen wie eine unmittelbare staatliche Maßnahme. Diese Maßnahmen haben aus der Sicht eines betroffenen Mitarbeiters eine hohe Eingriffsintensität hinsichtlich seiner privaten Lebensführung. Die Überwachungsmaßnahmen des Compliance-Beauftragten sind daher am Maßstab der Grundrechte zu messen und auf ihre Verfassungsmäßigkeit hin zu prüfen.

Grundrechtlicher Prüfungsmaßstab sind wegen der engen europarechtlichen Vorgaben die in der EU-Grundrechte-Charta fixierten EU-Grundrechte. Mit Blick auf die Mitarbeiter halten die hinsichtlich deren privater Wertpapiertransaktionen regelmäßig durchgeführten Überwachungsmaßnahmen durch den Compliance-Beauftragten in Umsetzung der insofern zwingenden kapitalmarktrechtlichen Vorgaben einer Überprüfung am relevanten Maßstab der EU-Grundrechte stand. Hinsichtlich der präventiv ausgerichteten Überwachungsmaßnahmen, insbesondere unter Verwendung spezifischer Compliance-IT-Programme, sind mit Blick auf die aktuell geplanten Regelungen des Beschäftigtendatenschutzes normative Klarstellungen der Zulässigkeit entsprechender Maßnahmen zu erwarten, so dass die gegenwärtige Praxis der Überwachung der Mitarbeitergeschäfte auch mit den insofern geplanten Neuerungen in Übereinstimmung zu bringen sein wird. Auch Überwachungsmaßnahmen außerhalb der zwingenden Vorgaben halten einer Überprüfung am relevanten Maßstab der Grundrechte des Grundgesetzes stand, da auch diese indirekt die Funktionsfähigkeit der Kapitalmärkte stärken und die entsprechende Abwägung der Interessen zugunsten der Wertpapierdienstleistungsunternehmen ausfällt.

Bezüglich möglicher Eingriffe in grundrechtlich geschützte Positionen der Wertpapierdienstleistungsunternehmen selbst können keine Verstöße anhand des Maßstabs der EU-Grundrechte festgestellt werden. Der Compliance-Beauftragte selbst unterscheidet sich mit Blick auf Eingriffe in grundrechtlich geschützte Rechtspositionen im Zusammenhang mit der Überwachung der Mitarbeitergeschäfte nicht von anderen Mitarbeitern des Wertpapierdienstleistungsunternehmens. Ihm wird insofern kein besonderer Schutz zu Teil. Weitere Parteien, in deren grundrechtlich geschützte Rechtspositionen im Zuge der Überwachung der privaten Wertpapiertransaktionen von Mitarbeitern in Wertpapierdienstleistungsunternehmen eingegriffen wird, sind nicht erkennbar.

Als Gesamtergebnis kann daher festgehalten werden, dass aufgrund der eminent wichtigen Bedeutung funktionierender und effizienter Kapitalmärkte im Interesse der Allgemeinheit Eingriffe in grundrechtlich geschützte Positionen im Zusammenhang mit der Überwachung privater Wertpapiertransaktionen jedenfalls dann gerechtfertigt sind, wenn diese in Umsetzung zwingender kapitalmarktrechtlicher Normen erfolgen, da diese Maßnahmen kardinal für eine funktionierende Wirtschaft und Wachstum innerhalb der Europäischen Union sind. Aus diesem Grund sind letztlich aber auch darüber hinausgehende Eingriffe in grundrechtlich geschützte Positionen infolge der über die zwingenden gesetzlichen Vorgaben hinausgehenden Maßnahmen des Compliance-Beauftragten entsprechend der aktuellen Praxis in Wertpapierdienstleistungsunternehmen als gerechtfertigt anzusehen.

## II. Ausblick

Um nun die Betrachtung zu schließen und einen Ausblick auf künftige Entwicklungen bezüglich der Überwachung von Mitarbeitergeschäften in Wertpapierdienstleistungsunternehmen zu geben, seien vor den abschließenden Thesen zunächst die in der Einleitung gestellten Fragen[907] beantwortet.

Die Effektivität der Kapitalmärkte kann nur dann sichergestellt werden, wenn ausreichend Vertrauen der Kapitalmarktteilnehmer in das System der transparenten und freien Kapitalmärkte an sich besteht. Zwingende Voraussetzung ist insofern ein Mindestmaß an Regulierung, die die notwendigen Bedingungen dafür schafft. Weiterhin ist eine ausreichende Überwachung durch staatliche und private Instanzen notwendig, um die Einhaltung der normativ geschaffenen Bedingungen hinreichend sicherzustellen. Im Zuge der Sicherstellung dieser Bedingungen sind Eingriffe in grundrechtlich geschützte Positionen von Personen, die am Kapitalmarktgeschehen beteiligt sind, notwendig, da zugunsten des Systems an sich Freiheitsbeschränkungen der beteiligten Personen zwingend einhergehen.

Das Interesse an der Effektivität der Kapitalmärkte wiegt im Rahmen der Abwägung gegenüber grundrechtlich geschützten Positionen Einzelner schwer. Insbesondere werden durch das überragende Interesse der Allgemeinheit an funktionierenden Kapitalmärkten als Grundlage für die Realwirtschaft die Einschränkungen der Mitarbeiter im Zusammenhang mit der Beaufsichtigung und der praktischen Durchführung der Überwachung der Mitarbeitergeschäfte nach § 33b WpHG gerechtfertigt. Mit Blick auf die Formulierung konkreter Handlungsanweisungen im Zusammenhang mit der Überwachung der privaten Wertpapiertransaktionen von Mitarbeitern in Wertpapierdienstleistungsunternehmen ist daher anzuraten, diese eng an den entsprechenden normativen Grundlagen auszurichten.

Auch mit Blick auf Einschränkungen über die zwingenden gesetzlichen Vorgaben hinaus fällt die Interessenabwägung zugunsten des Wertpapierdienst-

907 Siehe oben Kapitel A. II.

leistungsunternehmens aus. Jedoch sollten entsprechende Überwachungsmaßnahmen nur mit großer Vorsicht und Zurückhaltung implementiert werden, denn es besteht entgegen der hier vertretenen Ansicht die Gefahr, dass diese einer gerichtlichen Überprüfung nicht standhalten. Wenn auf entsprechende zusätzliche unternehmensindividuell zu implementierende Überwachungsmechanismen nicht verzichtet werden soll, ist eine konsequente Ausrichtung auf die durch das Kapitalmarktrecht vorgegebenen Motive anzuraten, die den Schutz der Funktionsfähigkeit und Effizienz der Kapitalmärkte in das Zentrum der Betrachtung stellen.

In Zukunft werden die Aktivitäten des Gesetzgebers und der Finanzmarktaufsichtsbehörden auf dem Gebiet der Schaffung eindeutiger und klarer Regelungen zur Gewährleistung von fairen und transparenten Bedingungen für die effiziente Verteilung des Wirtschaftsgutes Kapital noch weiter intensiviert und mit schärferen Sanktionen belegt werden[908]. Die „Marktmechanismen alleine“[909] können auf sich gestellt eine entsprechende Gewähr nicht bieten[910]. Gesetzliche Regelungen zur noch stärkeren Überwachung der Vorgänge auf den Kapitalmärkten und in den Wertpapierdienstleistungsunternehmen durch Compliance und insbesondere durch den Compliance-Beauftragten werden als Folge dessen weiter verschärft und ausgeweitet werden. Um Unsicherheiten hinsichtlich der aktuell auch über die zwingenden Vorgaben hinaus regelmäßig in Wertpapierdienstleistungsunternehmen implementierten Überwachungsmechanismen auszuschließen, wäre eine diesbezügliche Klarstellung durch den Gesetzgeber wünschenswert.

908 Vgl. Hemeling, ZHR 2011, S. 368, 371 zu generellen bankaufsichtsrechtlichen Entwicklungen.

909 Röhl, in: Fehling/Ruffert (Hrsg.), Regulierungsrecht, § 18, Rn. 10.

910 Vgl. auch Sanio, Jochen, Das IOSCO Multilateral Memorandum of Understanding – Fundament der internationalen Zusammenarbeit in der Wertpapieraufsicht, in: Burgard u. a. (Hrsg.), FS Schneider, S. 1061, 1061, der ausführt: „Ohne feste Regeln drohen die Finanzmärkte unterzugehen und zu zerbersten.“.

# G. Thesen

Die Ergebnisse der Arbeit münden in folgende Thesen, die jeweils kurz erläutert werden. Die Erläuterungen enthalten einen Verweis auf den ausführlichen Haupttext.

- *Das Ermessen eines Wertpapierdienstleistungsunternehmens hinsichtlich der Ausgestaltung der Überwachung der Mitarbeitergeschäfte nach § 33b WpHG ist durch die engen Konkretisierungen in BT 2 der MaComp auf Null reduziert.*
  Bei den MaComp handelt es sich um normkonkretisierende Verwaltungsvorschriften, durch die den Wertpapierdienstleistungsunternehmen und den Wirtschaftsprüfern die antizipierte Verwaltungspraxis der BaFin zur Auslegung des 6. Abschnitts des WpHG und somit insbesondere zur Auslegung der in § 33b WpHG speziellen Organisationsvorschrift mitgeteilt wird. Die MaComp beabsichtigen in erster Linie, die staatliche Aufsicht hinsichtlich der Auslegung der im WpHG enthaltenen unbestimmten Rechtsbegriffe einheitlich zu binden und die entsprechenden Normen des WpHG auf diese Art und Weise auszugestalten. Die MaComp sind im Rahmen der von Wirtschaftsprüfern durchzuführenden jährlichen Prüfung der Wertpapierdienstleistungsunternehmen nach § 36 WpHG gemäß § 2 Abs. 1 Satz 2 der Wertpapierdienstleistungsprüfungsverordnung der relevante Prüfungsmaßstab. Die Wirtschaftsprüfer sind im Rahmen ihres pflichtgemäßen Ermessens bei der Beurteilung, ob ein Wertpapierdienstleistungsunternehmen die gesetzlichen Anforderungen nach dem WpHG einhält, an die Auslegung durch die BaFin gebunden. Die Inhalte der MaComp sind daher faktisch als verbindlich anzusehen. Dies gilt auch für die äußerst detaillierten Vorschriften des die Überwachung der Mitarbeitergeschäfte betreffenden BT 2 MaComp, die keinen Raum für einen Umsetzungsspielraum lassen[911].

- *Der Compliance-Beauftragte eines Wertpapierdienstleistungsunternehmens agiert hinsichtlich der Überwachung der Mitarbeitergeschäfte nach § 33b WpHG auch im öffentlichen Interesse.*
  Die Tätigkeit des Compliance-Beauftragten beschränkt sich nicht auf bloß unternehmensinterne, privatrechtliche Maßnahmen. Vielmehr agiert er zumin-

911 Siehe hierzu ausführlich Kapitel B. II. 3. a) (2) und B. II. 3. b).

dest bezogen auf die Überwachung der Mitarbeitergeschäfte nach § 33b WpHG im öffentlichen Allgemeinwohlinteresse. Er ist diesbezüglich als Unternehmensbeauftragter zu qualifizieren und führt auf diese Art und Weise die staatliche Überwachungstätigkeit im öffentlichen Interesse fort. Seine Stellung entspricht insofern derjenigen vergleichbarer Unternehmensbeauftragter, die zum Schutz von Allgemeinwohlinteressen gesetzlich eingesetzt werden. Mehrheitlich werden die Funktionen des Compliance-Beauftragten sowie des Geldwäschebeauftragten durch dieselbe Person ausgefüllt. Das Ergebnis bestätigt somit die aktuelle Praxis[912].

- *Die Überwachungsmaßnahmen des Compliance-Beauftragten im Zusammenhang mit der Überwachung der Mitarbeitergeschäfte nach § 33b WpHG sind funktionale Grundrechtseingriffe.*
  Überwachungsmaßnahmen des Compliance-Beauftragten sind als vom Staat initiierte und durch den Compliance-Beauftragten umgesetzte funktionale Grundrechtseingriffe zu charakterisieren. Der Compliance-Beauftragte agiert in diesem Zusammenhang als verlängerter Arm des Staates. Die Überwachungsmaßnahmen beinhalten einen grundrechtlichen Eingriffscharakter, denn sie sind wesentlich durch staatliche Impulse determiniert. Hinsichtlich ihrer Umsetzung existiert kein Ermessensspielraum. Zielrichtung der mit den Überwachungsmaßnahmen verfolgten Grundrechtseingriffe ist es, das Gefahrenpotenzial zu minimieren, das durch Mitarbeiter in unmittelbarer Kapitalmarktnähe in Wertpapierdienstleistungsunternehmen entsteht. Auf diese Art und Weise wird die Funktionsfähigkeit des Kapitalmarkts gestärkt und dessen Störung oder Gefährdung vermieden. Der Compliance-Beauftragte tritt funktional an die Stelle des Staates. Die Überwachungsmaßnahmen sind daher als funktionale Eingriffe zu werten. Sie sind grundrechtsdogmatisch im Rahmen der üblichen Rechtfertigungs- und Verhältnismäßigkeitsprüfung auf ihre Grundrechtskonformität hin zu überprüfen[913].

- *Die Überwachungsmaßnahmen des Compliance-Beauftragten im Zusammenhang mit der Überwachung der Mitarbeitergeschäfte nach § 33b WpHG sind am Maßstab der EU-Grundrechte zu messen.*
  Die Passagen betreffend die Überwachung von Mitarbeitergeschäften von Wertpapierdienstleistungsunternehmen in der MiFID enthalten keinen Spielraum für die Umsetzung durch die nationalen Gesetzgeber. Die entsprechenden Passagen wurden im Rahmen einer 1:1-Umsetzung der europarechtlichen Vorgaben durch das FRUG in das deutsche WpHG im Sinne einer Vollhar-

912 Siehe hierzu ausführlich oben Kapitel C. IV. 2.

913 Siehe hierzu ausführlich oben Kapitel C. IV. 3.

monisierung im Rahmen des Lamfalussy-Verfahrens eingefügt. Mangels Spielraum bei der Umsetzung wird über die Norm des § 33b WpHG Unionsrecht „durchgeführt“. Am Maßstab der Grundrechte des deutschen Grundgesetzes können Regelungen des WpHG aber nur dann gemessen werden, wenn dem deutschen Gesetzgeber bei der Umsetzung der entsprechenden europarechtlichen Vorgaben ein hinreichender Gestaltungsspielraum eingeräumt wurde. Da dies nicht der Fall ist, sind die Überwachungsmechanismen und -maßnahmen im Kontext von § 33b WpHG am Maßstab der Grundrechte der EU-Grundrechte-Charta zu messen[914].

- *Die Mitarbeiter von Wertpapierdienstleistungsunternehmen verzichten nicht auf den Schutz durch die EU-Grundrechte, wenn die Regelungen zur Überwachung ihrer privaten Wertpapiertransaktionen im Wege individualvertraglicher Vereinbarungen oder im Wege einer Betriebsvereinbarung implementiert werden.*
  Mit Blick auf die Überwachung der privaten Wertpapiertransaktionen besteht keine Gleichheit der Verhandlungspositionen zwischen dem Wertpapierdienstleistungsunternehmen auf der einen und dem individuellen Mitarbeiter auf der anderen Seite. Den durch zwingendes Aufsichtsrecht vorgegebenen Überwachungsmodalitäten kann der Mitarbeiter nicht „entrinnen“, es sei denn, er würde das Arbeitsverhältnis beenden oder das Arbeitsverhältnis nicht antreten. Trotz direkter Zustimmung für den Fall individualvertraglicher Regelungen oder einer mittelbaren Zustimmung über den Betriebsrat für den Fall einer Regelung durch Betriebsvereinbarung liegt bezüglich der Modalitäten der Überwachung der privaten Wertpapiergeschäfte kein Grundrechtsverzicht vor[915].

- *Durch die normativen Grundlagen der Überwachung der Mitarbeitergeschäfte nach § 33b WpHG und auch durch die auf der Basis dieser normativen Grundlagen durch den Compliance-Beauftragten eines Wertpapierdienstleistungsunternehmens regelmäßig durchgeführten konkreten Überwachungsmaßnahmen wird zwar in grundrechtlich geschützte Positionen der betroffenen Mitarbeiter eingegriffen; die Eingriffe sind jedoch durchweg vor dem Hintergrund des überragenden Interesses der Allgemeinheit an funktionierenden und effizienten Kapitalmärkten gerechtfertigt.*
  Bezogen auf die Mitarbeiter wird durch die Überwachungsmaßnahmen des Compliance-Beauftragten hauptsächliche in Freiheitsrechte eingegriffen. Das Interesse an der Effektivität der Kapitalmärkte wiegt im Rahmen der Abwä-

914 Siehe dazu ausführlich oben Kapitel D. II. 1. b) und c).
915 Siehe dazu ausführlich oben Kapitel D. III. 1. b) (1) sowie D. III. 1. b) (2).

gung gegenüber grundrechtlich geschützten Positionen Einzelner schwer. Insbesondere werden durch das überragende Interesse der Allgemeinheit an funktionierenden Kapitalmärkten als Grundlage für die Realwirtschaft die Einschränkungen der Mitarbeiter im Zusammenhang mit der Beaufsichtigung und der praktischen Durchführung der Überwachung der Mitarbeitergeschäfte nach § 33b WpHG gerechtfertigt. Im Zuge der Sicherstellung dieser Bedingungen sind Eingriffe in grundrechtlich geschützte Positionen von Personen, die am Kapitalmarktgeschehen beteiligt sind, notwendig, da zugunsten des Systems an sich Freiheitsbeschränkungen der beteiligten Personen zwingend einhergehen[916].

- *Die Analyse und Auswertung der im Rahmen der Überwachungsmaßnahmen zur Überwachung von Mitarbeitergeschäften erhaltenen Daten durch automatisierte Compliance-IT-Anwendungen sind mit den Vorgaben der geplanten neuen Regelungen zum Beschäftigtendatenschutz vereinbar.*
  Die Überwachung der Mitarbeitergeschäfte nach § 33b WpHG verletzen weder die gegenwärtigen noch die geplanten gesetzlichen Vorgaben zum Beschäftigtendatenschutz. Unabhängig von den geplanten Neuregelungen kann die Überwachung weiterhin auf der Grundlage von § 28 Abs. 1 Nr. 2 BDSG erfolgen. Obwohl die neu einzufügenden §§ 32 ff. BDSG einen konkreten Bezug zum Beschäftigtenverhältnis vorsehen, wird § 28 Abs. 1 Nr. 2 BDSG durch diese Normen nicht verdrängt. Die Überwachung der Mitarbeitergeschäfte nach § 33b WpHG stellt ein berechtigtes Interesse für die Erhebung, Speicherung oder Übermittlung von personenbezogenen Daten in Form der Depot- oder Transaktionsdaten hinsichtlich der von den Mitarbeitern getätigten privaten Wertpapiertransaktionen dar. Ein die Interessen der Allgemeinheit überwiegendes schutzwürdiges Interesse der Mitarbeiter an einem Ausschluss der Verarbeitung oder Nutzung dieser Daten besteht nicht[917].

- *Überwachungsmaßnahmen, die über die insofern vom zwingenden Kapitalmarktrecht grundgelegten Vorgaben hinausgehen, verletzen die grundrechtlich geschützten Positionen der Mitarbeiter nicht. Es besteht dennoch die Gefahr, dass entsprechende Maßnahmen einer gerichtlichen Überprüfung nicht standhalten. Diese sollten daher strikt am Maßstab der Förderung der Funktionsfähigkeit und Effizienz der Kapitalmärkte ausgerichtet werden.*
  Einschränkungen im Zusammenhang mit unternehmensindividuell implementierten Überwachungsmechanismen und -maßnahmen über die zwingenden gesetzlichen Vorgaben hinaus sind grundrechtskonform. Auch hier fällt

916 Siehe hierzu ausführlich Kapitel E. II. und III.
917 Siehe hierzu ausführlich Kapitel E. II. 4. c).

die grundrechtliche Interessenabwägung zugunsten des Wertpapierdienstleistungsunternehmens aus, das gesetzlich dazu gezwungen wird, sich möglichst so zu organisieren, dass Verstöße gegen kapitalmarktrechtliche Normen vermieden werden. Jedoch sollten entsprechende Überwachungsmaßnahmen nur mit großer Vorsicht und Zurückhaltung implementiert werden, denn es besteht entgegen der hier vertretenen Ansicht die Gefahr, dass diese einer gerichtlichen Überprüfung nicht standhalten. Wenn auf entsprechende zusätzliche unternehmensindividuell zu implementierende Überwachungsmechanismen nicht verzichtet werden soll, ist eine konsequente Ausrichtung auf die durch das Kapitalmarktrecht vorgegebenen Motive anzuraten, die den Schutz der Funktionsfähigkeit und die Effizienz der Kapitalmärkte in das Zentrum der Betrachtung stellen[918].

- *Der Compliance-Beauftragte unterscheidet sich bezüglich möglicher Eingriffe in grundrechtlich geschützte Positionen nicht von anderen Mitarbeitern des Wertpapierdienstleistungsunternehmens.*
  Obwohl der Compliance-Beauftragte einerseits „normaler Angestellter" und andererseits ein zumindest auch im öffentlichen Interesse agierender Unternehmensbeauftragter innerhalb des Wertpapierdienstleistungsunternehmens ist, unterscheidet er sich hinsichtlich der Analyse möglicher Eingriffe in grundrechtlich geschützte Positionen nicht von anderen Mitarbeitern. Der Compliance-Beauftragte ist selbst auch Objekt der Überwachungsmaßnahmen mit Bezug auf seine eigenen privaten Wertpapiertransaktionen. Die privaten Wertpapiertransaktionen des Compliance-Beauftragten werden regelmäßig durch das Leitungsorgan des Wertpapierdienstleistungsunternehmens kontrolliert, indem entsprechende Pre-Clearing-Mechanismen in den unternehmensinternen Compliance-Richtlinien implementiert werden. Das Überwachungssystem hinsichtlich der Überwachung der privaten Wertpapiertransaktionen eines Wertpapierdienstleistungsunternehmens gerät hier selbst an seine Grenzen, da es in Teilen zirkulär ist. Angesichts der hohen auch persönlichen Anforderungen an die Person des Compliance-Beauftragten kann dies hingenommen werden[919].

- *Durch die normativen Grundlagen der Überwachung der Mitarbeitergeschäfte nach § 33b WpHG wird zwar in grundrechtlich geschützte Positionen der betroffenen Wertpapierdienstleistungsunternehmen selbst eingegriffen; die Eingriffe sind jedoch durchweg vor dem Hintergrund des überragenden*

918 Siehe hierzu ausführlich Kapitel E. III. 2. b).
919 Siehe hierzu ausführlich oben Kapitel D. III. 2.

*Interesses der Allgemeinheit an funktionierenden und effizienten Kapitalmärkten gerechtfertigt.*
Die Grundrechtseingriffe zulasten der Wertpapierdienstleistungsunternehmen im Zusammenhang mit den normativen Grundlagen der Überwachung von Mitarbeitergeschäften nach § 33b WpHG liegen in den erheblichen Kosten, die ihnen für die Unterhaltung der für die Überwachung notwendigen Überwachungsinfrastruktur entstehen. Weiterhin haben die Wertpapierdienstleistungsunternehmen zu dulden, dass im Einflussbereich des Unternehmens ein Compliance-Beauftragter im öffentlichen Interesse und möglicherweise in einer Art und Weise agiert, die vermeintlich zu den Unternehmensinteressen konträr ist. Die Rechtfertigung dieser Eingriffe liegt in dem überragenden Interesse der Allgemeinheit an der Funktionsfähigkeit der Kapitalmärkte begründet. Dem Motiv, die Voraussetzungen für einen effizienten Kapitalmarkt zu schaffen, ist daher eine sehr hohe Bedeutung beizumessen. Es setzt sich daher im Rahmen der Interessenabwägung gegen die Interessen der Wertpapierdienstleistungsunternehmen an der Ausübung ihrer Freiheitsrechte durch[920].

- *Die Regelungsdichte hinsichtlich der Überwachung der Kapitalmarktaktivitäten wird weiter zunehmen; die Überwachung der Einhaltung der bestehenden Regelungen durch die Teilnehmer am Kapitalmarkt sowie die Sanktionierung von Verstößen durch die staatlichen Aufsichtsbehörden werden weiter intensiviert.*
Die Überwachung des Kapitalmarkts und damit zusammenhängend die Anzahl und Dichte diesbezüglicher gesetzlicher Regelungen wird deshalb zunehmen, weil die althergebrachten Marktmechanismen die Wiederholung von Finanzmarktkrisen nicht gewährleisten können. Eindeutige und transparente Regelungen zur Sicherstellung der Bedingungen für die effiziente Verteilung des Wirtschaftsgutes Kapital auf einem integren Kapitalmarkt sind dafür unabdingbar Voraussetzung. Auch die Funktion des Compliance-Beauftragten in Wertpapierdienstleistungsunternehmen wird als Folge dessen weiter an Bedeutung gewinnen. Nur dann, wenn ausreichend Vertrauen der Kapitalmarktteilnehmer in das System der transparenten und freien Kapitalmärkte an sich besteht, kann deren Effizienz gewährleistet werden[921].

920 Siehe hierzu ausführlich oben Kapitel E. II. 2.
921 Siehe hierzu ausführlich oben Kapitel F. II.

# H. Literaturverzeichnis


Abeltshauser, Thomas/Buck, Petra (Hrsg.). *Corporate Governance Tagungsband der 1. Hannoveraner Unternehmensrechtstage.* Köln, Berlin, München, 2004 [zitiert: Autor (Titel des Beitrags), in Abeltshauser/Buck (Hrsg.), Corporate Governance].

Alber, Siegbert/Widmaier, Ulrich. „Mögliche Konfliktbereiche und Divergenzen im europäischen Grundrechtsschutz." *Europäische Grundrechte Zeitschrift*, 2006: S. 113 ff. [zitiert: Alber/Widmaier, EuGRZ 2006].

Alexander, Kern. „Rebuilding International Financial Regulation and Basel III." *Zeitschrift für Bankrecht und Bankwirtschaft*, 2011: S. 337 ff. [zitiert: Alexander, ZBB 2011].

Assmann, Heinz-Dieter. „Beerdigung erster Klasse Zum Tod von Spread Ladder Swaps nach dem Urteil des XI. Zivilsenats des BGH." *Deutscher Anwalt Spiegel*, 2011: S. 3 ff. [zitiert: Assmann, AnwaltSpiegel 2011].

–. „Interessenkonflikte aufgrund von Zuwendungen." *Zeitschrift für Bankrecht und Bankwirtschaft*, 2008: S. 21 ff. [zitiert: Assmann, ZBB 2008].

Assmann, Heinz-Dieter/Schneider, Uwe (Hrsg.). *Wertpapierhandelsgesetz.* Köln, 6. Auflage, 2012 [zitiert: Bearbeiter, in: Assmann/Schneider (Hrsg.), WpHG].

Bachmann, Gregor. *Compliance -Rechtsgrundlagen und offene Fragen- in: Schriftenreihe der Gesellschaftsrechtlichen Vereinigung (Hrsg.) Gesellschaftsrecht in der Diskussion 2007 Jahrestagung der Gesellschaftsrechtlichen Vereinigung (VGR).* 2007, S. 65 ff. [zitiert: Bachmann, VGR 2007].

–. „Corporate Governance nach der Finanzkrise." *Die Aktiengesellschaft Zeitschrift für das gesamte Aktienwesen für deutsches, europäisches und internationales Unternehmens- und Kapitalmarktrecht*, 2011: S. 181 ff. [zitiert: Bachmann, AG 2011].

–. „Der „Europäische Corporate Governance-Rahmen" – Zum Grünbuch 2011 der Europäischen Kommission –." *WM Wertpapiermitteilungen Zeitschrift für Wirtschafts- und Bankrecht*, 2011: S. 1301 ff. [zitiert: Bachmann, WM 2011].

Bader, Johann/Ronellenfitsch, Michael (Hrsg.). *Verwaltungsverfahrensgesetz.* München, 2010 [zitiert: Autor, in: Bader/Ronellenfitsch (Hrsg.), VwVfG].

Barton, Dirk. „Der Compliance-Officer im Minenfeld des Strafrechts – Folgewirkungen des Urteils des BGH vom 17.7.2009 – 5 StR 394/08 – auch für den

Datenschutzbeauftragten." *Recht der Datenverarbeitung*, 2010: S. 19 ff. [zitiert: Barton, RDV 2010].

Bauer, Frank Michael. „Im Fahrstuhl nach oben – Compliance nach den MaComp." *Der Bank Praktiker*, 2010: S. 360 ff. [zitiert: Bauer, Bank Praktiker 2010].

Bauer, Jobst Hubertus/von Medem, Andreas. „Kücükdeveci = Mangold hoch zwei? Europäische Grundrechte verdrängen deutsches Arbeitsrecht." *Zeitschrift für Wirtschaftsrecht*, 2010: S. 449 ff. [zitiert: Bauer/von Medem, ZIP 2010].

Baur, Georg/Boegl, Martin. „Die neue europäische Finanzmarktaufsicht – Der Grundstein ist gelegt." *Zeitschrift für Bank- und Kapitalmarktrecht*, 2011: S. 177 ff [zitiert: Baur/Boegl, BKR 2011].

Bausch, Stephan. „Beratungshaftung BGH billigt Nichtaufklärung über Ertragsinteresse – Beratende Banken können aufatmen, vorläufig jedenfalls." *Betriebs-Berater*, 2011: S. I [zitiert: Bausch, BB 2011].

Beck, Heinz/Samm, Carl-Theodor/Kokemoor, Axel (Hrsg.). *Gesetz über das Kreditwesen.* Heidelberg u.a., 2009 [zitiert: Beck u.a. (Hrsg.), KWG-Kommentar].

Becker, Axel/Förschler, Dominik/Klein, Jochen (Hrsg.). *MiFID Umsetzungsanleitung und Umsetzungsprüfung für die Praxis von Banken und Sparkassen in der Reihe: Bearbeitungs- und Prüfungsleitfaden.* Heidelberg, 2007 [zitiert: Autor, in: Becker u.a. (Hrsg.), MiFID Umsetzungsanleitung].

Becker, Axel/Wohlert, Dirk. „Neue MaComp." *Der Bank Praktiker*, 2010: S. 160 ff. [zitiert: Becker/Wohlert, Bank Praktiker 2010].

Becker, Cornelius. „Das Urteil des EGMR zum Whistleblowing – Neuer Lösungsweg auch für deutsche Arbeitsgerichte?" *Der Betrieb*, 2011: S. 2202 ff. [zitiert: Becker, Der Betrieb 2011].

Begner, Jörg/Flutgraf, Titus. „Das Anlegerschutz- und Funktionsverbesserungsgesetz." *BaFin Journal*, 2011: S. 4 ff. [zitiert: Begner/Flutgraf, BaFin Journal 2011].

Behringer, Stefan (Hrsg.). *Compliance kompakt Best Practice im Compliance-Management.* 2. Auflage, Berlin, 2011 [zitiert: Autor, in: Behringer (Hrsg.), Compliance kompakt].

Bergles, Siegfried. „Prüfung der Mitarbeitergeschäfte – Umsetzung in der Bankpraxis." *Zeitschrift für Bankrecht und Bankwirtschaft*, 2000: S. 140 ff. [zitiert: Bergles, ZBB 2000].

Bergmoser, Ulrich/Theusinger, Ingo/Gushurst, Klaus-Peter. „Corporate Compliance – Grundlagen und Umsetzung." *Betriebsberater-Special 5/2008 – Compliance*, 2008: S. 1 ff. [zitiert Bergmoser/Theusinger/Gushurst, BB Spezial 2008].

Birnbaum, Günter. „Die Umsetzung der Wohlverhaltensregeln des Wertpapierhandelsgesetzes (WpHG) in die Aufsichtspraxis des Bundesaufsichtsamtes für den Wertpapierhandel." *Ekkenga, Jens/Hadding, Walther/Hammen, Horst (Hrsg.) Bankrecht und Kapitalmarktrecht in der Entwicklung Festschrift für Siegfried Kümpel zum 70. Geburtstag*, Berlin, 2003: S. 49 ff. [zitiert: Birnbaum, in: FS Kümpel].

Birnbaum, Günter/Kütemeier, Claire. „In der Diskussion – die MaComp." *WM Wertpapiermitteilungen Zeitschrift für Wirtschafts- und Bankrecht*, 2011: S. 293 ff. [zitiert: Birnbaum/Kütemeier, WM 2011].

Blankenheim, Johannes. „Die Umsetzung der OGAW-IV-Richtlinie in das Investmentgesetz." *Zeitschrift für Bankrecht und Bankwirtschaft*, 2011: S. 344 ff. [zitiert: Blankenheim, ZBB 2011].

Blasche, Sebastian. „Auswirkungen von Verstößen gegen das KWG sowie von Abweichungen von den MaRisk auf die zivilrechtliche Haftung des Bankvorstands." *WM Wertpapiermitteilungen Zeitschrift für Wirtschafts- und Bankrecht*, 2011: S. 343 ff. [zitiert: Blasche, WM 2011].

Boos, Karl-Heinz/Fischer, Reinfrid/Schulte-Mattler, Hermann (Hrsg.). *Kreditwesengesetz Kommentar zu KWG und Ausführungsvorschriften.* München, 3. Auflage, 2008 [zitiert: Boos u.a. (Hrsg.), KWG-Kommentar].

Borgmann, Bernd. „Ethikrichtlinien und Arbeitsrecht." *Neue Zeitschrift für Arbeitsrecht*, 2003: S. 352 ff. [zitiert: Borgmann, NZA 2003].

Böttcher, Lars. „Compliance: Der IDW PS 980 – Keine Lösung für alle (Haftungs-)Fälle." *Neue Zeitschrift für Gesellschaftsrecht*, 2011: S. 1054 ff. [zitiert: Böttcher, NZG 2011].

Bracht, Heiner. „Diskussionsbericht: MiFID und Interessenkonflite." *Zeitschrift für Bankrecht und Bankwirtschaft*, 2008: S. 33 f. [zitiert: Bracht, ZBB 2008].

Brandt, Jürgen/Sachs, Michael (Hrsg.). *Handbuch Verwaltungsverfahren und Verwaltungsprozess.* Heidelberg, 3. Auflage, 2009 [zitiert: Autor, in: Brandt/ Sachs (Hrsg.), Handbuch Verwaltungsverfahren und Verwaltungsprozess].

Brinkmann, Michael. „Compliance nach MiFID." *Der Bank Praktiker*, 2008: S. 572 ff. [zitiert: Brinkmann, BankPraktiker 2008].

Brinkmann, Michael/Haußwald, Falk/Marbeiter, Andreas/Petersen, Thies/Richter, Hans/Schäfer, Holger. *Compliance – Konsequenzen aus der MiFID.* Heidelberg, 2008 [zitiert: Autor, in: Brinkmann u.a., Compliance – Konsequenzen aus der MiFID].

Britz, Gabriele. „Europäisierung des grundrechtlichen Datenschutzes?" *Europäische Grundrechte Zeitschrift*, 2009: S. 1 ff. [zitiert: Britz, EuGRZ 2009].

Buck-Heeb, Petra. „Informationsorganisation im Kapitalmarktrecht Compliance zwischen Informationsmanagement und Wissensorganisationspflichten." *Cor-*

*porate Compliance Zeitschrift*, 2009: S. 18 ff. [zitiert: Buck-Heeb, CCZ 2009].

–. *Kapitalmarktrecht.* Heidelberg u.a., 5. Auflage, 2011 [zitiert: Buck-Heeb, Kapitalmarktrecht].

–. „Vertrauen auf den Rechtsrat Dritter und Wissenszurechnung bei der Anlageberatung." *Zeitschrift für Bank- und Kapitalmarktrecht*, 2011: S. 441 ff. [zitiert: Buck-Heeb, BKR 2011].

Burgard, Ulrich/Hadding, Walther/Mülbert, Peter O./Nietsch, Michael/Welter, Reinhard (Hrsg.). *Festschrift für Uwe H. Schneider zum 70. Geburtstag.* Köln, 2011 [zitiert: Autor (Titel des Beitrags), in: Burgard u.a. (Hrsg.), FS Schneider].

Burgi, Martin. „Compliance im Staat – Staat und Compliance." *Corporate Compliance Zeitschrift*, 2010: S. 41 ff. [zitiert: Burgi, CCZ 2010].

Bürkle, Jürgen. „Grenzen der strafrechtlichen Garantenstellung des Compliance-Officers." *Corporate Compliance Zeitschrift*, 2010: S. 4 ff. [zitiert: Bürkle, CCZ 2010].

Bussmann, Kai/Salvenmoser, Steffen. „Der Wert von Compliance und Unternehmenskultur." *Corporate Compliance Zeitschrift*, 2008: S. 192 ff. [zitiert: Bussmann/Salvenmoser, CCZ 2008].

Calliess, Christian/Ruffert, Matthias (Hrsg.). *EUV / AEUV Das Verfassungsrecht der Europäischen Union mit Europäischer Grundrechtecharta.* München, 4. Auflage, 2011 [zitiert: Autor, in: Calliess/Ruffert (Hrsg.), EUV/AEUV].

Campos Nave, José/Vogel, Henrik. „Die erforderliche Veränderung von Corporate Compliance-Organisationen im Hinblick auf gestiegene Verantwortlichkeiten des Compliance Officers." 2009: S. 2546 ff. [zitiert: Campos Nave/Vogel, BB 2009].

Cascante, Christian/Bingel, Adrian. „Verbesserte Beteiligungstransparenz (nicht nur) vor Übernahmen? Die Vorschriften des Anlegerschutz- und Funktionsverbesserungsgesetzes." *Neue Zeitschrift für Gesellschaftsrecht*, 2011: S. 1086 ff. [zitiert: Cascante/Bingel, NZG 2011].

Casper, Matthias. „Der Compliancebeauftragte -unternehmensinternes Aktienamt, Unternehmensbeauftragter oder einfacher Angestellter? –." *Bitter, Georg/Lutter, Marcus/Priester, Hans-Joachim/Schön, Wolfgang/Ulmer, Peter (Hrsg.) Festschrift für Karsten Schmidt zum 70. Geburtstag*, Köln, 2009: S. 199 ff. [zitiert: Casper, in: FS Karsten Schmidt].

Claussen, Carsten Peter. *Bank- und Börsenrecht.* München, 4. Auflage, 2008 [zitiert: Autor, in: Claussen, Bank- und Börsenrecht].

*Compliance-Organisation und Wertpapierdienstleistungsgeschäft Revisionsleitfaden für Wertpapierdienstleister.* Erarbeitet im Arbeitskreis „Revision des Wertpapiergeschäfts" im Deutschen Institut für Interne Revision e.V., Berlin,

2003 [zitiert: Compliance-Organisation und Wertpapierdienstleistungsgeschäft Revisionsleitfaden].

Dann, Matthias/Mengel, Anja. „Tanz auf einem Pulverfass – oder: Wie gefährlich leben Compliance-Beauftragte?“ *Neue Juristische Wochenschrift*, 2010: S. 3265 ff. [zitiert: Dann/Mengel, NJW 2010].

Däubler, Wolfgang/Klebe, Thomas/Wedde, Peter/Weichert, Thilo. *Bundesdatenschutzgesetz Kompaktkommentar zum BDSG.* Frankfurt a.M., 3. Auflage, 2010 [zitiert: Autor, in: Däubler/Klebe/Wedde/Weichert, BDSG].

Dederer, Hans-Jörg. „Die Architektonik des europäischen Grundrechtsraums.“ *Zeitschrift für ausländisches öffentliches Recht und Völkerrecht*, 2006: S. 575 ff. [zitiert: Dederer, ZaöRV 2006].

Derleder, Peter/Knops, Kai-Oliver/Bamberger, Heinz Georg (Hrsg.). *Handbuch zum deutschen und europäischen Bankrecht.* Berlin u.a., 2009 [zitiert: Autor, in: Derleder u.a. (Hrsg.), Bankrecht].

Dieckmann, Andreas. „Die Vermutung aufklärungsrichtigen Verhaltens bei Beratungsfehlern von Banken.“ *WM Wertpapiermitteilungen Zeitschrift für Wirtschafts- und Bankrecht*, 2011: S. 1153 ff. [zitiert: Dieckmann, WM 2011].

Dietlein, Johannes. *Die Lehre von den grundrechtlichen Schutzpflichten.* Berlin, 1992 [zitiert: Dietlein, Die Lehre von den grundrechtlichen Schutzpflichten].

Diller, Martin/Arnold, Christian. „Vergütungsverordnungen für Banken und Versicherungen: Pflicht zum Mobbing?“ *Zeitschrift für Wirtschaftsrecht*, 2011: S. 837 ff. [zitiert: Diller/Arnold, ZIP 2011].

Dreher, Meinrad. „Die Vorstandsverantwortung im Geflecht von Risikomanagement, Compliance und interner Revision.“ *Kindler, Peter/Koch, Jens/Ulmer, Peter/Winter, Martin (Hrsg.), Festschrift für Uwe Hüffer zum 70. Geburtstag*, München, 2010 : S. 161 ff. [zitiert: Dreher, in: FS Hüffer].

–. „Unternehmensbeauftragte und Gesellschaftsrecht Der gesetzliche Bestellungszwang für Unternehmensbeauftragte, die gesellschaftsrechtliche Organisationsfreiheit und die Zuständigkeits-, Informations- und Haftungsordnung der Gesellschaften.“ *Martens, Klaus-Peter/Westermann, Harm Peter/Zöllner, Wolfgang (Hrsg.) Festschrift für Carsten Peter Claussen Zum 70. Geburtstag*, Köln u.a., 1997: S. 69 ff. [zitiert: Dreher, in: FS Claussen].

Dreier, Horst (Hrsg.). *Grundgesetz Kommentar.* Tübingen, 1998 [zitiert: Autor, in: Dreier (Hrsg.), GG-Kommentar].

Dzida, Boris. „Beschäftigtendatenschutz Nicht auf die lange Bank schieben.“ *Betriebs-Berater*, 2011: S. I [zitiert: Dzida, BB 2011].

Dzida, Boris/Naber, Sebastian. „Risikosteuerung durch variable Vergütung.“ *Betriebs-Berater*, 2011: S. 2613 ff. [zitiert: Dzida/Naber, BB 2011].

Ehlers, Dirk (Hrsg.). *Europäische Grundrechte und Grundfreiheiten.* Berlin, 3. Auflage, 2009 [zitiert: Autor, in: Ehlers (Hrsg.), Europäische Grundrechte].

Ehrler, Jürgen. *Compliance in Universalbanken Strategien für das Management von Interessenkonflikten.* Wiesbaden, 1997 [zitiert: Ehrler, Compliance in Universalbanken].

Einsele, Dorothee. *Bank- und Kapitalmarktrecht.* Tübingen, 2. Auflage, 2010 [zitiert: Einsele, Bank- und Kapitalmarktrecht].

–. „Anlegerschutz durch Information und Beratung Verhaltens- und Schadensersatzpflichten der Wertpapierdienstleistungsunternehmen nach Umsetzung der Finanzmarktrichtlinie (MiFId)." *Juristen Zeitung*, 2008: S. 477 ff. [zitiert: Einsele, JZ 2008].

Eisele, Dieter. „Insiderrecht und Compliance." *WM Wertpapiermitteilungen Zeitschrift für Wirtschafts- und Bankrecht*, 1993: S. 1021 ff. [zitiert: Eisele, WM 1993].

Eisner, Carolin. *Die Schrankenregelung der Grundrechtecharta der Europäischen Union.* Baden-Baden, 2004 [zitiert: Eisner, Schrankenregelung].

Ellenberger, Jürgen/Schäfer, Holger/Clouth, Peter/Lang, Volker (Hrsg.). *Praktikerhandbuch Wertpapier- und Derivategeschäft.* Heidelberg, 3. Auflage, 2010 [zitiert: Autor, in: Ellenberger u.a. (Hrsg.), Praktikerhandbuch].

Engelhart, Marc. „Die neuen Compliance-Anforderungen der BaFin (MaComp)." *Zeitschrift für Wirtschaftsrecht*, 2010: S. 1832 ff. [zitiert: Engelhart, ZIP 2010].

Epping, Volker. *Grundrechte.* Heidelberg u.a., 2009 [zitiert: Epping, Grundrechte].

Erbguth, Wilfried. *Allgemeines Verwaltungsrecht.* Baden-Baden, 4. Auflage, 2011 [zitiert: Erbguth, Allgemeines VerwR].

Erichsen, Hans-Uwe/Ehlers, Dirk (Hrsg.). *Allgemeines Verwaltungsrecht.* Berlin u.a., 14. Auflage, 2010 [zitiert: Autor, in: Erichsen/Ehlers (Hrsg.), Allgemeines VerwR].

Eufinger, Alexander. „Zu den historischen Ursprüngen der Compliance." *Corporate Compliance Zeitschrift*, 2012: S. 21 f. [zitiert: Eufinger, CCZ 2012].

Fahrländer, Lukas. „Aktuelle Entwicklungen im Finanzmarktrecht der Schweiz." *Zeitschrift für Bankrecht und Bankwirtschaft*, 2011: S. 222 ff. [zitiert: Fahrländer, ZBB 2011].

Fecker, Jörg/Kinzl, Ulrich-Peter. „Ausgestaltung der arbeitsrechtlichen Stellung des Compliance-Officers Schlussfolgerungen aus der BSR-Entscheidung des BGH." *Coporate Compliance Zeitschrift*, 2010: S. 13 ff. [zitiert: Fecker/Kinzl, CCZ 2010].

Fehling, Michael/Kastner, Berthold (Hrsg.). *Verwaltungsrecht VwVfG/VwGO/ Nebengesetze Handkommentar.* Baden-Baden, 2. Auflage, 2010 [zitiert: Autor, in: Fehling/Kastner (Hrsg.), Handkommentar Verwaltungsrecht].

Fehling, Michael/Ruffert, Matthias (Hrsg.). *Regulierungsrecht.* Tübingen, 2010 [zitiert: Autor, in: Fehling/Ruffert (Hrsg.), Regulierungsrecht].

Fett, Torsten/Gebauer, Stefan. „Compliance-Strukturen im faktischen Bankkonzern." *Grundmann, Stefan/Kirchner, Christian/Raiser, Thomas/Schwintowski, Hans-Peter/Weber, Martin/Windbichler, Christine (Hrsg.) Unternehmensrecht zu Beginn des 21. Jahrhunderts Festschrift für Eberhard Schwark zum 70. Geburtstag*, München, 2009 : S. 375 ff. [zitiert: Fett/Gebauer, in: FS Schwark].

Findeisen, Maximilian/Tönningsen, Gerrit. „Das Verbot ungedeckter Leerverkäufe – Regelungsgehalt und Reichweite des § 30h WpHG –." *WM Wertpapiermitteilungen Zeitschrift für Wirtschafts- und Bankrecht*, 2011: S. 1405 ff. [zitiert: Findeisen/Tönningsen, WM 2011].

Fischer, Reinfried/Klanten, Thomas (Hrsg.). *Bankrecht.* Köln, 2010 [zitiert: Autor, in: Fischer/Klanten (Hrsg.), Bankrecht].

Fleischer, Holger. „Kartellrechtsverstöße und Vorstandsrecht." *Betriebs-Berater*, 2008: S. 1070 ff. [zitiert: Fleischer, BB 2008].

–. „Compliance im aktienrechtlichen Unternehmensverbund." *Corporate Compliance Zeitschrift*, 2008: S. 1 ff. [zitiert: Fleischer, CCZ 2008].

–. „Directors' Dealings." *Zeitschrift für Wirtschaftsrecht*, 2002: S. 1217 ff. [zitiert: Fleischer, ZIP 2002].

Forst, Gerrit. „Grundfragen der Datenschutz-Compliance." *Datenschutz und Datensicherheit*, 2010: S. 160 ff. [zitiert: Forst, DuD 2010].

–. „Der Regierungsentwurf zur Regelung des Beschäftigtendatenschutzes." *Neue Zeitschrift für Arbeitsrecht*, 2010: S. 1043 ff. [zitiert: Forst, NZA 2010].

Franz, Einiko. „Aktuelle Compliance-Fragen zur D&O Versicherung." *Der Betrieb*, 2011: S. 1961 ff. sowie 2019 ff. [zitiert: Franz, Der Betrieb 2011].

Froesch, Daniel. „Mangerhaftung – Risikominimierung durch Delegation?" *Der Betrieb*, 2009: S. 722 ff. [zitiert: Froesch, DB 2009].

Fuchs, Andreas (Hrsg.). *Wertpapierhandelsgesetz (WpHG) Kommentar.* München, 2009 [zitiert: Bearbeiter, in: Fuchs (Hrsg.), WpHG-Kommentar].

Gehrmann, Phillip. *Das versuchte Insiderdelikt.* Baden-Baden, 2009 [zitiert: Gehrmann, Das versuchte Insiderdelikt].

Geiger, Daniel. „Nemo ultra posse obligatur Zur strafrechtlichen Haftung von Compliance-Beauftragten ohne Disziplinargewalt." *Corporate Compliance Zeitschrift*, 2011: S. 170 ff. [zitiert: Geiger, CCZ 2011].

Geiser, Martina. *Leitungspflichten des Vorstandes in der AG Grenzziehung zwischen der Business Judgement Rule und den notwendigen Anforderungen an eine Compliance-Organisation.* Hamburg, 2010 [zitiert: Geiser, Leitungspflichten].

Gerst, Hans-Joachim/Meinicke, Dirk. „Die strafrechtliche Relevanz der Kick-Back-Rechtsprechung des XI. BGH-Zivilsenates und die Folgen für eine ordnungsgemäße Compliance-Funktion.“ *Corporate Compliance Zeitschrift*, 2011: S. 96 ff. [zitiert: Gerst/Meinicke, CCZ 2011].

Giesen, Tom. „Die Haftung des Compliance-Officers gegenüber seinem Arbeitgeber – Haftungsprivilegierung bei innerbetrieblichem Schadensausgleich?“ *Corporate Compliance Zeitschrift*, 2009: S. 102 ff. [zitiert: Giesen, CCZ 2009].

Goette, Wulf. „Zur Prüfung von Compliance-Management-Systemen.“ *Die Wirtschaftsprüfung*, 2011: S. I [zitiert: Goette, WPg 2011].

–. „Organisationspflichten in Kapitalgesellschaften zwischen Rechtspflicht und Opportunität.“ *Zeitschrift für das gesamte Handelsrecht und Wirtschaftsrecht*, 2011: S. 388 ff. [zitiert: Goette, ZHR 2011].

Göres, Ulrich. „MiFID – Neue (Organisations-)Pflichten für die Ersteller von Finanzanalysen.“ *Zeitschrift für Bank- und Kapitalmarktrecht*, 2007: S. 90 ff. [zitiert: Göres, BKR 2007].

Gößwein, Georg/Hohmann, Olaf. „Modelle der Compliance-Organisation in Unternehmen – Wider den Chef Compliance Officer als „Überoberverantwortungsnehmer“.“ *Betriebs-Berater*, 2011: S. 963 ff. [zitiert: Gößwein/Hohmann, BB 2011].

Grau, Carsten/Blechschmidt, Vanessa. „Anmerkung zum BGH-Urteil vom 17.7.2009 – 5 StR 394/08.“ *Der Betrieb*, 2009: S. 2145 [zitiert: Grau/Blechschmidt, DB 2009].

Grimm, Dieter. „Verfassungsprozessuale Konsequenzen der grundrechtlichen Schutzpflicht.“ *Hohmann-Dennhardt, Christine u.a. (Hrsg.) Grundrechte und Solidarität Festschrift für Renate Jaeger*, 2011: S. 759 ff. [zitiert: Grimm, in: FS Jaeger].

Groß, Wolfgang. *Kapitalmarktrecht Kommentar zum Börsengesetz, zur Börsenzulassungs-Verordnung, zum Wertpapierprospektgesetz und zum Verkaufsprospektgesetz.* München, 4. Auflage, 2009 [zitiert: Groß, Kapitalmarktrecht].

Grundmann, Stefan/Haar, Brigitte/Merkt, Hanno/Mülbert, Peter O./Wellenhofer, Marina/Baum, Harald/von Hein, Jan/von Hippel, Thomas/Pistor, Katharina/Roth, Markus/Schweitzer, Heike (Hrsg.). *Unternehmen, Markt und Verantwortung Festschrift für Klaus J. Hopt zum 70. Geburtstag am 24. August 2010.* Berlin, 2010 [zitiert: Autor (Titel des Beitrags), in: Grundmann u.a. (Hrsg.), FS Hopt].

Grunewald, Barbara/Schlitt, Michael. *Einführung in das Kapitalmarktrecht.* 2. Auflage, München, 2009 [zitiert: Grunewald/Schlitt, Einführung in das Kapitalmarktrecht].

Günther, Lucas/Zenefels, Alexander. „Anlegerschutz und Stabiliät der Finanzmärkte – Tagungsbericht zum 7. Bayreuther Forum für Wirtschafts- und Medienrecht.“ *Zeitschrift für Bankrecht und Bankwirtschaft*, 2011: S. 230 ff. [zitiert: Günther/Zenefels, ZBB 2011].

Habersack, Mathias/Mülbert, Peter O./Schlitt, Michael (Hrsg.). *Handbuch der Kapitalmarktinformationen.* München, 2008 [zitiert: Autor, in: Habersack u.a. (Hrsg.), Hdb. Kapitalmarktinf.].

Hahn, Ingo. „Erhöhte Anforderungen an die Compliance-Funktion.“ *Die Bank*, 2010: S. 51 ff. [zitiert: Hahn, Die Bank 2010].

Halbleib, Gernot. *Die Haftung des Wirtschaftsprüfers gegenüber Anlegern am Kapitalmarkt.* Baden-Baden, 2011 [zitiert: Halbleib, Die Haftung des Wirtschaftsprüfers].

–. „Der Einsatz von Mitarbeitern in der Anlageberatung nach der Neuregelung des § 34d WpHG.“ *WM Wertpapiermitteilungen Zeitschrift für Wirtschafts – und Bankrecht*, 2011: S. 673 ff. [zitiert: Halbleib, WM 2011].

Haouache, Gerold. *Unternehmensbeauftragte und Gesellschaftsrecht der AG und GmbH.* Berlin, 2003 [zitiert: Haouache, Unternehmensbeauftragte].

Harm, Julian A. *Compliance in Wertpapierdienstleistungsunternehmen und Emittenten von Finanzinstrumenten.* Frankfurt a.M., 2008 [zitiert: Harm, Compliance].

Hastenrath, Katharina. „Praxis der Compliance Organisation: Fortbildung und Sponsoring durch die Industrie.“ *Corporate Compliance Zeitschrift*, 2010: S. 155 ff. [zitiert: Hastenrath, CCZ 2010].

Hauschka, Christoph (Hrsg.). *Corporate Compliance.* München, 2. Auflage, 2010 [zitiert: Autor, in: Hauschka (Hrsg.), Corporate Compliance].

Hauschka, Christoph. *Compliance – Praktische Erfahrungen und Thesen –, in: Schriftenreihe der Gesellschaftsrechtlinen Vereinigung (Hrsg.) Gesellschaftsrecht in der Diskussion 2007 Jahrestagung der Gesellschaftsrechtlichen Vereinigung (VGR).* 2007, S. 51 ff. [zitiert: Hauschka, VGR 2007].

Haußwald, Falk. „Neuausrichtung der Compliance-Organisation – ein aktuelles Thema?“ *Der Bank Praktiker*, 2008: S. 302 ff. [zitiert: Haußwald, Bank Praktiker 2008].

Hegnon, Oliver. „Aufsicht als Leitungspflicht.“ *Corporate Compliance Zeitschrift*, 2009: S. 57 ff. [zitiert: Hegnon, CCZ 2009].

Heidel, Thomas (Hrsg.). *Aktienrecht und Kapitalmarktrecht.* Baden-Baden, 3. Auflage, 2011 [zitiert: Bearbeiter, in: Heidel (Hrsg.), Aktienrecht].

Held, Stefanie. „Auswirkungen der MiFID auf die Compliance-Organisation.“ *Der Bank Praktiker Beilage 01/2007*, 2007: S. 26 ff. [zitiert: Held, BP Beilage].

Hemeling, Peter. „Compliance im Erst- und Rückversicherungsunternehmen.“ *Corporate Compliance Zeitschrift*, 2010: S. 21 ff. [zitiert: Hemeling, CCZ 2010].

–. „Organisationspflichten des Vorstands zwischen Rechtspflicht und Opportunität.“ *Zeitschrift für das gesamte Handelsrecht und Wirtschaftsrecht*, 2011: S. 368 ff. [zitiert: Hemeling, ZHR 2011].

Hense, Dirk/Renz, Hartmut. „Die Wandlung der Compliance-Funktion in Wertpapierdienstleistungsunternehmen unter besonderer Beachtung der neuen Berichtspflicht an das Senior-Management.“ *Corporate Compliance Zeitschrift*, 2008: S. 181 ff. [zitiert: Hense/Renz, CCZ 2008].

Hesse, Konrad. „Däubler-Gmelin u.a. (Hrsg.) Gegenrede Aufklärung – Kritik – Öffentlichkeit Festschrift für Ernst Gottfried Mahrenholz.“ 1994: S. 541 ff. [zitiert: Hesse, in: FS Mahrenholz].

Hirte, Heribert/Möllers, Thomas. *Kölner Kommentar zum WpHG.* Köln u.a., 2007 [zitiert: Bearbeiter, in: Hirte/Möllers (Hrsg.), KK-WpHG].

Hoeren, Thomas. *Selbstregulierung im Banken- und Versicherungsrecht.* Karlsruhe, 1995 [zitiert: Hoeren, Selbstregulierung].

–. „Selbstregulierung und Insiderrecht – Die Mitteilung des Centralverbands des Deutschen Bank- und Bankiergewerbes vom 12.10.1908.“ *Zeitschrift für Bankrecht und Bankwirtschaft*, 1993: S. 112 ff. [zitiert: Hoeren, ZBB 1993].

Hoffmann, Sebastian/Detzen, Dominic. „ESMA – Praktische Implikationen und kritische Würdigung der neuen Europäischen Wertpapier- und Marktaufsichtsbehörde.“ *Der Betrieb*, 2011: S. 1261 ff. [zitiert: Hoffmann/Detzen, DB 2011].

Hoffmann-Riem, Wolfgang/Schmidt-Aßmann, Eberhard/Voßkuhle, Andreas (Hrsg.). *Grundlagen des Verwaltungsrechts.* München, 2006 [zitiert: Autor, in: Hoffmann-Riem u.a. (Hrsg.), Grundlagen des VerwR].

Hopt, Klaus J. „Auf dem Weg zu einer neuen europäischen und internationalen Finanzmarktarchitektur.“ *Neue Zeitschrift für Gesellschaftsrecht*, 2009: S. 1401 ff. [zitiert: Hopt, NZG 2009].

Hopt, Klaus J./Veil, Rüdiger/Kämmerer Jörn Axel (Hrsg.). *Kapitalmarktgesetzgebung im Europäischen Binnenmarkt.* Tübingen, 2008 [zitiert: Autor, in: Hopt/Veil/Kämmerer (Hrsg.), Kapitalmarktgesetzgebung].

Hopt, Klaus J./Wohlmannstetter, Gottfried (Hrsg.). *Handbuch Coporate Governance von Banken.* München, 2011 [zitiert: Autor, in: Hopt/Wohlmanstetter (Hrsg.), Hdb CG Banken].

Huck, Winfried/Müller, Martin. *Verwaltungsverfahrensgesetz.* München, 2011 [zitiert: Autor, in: Huck/Müller, Verwaltungsverfahrensgesetz].

Hufen, Friedhelm. *Staatsrecht II Grundrechte.* München, 2009 [zitiert: Hufen, Staatsrecht II].

Hüffer, Jens/Schneider, Uwe H. „Juristen an die Compliance-Front!“ *Zeitschrift für Wirtschaftsrecht*, 2010: S. 55 [zitiert: Hüffer/Schneider, ZIP 2010].

Hupka, Jan. „Das Insiderrecht im Lichte der Rechtsprechung des EuGH.“ *Europäische Zeitschrift für Wirtschaftsrecht*, 2011: S. 860 ff. [zitiert: Hupka, EuZW 2011].

Hussain, Asma S. „Wie baut man eine Ethik Abteilung auf?“ *Corporate Compliance Zeitschrift*, 2011: S. 134 ff. [zitiert: Hussain, CCZ 2011].

Illing, Diana/Unmuß, Karsten. „Die arbeitsrechtliche Stellung des Compliance Managers – insbesondere Weisungsunterworfenheit und Reportingpflichten.“ *Corporate Compliance Zeitschrift*, 2009: S. 1 ff. [zitiert: Illing/Unmuß, CCZ 2009].

Jahn, Joachim. „Compliance, Litigation-PR und die Medien.“ *Corporate Compliance Zeitschrift*, 2011: S. 139 ff. [zitiert: Jahn, CCZ 2011].

Jarass, Hans. *Charta der Grundrechte der Europäischen Untion.* München, 2010 [zitiert: Jarass, EU-Grundrechte-Charta].

Jelinek, Britta/Hannich, Manfred (Hrsg.). *Wege zur effizienten Finanzfunktion in Kreditinstituten Compliance & Performance.* Wiesbaden, 2009 [zitiert: Autor, in: Jelinek/Hannich (Hrsg.), Wege zur effizienten Finanzfunktion in Kreditinstituten].

Jerusalem, Konrad. *Die Regelung der Mitarbeitergeschäfte im Bankgewerbe durch Compliance.* Berlin, 1996 [zitiert: Jerusalem, Die Regelung der Mitarbeitergeschäfte].

Jordans, Roman. „Aufklärungspflichten über Einnahmen aus dem Vertrieb von Finanzprodukten – eine Übersicht über die Rechtsprechung zu Kick-Backs, Provisionen und Margen seit dem Jahr 2000.“ *Zeitschrift für Bank- und Kapitalmarktrecht*, 2011: S. 456 ff. [zitiert: Jordans, BKR 2011].

Junker, Johannes. *Gewährleistungsaufsicht über Wertpapierdienstleistungsunternehmen.* Berlin, 2002 [zitiert: Junker, Gewährleistungsaufsicht].

Kaetzler, Joachim/Weirauch, Boris. „Bankenaufsichtsrechtliche Aspekte von Outsourcingverhältnissen – Neue Anforderungen an die Auslagerungspraxis durch die Neufassung des KWG und der MaRisk.“ *Zeitschrift für Bank- und Kapitalmarktrecht*, 2008: S. 265 ff. [zitiert: Kaetzler/Weirauch, BKR 2008].

Kalss, Susanne. „Insiderinformationen wohin?“ *Europäische Zeitschrift für Wirtschaftsrecht*, 2011: S. 449 f. [zitiert: Kalss, EuzW 2011].

Kämmerer, Jörn Axel. „Das neue Europäische Finanzaufsichtssystem (ESFS) – Modell für eine europäisierte Verwaltungsarchitektur?“ *Neue Zeitschrift für Verwaltungsrecht*, 2011: S. 1281 ff. [zitiert: Kämmerer, NwWZ 2010].

–. *Privatisierung Typologie – Determinanten – Rechtspraxis – Folgen.* Tübingen, 2001 [zitiert: Kämmerer, Privatisierung].

Keuper, Frank/Neumann Fritz (Hrsg.). *Corporate Governance, Risk Management und Compliance Innovative Konzepte und Strategien.* Wiesbaden, 2010 [zitiert: Autor, in: Keuper/Neumann (Hrsg.), Corporate Governance, Risk Management und Compliance].

Kirchhof, Ferdinand. „Grundrechtsschutz durch europäische und nationale Gerichte." *Neue Juristische Wochenschrift*, 2011: S. 3681 ff. [zitiert: F. Kirchhof, NJW 2011].

Kirsch, Marcus. „Im Blickpunkt: Die Tätigkeitsschwerpunkte des Compliance-Officer." *Betriebs-Berater*, 2011: S. VI f. [zitiert: Kirsch, BB 2011].

Klanten, Thomas. „Neufassung der Wohlverhaltensrichtlinie und der Mitarbeiterleitsätze." *Zeitschrift für Bankrecht und Bankwirtschaft*, 2000: S. 349 ff. [zitiert: Klanten, ZBB 2000].

Klein, Nico C. „Honorarberatung als „die einzig wahre Lösung"?" *WM Wertpapiermitteilungen Zeitschrift für Wirtschafts- und Bankrecht*, 2011: S. 2117 ff. [zitiert: Klein, WM 2011].

Klein, Peter. *Anwendbarkeit und Umsetzung von Risikomanagementsystemen auf Compliance-Risiken in Unternehmen Auswirkungen auf die Rolle des Syndikus im Unternehmen.* Siersburg, 2008 [zitiert: Klein, Anwendbarkeit und Umsetzung von Risikomanagementsystemen auf Compliance-Risiken in Unternehmen].

Klindt, Thomas/Pelz, Christian/Theusinger, Ingo. „Compliance im Spiegel der Rechtsprechung." *Neue Juristischen Wochenschrift*, 2010: S. 2385 ff. [zitiert: Klindt/Pelz/Theusinger, NJW 2010].

Kluth, Winfried/Müller, Martin/Peilert, Andreas (Hrsg.). *Wirtschaft – Verwaltung – Recht Festschrift für Rolf Stober zum 65. Geburtstag.* Köln u.a., 2008 [zitiert: Autor (Titel des Beitrags), in: Kluth u.a. (Hrsg.), FS Stober].

Knack, Joachim/Henneke, Hans-Jürgen. *Verwaltungsverfahrensgesetz (VwVfG).* Köln, 9. Auflage, 2010 [zitiert: Autor, in: Knack/Henneke, VwVfG].

Koch, Eckart. „Der Finanzmarkt und seine Krise aus juristischer Sicht." *Bechthold, Stefan/Jickeli, Joachim/Rohe, Matthias (Hrsg.) Recht, Ordnung und Wettbewerb Festschrift zum 70. Geburtstag von Wernhard Möschel*, Baden-Baden, 2011: S. 1193 ff. [zitiert: Koch, in: FS Möschel].

Koller, Ingo. „Wertpapierberatung und Verkauf im Licht des WpHG." *Zeitschrift für Bankrecht und Bankwirtschaft*, 2011: S. 361 ff. [zitiert: Koller, ZBB 2011].

Köndgen, Johannes. „Grenzen des informationsbasierten Anlegerschutzes – zugleich Anmerkung zu BGH, Urt. v. 22. 3. 2011 – XI ZR 33/10 –." *Zeitschrift für Bank- und Kapitalmarktrecht*, 2011: S. 283 ff. [zitiert: Köndgen, BKR 2011].

Kort, Michael. „Rechtsfragen der Compliance-Organisation von Unternehmen außerhalb spezialgesetzlich geregelter Branchen im deutschen Recht.“ *Altmeppen, Holger/ Fitz, Hanns/Honsell, Heinrich (Hrsg.) Festschrift für Günther H. Roth zum 70. Geburtstag*, München, 2011: S. 407 ff. [zitiert: Kort, in: FS Roth].

–. „Zum Verhältnis von Datenschutz und Compliance im geplanten Beschäftigtendatenschutzgesetz.“ *Der Betrieb*, 2011: S. 651 ff. [zitiert: Kort, Der Betrieb 2011].

–. „Datenschutzrechtliche und betriebsverfassungsrechtliche Fragen bei IT-Sicherungsmaßnahmen.“ *Neue Zeitschrift für Arbeitsrecht*, 2011: S. 1319 ff. [zitiert: Kort, NZA 2011).

–. „Verhaltensstandardisierung durch Corporate Compliance.“ *Neue Zeitschrift für Gesellschaftsrecht*, 2008: S. 81 ff. [zitiert: Kort, NZG 2008].

Krause, Hartmut. „Die erweiterte Beteiligungstransparenz bei börsennotierten Aktiengesellschaften Neue Mitteilungspflichten für Eigenkapitalderivate und andere Instrumente aufgrund des Anlegerschutz- und Funktionsverbesserungsgesetzes.“ *Die Aktiengesellschaft*, 2011: S. 469 ff. [zitiert: Krause, AG 2011].

Krieger, Steffen/Günther, Jens. „Die arbeitsrechtliche Stellung des Compliance Officers Gestaltung einer Compliance-Organisation unter Berücksichtigung der Vorgaben im BGH-Urteil vom 17.7.2009.“ *Neue Zeitschrift für Arbeitsrecht*, 2010: S. 367 ff. [zitiert: Krieger/Günther, NZA 2010].

Krings, Günter. *Grund und Grenzen grundrechtlicher Schutzansprüche Die subjektiv-rechtliche Rekonstruktion der grundrechtlichen Schutzpflichten und ihre Auswirkung auf die verfassungsrechtliche Fundierung des Verbrauchervertragsrechts.* Berlin, 2003 [zitiert: Krings, Grund und Grenzen grundrechtlicher Schutzansprüche].

Kühling, Jürgen/Seidel, Christian/Sivridis Anastasios. *Datenschutzrecht.* Heidelberg u.a., 2. Auflage, 2011 [zitiert: Kühling/Seidel/Sivridis, Datenschutzrecht].

Kümpel, Siegfried. *Kapitalmarktrecht – Eine Einführung –*. 2. Auflage, Berlin, 2000 [zitiert: Kümpel, Kapitalmarktrecht].

Kümpel, Siegfried/Veil, Rüdiger. *Wertpapierhandelsgesetz – Eine systematische Darstellung –*. 2. Auflage, Berlin, 2006 [zitiert: Kümpel/Veil, WpHG].

Kümpel, Siegfried/Wittig, Arne (Hrsg.). *Bank- und Kapitalmarktrecht.* Köln, 4. Auflage, 2011 [zitiert: Autor, in: Kümpel/Wittig (Hrsg.), Bank- und Kapitalmarktrecht].

Kuthe, Thomas/Zipperle, Madleine. „MaComp – Compliance Standards für alle?“ *Corporate Finance law*, 2010: S. 337 ff. [zitiert: Kuthe/Zipperle, Corporate Finance law 2010].

Langenbucher, Katja. *Aktien- und Kapitalmarktrecht.* München, 2. Auflage, 2011 [zitiert: Langenbucher, Aktien- u. Kapitalmarktrecht].

Lebherz, Axel. *Emittenten-Compliance – Organisation zur Sicherstellung eines rechtskonformen Publizitätsverhaltens.* Baden-Baden, 2008 [zitiert: Lebherz, Emittenten-Compliance].

Lehmann, Matthias/Manger-Nestler Cornelia. „Das neue Europäische Finanzaufsichtssystem." *Zeitschrift für Bankrecht und Bankwirtschaft*, 2011: S. 2 ff. [zitiert: Lehmann/Manger-Nestler, ZBB 2011].

Lelley, Jan Tibor. *Compliance im Arbeitsrecht Leitfaden für die Praxis.* Köln, 2010 [zitiert: Lelley, Compliance im Arbeitsrecht].

Lenzen, Ursula. „Das neue Recht der Kursmanipulation." *Zeitschrift für Bankrecht und Bankwirtschaft*, 2002: S. 279 ff. [zitiert: Lenzen, ZBB 2002].

Leuering, Dieter/Zetsche, Dirk. „Die Reform des Schuldverschreibungs- und Anlageberatungsrechts – (Mehr) Verbraucherschutz im Finanzmarktrecht." *Neue Juristische Wochenschrift*, 2009: S. 2856 ff. [zitiert: Leuering/Zetsche, NJW 2009].

Liese, Jens. „Much Ado About Nothing oder: Ist der Vorstand einer Aktiengesellschaft verpflichtet, eine Compliance-Organisation zu implementieren." *Betriebsberater-Special 5/2008 – Compliance*, Mai 2008: S. 17 ff. [zitiert: Liese, BB 2008].

Liese, Jens/Schulz, Martin. „Risikomanagement durch Compliance-Audits – Neue Herausforderungen für die Unternehmensorganisation –." *Betriebs-Berater*, 2011: S. 1347 ff. [zitiert: Liese/Schulz, BB 2011].

Litten, Rüdiger/Bell, Matthias. „Kreditderivate – Neue Dokumentations-Standards als Reaktion auf die globale Finanzmarktkrise." *WM Wertpapiermitteilungen Zeitschrift für Wirtschafts- und Bankrecht*, 2011: S. 1109 ff. [zitiert: Litten/Bell, WM 2011].

Lösler, Thomas. „Das moderne Verständnis von Compliance im Finanzmarktrecht." *in: Grundmann, Stefan/Schwintowski, Hans-Peter/Singer, Reinhard/ Weber, Martin (Hrsg.) Anleger- und Funktionsschutz durch Kapitalmarktrecht Symposium und Seminar zum 65. Geburtstag von Eberhard Schwark*, 2005: S. 23 ff. [zitiert: Lösler, in: Grundmann u.a. (Hrsg.), Symposium E. Schwark].

–. „Das morderne Verständnis von Compliance im Finanzmarktrecht." *Neue Zeitschrift für Gesellschaftsrecht*, 2005: S. 104 ff. [zitiert: Lösler, NZG 2005].

–. „Die Mindestanforderungen an Compliance und die weiteren Verhaltens-, Organisations- und Transparenzpflichten nach §§ 31 ff. WpHG (MaComp)." *WM Wertpapiermitteilungen Zeitschrift für Wirtschafts- und Bankrecht*, 2010: S. 1917 ff. [zitiert: Lösler, WM 2010].

–. „Spannungen zwischen Effizienz der internen Compliance und möglichen Reporting-Pflichten des Compliance Officers.“ *WM Wertpapiermitteilungen Zeitschrift für Wirtschafts- und Bankrecht*, 2007: S. 676 ff. [zitiert: Lösler, WM 2007].

–. „Zur Rolle und Stellung des Compliance-Beauftragten.“ *WM Wertpapiermitteilungen Zeitschrift für Wirtschafts- und Bankrecht*, 2008: S. 1098 ff. [zitiert: Lösler, WM 2008].

Luz, Günther/Neus, Werner/Scharpf, Paul/Schneider, Peter/Weber, Max (Hrsg.). *Kreditwesengesetz (KWG)*. Stuttgart, 2009 [zitiert: Autor, in: Luz u.a. (Hrsg.), Kreditwesengesetz].

Magiera, Siegfried. „Die Grundrechtecharta der Europäischen Union.“ *Die Öffentliche Verwaltung*, 2000: S. 1017 ff. [zitiert: Magiera, DÖV 2000].

Mahnhold, Thilo. *Compliance und Arbeitsrecht.* Frankfurt a.M., 2004 [zitiert: Mahnhold, Compliance und Arbeitsrecht].

Manssen, Gerrit. *Staatsrecht II Grundrechte.* München, 8. Auflage, 2011 [zitiert: Manssen, Staatsrecht II].

Marschlich, Anette. „Praxis der Compliance-Organisation: Zuständigkeit der Compliance-Organisation.“ *Corporate Compliance Zeitschrift*, 2010: S. 195 ff. [zitiert: Marschlich, CCZ 2010].

Maschmann, Frank (Hrsg.). *Corporate Compliance und Arbeitsrecht.* Baden-Baden, 2009 [zitiert: Autor (Titel des Beitrags), in: Maschmann (Hrsg.), Corporate Compliance und Arbeitsrecht].

Maschmann, Frank. „Beschäftigtendatenschutz Wann kommt der Arbeitnehmerdatenschutz?“ *Betriebs-Berater*, 2011: S. I [zitiert: Maschmann, BB 2011].

–. „Mitarbeiterkontrolle in Theorie und Praxis.“ *in: Maschmann, Frank (Hrsg.) Festschrift für Wolfgang Hromadka zum 70. Geburtstag*, München, 2009: S. 233 ff. [zitiert: Maschmann, in: FS Hromadka].

Maurer, Hartmut. *Allgemeines Verwaltungsrecht.* München, 18. Auflage, 2011 [zitiert: Maurer, Allgemeines VerwR].

Meier, Hans-Georg. „Der Arbeitsvertrag des Compliance-Beauftragten – Rechtliche Notwendigkeiten und Möglichkeiten.“ *Neue Zeitschrift für Arbeitsrecht*, 2011: S. 779 ff. [zitiert: Meier, NZA 2011].

Meier-Greve, Daniel. „Zur Unabhängigkeit des sog. Compliance Officers.“ *Corporate Compliance Zeitschrift*, 2010: S. 216 ff. [zitiert: Meier-Greve, CCZ 2010].

Mengel, Anja. *Compliance und Arbeitsrecht.* München, 2009 [zitiert: Mengel, Compliance und Arbeitsrecht].

–. „Arbeitsrechtliche Besonderheiten der Implementierung von Compliance-Programmen in internationalen Konzernen.“ *Corporate Compliance Zeitschrift*, 2008: S. 85 ff. [zitiert: Mengel, CCZ 2008].

Mengel, Anja/Hagemeister, Volker. „Compliance und Arbeitsrecht.“ *Betriebsberater*, 2006: S. 2466 ff. [zitiert: Mengel/Hagemeister, BB 2006].

–. „Compliance und arbeitsrechtliche Implementierung im Unternehmen.“ *Betriebsberater*, 2007: S. 1386 ff. [zitiert: Mengel/Hagemeister, BB 2007].

Merten, Detlef/Papier, Hans-Jürgen (Hrsg.). *Handbuch der Grundrechte in Deutschland und Europa.* Heidelberg u.a., 2010 [zitiert: Autor, in: Merten/Papier (Hrsg.), Handbuch der Grundrechte].

Meyer, Andreas. „Finanzmarktkrise und Organhaftung.“ *Corporate Compliance Zeitschrift*, 2011: S. 41 ff. [zitiert: Meyer, CCZ 2011].

Meyer, Jürgen (Hrsg.). *Charta der Grundrechte der Europäischen Union.* Baden-Baden, 3. Auflage, 2011 [zitiert: Autor, in: Meyer (Hrsg.), Charta der Grundrechte der EU].

Meyer, Uwe. „Ethikrichtlinien internationaler Unternehmen und deutsches Arbeitsrecht.“ *Neue Juristische Wochenschrift*, 2008: S. 3605 ff. [zitiert: Meyer, NJW 2006].

Möllers, Thomas M.J. „Effizienz als Maßstab des Kapitalmarktrechts Die Verwendung empirischer und ökonomischer Argumente zur Begründung zivil-, straf- und öffentlich-rechtlicher Sanktionen.“ *Archiv für die civilistische Praxis*, 2008: S. 1 ff. [zitiert: Möllers, AcP 2008].

–. „Auf dem Weg zu einer neuen europäischen Finanzmarktaufsichtsstruktur.“ *Neue Zeitschrift für Gesellschaftsrecht*, 2010: S. 285 ff. [zitiert: Möllers, NZG 2010].

–. „Vermögensbetreuungsvertrag, graue Vermögensverwaltung und Zweitberatung – Vertragstypen zwischen klassischer Anlageberatung und Vermögensverwaltung –.“ *WM Wertpapiermitteilungen Zeitschrift für Wirtschafts- und Bankrecht*, 2008: S. 93 ff. [zitiert: Möllers, WM 2008].

Möllers, Thomas M.J./Wenninger, Thomas. „Das Anlegerschutz- und Funktionsverbesserungsgesetz.“ *Neue Juristische Wochenschrift*, 2011: S. 1697 ff. [zitiert: Möllers/Wenninger, NJW 2011].

Momsen, Carsten. „Der „Compliance-Officer“ als Unterlassungsgarant.“ *Paeffgen, Hans-Ullrich/Böse, Martin/Kindhäuser, Urs/Stübinger, Stephan/ Verrel, Torsten/Zaczyk, Rainer (Hrsg.) Strafrechtswissenschaft als Analyse und Konstruktion Festschrift für Ingeborg Puppe zum 70. Geburtstag*, Berlin, 2011: S. 751 ff. [zitiert: Momsen, in: FS Puppe].

Mülbert, Peter O. „Anlegerschutz bei Zertifikaten – Beratungspflichten, Offenlegungspflichten bei Interessenkonflikten und die Änderungen durch das Finanzmarkt-Richtlinie-Umsetzungsgesetz (FRUG) –.“ *WM Wertpapiermitteilungen Zeitschrift für Wirtschafts- und Bankrecht*, 2007: S. 1149 ff. [zitiert: Mülbert, WM 2007].

–. „Corporate Governance in der Krise.“ *Zeitschrift für das gesamte Handelsrecht und Wirtschaftsrecht*, 2010: S. 375 ff. [zitiert: Mülbert, ZHR 2010].

–. „Corporate Governance von Banken.“ *Zeitschrift für das gesamte Handelsrecht und Wirtschaftsrecht*, 2009: S. 1 ff. [zitiert: Mülbert, ZHR 2009].

*Münchener Kommentar zum Bürgerlichen Gesetzbuch.* München, 5. Auflage, 2009 [zitiert: MünchKommBGB/Bearbeiter].

Niermann, Stephan. „Die Compliance – Organisation im Zeitalter der MaComp – Eine Analyse ausgewählter Fragen.“ *Zeitschrift für Bankrecht und Bankwirtschaft*, 2010: S. 400 ff. [zitiert: Niermann, ZBB 2010].

Oehlrich, Marcus/Baltes, Anamaria/Geldermann, Juliane/Helmer, Kristina/Hempel, Christin/Sautter, Andrea. „Finanzmarktkrise damals und heute.“ *Zeitschrift für Rechtspolitik*, 2011: S. 40 ff. [zitiert: Oehlrich u.a., ZRP 2011].

Ohrtmann, Nicola. *Compliance Anforderungen an rechtskonformes Verhalten öffentlicher Unternehmen.* Köln, 2009 [zitiert: Ohrtmann, Compliance Anforderungen].

Otto, Björn/Lampe, Julia. „Terrorabwehr im Spannungsfeld von Mitbestimmung und Datenschutz.“ *Neue Zeitschrift für Arbeitsrecht*, 2011: S. 1134 ff. [zitiert: Otto/Lampe, NZA 2011].

Pape, Jonas. *Corporate Compliance – Rechtspflichten zur Verhaltenssteuerung von Unternehmensangehörigen in Deutschland und den USA.* Berlin, 2011 [zitiert: Pape, Corporate Compliance].

Partsch, René. „Die Harmonisierung der Europäischen Finanzaufsicht.“ *Zeitschrift für Bankrecht und Bankwirtschaft*, 2010: S. 72 ff. [zitiert: Partsch, ZBB 2010].

Pieroth, Bodo/Schlink, Bernhard. *Grundrechte Staatsrecht II.* Heidelberg u.a., 26. Auflage, 2010 [zitiert: Pieroth/Schlink, Grundrechte].

Pietzke, Rudolf. „Die Verantwortung für Risikomanagement und Compliance im mehrköpfigen Vorstand.“ *Corporate Compliance Zeitschrift*, 2010: S. 45 ff. [zitiert: Pietzke, CCZ 2010].

Podewils, Felix. „Beipackzettel für Finanzprodukte – Verbesserte Anlegerinformation durch Informationsblätter und Key Investor Information Documents?“ *Zeitschrift für Bankrecht und Bankwirtschaft*, 2011: S. 169 ff. [zitiert: Podewils, ZBB 2011].

Preuße, Thomas/Schmidt, Maike. „Anforderungen an Informationsblätter nach § 31 Abs. 3a WpHG.“ *Zeitschrift für Bank- und Kapitalmarktrecht*, 2011: S. 265 ff. [zitiert: Preuße/Schmidt, BKR 2011].

Rehbinder, Eckhard. „Andere Organe der Unternehmensverfassung – Die institutionalisierte Vertretung diffuser Interessen im Unternehmen unterhalb der Gesellschaftsorgane –.“ *Zeitschrift für Unternehmens- und Gesellschaftsrecht*, 1989: S. 305 ff. [zitiert: Rehbinder, ZGR 1989].

Reischauer, Friedrich/Kleinhans, Joachim. *Kreditwesengesetz (KWG) Kommentar.* Berlin, 2010 [zitiert: Reischauer/Kleinhans, KWG].

Renz, Hartmut/Hense, Dirk (Hrsg.). *Wertpapier-Compliance in der Praxis Eine Kommentierung aktueller Rechtspflichten.* Berlin, 2010 [zitiert: Autor, in: Renz/Hense (Hrsg.), Wertpapier-Compliance in der Praxis].

Renz, Hartmut/Rippel, Julia-Christine. „Änderungen der Transparenzvorschriften gem. §§ 21 ff. WpHG (Mitteilungspflichten von Stimmrechten) durch das Gesetz zur Stärkung des Anlegerschutzes und der Verbesserung der Funktionsfähigkeit des Kapitalmarktes.“ *Zeitschrift für Bank- und Kapitalmarktrecht*, 2011: S. 235 ff. [zitiert: Renz/Rippel, BKR 2011].

Rieble, Volker. „Zivilrechtliche Haftung der Compliance Agenten.“ *Corporate Compliance Zeitschrift*, 2010: S. 1 ff. [zitiert: Rieble, Haftung CCZ 2010].

–. „Pädophile Priester und Kirchen-Compliance.“ 2010: S. 107 ff. [zitiert: Rieble, Kirchen-Compliance CCZ 2010].

Rieder, Markus S. „Vom juristischen Gewissen zum Straftäter? Rechtsstellung, Verantwortung und Schutz von Compliance-Beauftragten.“ *Habersack, Mathias/Hommelhoff, Peter (Hrsg.) Festschrift für Wulf Goette zum 65. Geburtstag*, München 2011: S. 413 ff. [zitiert: Rieder, in: FS Goette].

Rieder, Markus/Holzmann, Daniel. „Die Auswirkungen der Finanzkrise auf die Organhaftung.“ *Die Aktiengesellschaft Zeitschrift für das gesamte Aktienwesen für deutsches, europäisches und internationales Unternehmens- und Kapitalmarktrecht*, 2011: S. 265 ff. [zitiert: Rieder/Holzmann, AG 2011].

Rittner, Fritz. *Wirtschaftsrecht Ein Lehrbuch.* Heidelberg, 2. Auflage, 1987 [zitiert: Rittner, Wirtschaftsrecht].

Röh, Lars. „Compliance nach der MiFID – zwischen höherer Effizienz und mehr Bürokratie.“ *Betriebs-Berater*, 2008: S. 398 ff. [zitiert: Röh, BB 2008].

Rolshoven, Max Philipp/Hense, Dirk. „Obiter Dictum zur Garantenpflicht von Compliance-Officern Anmerkung zu BGH, Urt. v. 17.7.2009 – 5 StR 394/08.“ *Zeitschrift für Bank- und Kapitalmarktrecht*, 2009: S. 425 ff. [zitiert: Rolshoven/Hense, BKR 2009].

Rönnau, Thomas/Schneider Frédéric. „Der Compliance-Beauftragte als strafrechtlicher Garant.“ *Zeitschrift für Wirtschaftsrecht*, 2010: S. 53 ff. [zitiert: Rönnau/Schneider, ZIP 2010].

Rößler, Gernot. „Ausdehnung von Grantenpflichten durch den BGH?“ *WM Wertpapiermitteilungen Zeitschrift für Wirtschafts- und Bankrecht*, 2011: S. 918 ff. [zitiert: Rößler, WM 2011].

Rößler, Nicolas/Yoo, Chan-Jae. „Die Einführung des § 34d WpHG durch das AnsFuG aus aufsichts- und arbeitsrechtlicher Sicht – Berufsverbot oder Papiertiger?“ *Zeitschrift für Bank- und Kapitalmarktrecht*, 2011: S. 377 ff. [zitiert: Rößler/Yoo, BKR 2011].

Rotsch, Thomas. „Compliance und Strafrecht – Konsequenzen einer Neuentdeckung.“ *Joecks, Wolfgang/Ostendorf, Heribert/Rönnau, Thomas/Rotsch, Thomas/Schmitz, Roland (Hrsg.) Recht – Wirtschaft – Strafe Festschrift für Erich Samson zum 70. Geburtstag*, Heidelberg u.a., 2010: S. 141 ff. [zitiert: Rotsch, in: FS Samson].

Rötting, Michael/Lang, Christine. „Das Lamfalussy-Verfahren im Umfeld der Neuordnung der europäischen Finanzaufsichtsstrukturen.“ *Europäische Zeitschrift für Wirtschaftsrecht*, 2012: S. 8 ff. [zitiert: Rötting/Lang, EuZW 2012].

Rozok, Matthias. „Tod der Vertriebsprovisionen oder Alles wie gehabt? Die Neuregelungen über Zuwendungen bei der Umsetzung der Finanzmarktrichtlinie.“ *Zeitschrift für Bank- und Kapitalmarktrecht*, 2007: S. 217 ff. [zitiert: Rozok, BKR 2007].

Rübenstahl, Markus. „Zur „regelmäßigen“ Garantenstellung des Compliance Officers.“ *Neue Zeitschrift für Gesellschaftsrecht*, 2009: S. 1341 ff. [zitiert: Rübenstahl, NZG 2009].

Rudkowski, Lena. „Die Aufklärung von Compliance-Verstößen durch „Interviews“.“ *Neue Zeitschrift für Arbeitsrecht*, 2011: S. 612 ff. [zitiert: Rudkowski, NZA 2011].

Ruter, Rudolf X./Rosken, Anne. „Was ist ein ehrbarer Aufsichtsrat/Beirat – Welche Bedeutung nimmt er im Rahmen einer nachhaltigen Unternehmensführung ein? –.“ *Der Betrieb*, 2011: S. 1123 ff. [zitiert: Ruter/Rosken, Der Betrieb 2011].

Sachs, Michael (Hrsg.). *Grundgesetz.* München, 6. Auflage, 2011 [zitiert: Autor, in: Sachs (Hrsg.), Grundgesetz].

Sandmann, Daniel. „Der Compliance-Bericht im Wertpapierdienstleisungsunternehmen – praktische Erwägungen.“ *Corporate Compliance Zeitschrift*, 2008: S. 104 ff. [zitiert: Sandmann, CCZ 2008].

Schaefer, Hans/Baumann, Diethelm. „Compliance-Organisation und Saktionen bei Verstößen.“ *Neue Juristische Wochenschrift*, 2011: S. 3601 ff. [zitiert: Schaefer/Baumann, NJW 2011].

Schäfer, Frank A./Hamann, Uwe (Hrsg.). *Kapitalmarktgesetze.* Stuttgart, 2. Auflage, 2010 [zitiert: Autor, in: Schäfer/Hamann (Hrsg.), KMG].

Schäfer, Frank. „Sind die §§ 31 ff. WpHG n.F. Schutzgesetze i.S.v. § 823 Abs. 2 BGB?“ *WM Wertpapiermitteilungen Zeitschrift für Wirtschafts- und Bankrecht*, 2007: S. 1872 ff. [zitiert: Schäfer, WM 2007].

Schäfer, Holger. „MaComp: Vor-Ort Prüfungen und Auslagerung von Compliance Anmerkungen aus aufsichtsrechtlicher Sicht zu praktische relevanten Themenfeldern.“ *Der BankPraktiker*, 2011: S. 206 ff. [zitiert: Schäfer, BankPraktiker 2011].

–. „Die MaComp und das Erfordernis der Unabhängigkeit, Wirksamkeit und Dauerhaftigkeit von Compliance.“ *Zeitschrift für Bank- und Kapitalmarktrecht*, 2011: S. 45 ff. [zitiert: Schäfer, Unabhängigkeit/Wirksamkeit/Dauerhaftigkeit von Compliance, BKR 2011].

–. „Die MaComp und die Aufgaben von Compliance.“ *Zeitschrift für Bank- und Kapitalmarktrecht*, 2011: S. 187 ff. [zitiert: Schäfer, Aufgaben von Compliance, BKR 2011].

Scheben, Barbara/Klos, Christian/Geschonneck, Alexander. „Evidence and Disclosure Management (EDM) Eine (datenschutz-)rechtliche Analyse.“ *Corporate Compliance Zeitschrift*, 2012: S. 13 ff. [zitiert: Scheben/Klos/Geschonneck, CCZ 2012].

Schimansky, Herbert/Bunte, Hermann-Josef/Lwowski, Hans-Jürgen. *Bankrechts-Handbuch.* München, 4. Auflage, 2011 [zitiert: Autor, in: Schimansky u.a. (Hrsg.), Bankrechts-Handbuch].

Schlicht, Manuela. „Compliance nach Umsetzung der MiFID Richtlinie – Wesentliche Änderungen oder gesetzliche Verankerung schon gelebter Praxis?“ *Zeitschrift für Bank- und Kapitalmarktrecht*, 2006: S. 469 ff. [zitiert: Schlicht, BKR 2006].

Schmidt, Bernd. „Vertrauen ist gut, Compliance ist besser! – Anforderungen an die Datenverarbeitung im Rahmen der Compliance-Überwachung –.“ *Betriebs-Berater*, 2009: S. 1295 ff. [zitiert: Schmidt, BB 2009].

Schmidt, Rolf. *Allgemeines Verwaltungsrecht.* Grasberg bei Bremen, 14. Auflage, 2010 [zitiert: Schmidt, Allgemeines VerwR].

–. *Grundrechte (sowie Grundzüge der Verfassungsbeschwerde).* Grasberg bei Bremen, 12. Auflage, 2010 [zitiert: Schmidt, Grundrechte].

Schmidt-Bleibtreu, Bruno/Hofmann, Hans/Hopfauf, Axel (Hrsg.). *GG Kommentar zum Grundgesetz.* Köln, 12. Auflage, 2011 [zitiert: Schmidt-Bleibtreu u.a. (Hrsg.), GG].

Schmitz, Sebastian Clemens. *Grundrechtliche Schutzpflichten und der Anspruch auf Straßenverkehrssicherung Zur Umsetzung grundrechtlicher Vorgaben an die Verkehrssicherung öffentlicher Straßeninfrastruktur.* Berlin, 2010 [zitiert: Schmitz, Grundrechtliche Schutzpflichten].

Schmitz, Thomas. „Die EU-Grundrechtecharta aus grundrechtsdogmatischer und grundrechtstheoretischer Sicht.“ *Juristen Zeitung*, 2001: S. 833 ff. [zitiert: Schmitz, JZ 2001].

Schneider, David. *Die arbeitsrechtliche Implementierung von Compliance- und Ethikrichtlinien.* Baden-Baden, 2009 [zitiert: Schneider, Die arbeitsrechtliche Implementierung von Compliance- und Ethikrichtlinien].

Schneider, Uwe H. „Compliance im Konzern.“ *Neue Zeitschrift für Gesellschaftsrecht*, 2009: S. 1321 ff. [zitiert: Schneider, NZG 2009].

Schneider, Uwe. H/Schneider, Sven. „Konzern-Compliance als Aufgabe der Konzernleitung.“ *Zeitschrift für Wirtschaftsrecht*, 2007: S. 2061 ff. [zitiert: Schneider/Schneider, ZIP 2007].

Schorn, Martin. „Neuere Entwicklungen in der europäischen Korruptionsbekämpfung gegenüber Unternehmen – Wegbereiter einer europaweit einheitlichen Compliance-Struktur?“ *WM Wertpapiermitteilungen Zeitschrift für Wirtschafts- und Bankrecht*, 2011: S. 1689 ff. [zitiert: Schorn, WM 2011].

Schroeder, Werner. „Neues zur Grundrechtskontrolle in der Europäischen Union.“ *Europäische Zeitschrift für Wirtschaftsrecht*, 2011: S. 462 ff. [zitiert: Schroeder, EuZW 2011].

Schuhmacher, Florian. „Zur Anwendbarkeit des § 31d WpHG auf Gewinnmargen im Finanzinstrumentenvertrieb.“ *WM Wertpapiermitteilungen Zeitschrift für Wirtschafts- und Bankrecht*, 2011: S. 678 ff. [zitiert: Schuhmacher, WM 2011].

Schürrle, Thomas/Olbers, Lucie Anne Mary. „Compliance-Verantwortung in der AG – Praktische Empfehlung zur Haftungsbegrenzung an Vorstände und Aufsichtsräte.“ *Corporate Compliance Zeitschrift*, 2010: S. 102 ff. [zitiert: Schürrle/Olbers, CCZ 2010].

Schuster, Doris Maria/Darsow, Ingeborg. „Einführung von Ethikrichtlinien durch Direktionsrecht.“ *Neue Zeitschrift für Arbeitsrecht*, 2005: S. 273 ff. [zitiert: Schuster/Darsow, NZA 2005].

Schwark, Eberhard/Zimmer, Daniel (Hrsg.). *Kapitalmarktrechts-Kommentar.* München, 2010 [zitiert: Autor, in: Schwark/Zimmer (Hrsg.), KMRK].

Schwennicke, Andreas/Auerbach, Dirk (Hrsg.). *Kreditwesengesetz (KWG) Kommentar.* München, 2009 [zitiert: Schwennicke/Auerbach (Hrsg.), Kreditwesengesetz].

Schwintek, Sebastian. „Die Anzeigepflicht bei Verdacht von Insidergeschäften und Marktmanipulation nach § 10 WpHG.“ *WM Wertpapiermitteilungen Zeitschrift für Wirtschafts- und Bankrecht*, 2005: S. 861 ff. [zitiert: Schwintek, WM 2005].

Schwintowski, Hans-Peter. *Bankrecht.* Köln, 3. Auflage, 2011 [zitiert: Schwintowski, BankR].

Seifert, Achim. „Die horizontale Wirkung von Grundrechten Europarechtliche und rechtsvergleichende Überlegungen.“ *Europäische Zeitschrift für Wirtschaftsrecht*, 2011: S. 696 ff. [zitiert: Seifert, EuZW 2011].

Senge, Lothar (Hrsg.). *Karlsruher Kommentar zum Gesetz über Ordnungswidrigkeiten.* München, 3. Auflage, 2006 [zitiert: Autor, in: Senge (Hrsg.), Karlsruher Kommentar].

Sethe, Rolf. „Erweiterung der bank- und kaptitalmarktrechtlichen Organisationspflichten um Reporting-Systeme.“ *Zeitschrift für Bankrecht und Bankwirtschaft*, 2007: S. 421 ff. [zitiert: Sethe, Organisationspflichten ZBB 2007].

–. „Verbesserung des Anlegerschutzes? Eine kritische Würdigung des Diskussionsentwurfes für ein Anlegerstärkungs- und Funktionsverbesserungsgesetz.“ *Zeitschrift für Bankrecht und Bankwirtschaft*, 2010: S. 265 ff. [zitiert: Sethe, Anlegerschutz ZBB 2010].

Sieg, Rainer. „Arbeitnehmer im Banne von Compliance-Programmen – zwischen Zivilcourage und Denunziantentum.“ *in: Bauer, Jobst-Hubertus/Kort, Michael/Möllers, Thomas M.J./Sandmann, Bernd (Hrsg.) Festschrift für Herbert Buchner zum 70. Geburtstag*, Berlin, 2009: S. 859 ff. [zitiert: Sieg, in: FS Buchner].

Simon, Oliver/Schilling, Moritz. „Kündigung wegen Whistleblowing?“ *Betriebs-Berater*, 2011: S. 2421 ff. [zitiert: Simon/Schilling, BB 2011].

Sodan, Helge (Hrsg.). *Grundgesetz.* München, 2. Auflage, 2011 [zitiert: Autor, in: Sodan (Hrsg.), Grundgesetz].

Spindler, Gerald. „Compliance in der multinationalen Bankengruppe.“ 2008: S. 905 ff. [zitiert: Spindler, WM 2008].

–. „Aufklärungspflichten im Bankrecht nach dem „Zins-Swap-Urteil“ des BGH.“ *Neue Juristische Wochenschrift*, 2011: S. 1920 ff. [zitiert: Spindler, NJW 2011].

Steidle, Roland/Waldeck, Werner. „Die Pflicht zur Führung von Insiderverzeichnissen unter dem Blickwinkel der informationellen Selbstbestimmung.“ *WM Wertpapiermitteilungen Zeitschrift für Wirtschafts- und Bankrecht*, 2005: 868 ff. [zitiert: Steidle/Waldeck, WM 2005].

Stelkens, Paul/Bonk, Heinz Joachim/Sachs, Michael. *Verwaltungsverfahrensgesetz.* München, 7. Auflage, 2008 [zitiert: Autor, in: Stelkens/Bonk/Sachs, VwVfG].

Stern, Klaus/Becker, Florian (Hrsg.). *Grundrechte-Kommentar.* Köln, 2010 [zitiert: Stern/Becker (Hrsg.), Grundrechte-Kommentar].

Stober, Rolf. „Ist der Ehrbare Kaufmann der Schlüssel für Compliance-Anforderungen?“ *Neue Juristische Wochenschrift*, 2010: S. 1573 ff. [zitiert: Stober, NJW 2010].

Streinz, Rudolf/Michl, Walther. „Die Drittwirkung des europäischen Datenschutzgrundrechts (Art. 8 GRCh) im deutschen Privatrecht.“ *Europäische Zeitschrift für Wirtschaftsrecht*, 2011: S. 384 ff. [zitiert: Streinz/Michl, EuZW 2011].

Strothmeyer, Uta. *Compliance – Risikobegrenzung und Imagevorteil.* Jena, 2010 [zitiert: Strothmeyer, Compliance].

Teigelack, Lars. *Finanzanalysen und Behavioral Finance.* Baden-Baden, 2009 [zitiert: Teigelack, Finanzanalysen].

Tettinger, Peter/Stern, Klaus (Hrsg.). *Kölner Gemeinschaftskommentar zur Europäischen Grundrechte-Charta.* München, 2006 [zitiert: Autor, in: Tettinger/Stern (Hrsg.), Europäische Grundrechte-Charta].

Ulber, Daniel. „Whistleblowing und der EGMR." *Neue Zeitschrift für Arbeitsrecht*, 2011: S. 962 ff. [zitiert: Ulber, NZA 2011].

Unruh, Peter. *Zur Dogmatik der grundrechtlichen Schutzpflichten.* Berlin, 1996 [zitiert: Unruh, Dogmatik der grundrechtlichen Schutzpflichten].

Van Roosbeke, Bert. „Centrum für Europäische Politik, EU-Wertpapieraufsichtsbehörde (ESMA)." Stand 11.01.2010 [zitiert: Van Roosbeke, CEP 2010].

Veil, Rüdiger (Hrsg.). *Europäisches Kapitalmarktrecht.* Tübingen, 2011 [zitiert: Autor, in: Veil (Hrsg.), Europäisches Kapitalmarktrecht].

Veil, Rüdiger. „Staatliche Aufsicht und Rechtsdurchsetzung durch private Dritte im Bank-, Kapitalmarkt- und Bilanzrecht – Strukturen und Entwicklungstendenzen –." *Kohl, Helmut/Kübler, Friedrich/Ott, Claus/Schmidt, Karsten (Hrsg.) Zwischen Markt und Staat Gedächtnisschrift für Rainer Walz*, Köln u.a., 2008: S. 769 ff. [zitiert: Veil, in: GS Walz].

–. „Anlageberatung im Zeitalter der MiFID – Inhalt und Konzeption der Pflichten und Grundlagen einer zivilrechtlichen Haftung –." *WM Wertpapiermitteilungen Zeitschrift für Wirtschafts- und Bankrecht*, 2007: S. 1821 ff. [zitiert: Veil, Anlageberatung WM 2007].

–. „Compliance-Organisationen in Wertpapierdienstleistungsunternehmen im Zeitalter der MiFiD – Regelungskonzepte und Rechtsprobleme –." *WM Wertpapiermitteilungen Zeitschrift für Wirtschafts- und Bankrecht*, 2008: S. 1093 ff. [zitiert: Veil, Compliance-Organisationen WM 2008].

–. „Vermögensverwaltung und Anlageberatung im neuen Wertpapierhandelsrecht – eine behutsame Reform der Wohlverhaltensregeln?" *Zeitschrift für Bankrecht und Bankwirtschaft*, 2008: S. 34 ff. [zitiert: Veil, Vermögensverwaltung und Anlageberatung ZBB 2008].

Veil, Rüdiger/Koch Philipp. „Auf dem Weg zu einem Europäischen Kapitalmarktrecht: die Vorschläge der Kommission zur Neuregelung des Marktmissbrauchs." *WM Wertpapiermitteilungen Zeitschrift für Wirtschafts- und Bankrecht*, 2011: S. 2297 ff. [zitiert: Veil/Koch, WM 2011].

Veil, Rüdiger/Wundenberg, Malte. *Englisches Kapitalmarktrecht.* Köln, 2010 [zitiert: Veil/Wundenberg, Englisches Kapitalmarktrecht].

Verse, Dirk A. „Compliance im Konzern Zur Legalitätskontrollpflicht der Geschäftsleiter einer Konzernobergesellschaft." *Zeitschrift für das gesamte Handelsrecht und Wirtschaftsrecht*, 2011: S. 401 ff. [zitiert: Verse, ZHR 2011].

Vetter, Eberhard. „Zur Compliance-Verantwortung des Vorstands und zu den Compliance-Aufgaben des Aufsichtsrats.“ *Genzow, Christian F./Grunewald, Barbara/Schulte-Nölke, Hans, Zwischen Vertragsfreiheit und Verbraucherschutz Festschrift für Friedrich Graf von Westphalen zum 70. Geburtstag*, Köln, 2010: S. 719 [zitiert: Vetter, in: FS Graf von Westphalen].

von Böhlen, Andreas/Kan, Jens. *MiFID Kompendium.* Berlin, Heidelberg, 2008 [zitiert: Autor, in: von Böhlen/Kan, MiFID Kompendium].

von Kopp-Colomb, Wolf. „Bekanntmachung des Bundesaufsichtsamtes für den Wertpapierhandel und des Bundesaufsichtsamtes für das Kreditwesen zu den sog. Mitarbeiter-Leitsätzen.“ *WM Wertpapiermitteilungen Zeitschrift für Wirtschafts- und Bankrecht*, 2000: S. 2414 ff. [zitiert: von Kopp-Colomb, WM 2000].

Wagner, Klaus. „Anlegerschutzverbesserung und „Grauer Kapitalmarkt“.“ *Neue Zeitschrift für Gesellschaftsrecht*, 2011: S. 609 ff. [zitiert: Wagner, NZG 2011].

Wallerath, Maximilian. *Allgemeines Verwaltungsrecht.* 6. Auflage, Berlin, 2009 [zitiert: Wallerath, Allgemeines VerwR].

Weber, Martin. „Die Entwicklung des Kapitalmarktrechts 1998-2000: Organisation, Emission und Vertrieb.“ *Neue Juristische Wochenschrift*, 2000: S. 2061 ff. [zitiert: Weber, NJW 2000].

Weber-Rey, Daniela. „Ausstrahlungen des Aufsichtsrechts (insbesondere für Banken und Versicherungen) auf das Aktienrecht – oder die Infiltration von Regelungssätzen?“ *Zeitschrift für Unternehmens- und Gesellschaftsrecht*, 2010: S. 543 ff. [zitiert: Weber-Rey, ZGR 2010].

Wehnert, Anne. „SEC: Kapitulation vor der (un)heimlichen Übermacht?“ *Jung, Heike/Luxenburger, Bernd/Wahle, Eberhard (Hrsg.) Festschrift für Egon Müller*, Baden-Baden, 2008: S. 729 ff. [zitiert: Wehnert, in: FS Müller].

Weichert, Tilman/Wenninger, Thomas. „Die Neuregelung der Erkundigungs- und Aufklärungspflichten von Wertpapierdienstleistungsunternehmen gem. Art. 19 RiL 2004/39/EG MiFID) und Finanzmarkt-Richtlinie Umsetzungsgesetz.“ *WM Wertpapiermitteilungen Zeitschrift für Wirtschafts- und Bankrecht*, 2007: S. 627 ff. [zitiert: Weichert/Wenninger, WM 2007].

Weller, Marc-Philippe. „Die Dogmatik des Anlageberatungsvertrags – Legitimation der strengen Rechtsprechungslinie von Bond bis Ille./. Deutsche Bank.“ *Zeitschrift für Bankrecht und Bankwirtschaft*, 2011: S. 191 ff. [zitiert: Weller, ZBB 2011].

Wernsmann, Rainer. „Grundrechtsschutz nach Grundgesetz und Unionsrecht vor dem BVerfG.“ *Neue Zeitschrift für Gesellschaftsrecht*, 2011: S. 1241 ff. [zitiert: Wernsmann, NZG 2011].

Wiederholt, Norbert/Walter, Andreas. „Compliance – Anforderungen an die Unternehmensorganisationspflichten.“ *Betriebs-Berater*, 2011: S. 968 ff. [zitiert: Wiederholt/Walter, BB 2011].

Wieland, Josef/Steinmeyer, Roland/Grüninger Stephan (Hrsg.). *Handbuch Compliance-Management Konzeptionelle Grundlagen, praktische Erfolgsfaktoren, globale Herausforderungen.* Berlin, 2010 [zitiert: Autor, in: Wieland u.a. (Hrsg.), Handbuch Compliance-Management].

Willemsen, Heinz Josef/Sagan, Adam. „Die Auswirkungen der europäischen Grundrechtecharta auf das deutsche Arbeitsrecht.“ *Neue Zeitschrift für Arbeitsrecht*, 2011: S. 258 ff. [zitiert: Willemsen/Sagan, NZA 2011].

Wilms, Heinrich. *Staatsrecht II Grundrechte.* Stuttgart, 2010 [zitiert: Wilms, Staatsrecht II].

Wisskirchen, Gerlind/Jordan, Christopher/Bissels, Alexander. „Arbeitsrechtliche Probleme bei der Einführung internationaler Verhaltens- und Ethikrichtlinien (Codes of Conduct/Codes of Ethics).“ *Der Betrieb*, 2005: S. 2190 ff. [zitiert: Wisskirchen/Jordan/Bissels, Der Betrieb 2005].

Wolf, Martin. „Der Compliance-Officer – Garant, hoheitlich Beauftragter oder Berater im Unternehmensinteresse zwischen Zivil-, Straf- und Aufsichtsrecht?“ *Betriebs-Berater*, 2011: S. 1353 ff. [zitiert: Wolf, BB 2011].

Wolf, Roland. „Datenschutz und Compliance im Arbeitsrecht – zwischen Scylla und Charybdis?“ *Lobinger, Thomas (Hrsg.) Festschrift für Eduard Picker zum 70. Geburtstag*, Tübingen, 2010: S. 1193 ff. [zitiert: Wolf, in: FS Picker].

Wybitul, Tim. „Beschäftigtendatenschutz Machen sich Arbeitgeber strafbar, wenn sie betriebliche E-Mail-Zugänge ihrer Beschäftigten kontrollieren?“ *Betriebs-Berater*, 2011: S. I [zitiert: Wybitul, BB 2011].

–. „Strafbarkeitsrisiken für Compliance-Verantwortliche.“ *Betriebs-Berater*, 2009: S. 2590 ff. [zitiert: Wybitul, BB 2009].

Zentes, Uta/Wybitul, Tim. „Interne Sicherungsmaßnahmen und datenschutzrechtliche Grenzen bei Kreditinstituten sowie bei anderen Instituten des Finanzwesens.“ *Corporate Compliance Zeitschrift*, 2011: S. 90 ff. [zitiert: Zentes/Wytibul, CCZ 2011].

Zimmermann, Gernot. „Die straf- und zivilrechtliche Verantwortlichkeit des Compliance Officers.“ *Betriebs-Berater*, 2011: S. 634 ff. [zitiert: Zimmermann, BB 2011].

Zingel, Frank. „Stellung und Aufgaben von Compliance nach den MaComp.“ *Zeitschrift für Bank- und Kapitalmarktrecht*, 2010: S. 500 ff. [zitiert: Zingel, BKR 2010].

FSC
www.fsc.org
MIX
Papier | Fördert
gute Waldnutzung
FSC® C083411

Kolibri 360 GmbH
Ferdinand-Jühlke-Straße 7
99095 Erfurt, Deutschland
produktsicherheit@kolibri360.de